THE ARK BEFORE NOAH

ノアの箱舟の真実

「大洪水伝説」をさかのぼる

アーヴィング・フィンケル 著
Irving Finkel
宮崎修二 訳
Miyazaki shuji
標珠実 訳
Shimegi Tamami

明石書店

The Ark Before Noah: Decoding the Story of the Flood

by Irving Finkel

First published in the English language by Hodder & Stoughton Limited

Japanese translation rights arranged with Hodder & Stoughton Limited, London
through Tuttle-Mori Agency, Inc., Tokyo

敬意と称賛をこめて、
我らのノア
デイヴィッド・アッテンボロー卿に
この本を捧ぐ

目次

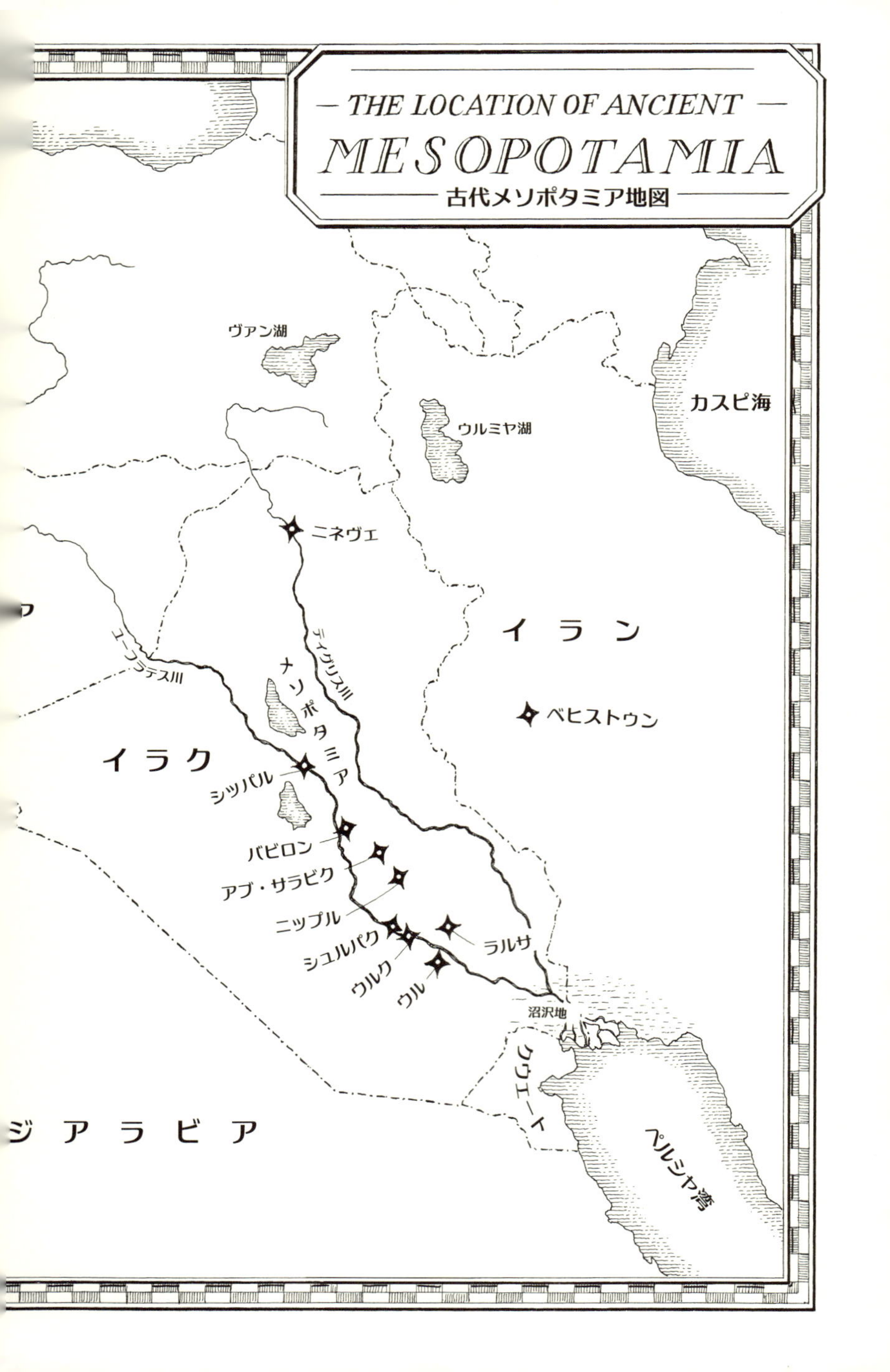

THE LOCATION OF ANCIENT
MESOPOTAMIA
古代メソポタミア地図
ヴァン湖
カスピ海
ウルミヤ湖
ニネヴェ
イラン
ユーフラテス川
ティグリス川
メソポタミア
ベヒストゥン
イラク
シッパル
バビロン
アブ・サラビク
ニップル
シュルパク
ラルサ
ウルク
ウル
沼沢地
クウェート
ジアラビア
ペルシャ湾

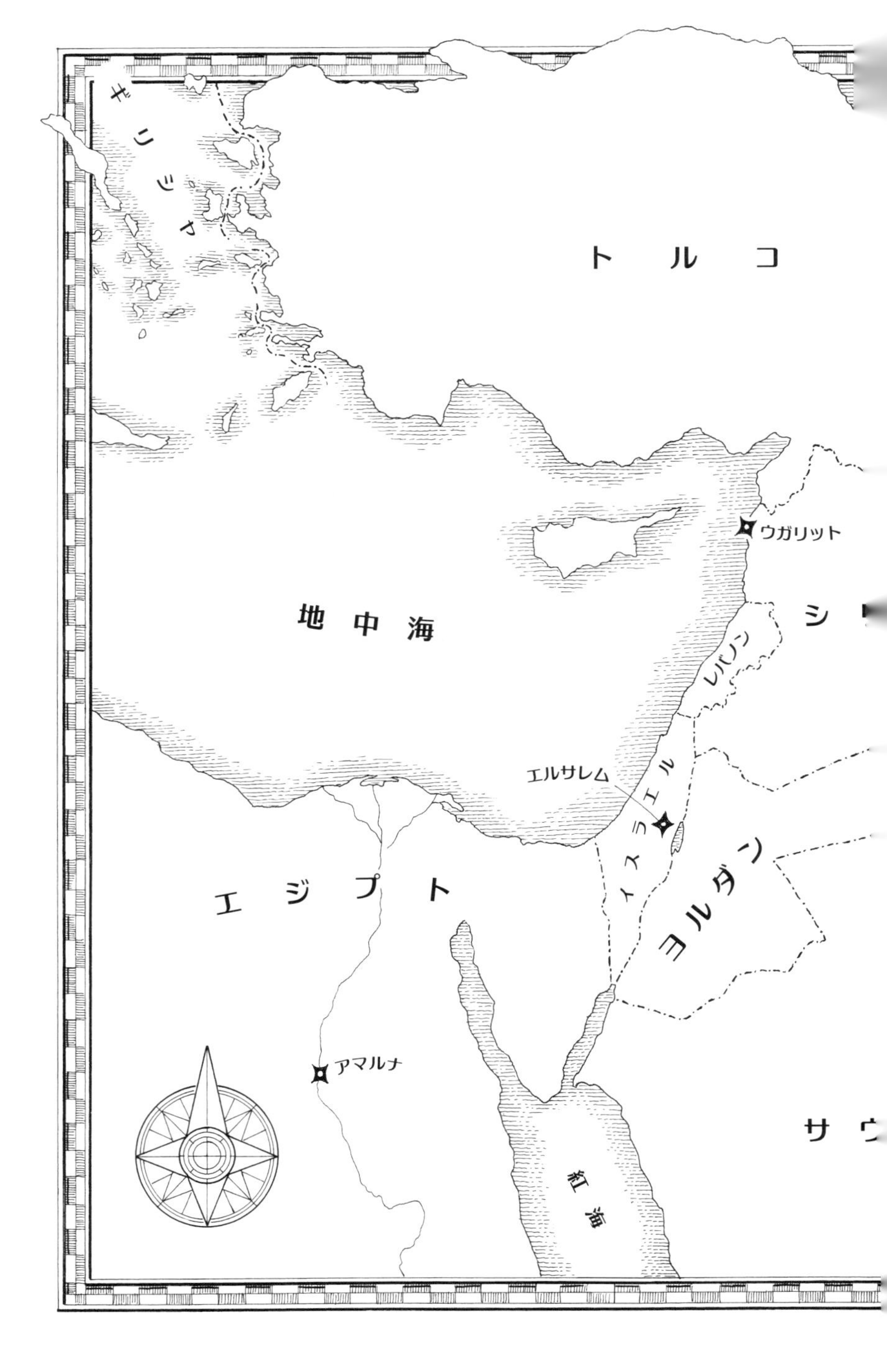

ギリシャ
トルコ
ウガリット
地中海
レバノン
エルサレム
イスラエル
ヨルダン
エジプト
アマルナ
紅海

第1章　この本について

時という轆轤（ろくろ）は逆に回ることもあれば
止まることもある
しかし、いつでも陶工はいるし、陶土はある
——ロバート・ブラウニング

一八七二年、イギリスから遠く離れたニネヴェで新たに発掘された「楔形文字（くさびがたもじ）の粘土書板」に創世記の洪水物語と酷似した物語を発見し、世界中を驚かせたのは、紙幣原版の彫り師から大英博物館の助手に転職するという変わった経歴をもつジョージ・スミス[1]（一八四〇—七六年）という人だった。その新しく発見された物語には、人間の行いゆえにバビロニアの神々が大水を起こして人類を滅亡させようとし、その寸前にひとりの男によってすべての生物が全滅を免れるという聖書の「ノアの洪水」とよく似た物語が語られていた。その男は大水が引いて世界が元に戻るまで、すべての種（しゅ）の雄と雌をひとつがいずつ住まわせ

る「箱舟」をつくる。

この発見はもちろんジョージ・スミスにとっても驚くべきことであったが、これによって楔形文字の裏方研究者であった彼が一躍世界中に名を知られる存在となった。彼の学究活動はごく慎ましやかに始まる。その並外れた成功の裏には根気強い探求の積み重ねがあった。何か月もの間、大英博物館に足を運んで展示室のガラスケースに収められた粘土書板を眺め続けた末、一八六三年、スミスは目に止まり、ついに大英博物館に修復士として雇われる。ジョージ青年は無数にある粘土書板の破片を正しくつなぎ合わせる能力に優れ、楔形文字の解析に傑出した才能を示した。当時のアッシリア学者の中で最も才能に恵まれた学者のひとりであったことは疑いない。その能力が高まるとともに、高名な学者ヘンリー・クレズウィック・ローリンソンの助手となり、それまでに大英博物館にもち込まれていた粘土書板とその破片を分類する作業を任されるようになった。ヘンリー・ローリンソン卿（一八一〇―九五年）はアッシリア学の黎明期において、重要かつ冒険心に富んだ役割を果たした人物だが、この頃は大英博物館の理事会から楔形文字文書の出版事業を任されていた。スミスは文書の分類区分のひとつに「神話の書板」という区分を設けた。そこに入る書板の断片が増えたら、それを組み合わせ、大きなまとまりにつなぎ合わせられると、徐々にそこに書かれた内容がわかるようになっていく。このようにして発見された洪水物語は後にギルガメシュという英雄の生涯とその時代を描いた長大な叙事詩であることが判明するが、当時スミスはこの人物の名をやや躊躇（ためら）いながら、「イズドゥバール」(2)と発音するのではないかと考えていた。

このようにしてジョージ・スミスは楔形文字のジグソーパズルという今なお大英博物館の粘土書板収集室で続けられている気の遠くなるような作業を軌道に乗せた。今日でも時々あることだが、そのときスミスは書板の表面を覆う固い付着物で文字が判読できないという問題に直面していた。かなり大きな書板の断片が部分的に厚い石灰のようなもので覆われており、専門家でなければ除去できなかったのだ。スミスにはその部分が「イズドゥバール」の物語の中心であることがわかっていた。大英博物館には古代遺物の保存修復士の草分け的存在で、常に目を見張るような成果を出していたロバート・レディーという人物がこのようなときのために待機していたのだが、ちょうどそのときは数週間、博物館を離れていた。そのことがジョージ・スミスに及ぼした影響については同情を禁じ得ない。後に大英博物館のアッシリア部門の管理責任者となるE・A・ウォーリス・バッジ[3]の記録によって当時のことを詳しく知ることができる。

1876年当時のジョージ・スミス。手許の本は自著『カルデア人の創世記』。

スミスはもともとかなり神経質で、繊細な人だったが、レディーの不在によってその焦燥は極限に達していた。スミスは問題の粘土書板には洪水伝説についての非常に重要な部分が記されていると考えていた。そこで早く自分の仮説を立証したいと焦るあまり、ひどい興奮状態に陥り、その症状は日に日に激しくなっていった。ついにレディーが戻ってきた。渡された書板を見て、付着物が広範囲にこびりついているのを確認すると、最大限の努力はするが、結果は楽観できないようだとレディーは告げた。数日後、レディーが書板を手にスミスのもとを訪れたとき、書板は現在保存されている状態になっていた。その頃、スミスは秘書室の上の部屋でローリンソンと作業をしていた。スミスは書板を受け取ると、レディーが付着物を取り除いた部分を読み始めた。求めていた伝説がその部分に書かれているとわかると、「私は二千年を超える忘却の時を経て、この物語を再び読んだ最初の人間となったのだ」と言った。

スミスは書板を机の上に置くと、飛び上がり、興奮のあまり部屋じゅうを駆け回った。そして、その場にいた人たちが啞然とする中、服を脱ぎ始めた。

スミスの大袈裟な反応はそれ自体が伝説となり、その後アッシリア学者はすべて、自分が何かとんでもない発見をしたときに備えて、このような技をそれぞれ隠しもっているのではないかと言われるほどである。しかし、スミスは大きな衝撃を受けると発作が起こることに苦しんでいたのではないだろうか。このスミスの常軌を逸した反応は病気の徴候と考えられるからである。

スミスが自身の発見を発表する場に選んだのは、一八七二年十二月三日にロンドンで開催された聖書考古学会の会合という大舞台であった[4]。この会合には錚々たる顔ぶれが列席しており、カンタベリー大主教の姿もそこにはあった。スミスの発見は教会の権威には重大な意味があったためである。また、古典趣味のグラッドストン首相も出席していた。会合は長引き、大興奮のうちに終了した。

スミスの発表は、この事実を発見した本人と同様、聞いた者たちに衝撃を与えた。当時は誰もが聖書のことを熟知していた。ノアの箱舟と洪水に関係する象徴的な物語が東方で掘り起こされ、大英博物館に収められていた粘土書板という原始的な文書に記されていたという知らせは容易に理解し切れるものではなかった。一夜にして、この驚くべき発見は世間に知れ渡った。クラパム街を走る乗合い馬車の中では「大英博物館の、あの発見のこと、もう聞きましたか」といった囁きに溢れていたに違いない。
一八七三年、デイリー・テレグラフ紙が資金を提供し、物語が書かれた粘土書板をさらに見つけるために、スミスがニネヴェに派遣された。スミスは当初考えられていたよりも早く成果を上げ、洪水物語についての未発見の断片を発掘したという知らせを電報で送った。しかし、その結果、調査遠征はスポンサーによって早々に打ち切られることになる。その事情についてのスミスの報告は引用に値する。

「デイリー・テレグラフ」書板ＤＴ 42。スミスによってニネヴェで発掘された。

私はデイリー・テレグラフの経営者に電報を打ち、首尾よく洪水物語が描かれた粘土書板の未発見の部分を発見したと知らせた。この事実は一八七三年五月二十一日付の新聞で発表された。しかし、よくわからないのだが、何かの手違いで、新聞には私が送った電報の内容とは大きく異なったものが発表された。発表された文章には「シーズンが終わりに近づいたとき」とあるが、これでは私が発掘シーズンがそろそろ終わると考えていたかのようである。しかし実際には、私の考えはそれとは正反対であり、このような内容の電報は送っていない。（以下略）

Smith 1875, 100

このスミスの経験は考古学者にはよい教訓となるだろう。発掘開始早々に素晴らしい発見をしても誰かに話すべきではないということだ。少なくとも、スポンサーには発掘期間の最後の週まで知らせてはいけない。

スミスはその新しく発見された書板について、「箱舟を建造し、動物を入れよという命令が書かれており、ギルガメシュ物語の欠けている部分の大部分を埋める」と記しているが（Smith 1876, 7）、この書板はギルガメシュとは全く関係なく、『ギルガメシュ叙事詩』とよく似てはいるが、もっと古い別の洪水神話の一部であった。スミス自身はこの事実を知ることはなかったが、この神話は主人公の名に因んで「アトラ・ハシース物語」と呼ばれている（スミスは「アトラ・ピ」と呼んでいた）。これについては後で詳しく述べることにしよう。

当時のスミスの名声は郵便切手の珍品を紹介する『フィラテリスト』（切手収集家）という当時の雑誌からも窺われる。この雑誌の一八七四年版の「郵便局の最新の謎」という記事の中に、短くだが、スミスの名声についての間接的な賛辞が見える。

外国人が多く暮らすロンドンには海外から大量の郵便物が届けられる。レスター広場やソーホーで扱われる郵便物の宛名には、アッシリアの粘土書板を訳したジョージ・スミスでさえ絶望して頭を掻きむしることだろう。しかし最近、今まで郵政省が受け取ったもののうち、住所の判読が困難な書簡で最も興味深い例がインドから到着したばかりの郵便船によってもたらされた。郵便局員もその道の専門家も封筒に書かれた汚れのような点や、寄生虫の顕微鏡写真のようにくねくねとねじ曲がって思わぬ方向に伸びた曲線には為す術なしであった。大英博物館の高名な言語学者たちに問い合わせても無駄であった。インド省のお歴々にも相談したが、皆お手上げ状態。国際都市ロンドンに住むマダガスカル語、パーリ語、カナラ語などの学者や、その他の博学な言語学者たちも皆、まるでセンナケリブ王の宮殿の壁に残された不思議な手書き文字を前にしたオリエント学者と同様に途方に暮れた。しかし、誰も破ることができなかった文字の錠は遂に、ベイズウォーターに住む二人の博識な紳士によってこじ開けられた。住所はテルグ文字で書かれており、宛先はインドで言うところの王妃（ラネー）、すなわち女王陛下であった。

ジョージ・スミスは若くして亡くなった。その死は物語のようではあったが、死ぬようなことではなかったと言わざるを得ない。彼はアレッポで赤痢にかかり、息を引き取った。スミスの頑なさがその原因とするのが定説だが、人々から放置されていたためと考えられる。スミスの妻メアリーは長く苦労した挙句に夫と死に別れ、残された五人の子どもを抱えて、わずかな年金で生活していくことになる。ドイツ人のアッシリア学者フリードリヒ・デリッチはスミスが息を引き取ったちょうどそのとき、当時暮らしていたロンドンの通りを歩いていて、スミスの亡霊に大声で呼びかけられたという(5)。メアリー・スミスは夫の名が今日なお鮮明に記憶されていることなど想像もできなかっただろう。しかし、スミスの名はこのとき以来、バビロニアの「洪水物語」とまさに分かち難く結びつけられている。

ジョージ・スミスの発見は少なからぬ人々に不安を抱かせることになった。聖書とよく似た物語が原始的な異教世界の粘土書板などという、あり得ないような媒介を通して発見され、広く世間の関心を集めたのは奇怪なことだったのである。「高貴なるオスナパル王」のアッシリア人や、凶暴で恐ろしいネブカドネツァル王のバビロニア人がノアとその箱舟のことを知っており、それを書き留めておくほど重視していたなどということがあり得ようか。当惑した人々は庭の垣根越しに、また教会の会衆席で、この重大な問題の答えを求めて騒ぎ立てた。一八七五年には真面目に執筆していたスミスは、当時は答えられるはずもなかったその問いをやり過ごすことはなかった。初めに発せられた二つの問いはその後もずっと問われ続けることになった。

——どちらの洪水伝説が古いのか。
——いつ、どのようにして、もう一方に伝わったのか。

ひとつ目の問いにはすでにかなり前に答えが出されている。聖書テクストの年代特定は今でも難問だが、その年代がどうあれ、楔形文字文書の洪水物語の方がどう見積もっても千年は古い。二つ目の問いについては、本書で新たな答えを提案していくことになる。

スミスの画期的な発見から百十三年後、さほど劇的なものではなかったが、筆者の身にも「大英博物館の学芸員が楔形文字で書かれた驚くべき洪水物語に出会う」というスミスの逸話とよく似た出来事が起こった。一九八五年、内容の特定と解明のために、ある民間の人が一枚の楔形文字の粘土書板を大英博物館にもち込んできた。そのこと自体は取り立てて珍しいことではなく、このような市民の要望に応えることも博物館学芸員の仕事の一部であり、楽しみでもある[6]。学芸員は研究室の扉を通って何がもち込まれるのか、特に楔形文字と関係している場合は、全く予想もできないからである。

今回の場合、その粘土書板をもち込んだのは、それ以前にも何度かバビロニアの遺物を博物館にもち込んでいた人物で、すでに顔見知りであった。名はダグラス・シモンズといい、父親のレオナルド・シモンズから引き継いだ種々雑多な品々や考古学的遺物のコレクションを所蔵していた。レオナルドは生涯を通して好奇心旺盛な人物で、第二次世界大戦末期にはイギリス空軍の一員として中東に滞在し、そのときに興味深い粘土書板の小片やかけらなどを入手していた。コレクションはエジプトや中国の遺物にも及んでいたが、古代メソポタミアのコレクションの中にはダグラスが個人的に好んでいた円筒印章の他、多くの粘土書板の断片も含まれていた。その日の午後、彼が見せてくれたのは、そうしたコレクションから選ばれたものだった。その書板の中にバビロニアの洪水物語が含まれていることを発見したときには声も出せないほど驚いた。

洪水物語と特定できたこと自体は大した成果ではなかった。最初の一行「壁よ、壁よ、葦(あし)の壁よ、葦の壁よ。アトラ・ハシースよ」はこれ以上ないほど有名だったからである。スミス以後、楔形文字で書かれた洪水物語の写本は多く発見されており、アッシリア学を学び始めたばかりの学生でもその文章が何であるかを即座に特定できる。問題は粘土書板の表面が十分に焼かれていなかったため、作業が進むにつれ、そこに刻まれた文字を解読するのがどんどん困難になっていくだろうということだった。そして、裏面を検討するために、書板を裏返したときには絶望を感じた。損傷してしまっている文字の解読には長い時間が必要だと説明しても、ダグラスはどうしてもその書板を私に預けようとはしなかった。実際のところ、「非常に興味深い内容が書かれた大変重要な資料である可能性が高い」と告げても、彼はそれほど興奮した様子もなく、私がそれを解読したいと震えるほどまでに望んでいることには全く気づいてくれなかった。ダグラスは一緒にもってきた二、三の円形の学習用粘土書板とともに洪水物語の書板を無造作にしまいこむと、挨拶をして出て行った。

ダグラス・シモンズは風変わりな男だった。ぶっきらぼうで、口数が少なく、私には理解し難い人物であった。非常に大きな頭には膨大な量の知識が詰まっていた。彼が「二階建てバス（ダブル・デッカー）がやってくる」というイギリスのテレビドラマに出演していた有名な子役であったこと、非常に優れた数学者であるだけでなく、他にも様々な才能をもつ人物であることを知ったのは後のことである。私はテレビのない家庭で育ったので、このテレビ番組については全く知らなかった。しかし、この書板から判明した事実について初めて講演した際、ドラマの「ダブル・デッカー・シリーズ」に触れた途端、あるご婦人が興奮のあまり椅子から飛び上がり、書板のことよりもダグラスについて知りたがったという事実には触れておかねばなるまい。そのドラマに出演していた俳優たちの多くは有名になり、シリーズはすべて復刻されている。

しかし、そのときの私が理解していたことといえば、この新たにもち込まれ、まだ解読されていない書板が手の届かないところへ行ってしまうということと、解読のために私の手許に戻すには何らかの離れ技が必要だということであった。その後もダグラスは遺物を収めた小さな鞄を手に、定期的にアッシリア学の研究室にやって来ていたが、彼は当時私の同僚であったドミニク・コロンに会って話すことを望んでいたので、私と直接顔を合わせることはなかった。コロンは古代の印章については何でも知っているといった男で、一九九六年にはダグラス・シモンズの所蔵品からいくつか興味深い遺物を大英博物館のために入手していた[7]。その後しばらくは私の粘土書板には何も起こらなかった。しかし、かなりの時が過ぎた二〇〇九年初頭、大英博物館で開催された『バビロン——神話と現実』という企画展で「東インド会社館の碑文」と通称されているネブカドネツァルの碑文に見入っているダグラスの姿が目に留まった。私は群衆を注意深く掻き分けながら彼に近づき、問題の粘土書板について率直に尋ねてみた。展示場のそこかしこに置かれていた大量の楔形文字書板の幻惑がよい効果を及ぼしたに違いない。ダグラスはもう一度あの書板をもって来て、私に検討させると言ってくれた。そして、その約束は果たされたのである。

ダグラスはその方面に詳しい人に頼んで、あの書板を窯で焼き、特別に誂えた箱に納めていた。重要性が全く伝わっていなかったわけではなかったのだ。書板を預けることを彼が了承してくれたので、私は思う存分、その書板の研究に取り組むことができるようになった。

私はついにその書板と差し向かいで、電灯とレンズと先の尖った鉛筆を手に解読作業に取りかかった。解読は途切れ途切れにしか進まなかった。私は呻き、罵りの言葉を洩らし、ますます興奮しながら――服は脱いだりせず――作業を進めた。数週間後、私は突然光が差したような感じがして、書板から目をあげて瞬きをした。

後に〈箱舟の書板〉として知られるようになるシモンズの粘土書板は事実上、箱舟のつくり方を記した詳細な説明書であったのだ。私は一文字一文字、こつこつと解読し続けた。徐々に内容が明らかになってきたので、私は時折、解明されつつある内容をダグラスに知らせていた。[8] 当時ブリンク・フィルム社と制作していた大掛かりなドキュメンタリー番組で書板のことが取り上げられ、私がこの本を執筆することになったのをダグラスはとても喜んだ。しかし、悲しいことに、二〇一一年三月に彼は亡くなった。

この本を執筆するにあたっては文献学、考古学、心理学、民族学、造船技術、数学、神学、聖書釈義、美術史等の知識が必要であった。そうした知識を通して私たちは胸躍る探検の旅へと誘われるのだ。そもそも「楔形文字」とは何なのか。それを記したバビロニア人とはどのような人々であったのか、それを理解することはできるのだろうか。本書はシモンズの粘土書板に書かれていることを正確に説明し、すでに知られている洪水物語と比較しながら検討した上で、洪水物語がどのようにしてバビロニアの楔形文字からヘブライ語のアルファベット文字へと変換され、創世記の中に組み込まれることになったのかを検証していく。

本書は古代の文書とその内容に強く依拠している。その記述のほとんどは、すでに述べてきた最も古く、最も興味深い文字形態である楔形文字で書かれている。知り得た事実だけでなく、それが解明される過程の説明もここでは重要であろう。また、どうしても明確にできない場合や、複数の解釈が可能な単語や句については明確に示す必要がある。アッシリア学における議論については最小限にとどめた。必然的に扱わざるを得ないこともあったが、洪水物語を探る探偵諸氏の気を殺ぐようなことにはなっていないと思う。この本はまさに冒険推理小説と言っていい。この粘土書板を読み、この本を書き始めた当初は、自分がどこに向かっているのかわからず、まさに冒険であった。予期せぬ問題に何度も直面し、そのたびにそれを解決しなければならなかった。〈箱舟の書板〉は息を飲むほどに美しいというわけではないが、楔形文字の研究者にはいつでも驚きの対象なのだ。本書の読者にもそれがうまく伝わることを願っている。

第2章　現代に打ち込まれた楔(1)

私はバビロニアの楔形(くさびがた)文字で洗濯明細書を書くことができる
カラクタクスの制服について詳しく語ることもできる
要するに、野菜や動物や鉱物に関して言えば
私は現代における理想的な陸軍少将というわけなのだ
——W・S・ギルバート

古代バビロニア人は「運命」を信じていたが、私がアッシリア学者になったのも「運命」だったのかもしれない。この本を執筆しようとしたときにも「運命」の力が作用しているように感じられた。私は九歳になるまでに「将来は大英博物館で働く」と心に決めていた。このような揺るぎない野心をもつようになったのは私のきょうだい五人がそろって一風変わった育てられ方をしたことと無関係ではないだろう。私たちは雨の日でもないのに頻繁にブルームズベリーにある大英博物館を訪れていた。私に鼻を押しつけ

られていないガラスケースは博物館にはなかったほどである。それと同時に、私はすでに用いられていない〝難解な〟文字に興味を抱き続けていた。文字には学校で教わるどんな科目よりも関心を寄せていたが、一番の興味の対象は古代中国文字と古代エジプト文字の間で揺れ動いていた。

私がガーディナーの『エジプト語文法』を得意気に小脇に抱えて大学に通い始めた一九六九年、運命が最初に私に介入した。当時バーミンガム大学に在籍していたエジプト学の専門家T・ランドル・クラークは穏やかで博識な学者で、映画にでも登場しそうな風変わりな人物だったが、最初の講義を行っただけで亡くなってしまい、後には新入生で騒がしい学科が古代エジプト学を教える者のいないまま残された。学科長のF・J・トリッチ教授も困り果て、研究室に私を呼んで、新たにヒエログリフの教師を雇うまでには数か月かかると説明し、古代文字が好きなら、しばらくの間、奥の研究室でランバートの指導の下で「楔形文字」を学んでみないかと提案してくれた。ランバートは初学者には教えないことで知られていたが、学科長は事情が事情なので引き受けるだろうと踏んだのである。二日後、私は期待に胸を膨らませて、他の若い三人の女性とともに、楔形文字の研究室の扉の前でランバートを待っていた。W・G・ランバートが私の教師となったのはこのような全くの偶然の結果であり、そのときはまだ、彼がどれほど優秀な学者なのか知らなかったし、自分の前にどれほど大きな山が横たわっているのかも知らずにいた。私はまだ十八歳になったばかりだった。

この新たな指導教官は挨拶らしい挨拶もせず、新しい学生の名前に関心を示すこともなく、いきなり黒板に「iprus」「niptarrasu」「purussû」と〔ローマ字で〕書き、この三つのアッカド語の単語から何か気づいたことはないかと私たち四人に尋ねた。沈黙が降りてきた。子どもの頃に勉強したヘブライ語から推測して、これらの単語がともに三つの子音字「p」「r」「s」で構成される語根をもつ語であることは明らかだった。私がそう答えると、ランバートは小さく頷き、〝次の月曜までに予習すべき〟楔形文字が書かれた二枚の紙を私たちに配った。運命に感謝すべきことに、このときはそれだけですんだ。楔形文字で書かれたアッカド語の「もし人が……」というハンムラビ法典の一節を生まれて初めて読んだとき、私はこの先ずっとアッシリア学の研究を続けることになると確信した。まさに人生が決定的に変わった瞬間であった。私の心の中でそのような運命的な大転換が起こっていることにその場にいた人は誰も気づかなかった。しかし、私の身には確かに大転換が起こっていたのである。ランバートが厳しく、容赦ない教師であり、辛辣な皮肉屋であることはすぐに判明した。暗黙のうちに献身の誓いを立てざるを得なくなり、私のように突然の啓示を受けることのなかった女学生たちは、ひとり、またひとりと静かに去っていった。言ってみれば、程なくして私と一緒にいたのは運命だけということになったわけである。

楔形文字――この史上最も古く難解な文字はアルファベットよりも遥かに古く、大昔に滅んだシュメール人やバビロニア人によって三千年以上も使われ、ローマ人が活躍する時代には恐竜同様、死滅していた。それに挑むということは何という挑戦であろう。何という冒険であろう。

古代メソポタミアの王たちの埃（ほこり）を被った文書のそばに来る日も来る日も座り続けることは、ある意味それだけで特筆すべきことかもしれない。大学から数キロのところにはバーミンガムの巨大商業施設ブル・リングがあり、学内にはフランス語や機械工学など、もっと実用的な学科がいくらでもあったのだ。しかし、その奇妙さに私は全く気づいていなかった。滅びてはいてもすでに解読されている言語なのだから、文法書はあるし、大学の授業で学ぶことができる。シュメール語、アッカド語といっても、ラテン語やギリシャ語、ヘブライ語のように、動詞の人称変化や時制に応じた語形変化を学ぶのは同じことなのだ。

楔形文字の習得においては、文字そのものと言語という二つの大きな難問に立ち向かわなければならない。そのことに気づくのにあまり時間はかからなかった。普段の生活において、言語を文字から完全に切り離すなどということはまず考えられないし、話すときも書くときもそのようなことを意識することはない。しかし、言葉と文字は本質的には、体とそれにまとう衣服のように、別々のものである場合もある。歴史的に見れば、ヘブライ語がアラビア文字で綴られることもあるし、アラム語が漢字で表されることもあった。必要なら、サンスクリット語をルーン文字で刻みつけることも可能である。今は使われていない文字で書かれた今は使われていない言語を新たに学ぶということは二重苦と言えるかもしれない。しかし、楔形文字に関していえば、困難はさらに数段重なる。楔形文字はシュメール語とアッカド語という、すでに滅びてしまっている二つの言語で主に使用されていた。それゆえ、粘土書板に書かれた文字をある程度読み進めてみないと、そこにどちらの言語が書かれているのかが判別できないのである。シュメール語の方がアッカド語より古く、同系統の言語は知られていない。それに対して、アッカド語はセム語族に属し、ありがたいことにヘブライ語、アラム語、アラビア語と密接に関係している。これはラテン語がイタリア語やフランス語、スペイン語と関係しているのと同じようなことで、アッカド語の北部方言をアッシリア語、南部方言をバビロニア語と呼ぶこともある。シュメール語とアッカド語は古代メソポタミアでは並行して使われており、きちんと訓練を受けた書記であれば、両方の言葉を修得しているはずであった。そして、この原則はランバートの教室でも幅をきかせていた。

そうした言語が実際に使われていたということも重要である。アッカド語の動詞は流動的で複雑であり、英語と同様、ユーモアや皮肉、風刺を表現することができ、隠語もあった。また、あらゆる分野において語彙が豊富である。つい最近、『シカゴ・アッシリア大辞典』（CAD）という紛らわしい題名の非常に高価で驚異的な辞典が完成した。これは本棚に並べると、幅一・五メートルものスペースを取るというほどの大辞典で、可能な限りすべてのアッカド語の言葉とそのアメリカ英語での訳を掲載しようと試みたものだ。私が研究を始めた一九六九年に入手可能な文法書や辞書はすべてドイツ語で書かれていた。『アッカド語小辞典』(*Akkadisches Handwörterbuch*) もそのひとつだ。二段組みで文字が小さく、灰色の装丁で面白味に欠ける本だが、比較的入手しやすく、学習には欠かすことのできない辞書であった。しかし、これに頼った結果、アッカド語の単語がドイツ語でどの語か調べるだけで終わってしまい、そのドイツ語が英語で何に当たるのかは覚えていないこともしばしばだった。正直に言うと、歴史や物理学の書物を読んでいる友人たちは安楽な乗り物に乗っているように私の目には映り、そのことでやや複雑な優越感を私は感じていた。それはドイツ語の成績がずば抜けて優秀だった友人アンドリュー・サザーランドがアダム・ファルケンシュタインの『シュメール語』(*Das Sumerische*) という便利な本の中でシュメール語の文法がどう語られているのかを全く説明できなかったときも同様であった。

ランバートの授業ではシャーロック・ホームズ並みの正確さが求められ、不確かなことや知らないことがあると、容赦なく攻撃された。〝虎の巻〟を見ることは禁じられていた。原文そのままを何も書かれていない状態で、よく見えるように机の上に広げておかねばならず、それをはっきりと読み上げ、正確に訳し、なおかつ文法形態について解析しなければならなかった。隠れる場所はどこにもなかった。そこは他の主な大学のアッシリア学講座とは全く異なっていた。例えば、オックスフォード大学ではアッシリア王の碑文について解説するとき、教師自身が明らかに机の下にメモをしのばせている。また、友人のジェレミー・ブラックによれば、オックスフォードでの最初の週の授業はオースティンの『自負と偏見』第一章を音節に基づいて楔形文字に置き換える作業であったという。楔形文字とはどういうものかを最初に学生たちに教え込むのに、これはとてもよい手段と考えられていた。この作業により、楔形文字ではひとつの音節の中で子音は隣接せず、また「o」「f」「j」に当たる字が欠けていることをはっきりとさせることができるからである。そして、この練習を経て、「tu-ru-ut u-ni-we-er-sa-al-li ak-nu-le-eg-ge-ed」という楔形文字の文章ができ上がる〔Truth universally acknowledged.『自負と偏見』の冒頭の文〕。ランバートはこの手のお遊びには全く関心がなく、授業中に尖らせたアイスキャンディーの棒で工作用粘土に楔形文字を書いてみるといったことは一度もなかった。学ぶべき文字をすべて学ぶ。それだけのことだった。何年も後のことだが、博物館での楔形文字体験講座の冒頭、私は黒板に楔形文字で次のように書いた。

a-a a-am tu-u bi-i ma-ar-ri-id tu-ma-ar-ru.

（アア・アアム・トゥウ・ビイ・マアルリイド・トゥマアルル）

この文章はそのときのそのままのことを書いたもので、私は本当に早く家に帰りたくてしかたなかった。受講生たちが楔形文字のリストと見比べながらばらばらに個々の文字を見つけ出し、声に出して続けて読み上げ、ついに文章全体の意味が現れてきたとき、教室は大興奮につつまれた（私は「明日、私は結婚します」I am to be married tomorrow. と楔形文字で書いたのである）。数年後、同じく初級の学生相手の授業を始めたときには、幸いなことに別の文章を考える必要があった。

私は楔形文字のことを器に入った宝石のようなもので、明白で繊細な意味に満ち溢れたものと見ていた。それを奇妙なもの、異質なものと思ったことは一度もなく、私は時間を忘れてその学習に取り組んでいた。当時、本当に入手困難であったルネ・ラバトの『アッカド語碑文の手引』（*Manuel d'Épigraphie Akkadienne*）という本をバーミンガム美術館のジョン・ラッフルにもらった日は、まさに記念すべき日であった。この素晴らしい本には三千年分の楔形文字の形が黒インクで印刷され、見開きページに読みやすく配置されている。読者はそれを覚えさえすればよい。私が所有する書物のうちで、ぼろぼろになるまで使ったのはこの本だけである。

初めて世界最古の文字について学ぼうとするときには、「〝書くこと〟とは一体どういうことなのか」「それは五千年以上も前にどのようにして生まれたのか」「それが起こらなかったら、世界はどうなっていただろうか」といったことをつい考えてしまうのではないだろうか。あえて定義するなら、〝書くこと〟とは、蠟（ろう）を塗った円筒で音を記録、再生するように、定められた記号を使い、〝再生〟できるように言葉を記録することである。読み手はその記号を目で追い、脳にそれぞれの記号がどのように発音されるのかを伝え、それ自体は動かない文字に命を与えるのである。

考古学から知られている限りでは、文字を使って記録するという行為は古代メソポタミアで誕生した。しかし、ここではそれがいつのことだったのかはあまり重要ではない。年代についていえば、文字の出現は紀元前三五〇〇年前後のこととされ、本格的に文字が使われ出す以前に様々な試行錯誤の時代があったと考えられている。ここで重要なのは現代の税務署員の遠い祖先とも言える人々によって文字が人類にもたらされたという何とも夢のない事実である。文字の誕生を促したのは詩作の衝動でも歴史記述への熱意でもなく、簿記係の必要だった。その究極の始まりを知ることはできないが、知られている最古の文字資料は個々の人間のこと、その資産、賃金などを記した実際的な管理の大規模な記録であり、名前や数字が注意深く書き記されたものであった。

古代メソポタミアで好まれていた記録媒体は当初から「粘土」であった。木や動物の皮膚、鞣（なめ）した革、陶片などが記録用の素材として使われている世界では、粘土は風変わりな選択と思われるかもしれないが、それはインクで書くことを前提としているからで、使用法や考え方が全く異なっている。メソポタミアの場合、粘土は川辺で大量に入手でき、書記たちは質がよく、手間のかからない素材が見つかる場所を常に把握していた。そして、楔形文字はその性質から、粘土という素材と初めから分かち難く結びついていた。古代メソポタミアの人々は誰よりも粘土に精通していたと言わねばならない。粘土という媒体が文字を深く、上手に刻むことを可能にしていたのである。熟練の書記はおそらく両手を同時に微妙に動かしながら文字を刻んでいただろう。そして、彼らが記したものは長く地中で朽ちることなく残った。有機物の素材に記された古代の記録は素材ごと朽ちて消滅してしまうことが多い。だからこそ、メソポタミアで誕生した文字が掌（てのひら）に入る程度の大きさの美しい粘土に書かれ、その習慣が変わらなかったことには幾重にも感謝すべきなのだ。

　そうした粘土書板に書かれた最初期のシュメール語の文字は、まるで四歳の子どもが描いた絵のような単純な形をしている。「立っている」という動詞は足の形で、「ビール」はジョッキのような形で表された。このような絵文字が数多く生まれたが、当初の機能に複雑なものはなく、それぞれの記号はその絵のとおりの意味であった。そうした絵文字と、数[2]を表す記号が少しあれば、物の出入りについて、驚くほど複雑な内容を記録することも可能になる。しかし、このような役所仕事に十分な記録法はできたが、それは言語に対する正当な扱いと言えるようなものではない。物事が月々の収支などですべて収まるのであれば、それでもいいだろう。しかし、あるとき、爆発的な創造性の発現が沸き起こり、そう時を経ずして詩や歴史なども記されるようになる。

　最初の革命的な出来事は、対象物を視覚的に表していた文字に、その対象物の名の音を伝えさせようと思いついたことである。例えば、「大麦」を意味する初期の文字は大麦の穂の形をしており、大麦はシュメール語で「シェ」というので、麦の穂の形をした文字は、従来どおり「大麦」を表すだけでなく、「シェ」という音を含む語にも用いられるという二とおりの使い方ができるようになったのである。ただし、音として用いられる場合は大麦そのものとは何の関係もなくなる〔漢字と万葉仮名の関係が連想される〕。例えば、「貝」を表す英語の「シェルフィッシュ」の最初の「シェ」の部分に大麦を表す文字を用いるということである。具象的な記号がその形から離れて、音だけを表すという考えは大きな飛躍であり、本当の意味での記述が可能になった。文字体系が誕生し、組み合わせによって微妙で複雑な内容を表すことができるようになり、シュメール語やアッカド語をはじめとする古代中東の言語で単語、演説、文法、そしてついには物語さえも記すことができるようになったのである。

現代でも何か重要な問題を目に見える形で示さなければならないことがある。以前は必要なかった新しい文字についてのルールを決めたり、形で描けないことを表現する新たな文字を考案するといったことだ。例えば、「it」〔英語の「それ」〕という語を形で表現することにかけてはルイス・キャロルの右に出る者はいないだろうが、そのような基本的な語を表すための文字はやはり必要であった。それを解決するには、すでに存在しているが十分に活用されていない記号を用い、それに新たな意味を与えればよい。例えば、シュメール語ではジョッキの形の文字は最初「ビール」の意味で用いられたが（その場合は「カシュ」と発音）、それ以外ではジョッキの意味しかなかった。そこで、この記号が「それ」を意味する「ビ」という語を表すのに採用されることになった〔「ビール」の「ビ」ということではない〕。その結果、ジョッキの形の文字は「ビール」を意味する「カシュ」と、「それ」を意味する「ビ」という二つの音価（読み）をもつようになった。

「口（くち）」を意味するシュメール語の「KA」という文字は、突き出た口を強調した人の頭の形をしている。これと同じ文字が「話す」という意味の語「DUG_4」〔後につく数字は同じ読み方をする文字が複数ある場合に用いられる〕、「歯」を意味する語「ZÚ」、

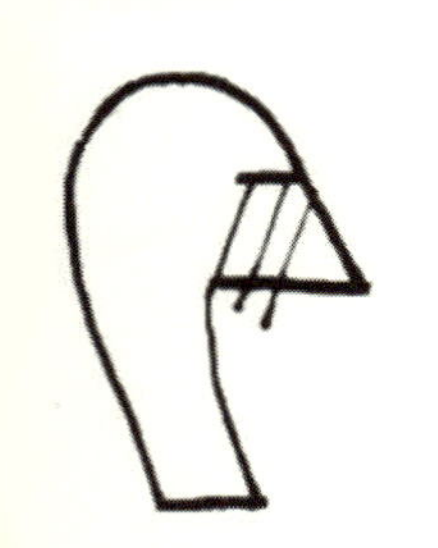

口」を表す表意文字
の原型。実際の向き。

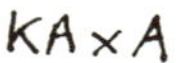

「口」を表す表意文字「KA」

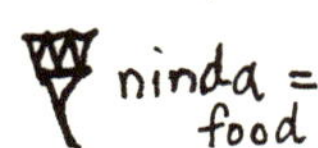

「食べ物」(ninda)、「水」(a)と組み合わせて用いられる。

「鼻」を意味する語「KIR$_4$」、「言葉」という意味の「INIM」にも使われ、意味や発音はそれぞれ文脈によって判断される。また、この「KA」という文字は〝囲み〟としての役割をも果たしており〔漢字の部首と類似〕、その囲みに小さな別の文字を入れることで新しい意味や音を表せるようになる。例えば、囲みの「KA」の中に「食べ物」を意味する語「NINDA」を小さな文字で入れると、「食べる」を意味する「GU$_7$」という新しい文字ができる。また、「水」を意味する「A」の文字を入れると、「飲む」を意味する「NAG」という文字になる。

前三〇〇〇年よりも古い最初期の文字は、まだ乾いていない固い粘土に先の尖った道具で、紙に鉛筆で書くのと同じようにして書いたものだった。当初は多少なりとも具象的であった曲線の多い文字も、そのうち葦の茎を筆記用に箸のような形に削った特製の尖筆を粘土書板に押し当てて刻まれる直線の組み合わせに簡素化されていく。さらに、文字の向きも変わり、用法と音価は飛躍的に増えた。進化した楔形の線は複数の線からなる文字となって粘土書板に刻まれた。それゆえ、粘土書板に楔形文字を記す作業は、書くというよりも判を捺すのに近い。楔の形という特徴は先の尖った筆記具で書く作業とは異なり、先端が平らな筆記具を押し当てることで刻みつけられる。こうした文字を十九世紀の解読者たちは「楔」を意味するラテン語「クネウス」(*cuneus*)から「楔形(の文字)」(cuneiform)と呼ぶようになった。尖筆の角を押しつけてできる楔の形は楔を打ち込むときの頭の部分とそこから延びる線で構成される。曲線をすべて直線

に置き換えることが当初の目的であったと考えられるので、こうした形になったのはおそらく偶然であろう。読む者が見ているのは尖筆によって穿(うが)たれた三角形の窪(くぼ)みであり、それが細長い楔のように見える。(3)大まかに言うと、尖筆の押しつけ方は横、縦、斜めの三とおりである。延びる線が斜め上や斜め下を向いているものもあるが、これは横押しの単なる変化形にすぎない。楔形文字はすべて、この五つの形の楔の組み合わせで成り立っている。尖筆をもった右手をわずかに動かしながら整然とした線が刻まれる。その向きの範囲を方位で言えば、原則として真西から真北ということになる。

楔形文字は左手では絶対に書けない。それゆえ、古代社会において左利きであるという不吉な兆候が現れてしまった書記志望の者は自らを叩き直さなければならなかったのは疑いない。人の生涯においては間々あることだ。「左手では書けない」のは経験上、確かである。私は博物館主催のワークショップで、楔形文字がはっきりした線で描かれたプリント(それにアイスキャンディーの棒と工作用粘土)を手に、数え切れないほど小学生たちの相手をしてきた。子どもたちは付き添いの保護者たちとは違って、たいてい複雑な形の文字に真っ先に飛びつく。そして、いつでも同じように、ほぼ七割の子が左手で書こうとする。そこで、私が「今度は右手で書いてみようか」と言うと、必ず「右手では書けないよ」という返事が返ってくる。そんなときには即座に「今まで楔形文字を書いたことがないのに、どうして右手で書けないなんてわかるんだい」と言い返すのが正しいのだ。

シュメール語には「よい書記は口に遅れをとらない」という言葉がある。話すのと同じ速さで書けるという意味か、単に筆記の正確さを述べているかのどちらかであろう。数本の楔だけで書ける文字もあれば、多くの楔で構成される複雑な文字もある。文字の形や構造、楔を刻む順序などは慣例によって決められ、若い書記たちは、今日で言えば漢字を覚えるのと同じように、苦心してそれらを学ばなければならなかった。

書板上の楔形文字はある意味、実際には存在していないのではないかと感じることがある。扱うべきものは書板の表面に刻まれた窪みにすぎず、その窪みが陰を生むのに十分な深さであれば、読み手はそれを認識するだけのことだ。書板の表面を縦横に這い回る蟻にしてみれば、それは細長く切り立った渓谷という危険地帯に出くわすようなことにすぎない。

初学者には残念なことだが、文字が楔形の線で構成されるようになるにつれ、見たままでわかるような文字はほとんどなくなり、三千年の時を経て、意味の手がかりとなるような元来の写実性をとどめている文字はほぼ消え失せてしまった。その中で明らかな例外は「麦の穂」だけである。後一世紀の粘土書板にも麦の形状だけは認別できる。

ハンムラビ法典は楔形文字を学ぶ三千七百五十年後の学生向けに書かれているようなところがある。その法文は構造的に反復が多く、奇妙な表現が繰り返し用いられており、実際に生きていた人々が実際に用いていた言葉で言い表した合理的な考えを法としてまとめたものであることがわかるまでに時間はかからない。遥か昔に死んでしまっている人々が現代に語りかけてくるのだ。

もし自分の何かが無くなったひとが、無くなった自分の何かを（他の）ひとの手中にあるのを取り押さえ、（もし）無くなった物が自分の手中で取り押さえられたひとが、「ある売手が私に売り、私は証人たちの前で買った」と言い、他方、無くなった物の所有者が、「私の無くなった物を知っている証人を連れてきた」と言い、（そして、もし）その買手が、彼に売った売手とその立会いのもとで買った証人たちを連れてき、他方、無くなった物の所有者が彼の無くなった物を知っている証人たちを連れてきたなら、裁判官たちは彼らの言葉を調べなければならない。またその前で購入が行われた証人たちと無くなった物を知っている証人たちは、彼らの知るところを神前で述べなければならない。その売手は盗人であり、彼は殺されなければならない。無くなった物の所有者は自分の無くなった物を取り戻すことができる。その買手はその売手の家から彼が支払った銀を取り戻すことができる。

もしその買手が彼に売った売手とその前で買った証人たちを連れてこず、他方、無くなった物の所有者が彼の無くなった物を知っている証人たちを連れてきたなら、その買手は盗人である。彼は殺されなければならない。無くなった物の所有者は彼の無くなった物を取り戻すことができる。

もし無くなった物の所有者が彼の無くなった物を知っている証人たちを連れてこなかったなら、彼は嘘つきで、（他人を）中傷した。彼は殺されなければならない。

『ハンムラビ法典』九—一一条（リトン刊、中田一郎訳）

この法典は当時、暗黙のうちに認められていた原則を成文化したものである。裁判官が実際にこの法典を引用し、一言一句その文言に基づいて裁いたという証拠はないし、ここで罪を問われている人が実際に死刑を宣告されたという証拠もない。ハンムラビ王のこの傑作は人々に行動規範を示した他の文章と同じく、石に刻まれていた。また、当時、日常的に用いられていた文字よりも古い形の楔形文字を敢えて使い、書かれている規範やそれを編纂した王権が永久不滅であることを伝えようとしている。その古めかしい書体も楔形文字の初学者には絶好の教材で、その明快で、洗練された文字にはかつての「絵文字」の痕跡を見出すことができる。

三年ほど休みなく努力すれば、辛抱強く耐えた信奉者にはすべてが明らかにされる。楔形文字が自然と読めるようになり、最初は苦痛だった楔の線も遥か昔に滅んだ世界への神秘の架け橋となる。その世界には私たちにも理解可能な同じ人間が暮らしていたのだ。私は楔形文字が備えるいくつかの点を念頭に、多くの人がアッシリア学を生活の一部とすることを強く推奨したいと思っている。楔形文字はたいてい以下の四とおりに使えるという愉快な点もそのひとつだ。

○表語文字（ロゴグラム）――ひとつの文字でシュメール語のひとつの単語を意味する。例えば、「KAŠ」の字は「ビール」、「LUGAL」の字は「王」を表す。
○音節文字――「BA」「UG」など、語を構成する音節を表す。
○発音の補助記号――文字の後や内側に書かれ、発音の手掛かりとなる。
○限定詞――語の前や後ろに置かれ、その語の意味を表す手がかりとなる。発音はされない。例としてその語が「木」に関係するものであることを表す「GIŠ」や「神」と関係する語であることを表す「DINGIR」などが挙げられる。

例えば、「AN」という字は「ディンギル」と発音されれば、シュメール語の「神」を表す表語文字ということになるが、そのまま「アン」と発音されれば、「アン」という音節を綴るために使われる表音文字ということになる。発音補助記号として使われる場合は、単語の語尾につく接尾辞「-an」という形で現れる。そして、限定詞の役割を担う場合には、この字そのものは読まれず、その後に神名が続くことを示している。つまり、文脈に従って、どの使い方で、どの読み方がされるのかを判断しなければならないわけである。

シュメール語の文章は表語文字（主に名詞）と音節文字（主に動詞と少数ではあるがその他の品詞）の組み合わせで構成され、時に限定詞がつけられている。発音補助記号はほとんどが複雑な文字の内側に置かれている。

アッカド語はほとんどが音節文字で書かれている。この前提をもとに、先のジェーン・オースティンの文章のようなものを綴るには、きゅうりをスライスするように単語を音節ごとに薄切りにする必要がある。きゅうりを例にすれば、cucumber を音節に分けると、*ku-ku-um-be-er* と表される。それぞれの音節はひとつひとつ楔形文字一文字で表され、その薄切りにされた音節が再び結びつけられて cucumber という一語となる。

楔形文字の大部分はこのように音節を表すために使われる。ほとんどの音節文字は「AB」「IG」「EM」「UL」「BA」「GI」「ME」「LU」といった単純なものだが、「DAB」「SIG」「TUR」などといったものも少なくない。「BULUG」「MUNSUB」など、あまり用いられない長い表語文字は音節文字として使われることはほとんどない。音節で語を綴ることは音節文字を覚えてしまえば難しくないが、問題はアッカド語が常に音節文字だけで書かれるわけではないということだ。メソポタミアの人々はアッカド語を書く際、本来シュメール語の単語を意味する表語文字を任意に使い、読むときには、その語に相当するアッカド語の単語に置き換え、格変化させて読むという特殊なやり方をしていた。このような置き換えは今日でも「$」記号の例がある。一般に「$」記号の意味は気にも留められないほど明らかであり、その内容を意識することなく、即座に「ドル」の音がその記号に当てはめられる。この置き換えの技法こそがアッカ

楔形文字の独特な性質（1）
ひとつの音に複数の文字が存在する。

ド語を記述する際の基盤であり、発音の補助記号はそれを補うために用いられる。

例えば、この本のテーマである〈箱舟の書板〉の主人公アトラ・ハシースの名は ^{m}*at-ra-am-ha-si-is* と綴られる。名の前には数字の「1」を表す楔形文字が発音されない限定詞としてつけられており、ローマ字で表記するときには「m」を上付きで記すことになっている（この「m」は英語のmanの略。男性人名の限定詞）。その後に「アト」「ラ」というように六つの単純な音節記号が続いている。

一方、「（おまえの）家を壊し、舟をつくれ」という有名なくだりは *ú-bu-ut* É *bi-ni* MÁ と綴られている。「É」と「MÁ」はシュメール語の表語文字で、文字そのものがひとつの単語を表すが、読むときには対応するアッカド語に読み換え、さらにそれを対格〔を〕の形にする。つまり「É」は「家」の意味で、「家」はアッカド語（対格）のビータム（*bītam*）、「MÁ」は「舟」の意味で、アッカド語のエレパム（*eleppam*）に読み換えられる。その他、「破壊せよ」[4]の「*úbut*」と「つくれ」の「*bini*」は音節文字で綴られたアッカド語である〔例文は「ウブト・ビータム・ビニ・エレパム」と読む〕。

音節文字で記すことそのものはさほど難しいことではない。英語の文章を表現するには子音を含む音節文字が少なくとも二百十文字あればことは足りる。五つの独立母音字（a／i／u／e／o）を二十一の子音字と組み合わせ、「*ab*」

○「太陽」の意味では「ウトゥ」(*utu*)と読む。
○「ディンギル・ウトゥ」(*Dingir utu*)と読めば、「太陽神」の意味。
○「ウド」(*ud*)と読めば「日」を表す。
○「ババル」(*babbar*)なら「白い」「輝く」の意味。
○「純粋な」という意味なら「ザラグ」(*zalag*)と読む。

この同じ文字がアッカド語では音節文字として以下の音価を備えている。

ud/ut/ut/utam/tam/ta/sa$_{16}$ */tú/pir/par/laḫ/liḫ/ḫiš*

楔形文字の独特な性質(2) ひとつの文字が複数の意味をもつ。

と「*ba*」、「*eb*」と「*be*」、「*ib*」や「*bi*」、「*ob*」や「*bo*」、「*ub*」や「*bu*」といった具合に、それぞれ楔形文字を探して表にしておけばいい。しかし、楔形文字は使いやすく簡略化されたりはしなかった。楔形文字には以下の三つの独特な性質がある。

楔形文字の独特な性質(1)

楔形文字では「*ab*」「*du*」といった音節を表す文字がひとつだけということはほとんどない。様々な歴史を経ていることから、同じ音の音節には常に複数の文字が存在し、その数が非常に多いこともある。例えば、「シャ」(*šá*)という音を表す文字には、少なくとも理論上、右上図の六つの文字がある。

ひとつの音に複数の文字が存在するからといって、その文字すべてが常に自由に用いられていたわけではない。ありがたいことに、多くの文字は時代や文書のジャンルによって音節としての使用は限られていた。

楔形文字の独特な性質(2)

ひとつの楔形文字がもつ音価はほとんどの場合、ひとつではなく、多くの音価をもつこともある。同じ文字でもシュメール語とアッカド語で音が異なる場合もある(上図)。

楔形文字の独特な性質（3）

最初期の書記たちは文字記述の規則が徐々に発展していく過程で、ひとつの単語を形成する複数の楔形文字を四角で囲むようになっていったが、囲みの中の文字の順番は決まっておらず、読むときに判断しなければならなかった。このような仕組みだと曖昧さを回避するのが難しい。そこで、時代が下がると、他の方法が現れる。一行にすべての文字が接して記され、単語と単語の間に隙間をつくらない方法であった。一般に、発達した段階の楔形文字は両端揃えで書かれ、行が自然に文字で埋まり切らないときは行に余白ができることになる。しかし、ニネヴェのアッシュルバニパル王の図書館で働いていたような書記は文章の体裁に気を遣い、文字を横に延ばしたり、歪めたりして余白をつくらないように工夫している。単語と単語の間に隙間がないことは初学者には信じ難いことだが、ひとつの単語が二行にまたがることがないのはせめてもの慰めであろう。

このような用法の特質に従い、楔形文字を解読するときには、まず書かれている文字がどの文字なのかを特定し、次にそれが表語文字なのか音節文字なのか、発音補助記号なのか、限定詞なのかを見分け、最後に、音節文字の部分はどの音が合うかを選ぶという手順が必要となる。書記の卵は若きアッシリア学者と同様、すべての楔形文字が複数の音価をもち、すべての音が複数の文字で表される可能性があるという事実、すなわち、「すべてが多価的」という事実をただ受け入れなければならなかった。もっとも実際は、文字の使い方には慣例があり、用法は限られていた。単語は多くの場合、音節文字で綴られたので、可能性が低い文字の綴り、ありえない組み合わせを排除して、文法上正しく、調和のとれた読み方をひと目で選択できるようになる。

メソポタミアの書記たちはその本当の初段階から単語表を作成する必要性に気づいていた。文字が発展し、広く定着していくにつれ、混乱を避け、正確に教えられるように、その文字が何という文字なのかを明確に規定しておくことは極めて重要であった。楔形文字は最終的には約六百字に整えられたことが知られており、それ以降メソポタミアの書記たちは皆、その六百字を使用した。文字の形はかなり簡略化され、似たような文字は同じものと見なされるようになっていく。時折、新しい音価が付け加えられることもあったが、文字が確立した後は、膨大な時の流れの中で大きな改革や変化がどう起こったのかを指摘するのはほぼ不可能である。新たな文字の考案は手に負えないほど文字が増殖しないように最初からはっきりと制限され、抑制されていた。それぞれの都市が独自に文字を考案し、自分たちの文字こそが正しいのだと主張し始めるようなことになれば、大混乱に陥ることを想像してのことだったのであろう。また、この優れた文字体系の原則が自然発生的に生み出されたとは考えにくい。この新しい道具の使用と普及に責任をもつ人々が集まり、何らかの〝首脳会談〟が開かれ、広く使われる文字表についての合意がなされたと推測される。

楔の形や字体のバランスは三千年間使われる中で変化しなかったわけではない。楔形文字学校の書き方の教師は常に広く認められている文字の形を熱心に奨励したため、書き手独自の筆跡といったものが入り込む余地はなかった。前二九〇〇年頃の初期の楔形文字は楔の形が長くほっそりしている。前一〇〇〇年紀のアッシリアの図書館員たちは文字の形やバランスについて完全に規定されたため、個々の書記が記した文字を相互に見分けるにはマイクロフィルムの写真を見比べなくてはならないほどである。一方、前四世紀のセレウコス朝時代の文字の形は、倒れる寸前のドミノのように後方に傾いている。

初期に誕生した単語表のいくつかは、時代が下っても、書記見習いたちによって繰り返し書き写された。例えば、あらゆる肩書きや職種を記した「名前・職業一覧」もそのひとつであり、多くの単語がすでに時代遅れとなっていたが、前一〇〇〇年紀末まで尊重されていた。文字だけを集中的に扱っている表もあり、文字が学びやすいように形に従って並べられていて、それぞれの音や構成、最後に意味についての分析がなされている。テーマごとに分けられた語彙表もある。例えば、木からつくられるもの、石でできているもの、動物、植物、神々といった分類で単語が集められている。楔形文字は文字の成り立ちや意味で分類するしかなく、今日では当然とされているアルファベット順での並べ方が可能になるまでには、さらに二千年ほど待たねばならなかった。

シュメール語の言語上の優位が崩れると、それぞれのシュメール語に対応するアッカド語の単語や、アッカド語訳が語彙表に含まれるようになった。そうした表はますます増えていき、ついには正しいと認められた文書集、書記養成学校の基本教材として長く使われる「基準文書集」といったようなものまで編纂されるにいたる。何世紀もの時が経ち、王朝が盛衰を繰り返す中、メソポタミアの文化的な屋台骨が傾き、動揺することもあったが、書かれた伝統は揺らぐことはなかった。筆記術の伝統は安定的に保たれ、楔形文字を用いてシュメール語やアッカド語で受け継がれてきた伝説集が永遠に残されることとなった。同じ単語リストを前三〇〇〇年から前三〇〇年までの長期にわたって使い続けることができたのはこのようなメソポタミア独特の慣習による。伝統は意識的かつ慎重に守られ、献身的な書記たちの手から手へ連綿と伝えられた。アトラ・ハシースの大洪水の後に神から与えられた知識はすべて、そうした書記たちの手に委ねられたのである。

書記の責務はそのようにして伝えられた知識を、手を加えたり書き換えたりすることなく、匿名のまま確実に伝えていくことであった。粘土書板が古ければ古いほど、その内容は高く評価された。この知識の継承の本質は単語表に具現されている。そこには、あらゆる単語と文字が論理的かつ参照可能な形で収められていた。

楔形文字は三千年もの間、シュメール語やアッカド語を記録するために使われたが、各地に移動したメソポタミアの書記たちによって、その発祥地域を遥かに越えて運ばれ、ヒッタイト語やフリ語、エラム語、ミタンニ語などを記すためにも使われるようになった。また、アッカド語は前二〇〇〇年紀には通信や外交、条約締結に使われる国際語として広く普及した。楔形文字の適応力と柔軟性ゆえに、シュメール語やアッカド語とは全く異なる言語でも音や文法、語彙を同じように記録することができ、やはり最終的には後世に伝えられることになった。その尖ったデコボコの外見と否定し難い複雑さにもかかわらず、楔形文字は文明社会で想像もできないほど長いあいだ、使われ続けた[5]。そして、アルファベットの文字体系に比べて遥かに面白味がある。

私はランバート教授とともにハンムラビ法典の最初の部分を読み、同教授の指導の下、バビロニアの悪魔祓いの呪文をテーマに博士論文を書いた後、三年間シカゴ大学のオリエント研究所で『シカゴ・アッシリア大辞典』の編纂に携わった。そして、その後、ありがたいことに、大英博物館の当時は「古代西アジア部門」と呼ばれていた部署に副部門長として雇われた。採用面接の担当者が見るからに恐ろしいディヴィッド・ウィルソン館長であったこともやはり「運命」の介入と言うべきだろう。後に知ったことだが、彼は楔形文字のことを「鶏が引っ掻いたようなもの」と呼び、日常文化としてのアッシリア学を明らかに軽蔑する姿勢を好んでとる人物であった。面接のとき、私は何かに突き動かされ、バーミンガム大学がオークニー諸島で行った発掘に参加したときのことを語り始めた。私は一か月もの間、無文字文明を皮肉りながら、発掘現場のトレンチの脇でだらだらと過ごしていたのだが、その発掘で唯一の発見らしい発見をしたのである。ある朝、漫然と移植ごてを動かしていると、驚くほど保存状態のよい美しいヴァイキングの剣がたまたま出土したのだ。現場にいた他の考古学者たちは皆、私が発掘したものを見て、身をよじって羨ましがった。しかし、私自身は何も文字が彫られていなかったため、その剣にはそれほど興味を引かれなかった。この話を面接でするると、デイヴィッド・ウィルソンは非常に興奮し、身を乗り出して専門的な質問をしてきた。当時は知らなかったが、彼はヴァイキング研究の世界的な権威である。私が楔形文字に携わる仕事を得ることができたのは、この発掘現場でのまぐれ当たりのおかげではないかという感覚は今でも拭い切れないでいる。私は「公職守秘法」に署名した後、表面に「紛失した場合、罰金二十ポンド」と刻字された国の文化財保管所に入るための重い鍵を手渡された。

大英博物館の粘土書板コレクションに所蔵されている書板の点数は信じられないほどであったし、今でも信じられないほどである。保管棚には天辺にビクトリア朝時代のガラスが嵌（は）め込まれた箱がところ狭しと並べられ、楔形文字の書板がおよそ十三万枚も収められている。そして、それぞれの書板には三千年にも及ぶ、素晴らしい楔形文字の言葉の数々が記録されているのだ。この上に何を望むことがあろうか。

第3章　言葉と人々

バビロンまで何マイル
六十と十マイル
蠟燭(ろうそく)、たよりで行けるかな
うん、帰って来るまで大丈夫さ
——作者不明

困難な問題に踏み込むことになるのはわかっているのだが、まずは楔形(くさびがた)文字の粘土書板が世界のどの地域で生み出されたのかを遅滞なく確認し（わが指導教授は「粘土書板は博物館で増殖している」と密かに信じていたふしがある）、その書板を生み出した古代シュメール人、バビロニア人、アッシリア人について考察すべきだろう。また同時に、古代メソポタミア人は実際に書板に何を記したのかという問題も重要である。

楔形文字発祥の地メソポタミアは非常に有名だが、現代の日常生活の中では頭の片隅に追いやられている地名である。メソポタミアという名はギリシャ語に由来し、「メソ」(meso)は「間」、「ポタミア」は「ポタムス」(potamus)で「川」を意味する(ヒポポタマス、すなわち「河馬」はギリシャ人が「河」の「馬」hippoと呼んだことに由来する)。かつて中学の教師は黒板に二つの川を描き、「バビロンまで何マイル」を楽しそうに口ずさみながら、向かって左をユーフラテス川、右をティグリス川と説明したものだ。しかし、かつては馴染み深かったメソポタミアという名称も第一次世界大戦以降、同じ地域を示す現在の地名イラクにとって代わられた。この二つの大河を表す名称は非常に古く、メソポタミアの歴史に次々と登場する一連の言語の中にそれぞれ見ることができる。すなわち、シュメール語ではブラヌン(*buranun*)とイディグナ(*idigna*)、アッカド語ではプラトゥ(*purattu*)とイディクラト(*idiqlat*)、ヘブライ語ではペラート(*perat*)とヒデケル(*hiddeqel*)、ギリシャ語ではエウフラテース(*euphrâtēs*)とティグリス(*tigris*)、アラビア語ではフラート(*furāt*)とディジュラ(*dijla*)である。

古代メソポタミアにおいてユーフラテス、ティグリスの両大河はエジプトのナイル河と同じく、まさに命の源であり、世界で最も優れた灌漑技術をもっていた古代メソポタミアの人々に肥沃な土地と富をもたらし、古代イラクは発見と発明、通商と政治が絡み合う世界の檜舞台となった。ティグリス・ユーフラテスの水を最初に手懐けた人々のことはわかっていない。しかし、レオナード・ウーリー卿が王墓を発見したことで知られるウル[1]を本拠地としていたシュメール人が早い段階から両河を利用していたことは確かである。前三〇〇〇年より遥か以前に、書くという行為を始めたのもおそらくシュメール人であり、また、第2章で見たように、発展途上にあった楔形文字で最初に自分たちの言葉を記録したのも彼らであった。メソポタミアに文字が誕生したことによって先史時代は終わりを告げ、文字による記録を通して出来事を知ること、すなわち「歴史」という言葉が意味をもつようになるのである。

今日では古代メソポタミアについて驚くほど多くのことがわかっている。古代の墓や建物、器や皿などを分析する考古学の成果によってわかることもあるが、滅びた文化をより深く理解するには文字資料が不可欠である。歴史の概要を知り、そこに登場する人物や出来事を詳しく描き出すには文字資料はなくてはならない。文字資料によって人々の日々の暮らしを知り、彼らの祈りや文学を読むことで、彼らの気質などを窺い知ることもできる。粘土書板は未焼成のものでさえ何千年もの間、地中で朽ちることがない。文字資料を通して古代メソポタミアを探求している者は古代の人々が粘土書板を記録媒体として選んだことに感謝すべきなのだ（発掘で幸運にも粘土書板が発見されたとき、未焼成のものは触れると濡れているように感じられる。しかし、一日、二日暖かい外気に当てれば固くなるので、そうなれば、心逸る碑文研究者に預けても大丈夫になる。地中から粘土書板を発見し、ジャガイモを収穫するように回収して、最初に目を通すときの興奮は言葉では言い表せない）。

粘土書板が保存性に優れていたことで、国のものであれ個人のものであれ、莫大な文書資料が残されることになった。そうした資料の多くは一時的な記録で、永久保存を意図したものではない。驚くべきことだが、古代において意図的に壊されたものや、すでに発掘されたものを除くと、作成された楔形文字の書板のほとんどがイラクの地下で今なお私たちを待っているということになる。いつの日かそれを掘り出し、解読しなければならない。

メソポタミアでの発掘が始まったのは一八四〇年代である。すぐに大量の楔形文字の書板が発見されたが、解読されるにはまだ長い時間が必要であった。初期の発掘調査隊の目的は聖書の舞台となった地域を発掘し、聖書に書かれていることを実証することにあった。発掘はオスマントルコ政府の許可を得て進められ、当時は出土物をロンドンにもち帰ることができた。このような現実の中で、アッカド語の楔形文字の解読が促され、アッシリア学が発展していった。良識的な考えをもつ人にとっては、楔形文字の解読は人類の偉大なる知的功績のひとつに数えられることであり、個人的な意見を言わせてもらえば、その功績を記念して郵便切手や冷蔵庫用マグネットがつくられてしかるべきことだ。エジプトのヒエログリフの場合と同様、解読には複数の言語が並記されている文章が不可欠であった。初期のエジプト学者たちにとってロゼッタストーンに記されていたギリシャ語の文章がヒエログリフ解読の鍵であったように、イランのベヒストゥンに古代ペルシャの楔形文字碑文が残されていたおかげで、前五〇〇年頃のバビロニアの楔形文字が徐々に解読されていった。それはペルシャ語碑文に付されたアッカド語の翻訳だったのである。また、エジプトの場合と同様、王族の名も記されていた。ヒエログリフの方にはエジプトのクレオパトラやプトレマイオスの名があったが、楔形文字の方には「ダーラヤワウシュ」という名があり、これがダレイオス（ダリウス）のことであった。古代の音節文字が実際にどのような仕組みになっていたのかを解明する糸口をこうした固有名詞の綴りが与えてくれたのである。

このような二言語並記の文章の助けがなければ、楔形文字はおそらく永遠に解読されないままであっただろう。最初に「ダ」「リ」などの文字が解読されたとき、アッカド語はセム語に属すのではないかと推測されていた。つまり、楔形文字の解読は当初から正しい方向へ向かっていたということであり、その後、解読は比較的速やかに進んだ。ここで重要な役割を果たしたのは古代ペルシャ語を解読したゲオルク・グローテフェント（一七七五―一八五三）と、ヘンリー・クレズウィック・ローリンソン（一八六四―一九二五）である。そして、最も重要なのはアイルランド人聖職者、不世出の天才エドワード・ヒンクス（一七九二―一八六六）が楔形文字研究に着手したことであった。驚くべきことに、彼はエジプトのヒエログリフを研究する上で役立つと考えて楔形文字に取り組んだのだという。ヒンクスは現代においてバビロニアの楔形文字の本質とその複雑な特徴を最初に理解した人であった。混乱が続いた要因のひとつはシュメール語とアッカド語の違いをどう説明するかであった。どちらの語も全く同じ文字体系で書かれていたからである。二十世紀に入ってもシュメール語は現実の言語ではなく、書記がつくった暗号と考える学者がいた。楔形文字には実際に暗号があるが、シュメール語のことではない。今日、古代バビロニアの言葉を読もうとするときには完璧な文字表、詳細な文法書、分厚い辞書などが助けてくれるが、シュメール語でも同様である。偉大な学者たちが何世代にもわたって築き上げてきた業績のおかげで、今日〈箱舟の書板〉を読み、問題なく英訳することができるのである。

古代メソポタミアで発展した大いなる文化は尋常なものではないが、現代社会がそこから被っている恩恵にはほとんど気づかれることがない。聡明な子どもは一度ならず、十進法の方がわかりやすいのに、なぜ分や秒などの時間の単位は六十進法なのか、円はなぜ三百六十度に分けられるのかといった質問をするものだ。その答えは古代メソポタミアにおいて文字体系とともに発展し、十進法に脅かされることなく、六十進法が好んで使われていたことに見出される。六十進法はメソポタミア人から、ギリシャの真面目な数学者を経由して今日に伝えられた。ギリシャの数学者たちは前一〇〇〇年紀末にバビロンの町とその記録に接し、あらゆることに六十進法が使われているのを見て、六十進法の潜在力に気づき、進んでそれを取り入れた。その結果が今日、私たちの手首を飾る腕時計というわけである。メソポタミアにおける考古学の功績には今後も高い地位が与えられるだろう。車輪や土器、町や宮殿、青銅器や黄金、美術品や彫刻などが地中から出土している。しかし、文字はすべてを変えたのである。

前三〇〇〇年よりも遥か昔から、遊牧民がメソポタミアの豊かさに惹かれてやって来ては定住し、平和的に先住民と混血していった。新しく定住した民族の中に初期のアッカド語を話す人々もいた。中世ヨーロッパのラテン語のように、アッカド語はシュメール語が完全に〝書き言葉〟となるまで、千年以上もの間、アッカド語のアッシリア方言やバビロニア方言という形でシュメール語と併用されていた。また、アッカド語は長く使用される言語の常として変化し続け、前一〇〇〇年紀末に別のセム語系言語であるアラム語に完全に取って代わられるまで、少なくとも三千年もの間メソポタミアの主要な話し言葉として使用され続けた。後二世紀、「ローマの平和(パックス・ロマーナ)」の範囲が広がり、ハドリアヌス帝が長城を築こうとしていた頃、メソポタミアでは楔形文字で読み書きをしていた最後の人々が死に絶え、その類稀なる尊き文字体系は十九世紀に鮮やかに解読されるまで歴史の表舞台から消え去ることになる。

　前三〇〇〇年紀のシュメールには有力な都市国家がいくつも生まれたが、その国々は友好的な協調関係を築けなかった。後の歴史家たちを喜ばせる史上初の帝国が生まれるにはアッカドの王サルゴン一世という政治的天才の登場が必要であった。サルゴンは前二三〇〇年頃、メソポタミアを遥かに越え、現イラン、小アジア、シリアにまたがる帝国を築き上げた。バビロンの町の近くにあったと考えられる首都アッカドはアッカド語やアッカド人といった言葉にその名を残している。

　サルゴン帝国の崩壊後、シュメール文化が復興し、アブラハムの故郷としてその名を知られるウルの町が台頭する。ウル・ナンムやシュルギといった力のある王が続き、前二〇〇〇年頃には統治も安定し、通商も盛んになった。音楽や文学、芸術も蔑ろ(ないがし)にされることなく、そうした文化的な功績も誇れるほどのものになっていた。

　その後、西からアモリ語を話すセム系の民族が侵入して、新しい王朝が次々と起こり、覇権を握る町もイシンからラルサ、そして最終的にはバビロンへと移っていく。第2章で述べたように、バビロンは前十八世紀にハンムラビ王が金字塔とも言える法典を編纂した町である。時代が下ると、イラク北部でアッシリアが広大な帝国を打ち立てた。サルゴン二世、「家畜を襲う狼」とバイロンの詩に謳われたセンナケリブ、多くの文書を収集したアッシュルバニパルなどの高名な王たちの下、アッシリアの軍隊は困難をものともせず、次々と領土を拡張し、征服した民に朝貢を課した。バビロニアは侵入してきたカッシート人を撃退し、最終的には東部で勢力を拡大していたメディア王国と協力して、アッシリアを滅ぼす。前六一二年のニネヴェ陥落で、世界は決定的に変わり、ナボポラサルやネブカドネツァル二世などが統(す)べる新バビロニア帝国への道が整えられた。特にネブカドネツァル二世は本書で重要な役割を果たす。前五三九年、メソポタミア出身では最後の王ナボニドスがアケメネス朝ペルシャのキュロス二世に敗れ、その後、アレクサンドロス大王やセレウコス朝の王たちがこの地にやって来るようになり、古代メソポタミア世界は終焉を迎える。

＊　＊

文字体系が発展し、ひとたび成熟が達成され、帳簿以外にも使われるようになると、ますます自由に、創造的な文章が書かれるようになった。前三〇〇〇年紀前半に重要な語彙集がつくられると、ほどなくしてシュメール語による初期の説話物語や王の碑文が登場し、前三〇〇〇年紀最後の数十年までには膨大な量の行政文書とともに個人の書簡なども作成されるようになっていた。前二〇〇〇年以前にアッカド語の文書が作成されることはほとんどなかったが、やがてシュメール語でもアッカド語でも数多く文学が生み出されるようになり、呪術や医学に関する最初期の文書や、広く普及していた予言や占いに関する文書も現れ始めた。膨大な量の経済文書や公的な記録も含め、こうした文書そのものが成文化された法令集の中で意味をもつようになっていった。

神や人間が活躍する人気の高い物語は遥か昔から口伝で伝えられてきたが、前二〇〇〇年以降は、そうした物語が熱心に書き留められるようになった。シュメール語が話し言葉としては曖昧で不明瞭なものになるにつれ、多くの古典的な文章が語彙集の助けを借りて逐語的にアッカド語に訳されていった。讃歌や呪文、物語などが両言語で書かれるようになると、古代の優れた学者たちは所属する学院の落ち着いた環境の中で精緻な文法研究に力を注ぎ、言語学的には全く異なるシュメール語とアッカド語が比較、分析された。古バビロニア時代の子弟教育の問題集は最も興味深い文書のひとつだろう。そこからは楔形文字の読み書きや実用数学を教える教育課程についての情報が得られ、勉強に集中しない生徒の実態や、教師の指し棒が大いに活躍していたことも窺い知ることができる。

商人や貸金業者の記録は十九世紀の〝非公式の〟発掘などで多くが散逸してしまったが、今日までに多くの学者たちが協力し、結婚、出産、死についての厳粛な記録や、品物の市場価格などが詳細に復元されている。こうした記録を残した人々は今日私たちがしていることを知ったら仰天することだろう。また、何より驚かされるのは、前一〇〇〇年紀には実際に図書館員に整然と管理された楔形文字文書の「図書館」があり、壁に設置された棚に系統立てて分類された粘土書板が保管されていたことだ。前一〇〇〇年紀末にはバビロニアの言語も文字も一部地域でしか使われなくなっていたが、占星術や天文学の分野では、ますます複雑な著作が伝統的な楔形文字を使って生み出されるようになっていった。

今日では貴重な楔形文字の粘土書板だが、古代においては用が済めば捨てられるか、土地造成のための資材として再利用される運命にあった。それゆえ、考古学において年代推定が可能な破壊層の中に粘土書板が封じ込められて発見されることは滅多にない。発見される粘土書板の数は時代が下がるほど増えていくが、アッシリア学ではその分布や稀少性が取り沙汰されることはほとんどない。そのようなデータを分析しても、たまたま残っていたというだけのことだからである。

最も有名な楔形文字文書の図書館は、アッシリア最後の偉大な王で、書物愛好家でもあったアッシュルバニパル王（前六六八―六三一年）の図書館である。過去から受け継がれた文書をすべて集めたいと王が望んだため、図書館員たちはニネヴェに建てられた最先端の王立図書館に新旧の粘土書板を収蔵すべく探し求めた。その蔵書は今では大英博物館の粘土書板コレクションの誇りであり、喜びだが、空中庭園やアレクサンドリアの灯台などの古代の世界七不思議を遥かに凌ぐ、本物の古代の驚異である。アッシュルバニパルから「文書」探査官たちに宛てた命令書が残されている。彼らは南方のバビロニアにまで遣わされ、興味深い書物は何であれ、まだ王立図書館に収蔵されていなければ、借りる、盗む、略奪するなど、あらゆる手段を講じて手に入れるよう命じられている。


〈シャドゥヌへの王の命令〉

余は息災である。安堵せよ。

この粘土書板を読んだらその日のうちに、シュマ・ウキンの子シュマヤ、その兄弟ベル・エティル、アルカト・イリの子アプラヤ、汝の知るボルシッパの学者らに知らせ、彼らの家にある書板、エジダ神殿に収められている書板をすべて集めさせよ。書板を含め、王のための護符、ニサンヌの月（第一の月）の川清めの護符、タシュリトゥの月（第七の月）の川のための護符、水撒き礼の館、スンの託宣の川に関する護符、王の寝台の枕元と王の寝台の足に置く四つの護符、王の寝台の枕元に置く「ヒマラヤスギの武器」、「エアとアサルヒがともに知恵を合わせるように」というまじない文書、また、抜粋や一行だけのものであっても「戦争」についての記述はすべて、「戦争で矢が飛んでこないように」するための文書、「開けた土地を歩く」、「宮殿に入る」、「手をあげる」ことに関する教え、石のための碑文……王権にふさわしい碑文と、「村の清め」、「目まい」、「不安を除く」、その他にも、その場にあってアッシリアにないものがあれば、宮殿に必要なものはすべて、汝の知る貴重な文書はすべて集めよ。それらを探し出してもち帰れ。たった今、神殿の執事と市長にも書き送ったところである。汝が入った家では、何人も汝に書物を渡すことを拒むことはできない。また、ここに書かれていなくても、宮殿にふさわしい書板や祭儀についての文書を見つけたら、すべて手に入れて、余のもとに送らねばならない。

アッシュルバニパルはバビロニア方言のアッカド語で書かれた書板を嫌ったので、首都には熟練の書記が部屋いっぱいに集められ、王のためにもたらされた書物をアッシリア方言に書き換えるために昼夜を問わず働いていた。やがてニネヴェの図書館は、それ以前のメソポタミアでは他に類を見ないほどの蔵書をひとつところに抱えるようになったが、これはある意味、アレクサンドリアの図書館(2)の基本的な考え方を先取りしたものと言えるだろう。

アッシュルバニパルの図書館で一週間過ごせるとしたら、どのようなことになるだろうか。すべての文書や粘土書板が〝全巻揃って棚に収められている〟状態は楔形文字の解読者には何よりも心躍る光景であろう。『ギルガメシュ叙事詩』が第I書板から第XII書板までひと揃いで並んでいる。割れた書板などというものは許されない。運悪く割れてしまっても、すぐに修復され、すべてが完璧な状態で閲覧できるのだ。まさに夢のような世界である。しかし、現実には書板が完全な状態で発見されることはほとんどなく、アッシリア学者は割れた破片や消えかけた文字、〝結末がわからない〟物語と生きていかなければならない定めである。アッシュルバニパル時代の学者たちは、例えば、不吉な出来事を知らせる書簡が王に届けられ、そこに書かれた難解な表現をどう解釈すべきか相談したいと思ったら、図書館の書棚から⑴標準的な解釈が書かれた書物、⑵帝国南部のバビロンやウルクなどの様々な地方版、⑶あまり「正統的でなく」、さらなる調査が必要な曖昧な地域の地方版を調べる。それらをすべて読んでしまったら、⑷解明の手がかりとなるような素晴らしい考えが記された熟練の占い師による多くの解説書があった。こうした書物をいくらでも参照することができたのである。また、図書館員たちは状態のよい書物を探す努力を常にしていたが、時には断片しか残っておらず、扱いに特別な注意を要するような大昔の貴重な書板に当たらなくてはならないこともあっただろう。今日、私たちが見ることができるのはこうしたあらゆる種類の蔵書のうちのほんのわずかであり、文字を識別し、言葉の意味を理解することだけを考えていればよいという当時の状況を想像するには大きな発想の飛躍が必要になる。しかし、アッシュルバニパル王が最良の状態の書板をすべて集めようとしていたということは、十九世紀中葉に西洋の楔形文字解読者が最初に目にした文書は、当時掘り出すことができたはずの書板すべてのうちで、最も完全に近く、最も読みやすいものであったということを意味する。

前六一二年にメディアとバビロニアの攻撃でニネヴェが陥落し、宮殿などの建物は略奪され、火をかけられた。しかし、この火災も粘土書板を管理する図書館員には紙の巻物を管理していたエラトステネス〔前三世紀アレクサンドリアの研究機関ムセイオンの館長〕ほどの災厄ではなかった。十九世紀にアッシュルバニパル王の書板が発見されたとき、何千もの割れた破片の大部分は保存状態がよく、火で焼けて煉瓦（れんが）のように硬くなっていたとヘンリー・レイヤードは楽し気に伝えている。そうした破片は何千年もの間、後世の忍耐強いアッシリア学者によって解読され、繋ぎ合わされるのを待っていたのである。幸運なことに、多くの場合、アッシュルバニパルの蔵書には複数の写しがあるため、完全な状態で残っている書板がひとつもない場合でも全文を完全に復元できるものもある。ジョージ・スミスが最初に発見し、翻訳した「アトラ・ハシース物語」のアッシリア語版の断片と、『ギルガメシュ叙事詩』もこの図書館の蔵書であった。

＊　＊

世界中の博物館やコレクションに収められている書板の数からすると、研究すべき楔形文字資料が足りなくなるのはまだ当分先だろうし、そもそも楔形文字の研究者の数は常に不足している。楔形文字の解読がなされて以降、十九世紀にはこの分野の学問レベルは非常に高く設定されていた。学界の真の巨人たちは通常、ドイツで集中的に英才教育を施された人たちであったが、アッカド語を目にする前に、ラテン語、ギリシャ語、ヘブライ語、アラビア語、コプト語、エチオピア語、シリア語、アラム語を習得していた。その上、他の分野でも抜きん出ており、その理解力の早さと深さは驚くべきものであった。私が一九七六年にシカゴで働き始めたときのこと、当時『シカゴ・アッシリア大辞典』の編集者だったエリカ・ライナーがこの分野の最後の巨人、ベノ・ランズベルガーやレオ・オッペンハイムといった彼女の前任者たちのことを話してくれた。彼らは一八五〇年から出版され始めた楔形文字のテクストをすべて読破し、そればかりかすべての文章を暗記していたという。今日のように楔形文字の書物、記事、テクストが絶えず出版され続けている状況では、そのような離れ業は人間の能力を超えたものになる。その結果、現代の学者は自分の専門を何かひとつの言語や時代に限定するようになり、ますます視野が狭くなってしまう。爪を磨きあげるように狭い範囲に集中し、「自分はこの分野の専門家」と言いた気(げ)な客員研究員をときどき見かけるが、そのような考えの研究者はランバートの研究室ではたいそう冷ややかな目で見られ、嘲笑の的となった。〝真の〟楔形文字研究者なら、どの言語で書かれていようと、テクストはすべて、しかも素早く読むことができるはずと考えられていたからである。このランバートの考え方は大英博物館に勤めるようになってから大いに役立った。そこではまさに、すべての楔形文字を素早く読むことが求められたからである。

それでは、大英博物館での仕事とは実際にはどのようなものだろうか。まず、部屋を埋め尽くす楔形文字の文書について概観するのがよいだろう。文書は大きく五つに分けられる。公的なもの（国、王、政府、法律に関するもの）、私的なもの（契約、相続、商取引に関する文書や手紙類）、文学（神話、叙事詩、物語、讃歌、祈りなど）、参考資料（文字表、辞書、数学の表など）、知的専門書（呪術、医学、占い、数学、天文学、占星術に関する書物や文法書、解釈書など）の五つである。

書板には程度の差こそあれ、一枚一枚すべてに情報が含まれている。この本の主題である〈箱舟の書板〉のように、一行ごとに驚くべき内容が伝えられているものもあれば、広範囲にわたる研究の一部としてだけ役立つものもあるが、時には二、三文字しか書かれていない断片がテクストに関する一世紀も続いた議論に決着をつけることもある。書板を十分に読み込むことは水を含んだスポンジを絞るようなものである。絞れば絞るほど、そこから得られるものも多い。毎日している作業ではあっても、楔形文字で大昔に書かれたこととの出会いはいつでも胸が躍る瞬間だ。率直なところ、今日まで残されている言葉はどれも素晴らしい。サミュエル・ジョンソン博士風に言えば、粘土書板に飽きた者は人生に飽きたということなのである〔ジョンソンは十八世紀の詩人。「ロンドンに飽きた者は人生に飽きているのだ」と言った〕。

私は日々喜んで楔形文字を読み続けて、ほぼ四十五年になる（アーロ・ガスリーなら、「誇らしく思っているわけではないが、いやになっているわけでもない。あと四十五年だって読んでいられるさ(3)」と歌うところだ)。長く書板に接するうちに、これらの文書を大昔に実際に作成した人それぞれについて、ある考えが徐々にだが、しかし避けがたく、形をとり始めた。私たちは彼らが書いたものを手に取り、その言葉や考えを読むことができる。しかし、ある詩人が「塵がごちそう、土が彼らの食べ物」〔「イシュタルの冥界下り」の一節〕と歌ったような、ぼんやりと実態のない人々の個性を捉えることは可能なのだろうか。この疑問は最終的には「古代メソポタミアの人々も私たちと同じような人間なのだろうか」という問いに収斂されていく。この問いは極めて重要だと私は思う。

学者や歴史家は古代文化は遥か彼方の世界のことと強調したがるものだ。時代が古くなればなるほど、確認できる類似性の痕跡は少なくなるという暗黙の了解があり、通常、私の子どもじみた問いなどは全く無視される。そうした概観の末、自分たちの祖先をある意味〝枠にはめる〟ようになり、時を遡るにつれ、その硬直したイメージは飛躍的に大きくなっていく。その結果、ビクトリア朝時代の人々といえば、性的な事柄について大袈裟に狼狽えてばかりいたと考え、古代ローマ人は一日中トイレと床下暖房のことばかり気にかけ、古代エジプト人は自分の埋葬の準備について思いを巡らしながら、手を前に掲げて歩き回っていたなどという枠に嵌めてつくった究極の型紙人形ができ上がる。さらには、洞窟で暮らしていた人々は、唸り声を上げ、絵を描き、木の上で暮らしていた頃を懐かしみながら生活していたといった具合だ。このような暗黙の思考過程を経た結果、古代どころか近代以前のすべての時代について、薄っぺらで中身のない操り人形のような人々が暮らしていたと考えるようになってしまい、身近な人の場合には人間として当然のことと考えるような特徴をすべて、複雑さや駄目な部分も含めて過去の人々から剥ぎ取ってしまうことになりかねない。今生きている自分たちが〝本当の〟人間であり、過去の人々は未発達で、おそらく知的にも劣っていたと考えることは簡単だし、その方がおそらく居心地がいいということなのだろう。帰宅途中のバスの中の普通の乗客のように、身なりや外見で過去の人々それぞれを識別できないのはもちろんのことではあるのだが——。

粘土書板に囲まれて数十年過ごした後、私は過去から浮かび上がってくる人々を自分たちから隔てている壁は、果たして正しいものなのだろうかと考えるようになった。ひとつには、話はここ五千年のことにすぎず、地球レヴェルで言えば、ほんのわずかな時間のことであり、そうした時間軸の上では生物の進化などのカタツムリのようにゆっくりとした進歩は全く感知されないものである。前六〇五年から五六二年の間にバビロニアを支配したネブカドネツァル二世に至っては、その即位は本書出版のほんの二千六百十八年前ということになる。

*

*

この時間的隔たりを視覚的に捉え、かの古代の王をより身近に感じられるようにするにはどうすればよいだろうか。例えば、七十五歳まで生きた人の生涯を時間軸の上に一直線に並べると、三十五人で二千六百二十五年になる。つまり、ネブカドネツァルが王だった時代に生きて呼吸をしていた人と私たちの間には、映画館に入る順番待ちの列のように連なった三十五人分の「揺りかごから墓場まで」の人生があるにすぎないとも言える。そう考えると、ネブカドネツァルの時代は想像もできないほど遠い過去のことではなくなる。また、古代バビロニアの人々が非常に正確な天文学を日々の生活に取り入れていたことを考えると、私たちが彼らより頭がよいと自惚れることなど到底できない。古代メソポタミアにも天才は存在したし、愚か者もいたのである。

古代の人々のことを同じ人間として身近に感じ、理解できると思えるかどうかは、彼らが残した文書に対する解釈の仕方に多大な影響を及ぼす。古代メソポタミア人の考え方は遠い昔の理解し難いことと決めつけてしまうようなことはしたくない。しかし、古代との距離はたびたび強調される。それは宗教に関してとりわけ顕著である。私は人間が生まれつきもっている〝ソフトウェア〟は共通しており、その表面が地域性や伝統などの様々な化粧板で飾られているだけで、それは現代の人々と全く同様に、古代中近東の人々にも当てはまると思っている。生きていく環境はその人の人間形成に大きく関わり、場合によっては圧倒的な圧力にもなる。生活する共同体が閉鎖的であればあるほど、そこに暮らす人々は共同体の意向に従っているように見えるが、大きく見れば、そのような違いは上辺のもので、儀礼的で、ある意味、皮相的なものである。オースティンの『自負と偏見』を例に考えてみよう。登場人物たちは当時の社交的でわざとらしい振る舞いや行動規範、宗教的な慣習などのため、表面上、現代人の目には奇異に映る。しかし、「動機」や「言動」、「人間性」に関しては、あらゆる点で現代人と同じようなものである。現代人がタイムスリップで過去に行っても同様だし、シェイクスピアやチョーサーはもちろん、民衆ラテン語で書かれたヴィンドランダ書板〔イギリス最古の手書き文書。一―二世紀〕やアリストファネスの登場人物についても同様で、紀元前についてはすでに述べたとおりである。人間は表面的には無数の姿をしているとしても、ひとつの種族なのである。私の考えでは、古代に楔形文字を書いた人のことは、その人を近く感じられる正しい向きで望遠鏡を覗かなくてはならないのである。

古代メソポタミアの人々がどれほど理解できる存在であるかを粘土書板が示してくれるとしても、与えられる情報は当然のことながら常に不完全である。すべての人の声というにはほど遠い。残されている楔形文字文書は公的な文書が多く、型どおりで慣習にとらわれたものがほとんどで、創意に富んだものはほぼなく、情報操作されているものも多い。例えば、アッシリアの軍事遠征については土製の立派な角柱碑(プリズム)文に、多くの戦利品を獲得し、自軍の犠牲は少なく、特に大きな障害もなく勝利を収めたと記されている。しかし、歴史家なら、このような記録は現代の新聞や雑誌の報道などを読むように行間を読む必要がある。

日常生活に関わる文書は公的なものに比べると、率直で堅苦しくなく、気取りがないので、豊富に情報をもたらしてくれる。そうした点で最も役に立つのは間違いなく「書簡」と「格言」である。

かなりの数の私的な書簡が残っている。その種の粘土書板は手のひらに収まるサイズなので、特に丈夫で、大きな書板と比べて壊れにくいからである。私的な書簡は商人の間で取り交わされたもので、品物の搬送や支払いの遅延など、苛立ちを含んだ内容で、思わず興味をひかれてしまうものも多い。[4]「あなたのことを心配しています」などと愛想のいいことを言ったかと思うと、「兄弟分と言っていたじゃないか」と皮肉まじりの甘い言葉と脅しを織り交ぜた文面がやり取りされ、「もう書板を送りました」と言って、手紙はすでに投函されているという、いつの時代も変わらない言い訳が際限なく続く。

書簡は人々の日常生活を見事に描写してくれる。〝お金〟や抵当のことで頭がいっぱいな人もいれば、商売や病気のこと、後継ぎがいないことに悩んでいる人もいる。肩越しに覗き込む気楽さで、特定の人に親近感を感じたり、〝手紙の向こう側〟で苛立ったり、策を弄したりしている人に仲間意識を抱く瞬間があったりする。

楔形文字で書かれた書簡はどのようにやり取りされていたのだろうか。書板は重たく、嵩(かさ)張るため、作成には時間がかかった。したがって、仲間や商売敵(がたき)への書簡は別の町に送られるのが普通であった。同じ町にいるのであれば、直接会って話す方が早い。書簡を送るときには、まず熟練の書記に内容を書き取ってもらうことから始まり、それがA市からB市に届けられれば、受け取り手の方もその内容を書記に読み上げてもらわなければならない。このことはほとんどの書簡が字義どおりには「○○へ話せ。△△と言え」という言葉で始まっていることからも明白であり、「手紙」を意味するアッカド語「ウネドゥク」も「彼に言え」という意味のシュメール語「ウ・ネ・ドゥグ」から来ている。今日では流れるように手紙を書き取ってもらうなどということはほとんどの人に馴染みがないので、「始まりは『あのインチキ野郎へ』、いや、待て、待て。『太陽神のご加護がありますように』とするかな。ふん、むしろ呪われろと言いたいところだが。いや、いい。続けよう。『貴殿の粘土書板、拝見いたしました』」などと言っている商人の様子は想像するしかない。経験を積んだ書記が椅子に座って忍耐強く話に耳を傾け、要点を手早く書き留め、最終的にあるべき形の書板の手紙に仕上げていた。その後、戸外の塀の上で暖かい空気にさらして乾燥させた後、書板は配達人の「郵便鞄」に収められただろう。

送り手は自分が書く手紙の背景がわかっているが、今日それを読む者は多くの場合、それを知らない。また、送り手は返事を受け取るが、現代の読み手が返答を知ることはないのが普通である。

書簡のやり取りを読む場合は、綴り、語形、文法、イディオム、使用された文字、筆跡など、あらゆる情報をそこから引き出しておく必要がある。スポンジをさらに絞れば、明らかな事実以上のことも読み取れる。また、様々な可能性を考えながら、多くのことを推測することも重要である。例えば、その手紙を出したきっかけについて考えたり、書き手個人についてはもちろんのこと、当時の交易や社会状況、犯罪や風紀の乱れなどについて、どのようなことが読み取れるかを推測する必要がある。このような推論は当時の常識がうかがえるような同時代の文書から引き出される。

シャーロック・ホームズが「命の書」という雑誌の中で詳しく述べている原理もまた役に立つ。

著者は言う。「論理的な思考をする人というのは大西洋やナイアガラの滝のことを見たり聞いたりしなくとも、一滴の水からそれが存在するという可能性を推論できるのだ」

コナン・ドイル『緋色の研究』

経験上、アッシリア学ではこのナイアガラの原理はかなり有効である。好例はバビロニアの外科医療だ。医学に関する文書に外科的な処置が記されていることはごく稀だが、白内障の処置にナイフが使われていたことや、肋骨の間を切開し、感染部を胸腔から取り去る処置について書かれた文書は存在する。しかし、バビロニアの医療は砂漠の向こうのエジプト医学の水準にはとてもではないが及ばない。外科手術について記した「エドウィン・スミス・パピルス」は怪我や傷に対するエジプト人の驚くべき治療法を今に伝えている。しかし、これは奇妙なことではないだろうか。強大なアッシリア軍は常に戦場にいたのだ。アッシリアのある政治条約[5]の抑止条項には、戦場で傷を負うという現実に対し、自分でもできる応急処置として、「敵に刺されたら、あるだけの蜂蜜、香油、生姜、ヒマラヤスギの樹脂を傷口に塗れ」と記している。

何世紀も受け継がれ、実践されてきた医療の知識は相当なものであったはずだ。止血、矢の摘出、傷の縫合、熱したピッチ〔石油やタールを分留した後に残る黒い滓〕を使った緊急切断手術なども行われただろう。傷を負った兵士に治療を施す意味があるかどうかを判断する必要もあったはずだ。これらはすべて理に適っている。しかし、知られている限り、治療に関する文書には一切記されていない。したがって、軍隊で必要な医療の知識は文書ではなく、経験者から実践を通して直接伝えられたか、そのような文書がまだ見つかっていないのだと推測するしかない。個人的には、まだ見つかっていないのだと思っている。

ホームズのナイアガラ理論に戻れば、アシュルの図書館にはアッシリアの首都で暮らす有能な書記が作成した医療に関する文書の一覧が収められていたはずということになる。その書記はあまりに不完全でもどかしい文書名をその文書の冒頭に従って以下のように記していただろう。

もし人が剣か投石の石によって……
もし人が舟の前で……

この失われた書板には病気や悪魔のことではなく、間違いなく負傷のことが扱われていたはずである。戦場や作業現場での怪我、雄牛の角で突かれて負った傷などのことがそこには書かれていた。つまり、古代エジプトと同様、メソポタミアでも怪我について書き留められていたことの一端がそこに垣間見えるのである。いつの日か、そうした書板が発見されるとよいのだが。

古代人も同じ人間であることが最も豊かに読み取れる言葉の水脈は格言や知恵文学が書かれた文書である。そうした文書は書記学校の基本教材であり、驚くべきことに前三〇〇〇年紀に遡るものもある。まともな若者なら、もどかしさのあまり身悶えするような修辞表現をシュメール人は多用した。

遥か昔、かの遠い日に
遥か昔、かの遠い夜に
遥か昔、遥か彼方に過ぎ去った歳月の中に
遥か昔、ひとりの賢人、巧みなる言葉をそなえた賢い男がこの国に住んでいた。

シュルパク生まれの男、その賢人、巧みなる言葉をそなえた賢い男がこの国に住んでいた。

シュルパク生まれの男は息子に教訓を授けた。

シュルパク生まれの男、ウバル・トゥトゥの息子は自分の子ジウスドラに教訓を授けた。

「息子よ、お前に教訓を与えよう。私の教訓を受け取れ。

ジウスドラよ、お前に言葉を聞かせよう。その言葉を心に留めよ。

私の教訓を心に留めよ。

私の話す言葉に背いてはならない。

年寄りの教えは貴重であり、それには従わねばならない。

……


この「シュルパク生まれの男」[6]は大洪水以前の最後の町の統治者であり、呼びかけている息子ジウスドラは聖書の「ノア」に相当するシュメールの人で（後述）、命を救うための箱舟を建造し、永遠の命を手に入れる。この後には箱舟やその建造とは何の関係もない農業文化を背景とした処世訓が続いている。翻訳したベント・アルスターによれば、「人からの報復を受けるような行為は一切行うべきではないという〝穏健的利己主義〟」の倫理観がそこでは強調されている。この価値ある文章は非常に重用された。最初の文書として現れるのは前三〇〇〇年紀中葉のことだが、その後、アッカド語に訳され、前一〇〇〇年紀のアッシリアやバビロニアでも読み継がれていた。現代人にも参考になる。

格言やそこから派生する知恵の言葉はシュメール語とアッカド語で広まったが、簡潔で、冷笑的で皮肉のこもった「警句」の場合、当然のようにしてシュメール語のままで流布していたようだ。「結婚している女性と笑い合ってはならない。中傷の力は強い」などは痛ましさを伴う例であろう。「処女」を表す「キスキラ」という語は字義どおりには「純粋な場所」を意味し、歴史が始まる頃、女性は結婚時には処女でなければならないと考えられていた。前一八〇〇年頃に裁判人の前に引き出されたバビロニアの遊び人は「私は彼女と性交渉をもっていないと誓います。私のペニスは彼女の膣に入っていないと誓います」と証言している。このような重要でない細部に興味をそそられてしまうのはもちろんこれが最後にはならない。メソポタミア人は中傷されることを常に恐れていた。それは当時の重大事のひとつで、中傷は「悪魔に往来で指差されること」と表現された。しかし、中傷された者は色をつけた粘土細工の舌に力を込めた言葉を書き、それを川に投げ入れることで対処することもあった。エサルハドン王もニネヴェから出土した前七世紀の手紙の中で、「口伝の格言に『裁判の場では罪を犯した女の言葉はその夫の言葉よりも優先される』とある」と思案している。しかし、バビロニアの古い知恵文学には、「愛するな、男たちよ、愛するな。女は危険だ、危険な穴、落とし穴、溝だ。女は男の喉元を切り裂く鋭い鉄の短剣」という忠告もある[7]。このような古代の言葉について、あれこれ思い巡らすのは楽しいものだ。

書記という職業については何がわかっているのか

残念ながら、書記について詳しいことはあまりわかっていない。どの時代でも書記はほとんどが男性であった。おそらく書記の家系といったものがあり、書記になる正規の教育を受けられるのは、そうした家系に属す者に限られていただろう。古代メソポタミアで書記になるには厳しい訓練を受けなければならなかった。粘土書板の教科書は前一七〇〇年頃の古バビロニア時代のものと前五〇〇年頃の新バビロニア時代のものが特に多く出土している。また、教室での出来事について一連の愉快な物語がシュメール語で書かれている。そうした物語は今読んでも当時と同じように楽しめる。きちんとした書板のつくり方から始まり、それだけでも容易なことではないのだが、楔の形、文字、固有名詞、語彙集、文学、数学、綴り、契約書の手本などを日々厳格に学ぶ。そのような訓練によって、書記の家系に生まれた男子の将来の素地がつくられていく。この段階になれば、思いどおりに単語を綴ったり、文章を書いたりすることが技術的にはできるようになり、多くは書記を生業として、町の門で様々な客に対応して、仕事を得ていたと考えられる。土地を売るときや、娘を嫁がせるときなど、ちょっとした文書を作成する必要があるとき、人々は町の門に赴き、書記にそれを依頼していた。一方、専門家を目指す〝院生〟レヴェルともなれば、分野を選んで専門的に学ぶようになる。建築家見習いは高等数学や度量衡のこと（これも簡単なことではない）、いったん建てられたものが倒れないようにするにはどうしたらよいかなどを学び、占い師見習いは病気の羊の肝臓にある角や皺それぞれについて、それをどのように解釈すべきかを学ぶ。このような〝専門家たち〟はこうした過程の中で、おそらく何度も秘密厳守を誓わされていたと思われる。

ときには、ちょっとしたメモ書きが「トゥプシャル」（*tupšarru* 粘土書板を書く者）を身近に感じさせてくれる。図書館文書や専門的な文書には書板上辺に目立たないように「神々の言葉において、この作業がうまくいきますように」と走り書きされていることがある。書記たちはこのような言葉を書いただけでなく、何度もつぶやいていたことだろう。楔形文字は書き損じた場合に手間がかかるので無理もないことだ。粘土という素材は容赦なく扱いにくい媒体で、見た目にわからないように直すのはほぼ不可能であった。書記が自分の仕事の出来を見直し、げんなりとしてため息をつき、別の粘土書板でやり直すというようなこともよくあっただろう。文字を消した痕や間違いが残っていることはほとんどない。一行すべて消

損傷の著しい古い楔形文字の書板を書き写そうとした三世代にわたる書記たちの努力が記録されている。裏面にはその名前が記されている。

されていることはたまにある。その場合、書記は削除した場所に小さな「×」を書き込み、粘土書板の脇にもうひとつ「×」をつけ、そこに削除した部分の文章を書き直している。長い文章や複雑な文書の場合、問題が生じないように十行ごとに左端に小さく「十」を意味する印がつけられ、最終的な行数が確認できるようになっている。現代の文書入力作業と同じく、つい一行飛ばしてしまうことが古代バビロニアでもあったので、この確認方法は非常に有効であった。書記が悩んだ末か、「自分はすべての文章を見ていない」と記したり、やはり小さな文字でコピー元の書板が破損していたことを示す印を残していたりすることもある。この印には「損傷していた」を意味する「ヘピ」(*hepi*) という印と、「新たに損傷した」を意味する「ヘピ・エシュ」(*hepi eššu*) という印の二段階がある。原則として、この仕組みは以下のように機能していた。ある職務についていたアクラ・ルムルという名の書記が重要な書板を書き写していた。文字や楔の形がすり減るなどで損傷がひどくはっきりと読むことのできない部分があれば、そこに「ここは損傷している」という意味で「ヘピ」と記す。アクラ・ルムルが写したこの文書をさらに書き写す書記は、アクラ・ルムルが「ヘピ」と書いたことも含めて、すべてを再現しようと努力する。このようにして、その後に続く書記は順に、アクラ・ルムルが最初に直面した状況をできる限り正確に残していく。もともと書かれていた文字が今日から見ても推測できるような場合でも、そこには「ヘピ」（「ここは損傷していた」）と記す。こうした覚書からは書記の仕事とは、復元される内容が明らかな場合でもそれを書き直したり自分の考えを記したりすることなく、古い文章をそのままに伝えることであるのがわかる。このような伝達の連続の中で、新たに写した方の書板が欠けたり、破損したりすることもある。このような破損はいわば〝新しい〟損傷であり、その部分には「ヘピ・エシュ」（「新たに損傷した」）と記される。文学文書の最後には、その文書の原本と書記の名前を記した「奥付」が付されることが多いが、非常に重要な文書の場合、このような奥付もすべて複写され、ひとつの書板に奥付が年代順に三つも並んでいるということもある。

このように書記の実像というものは大きなテーマなのだが、まとまった資料がないため、非常に漠然としている。それゆえ、また別の問いも浮上してくる。

——例えば、前一〇〇〇年紀における識字率はどの程度だったのだろうか。

古代メソポタミアには「すべての人が読み書きできるようになるべきだ」と街頭で訴える人はいなかっただろうし、ほとんどのアッシリア学者がつい最近まで当然のように、古代メソポタミアでは識字率はかなり低かったと考えていた（高度に文書化の進んでいた古い文化の構造において、その文化に属す人のほとんどがどの時代においても実際には読み書きができなかったというのは興味深い逆説である）。そのように評価されているのは突き詰めると、アッシュルバニパル王が前七世紀に故郷ニネヴェで言わなければならなかったことに由来するのではないかと私は考えている。図書館に収められている多くの粘土書板の最後に特別な覚書があり、そこにはアッシュルバニパル王が自分は前任の王たちとは異なり、洪水以前の文書さえも読むことができたと自慢げに記している(8)。

神々の賢者マルドゥクが私に優れた理解力と広い見識を賜物として授けてくれた。この世界が誇る書記ナブーがそのすべての知識を私に与えてくれた。ニヌルタとネルガルは肉体の健康、男らしさ、そして比類ない力を与えてくれた。優れた賢者であるアダパの知識、隠された奥義、書記の技術すべてを私は学んだ。私は天空と地上に現れる兆しを見定め、専門家たちに混じって協議することができる。優れた学者と「肝臓が天の鏡像であるとすれば」に関する一連の論題を議論することができる。複雑な逆数や割り切れない数の計算を解くことができる。シュメール語、つまり、わかりにくいアッカド語で巧妙に書かれた文書や、それについての難解な注釈書も読破してきた。封印され、蓋（ふた）をされ、混乱した状態の洪水以前の石碑も調査した。

アッシュルバニパルが実際に読み書きができたことはわかっている。使っていた教科書を懐かしさから手許に残していたことからもそれは確かである。しかし、この言葉から、他のアッシリアの王たちは全く読み書きができなかったと結論してよいものだろうか。大きな力をもっていたセンナケリブ王は自分の名や事績が刻まれた彫像が置かれたニネヴェの宮殿の広間に外国の有力者を伴うことも多かったはずだが、その客人に尋ねられたときに、そこに書かれている楔形文字について全く説明できなかったとはとても考えられない。王たる者、助言者や専門家、占い師などに振り回されないよう、自己防衛のためにも、楔形文字についていくらかの知識が必要だったと考えるべきなのではないか。さらに言えば、君主は教育を受けていたとしても、自ら文章を書くことはなかった。代わりにそれを行う専門の書記官がいたからである。とはいえ、自らの学識を誇るアッシュルバニパルの言葉からは素直な感情が溢れ出ている。王ですら読み書きができないのが普通であったとしたら、多くの下層民のことは推して知るべしというわけである。

識字率が非常に低かったという認識は楔形文字の性質によっても強められているのだろう。今日のアッシリア学者は本棚が一杯になるほどの単語や文法、文字について習得しなければならない。そのような徹底した訓練をなんとか耐え抜いた者は、楔形文字を読む能力は古代の人も含め、他の人にはそう易々と得られるものではないと感じたりするのだ。しかし、古代メソポタミアでは、誰もが自分では気づいていなくとも、自分の言語の単語と文法についてはすでに知っていたということが見落とされがちである。あとは楔形文字を習得するだけでよかった。最近の書籍に書かれているように、当時は多くの人がある程度、というより、必要に応じて文字が読めたというのが実際だったのではないだろうか。商人は自身で帳簿を管理していただろうし、契約や貸付の記録をつけていたのは息子や甥だったに違いないのだ。そして、商いは書物を学ぶ大きな動機である。楔形文字の読み書きが職業としてそれに携わる人だけに限定されていたとは、私にはとても信じられない。実際には、大きな町には様々なレベルで読み書きができる人がいただろう。文字表に載っている文字を珍しいものも含めてすべて考えられる限りの読み方とともに習得していたのは本当にひと握りの人だけだったが、契約書や手紙を書くのに必要な文字の数はかなり限られていた。古バビロニア時代に記録文書を作成するには百十二文字程度の表音文字と五十七文字程度の表意文字が必要だったが、古アッシリア時代の商人（もしくはその妻）が必要とした文字数はそれよりも少なかった[9]。また、アッシリアの宮殿の壁に戦勝報告の碑文を書き記すのに必要な文字の数もそれほど多くはない。一九六〇年代のタイピングの腕前と同じようなことが言えるのではないだろうか。二本の指でなら誰でもタイプはできたが、だからといって自分をタイピストだという人はまずいなかったはずだ。その対極には資格をもつ専門家がおり、短時間で驚くほど多くの文字をタイプすることができ、タイピストとして誇りをもっていただろう。この両極の間に、様々な程度のタイピング能力をもつ人がいた。つまり、古代の識字率についても、〝少しだけ〟書くことができる人がたくさんいたと考えるのが妥当なのではないだろうか。おそらく大部分の人は自分の名や、神や王の名、バビロンと綴るのに必要な程度の文字は知っていただろうし、いずれにしても、そうした文字は至るところで使われていた。手紙を書いたり契約書を起草したりする人は自分が必要とする文字を習得していただろうし、専門家であれば、それよりも遥かに多くを知っていただろう。そして、その他にも様々なレベルの人がいたのである。

神々

古代メソポタミアには神が至るところにいて、数からすれば、よほど優秀な神学者でもない限り、そのすべてを把握することは無理であるように思える。人々は神々と交流し、人生を通してその恩恵を信じたり、訳もわからず罰を受けたりしていた。数が膨大であったため、神々を分類する必要があった。神々の一覧表作成は語彙集編纂における重要な課題となり、実際に神々をすべてきちんと整理していると称する文書もあった。あまり重要でない神は似たような神と同一視されたり、習合されたり、より高位の神々の一族として、地域限定の役割を与えられたりしていた。

神々に関わる文献も多い。神々や神々に捧げる犠牲についての一覧表だけでなく、讃歌、祈り、連禱、儀式など、神殿に関わる文書類が数多く存在する。シュメール語やアッカド語には今日の意味での「宗教」を指す言葉はなかったが、現代人の目から見れば、文献の多くは「宗教」に関わることであった。神との関係は人間の日常生活のあらゆる面に影響を及ぼしていた。

古代メソポタミアの宗教史を楔形文字の資料から書き起こすことがどれほど大変なことかを学者たちはしばしば説明しようとする[10]。それが大変な理由のひとつは関係する時代が三千年とあまりに長いことであろう。また、今日まで残されている資料に偏りがあることも理由に挙げられる。例えば、ある時代についてシュメール神殿の詳細な日々の記録が何千と残されている一方で、ほとんど資料がなかったり、あっても破損していたり摩滅してしまっていたりする時代もあるというようなことである。また、どの時代についても、「国家の宗教」つまり「公的な宗教」の方が個人の信仰よりも遥かによく知られているのが普通である。宗教に関する資料は公的な記念碑や王による信仰心の表明、祭儀や儀式に関する神殿の記録、祈禱師のまじないや祈りの文句、占い師や占星術師の難解な文章などから得られる。こうしたことを背景に神が生き生きと活躍する神話や叙事詩が生まれた。宗教上の暦は一年を通じて、捧げ物の習慣や、時に応じて唱えるべき文句、宗教的な慣習で埋め尽くされていた。すべてが順調で、力をもつ神が満足しているときには、神々は神殿に住まい、祭司が仕える神像に宿る。神々の怒りや不満はマルドゥクのような神をその〝家〟から去らせることになり、国の破滅や、災害の原因になると考えられた。それゆえ、神像が敵に盗まれると、人々は長く嘆き悲しんだ。神像の不在は神の不在を意味したのである。神々の数はあまりに多く、しかも漠然としていたため、自分がよく知る神以外の神にはあまり馴染みがないのが普通であった。しかし、主要な神々については誰もが知っていた。また、生まれたときに捧げられた特定の神や女神が生涯〝背後にいて〟守ってくれていると信じられていた。こうした考え方の根底には、商取引の契約の場合と同様、すべてに安全装置がついているわけではないという考え方があったのは否定できないだろう。自分の義務を果たしている善人であれば、魔物の手にかかって病気になることもなく、商売に失敗したり、家畜が繁殖に失敗したりすることはないと確信していてもいいはずなのだ。人は無意識のうちにタブーを犯し、それゆえに神に罰せられることもあるのだとはわかっていても、自分はいわれのない苦しみを被っているという感情が「私が何をしたというのか」という形式の詩文のまじない文には表現されている。人に呪術をかけられることもまた同じように害となるので、それを恐れ、対処することは普通のことだったのである。

メソポタミアの神や女神の中には、前三〇〇〇年紀以降ずっと影響力をもち続けていた神々がいた。また、どの神にもそれぞれ独自の地位と〝得意分野〟があった。地位が最も高いランクにある神々は有力な都市と結びついており、ニップルの町はエンリル神、アブラハムの故郷ウルは月神シンとの結びつきが強かった。一方、小さな町や村にも、その土地の神や女神がいた。土地の神の多くはシュメール的な考え方からセム的な考え方に移行していく中でも特に問題なく生き残った。また、シュメールの愛と戦争の女神イナンナがイシュタルと同一視されるなど、神と神の混淆も見られた。シュメールの神とセム系の神が並び立つこともあったが、このような過程を経て、少なくとも前二〇〇〇年紀末までには事実上、多面的な特徴をもつ一柱の神へと生まれ変わっていった。しかし、元の名前はその後も使われ続けていた。たいていの場合、個々の神々についての描写や、その神固有の通り名や偉業を辿ることは難しい。世界各地の神々と同様、古代メソポタミアの神や女神も人間をモデルとしている。神々は気まぐれで、自分勝手、不可解で、多くの場合は寛大であった。それゆえ、神々と交信する際の祈りや儀式、振る舞いなどの面においては、こうしたそれぞれの神の性格が考慮された。

いつの時代でも重要な神の地位は政治状況によって変化したり逆転したりする。マルドゥク神はハンムラビ王がネブカドネツァル二世の時代より千年以上も前に、初めてバビロンをバビロニアの首都と定め、王朝を開いたときには、まだそれほど知られた神ではなかった。しかし、その後の出来事の推移の中、バビロンの町とその国家神マルドゥクの威光は大きくなる一方であった。

王たちはそれぞれ、自分は最も力ある神に守られていると公言していたが、その言葉の裏にある個人的な信仰を把握するのはまず不可能である。また、兵士や商人、農夫などの大多数の人が神々について多くを知っていたとは考えにくい。当時の神々についてわかっていることの多くは一般的な宗教生活のほんの小さな閉ざされた部分でしかない。村落では土地の神とその豊満な配偶神が他の神々をほぼすべて排除して、中心的役割を果たしていただろうが、個々人の内面における信仰心や宗教的な考えといったものが粘土書板に書かれているということはまずない。大都市での事情は少なくとも表面上は異なっていた。行列や祭事の精神的な核心は密かなものであったにせよ、それに参加する人々は神像や年に一度の宗教行事を通して神々と身近に接していた。神々の像を安置した祠(ほこら)が町角にはあり、大神殿は信仰心の篤い人々だけでなく、困窮している人々にも避難場所となっていたに違いない。また、ヘブライの預言者を激昂させた安価な土人形も大神殿の周囲に店を出す物売りから買うことができただろう。

＊　＊

楔形文字で書き残された古代メソポタミアの生活に見られる〝顕著な特徴〟の中には、知られている他の古代文化ではそれほど重要とされていないものがいくつかある。そのうちの二、三を見てみよう。

1　占い——未来を予測

文書資料から知られる古代メソポタミアの顕著な特徴としてまず挙げられるのは、人々がいつでも「将来のことを知りたい」と強く思っていたということである。人はすべてのことを等しく、必要な情報を決められた手続きを通して神から得ることができるという確信の下、三千年におよぶ知的思考のかなりの部分が隠されていることを知りたいという願いに費やされた。

「もしAが起きれば、Bが起きる」

この分野においては、こうした一行定型の短い予言を注意深く集めた膨大な文書集が生み出された。ここでは帰結句(アポドシス)のBが答えであり、観察された現象、すなわち条件節(プロタシス)のAの結果と考えられる。前一七五〇年頃の占いとはどのようなものであったのか、健康な羊から摘出したばかりの肝臓の表面を観察し、そこに何らかの前兆を読み取るという肝臓占いの例を見てみよう。

条件節——もし白い膿疱が胆嚢の左側に三つあったら
帰結句——王は敵に勝利するだろう

動物の内臓、特に肝臓を使ったこの種の占いは前三〇〇〇年紀前半にはすでに行われていて、それ以降も変わらずに盛んであった。シュメールの王シュルギは占いの技術に優れ、その責務についてもよくわきまえていて、宮廷占い師に出番を与えなかったと前二〇五〇年頃に自ら書き残している。

余は儀式にあたって、純粋なる占い師であり
占いの表にあるニントゥである
大神官の務めである清めの儀式を正しく行うために
大女神官の讃美の歌を歌い、ギパール（に住まい）を選ぶために
腸卜（ちょうぼく）によって、ルマとニンディンギルの神官を選ぶために
南を攻め、北を襲う（決断をする）ために
（軍）旗を収めた倉を開けるために
「戦いの泉」で槍を洗うために
そして、逆らう国に対して賢明な判断を下すために
まことに、（前兆となる）神々の言葉は何よりも尊い。
白い小羊――占いの獣――を使って吉兆を占うために
探求を行う場所に水と小麦粉が注がれる
余は儀式の言葉を唱え、羊の備えをし
余の占い師はそれを見て、蛮族のように驚く。
用意の整った羊が余の手のうちにあり、

余は決して吉兆と凶兆を違えることはない。
（中略）
一頭の羊の内臓に、王である余は
全世界のメッセージを読み取る。[11]

占い師の重要性、様々な占いの方法、残された資料の数は、時代が下るにつれて増えていく。アレクサンドロス大王がバビロンの城門に達したときも、吉兆占いは依然として力をもっており、神官たちはまさにアレクサンドロス大王が入城しようとしているときに、「入城すればアレクサンドロスは死ぬ」と予言していた。占いは朝食のシリアルの中に天井からヤモリが落ちたというような偶発的な出来事からも導き出すことができたし、意図的に巣箱から放した鳥が飛ぶ様子を観察するなど、定められた手順を通して行うこともあった。

特に好まれたのは、すでに述べたように、犠牲として捧げられた羊の肝臓を用いる肝臓占いなど、臓器を観察する「腸卜（ちょうぼく）」で、太陽神シャマシュが残した〝しるし〟を博識の専門家が読み解く方法であった。肝臓各部には重要度に従って優先順位が厳密に定められており、肝臓に観察される現象から判断が下された。

この種の占いは前二〇〇〇年紀の間は王家の特権であったが、前一〇〇〇年紀に入ると、様々な占いが現れるようになり、富裕層だけではあろうが、民間人も占いに手が届くようになった。何世紀にもわたって行われた専門的な天体観測は最終的にはギリシャ文化の影響の下、今なお幅を利かせている個人の星占いへと発展していく。

偶然に起こる出来事もすべて天地という背景となるキャンバスに映し出されていた。日常生活の中には何かの予兆から免れられるものはなく、動物でも人間でも胎児の畸形といった本当に著しく奇異な現象が起こると、あらゆる可能性が書き留められ、大量の文書が作成された。

前一〇〇〇年紀には古代メソポタミアで占いを職業とする者は、依頼者の死んだ親族と対話をする「降霊術」、自然に見た夢や誘引された夢を分析する「夢占い」、撒いた小麦粉の模様を観察する「粉占い」、香煙を焚いてその形を見る「香煙占い」などの他、水に油を垂らしたり、図形を引いてその上に石や骨を投げたりするなど様々な方法で占いを行っていた。他にも数多くの方法があっただろう。アレクサンドロス大王の時代までにバビロンの町の通りには占い師が溢れ、イスタテラヌス貨（ギリシャのスタテル貨）をひと摑みも払えば、近い将来に金持ちになれるか、妻が男の子を産むかといったことを何とおりもの方法で占ってもらえた。

メソポタミアにおける占いの歴史的起源については、これまでも議論されてきたが、たいていはあまりはっきりしないものと考えられてきた。しかし、実際には単純でわかりやすいものだったのではないだろうか。例えば、二つの頭をもつ羊が生まれるといった通常とは異なる出来事が起こり、その同時期に戦場で記録的な大勝利がもたらされたなどという偶然がきっかけだったかもしれない。注意深く観察された重要な現象を丹念に集めていった結果、時間の経過とともに、この記録の集成はある種の科学となった。それに従えば、この世の出来事には辿ることのできる兆しが必ずあるということになり、非日常的な現象の後に印象的な出来事が起こると、その背後には定まった法則が働いていると見なされるようになった。そして、同じ現象が再び起これば、同じ結果が生じるということになるわけである。吉兆占いはどのような種類のものであっても、その核心には経験に基づく観察があったはずである。実際に起こったことがその結果と思われることとともに記録された。あらゆる事態に対処しようという願いから、ありとあらゆる分野において膨大な文書が残されることになった。羊の胆嚢に浮き出た斑点の分析も、正確な結果を導き出すためには、数、色、場所のすべてを観察しなければならない。すべてを網羅したいと望むあまり、十一の頭をもつ羊などといった道理に反したことや、あり得ないときに月蝕が起こるなど、非現実的なことにまで観察の対象は広がった。前一〇〇〇年紀の占い師があらゆる種類の占いにおいて際限なく生み出した粘土書板を前二〇〇〇年紀の占い師が見たら、さぞ驚愕したに違いない。

占い――ナイアガラ理論で

ベルリンのペルガモン博物館には、占い師が使った青銅製の「ツノザメ」の模型が収蔵されている。このサメは畸形で、そこから非常に多くのことが読み取れる。

このサメの右側面にはひれが二枚あるが、左側には一枚しかない。また、ひれが不足していることから導き出される占いと日付も記されている。

もし魚の左のひれ（？）が足りない場合、外国の軍隊は粉砕されるだろう。
バビロン王ナボポラサルの子、バビロン王ネブカドネツァル第十二年。

古代メソポタミアの人々にとって、異常な出来事はすべて何かの前兆であった。自然界の異常な現象、特に動物や人間の赤ん坊の畸形は重大なこととして受け止められ、王都に報告する義務さえあったかもしれない。しかし、ほとんどの人は動物にせよ人間にせよ、畸形の子どもが生まれた場合、何も言わずに土

占いで使われた青銅製のサメ。

に埋め、何もなかったかのように振る舞ったと思われる。ひれの足りないサメはバビロンの運河で発見されたに違いない。実物の標本では長く保たないので、塩を詰めて防腐処理をするのではなく、実物大の粘土の模型がつくられ、楔形文字が刻みつけられたと考えられる。今のところ、ネブカドネツァルの第十二年と結びつく軍事的勝利の証拠は見つかっていないが、この畸形と占いが組み合わされたのはその年のことであったはずである。畸形の魚の発見と戦争での勝利が同時期に起こり、それ以降、両者は教訓的に結びつけられ、畸形と、その結果とされる出来事についての記録が破損しないように、土製のサメの模型は丸ごと青銅で鋳造された。このようにしてつくられた青銅のサメは占い師養成学校の素晴らしい教材のひとつとなったことだろう。

青銅のサメは「ナイアガラ理論」の好例である。このひとつの逸話から遥かに広い範囲の出来事が推測される。現時点ではこのような青銅製の畸形の模型はこれひとつしか発見されていないが、資料として普通につくられていたと考えられる。アッシリアやバビロニアの首都のどこかに、ありとあらゆる恐ろしい形の金属製の模型が占い師の見習いのために部屋いっぱい保管されていたが、後にそれを見て恐怖を覚えた外国の征服者がほとんどを鋳潰してしまったということなのではないだろうか。

2　呪術と医学

人間が行う呪術や呪詛も脅威だったが、不運や病気は悪魔や超自然的な力のせいにされていた。それを予防したり振り払ったりするにはまじないが有効とされていた。そうした技に習熟していた「アーシプ」と呼ばれる者たちは、赤ん坊が予定日になっても生まれないといった問題から、新しい酒場を黒字にするといったことまで、あらゆる事柄に対処できるだけの知識を身につけていた。魔除けや呪文、儀式といった彼らの商売道具については、驚くべき数の呪術に関する書板から知ることができる。このような祈禱師は同業者同士でまとまっており、植物などからつくられる薬や治療法に精通した「アスー」という別の専門家集団と協力して仕事にあたっていた。

バビロニアの医術についてわかっていることのほとんどは、トム・レーラーが明快に〝金持ち病〟と呼んだものに関することである。医療に関する情報はほとんどすべてが現イラク北部のアシュールやニネヴェ、南部のウルクやバビロンといった大都市から発見されている。そこに記される儀式の複雑さや、洗練され、疑いなく高価な治療薬が物語るように、祈禱師が相手にしていたのは都市に住む宮廷人や、高位の行政官、有力な商人の一族などであった。巡回の治療師や産婆などが人々を癒し、できることがあれば対処の仕方はわかっていただろうが、貧しい者や、身分の低い者、地方に暮らす者たちは書板に書かれているような上等な治療行為を目にすることはほとんどなかっただろう。

都市での最良の治療行為は、魔除けやまじないと薬の投与の併用であった。ここでやはり二千年にわたる治療に関する文書集積の背後に、どのような治療行為への理解があったのかを考えておかなければならない。同じ症状には常に同じ植物を薬として用いるなどして、苦労して得られた知識は注意深く複写され、集められて、大きな粘土書板に何欄にもわたり、頭部からつま先まで順序どおりに記録された。そのことからすると、「メソポタミアの治療方法は他よりも確実に効果があったのではないか」と認めざるを得ないような気にさせられる。グイード・マフノ〔病理学者〕が言ったように、人間のほとんどの病気はどのみち自然治癒するのだが、バビロンの医療には確かにそれ以上のものがあった。メソポタミア人は人体の内部を調べようとはしなかったが、羊（あるいは内臓をえぐり出された兵士）の内臓の仕組みから、かなりの知識を得ていたし、外的症状を観察することにかけては熟練の専門家であった。腕のよい祈禱師は周期的に起こる症状を見極め、収斂剤、鎮痛剤、利尿剤、吐剤など自分がもっている薬のうちのどれがその症状に効果があるかわかっていただろう。薬に関わる植物の知識は多岐にわたり、注意深く記録されていた。心配げな王室侍従の娘の病床に「アーシプ」と「アスー」がともに治療に当たれば、効果はあっただろう。香を焚きしめた薄暗い部屋で、呪文をつぶやき、高価な護符を枕許に貼りつけ、小瓶に入った言葉では言い表せないようなものを混ぜ合わせ、嫌がる患者に飲ませれば、間違いなくしばらくすると吐き出されるような腐った味の薬を処方する。

　病気に関する興味深い文章を何十年も丁寧に読んできたが、古代メソポタミアの医療は、ひと言でいえば、直感と観察の両方を兼ね備えたものなのだろうと思う。長期にわたって培われてきた薬草の知識を堅固な土台としながら、意図したわけではないにせよ、かなりの部分は気休めでしかなかった。しかし、これらの治療の中には、学ぶべきものもあったようだ。ヒポクラテス学派のギリシャ人たちは自分たちの新たな専門書にバビロニア人の知識を積極的に取り入れている。

呪術と医学――ナイアガラ理論で

時代が下るにつれ、シュメール語という言語そのものは完全には理解されなくなっていくが、シュメール語の古い呪術の言葉は、特にバビロニアの悪魔祓い師によって重宝されていた。呪文が機械的に暗記され、多くは耳にしたままに書き取られたことは、呪文の綴りが不明瞭であることからもわかる。呪文の中にはシュメール語でもアッカド語でもない、本当に〝ちんぷんかんぷん〟な言葉もある。聞き慣れない文句ほど珍重され、特にそれが東方の山脈を越えた古代イランのエラムの言葉であれば、さらに好まれた。大英博物館には一風変わった黄ばんだ粘土書板があり、そこには大きな文字で〝ちんぷんかんぷん〟な言葉が書かれている。この呪文は家に巣食う亡霊を追い払うのに効果があるとされていた。

ズズラー・ムニラー・フドゥラー・フシュブラー

格調高い響きをもつこの異国風の言葉はエラム語のように語尾に「ラー」と音がつく。これと同じような言葉が粘土書板や黒曜石の護符に刻まれていることから、この呪文は長く使われていたようだ。その例を集めてみると、呪文の最初にある「ズズラー」が「シエンティラー」「ジブシラー」「ジンジラー」「ジムジラー」となっている場合がある。悪魔祓いも客もこの四つの音が何を意味していたのか全くわからなかったはずだ。しかし、この種のことに関しては今日のわれわれの方が有利な場合がたびたびある。前二〇〇〇年頃、シュメールの支配者はエラムの地から、獰猛なマスチフ犬を輸入していた。エラムで飼育されていたその犬を唯一世話することのできた調教師たちもともに連れて来られたに違いない。

　そうしたエラム人調教師のうちのひとりの名前と肩書きが月々の食糧の配給記録に残されている。その肩書きに「犬の管理者」を意味する「ジムジラー」と書かれているのを見たら、思わず「あ、そうか！」とはっきりと声に出してしまうに違いない。のちに強力な呪文となる言葉はもともとは独立した、ごく日常的な言葉であったことがこの語からわかるからである。エラム人の古い雇用記録が千年以上も経った後、建築現場か何かの作業中に発見され――現代の考古学者とは異なり、古代メソポタミア人は常に古い粘土書板を地中から発見していた――、判読できる人のところにそれがもち込まれたのだろう。古い文字で整然と書かれた意味不明の奇妙な名前の羅列は太古の魅惑的な呪文としか考えられず、その書板自体がとても貴重なものとされ、そこに書かれていた言葉が最終的に日常的な悪魔祓いなどに用いられるようになったと想像するのは難しいことではない。「さて、ここに遥か東方の地から伝わる古い呪文がある……。この言葉を大声で読み上げようというわけじゃない。ただ囁（ささや）くように唱えればよい。しかし、この言葉を石に彫って、身につけたり、壁に掛けたりすれば、もはや亡霊が現れることもなくなろう……」。

　石の護符については他にも奇妙なものがある。そこに書かれた文章は文字が本当にひどい筆跡で、文字が半分に分かれていたり、二行になってしまっている場合もある。いずれも書記の伝統からすれば犯罪的な逸脱である。幸いなことに、その最もひどい例は古代遺跡のきちんとした発掘の現場で見つかった。そうでなかったなら、単なる偽造品と見なされていただろう。もちろん、そうした護符は書記が作成したものではなく、読み書きのできない職人が片面に図像を描き、もう片面には訳もわからずに手本のままに文字を写し取ったと考えることもできるだろう。しかし、この説明は当てにならない。呪術に関する文章は効果を発揮するには書き間違いがあってはならないとされており、護符に彫られた像の方は文字とは著しく対照的に高水準である場合が多いのである。そこからはつくった職人の技能の高さがうかがわれるが、そのような職人が誤った形の文字をいい加減に彫り込んで満足していたはずはない。また、硬い石は決して安くはなかったので、文字を全く読めない人でもそのような杜撰な出来栄えでは費用に合わないと思っただろう。また、護符のまじないの場合、ほとんど使われることのないような珍しい文字が用いられることが多く、やはり製作者が高度な教養を備えていたと考えられるので、この相容れない事実を調和させるには別の説明がなくてはならない。多くの護符には生まれたばかりの赤ん坊を食べる女の悪霊ラマシュトゥに対する呪文のようなものが記されている。その護符にはラマシュトゥを表す七つの隠れた別名が書かれており、誰もがその正体を知っているのだということを表している。普通の呪文が読みやすく、きれいに書かれていたら、その文言をすでに見たことのあるラマシュトゥには遠くからでもそのまじないがわかってしまい、魔除けにならないが、変形した文字や不明瞭な綴りで判別し難いものとしてまじないが書かれていれば、ラマシュトゥは何か危険な呪文だと思って、念のためどこか別の危険のない家へ行くだろうと考えられていたのかもしれない。よく知っている楔形文字なら二十歩ほど離れたところ（約十五メートル）からでも完璧に認識できる。博物館にネブカドネツァルの刻印煉瓦がもち込まれてきたとき、まだ煉瓦が包みをすべて解かれる前に煉瓦の表面に記された楔形文字をすべて訳してみせるのは大きな楽しみである。

3　幽　霊

いろいろな意見はあるとは思うが、幽霊を信じているという人の主張に根拠がないわけではない。バビロニア人について言えば、彼らはそれを全く疑っていなかった。うろつき回る死者の存在は当たり前のこととして受け止められ、果物売りの屋台で列に並ぶ隣人に向かって「ねえ、本当に幽霊なんて信じてるの？」と疑わしげに尋ねる人はいなかった。幽霊絡みのトラブルも珍しくなかった。普通の死に方をしなかった人、適切に埋葬されなかった人、子孫に見捨てられたと感じている人が戻ってきてはうろつき回り、厄介ごとを引き起こす。死んだ家族を家の床下に埋葬していた時代には専用の管を通して供物(くぶつ)を供えなければならなかった。幽霊を見てしまうことも問題の元であった。その声を聞いてしまうことはさらに困った問題で、アーシプを行う祈禱師はあの手この手で幽霊が二度と迷い出ないよう、居るべき場所へと追い返した。その典型的な例としては幽霊の人形を使った儀式が挙げられる。粘土で小さな幽霊の人形をつくり、その伴侶となる男女どちらかふさわしい人形と一緒に埋め、その際、戻りの旅路と辿り着いた後の安らかな引退後の生活に必要なものを供えておくというものだ。こうした儀式も綿密に練り上げられたもので、悪魔祓いは人形をつくる手引きとして幽霊の絵を含んだ明確な指示書を弟子に伝えることになっていた（巻末の補遺1参照）。

幽霊の存在にはもっと心配な面があった。医療に関する占いでは多くの病気や体の不調が神や女神などの超自然的存在の〝手〟によるものとされていた。なかでも〝幽霊の手〟がよく問題とされ、様々な病気の中でも特に、聴覚の問題（耳の中に幽霊の手が忍び込むことによって生じるとされた）や精神的な障害の原因とされた。必要な供養をしてもらえていない不幸な幽霊が怨霊となり、より危険な存在となった。

望遠鏡は正しい向きで

宗教、占い、医療、呪術など、楔形文字で書かれた膨大な量の種々雑多な資料にぎっしりと詰まっているのは人間の考えである。そこには鋭い感性をもつ人々が自分たちの世界を理解し、あらゆるレベルでそれにどう対処しようとしたかが書かれている。その情報は決まった型に従って示されるが、総合的にまとめられて示されることはない。古代メソポタミアの考え方、その知識の総体は特別な形にまとめられて現代へと届けられている。そのまとめ方は先人から伝えられた知識を実際に利用できる形、すなわち検索可能な形で示すことだけを目的としていたので、何よりも実際的である。観察によって得られた知識とそこからの敷衍によって得られる情報は広範囲で多岐に及ぶが、古代メソポタミア人は現代人や古代ギリシャ人が当然のこととして行うように、そうした成果を分析して統合的にまとめようとすることはほぼなかったと言っていい。原理や理論的概要の表明といったものはこれまでに発見されている楔形文字の資料の中には見当たらない。

　そうした知的な過程は古代メソポタミアではどの程度なされていたのだろうか――満足な回答はできないとわかっていても楔形文字文書がもつ特徴はこうした問いを惹起させる。個人的には、知的な人間の精神というものはいつでも伝統に拘束されているわけではないだろうと思っている[12]。バビロニア人が哲学的な問いや反体制的な問いを全く抱かなかったということはないだろうし、たまたま現代にまで残った粘土書板に記されていることがバビロニア人の考えのすべてであるとも考えられない。バビロニア人の考えがどのように生み出され、どのように機能していたかを考えるのは無意味なことではないし、それに関わった人々のことをある程度、実際のこととして考えてみることに意味はあるだろう。

　メソポタミアにおける知識の蓄積には二つの大きな流れがあった。ひとつは文字と単語表であり、すでに述べたように、それは参考資料の整理といったことである。もうひとつはより知的な流れで、「もしも(イフ)の思考」とでも呼べそうなものである。この二つの体系の根底には「言葉の上での釣り合い」という暗黙の原則がある。

辞書の構造というものは決まっており、左側に示された言葉と同じ意味の別の単語が右に記される。単語表は実際にそのようなもので、見出し語とそれに対応する言葉がきちんと並べられている（怠け者の学生が左欄の語を先に全部書き写すような場合は例外だ。右欄が半分も進んだ頃には左欄の見出し語とはもはや対応しておらず、出来上がったものは全く役に立たなくなる）。単語表では通常、シュメール語がアッカド語を伴って並べられているが、「A」という語が「B」という語と完全に同じであるというような辞書的な考えで並記されているわけではなく、両者は大きく重なっており、「A」という語は「B」と訳すことが最も多いが、常にそうであるとは限らないということが示されている。今日においても、二言語間の翻訳で同じことは起こる。二つの言語の間で微妙な意味合いを含むすべてが一致するような単語の組み合わせは意外と難しいのである。

このような釣り合い、ないし同一化を求める欲求が「もし」という語で始まるアッカド語の文書が複数の分野で大量に残されたことの根底にある。「もし」で始まる文書をまとめておくことは、私が勝手につくり出した分類ではなく、古代バビロニアには「もしで始まる文書」を意味する「シュンム」という専門用語がある。この名称は「もし」そのものを表す単語「シュンマ」に由来し、法令集や診察に用いる医学的な兆候を集めた文書が図書館員たちに「シュンム」として知られていたことがわかっている。

ハムラビ法典などに記されている法はこうした考えを最も簡潔な形で表現している。

もし人が他の人の目を潰したら、その人の目も潰されなければならない。

ここに例示される聖書のような「目には目を」のルールは（罰が言葉どおりに常に実行されたとは限らないにせよ）、ある行為もしくは出来事ははっきりと確実に、ある特定の結果に繋がるとするもので、非常に直線的なものである。しかし、この「もしAならB」という構造は占いと医療という遥かに広い二つの分野においても同様に用いられている。

「もし」の占い

前二〇〇〇年紀のバビロニア王が報復として東方のエラムに奇襲をかけようとしているとしよう。王はまず、この奇襲が神意に沿うものかどうか、出兵はどの日取りが望ましいかを宮廷の占い師に尋ねるだろう。占い師はそれまでに受けた訓練に基づいて、羊から取り出したばかりの様々な内臓の表面に表れたしるしを読み取り、（内臓の優先度を考慮して）分析した後、「王は勝ちます。出兵は木曜日がよいでしょう」などと予言する。

このような状況における占い師の仕事はいつでも複雑なものであった。彼は口伝の教えに従い、参考文献の助けを借りて、王が明言してはいないけれども聞きたがっていると思われることについて、どういう判断を下すことになろうとも、威厳をもってそれを話さなければならなかったが、占い師とその仲間たちは結果がうまくいかなかったときの逃げ道は常に用意していた。ベルサイユ宮殿とは全く違ったタイプの宮廷の中で、王は強い王であっても王宮の占い師を傍らに仕えさせ、占い師は危険をくぐり抜けて立ち回るために細心の注意を払い、最善を尽くした。ニネヴェの千夜一夜物語には才能と野心に溢れ、心の中では互いに出し抜いてやろうと考える占い師がひしめきあっていた。国レベルの占いに携わる者たちの間で、忠誠や宣誓の微妙な駆け引きが繰り広げられていたと想像するのは難しいことではない。興味深い手紙の数々はそうした宮廷から出されたものなのである。

「もし」の治療

「もしAならB」という構文はメソポタミアの治療に関する文章の根本でもある。

(ア) 医療に関する占いで、兆候の原因を分析する。もし病人の体が熱くなったり冷たくなったりして、発作が頻発する場合、それは月神シンの手によるものである。もし病人の体が熱くなったり冷たくなったりしているが、汗をかいていない場合、それは幽霊の手によるもので、病人の信じる神からのメッセージである。

(イ) 兆候の性質を分析し、治療法を決める。もし女性のお産が重い場合、ヤドリギの雄株の北側の根を擦りつぶしてゴマ油と混ぜ、それを女性の下腹部に塗って上から下へ七度さする。そうすれば、赤ん坊はすぐに生まれる。

もし病気の男性の下腹部に腫れ物ができた場合、「スムラル」とオオルリソウを細かく刻んでビールで煮込み、それを湿布すれば、その人は回復する。

(ウ) 兆候の性質を分析し、その結果を予告する。

もし喉頭から「ゴーゴー」という音が聞こえた場合、その人は死ぬ。
もし病気の間にその人の手か足が弱まっても、脳卒中を起こしていなければ、
その人は回復する。

予言の内容は「その人は回復する」から「その人は死ぬ」まで様々である。

実のところ、今日の楔形文字の研究者が「もしAならB」の構文を訳す際、手本に従っていつも変わらず、占いの予言は「王は敵に勝利をおさめられる」、医療の処方は「その人は回復する」と断言的に訳していることに、私は長い間、懸念を抱き続けている。こうした取り決めが確かなものとされる根拠は何なのだろうか。回復までの期間が算定されるにせよ明言されないにせよ、病人が回復するだろうと快活に予言することは、今日、医療を生業としている人もしないのではないだろうか。思うに、古代メソポタミアの専門家による予言はすべて「私に判断できる限りでは」とか、「このような兆候は……を示す傾向にあります」などといった付帯条項を暗に含んだものとして発せられたと想定すべきなのではないだろうか。

すでに見たように、兆候を読み取り、解釈する過程は全体として慎重に練り上げられていて、物理的にも理性的にもかなりの柔軟性と巧妙さを備えていた。また、計画されていた軍事行動に対して占いがいかなる判断を下そうと、即座に軍隊を出動させることはなかったと考えるのが現実的ではないだろうか。王の参謀長には常に冷静な意見が求められていたはずだ。参謀長は個人としては「臓物占い師」を評価しておらず、出兵の日取りに同意する前に、武器や甲冑（かっちゅう）、戦車部隊や食糧補給に関する自分の冷静な判断を大いに優先させていたとも考えられる。

実際のところ、「もし」の構文の帰結句の動詞にこうした解釈を当てはめることにあまり問題はない。

アッカド語の動詞には譲歩や願望などの微妙な感情を表現する法が決定的に不足しているからである。例えば、「イバルト」(*iballuṭ*) という動詞は通常、「彼は生きるだろう」もしくは「彼は回復するだろう」と訳されるが、実際には「回復する可能性はある」「回復するかもしれない」「回復するはずだ」など様々なニュアンスを含んでいる。占いというものは現代でも、総じて不確かで回りくどい表現をして断言を避ける。それは今も昔も、古代メソポタミアであっても同じだろう。

楔形文字のこうした問題に関しては、占いに実際に携わり、実質的な重責を担っていた高位の者たちによる興味深い議論が残されている[13]。その内容はシカゴ大学のA・L・オッペンハイムによって「バビロニアにおける占い師の手引書」という題名で刊行されており、ここでの話の助けとなる。その書板の著者は他では知られていない「地上の占い」が書かれた十四の奇妙な書板と、やはり知られていない十一の「天空の占い」の書板のそれぞれ最初の数行を書き出している。その上で、あたかもマイクを手にしたしつこい質問者(これは今日の我々にも重ね合わせられるが)から発せられた問いに答えるようにして、以下のように書き記している。

問　あなたの術(占い)はどのように作用するのか。

答　天空に現れる凶兆は地上においても凶兆である。地上に現れる凶兆は天空においても凶兆である。天空にせよ地上にせよ、何か「しるし」が認められ、その凶兆が敵のことや病気、飢えなどと関わっていることが確かな場合、その「しるし」が現れた日付を確認しなさい。もしその凶兆を打ち消すような他の「しるし」が出ていなければ、すなわち、その凶兆が取り消されていなければ、それをやり過ごすことはできない。凶兆が示す悪い結果を取り除くことはできず、悪い結果が起こるだろう。このことは次の二つの占い集を学ぶ際には念頭に置かなければならない（ここに地上と天空の「しるし」という表題が書かれている）。その「しるし」に気づき、町や王と臣民を敵や疫病、飢饉から守って欲しいと求められたら、なんと答えるだろうか。もし不満が述べられた場合、どのように悪い結果を回避するだろうか。

問　この文書で何を伝えようとしているのか。
答　併せて二十四枚の書板には天空と地上で起こる「しるし」に見える吉兆と凶兆が調和のうちに（？）ある。ここにこれまでに天空で起こり、地上で観察されるすべての「しるし」が見出される。

問　このしるしをどのように活用するのか
答　凶兆を払いのけるには以下の方法がある。
十二とは一年の月の数であり、三百六十は日の数である。一年の長さを学び、星が見えるときと見えないときを探り出し、最初に現れるとき、また、年の初めのイクの星の位置や、アダルの月やウルールの月に太陽と月が最初に現れるとき、また毎月観測される月が昇るときや最初の姿について粘土書板から見つけ出せ。プレアデス星団と月の衝（しょう）を観測せよ。そのすべてが適切な答えを与えてくれる。それゆえ、一年の各月や各月の日付を定め、なすべきことを完璧に行え。もし最初に月が見える日に空が曇っていたら、水時計が代わりに計測する手段となるだろう。……（さらに詳しいことが述べられている）。一年の長さを定め、閏日（うるうび）や閏月（うるうづき）を完備させせよ。慎重に行い、注意を怠るな（この後、最後に、よい日付と悪い日付についての便利な一覧表が掲載されている）。

この証言は実際に苦労していた専門家によるもので、いくつかの事実がはっきりと示されている。あるレベルにおいては予兆は天空と地上で互いに映し出されるということ、予兆の効力を減らす要素がいくつかあるということ、対処すべき事柄に取り組むときには、その日取りが極めて重要で、不確かなうちにその日取りを確定させることが決定的に重要ということである。この点に、ここで語られていることが非常に真剣な活動であるという印象を強く受ける。しかしながら、想像されることとは思うが、支配者の注意を引く事例も多くは必要に応じて無視できるように、その基準をずらすことができるようになっている。

膨大な量の語彙に関する文書や、そこに見られる文字の表は、占いの目的が万が一に備えることであったように、シュメール語とアッカド語の言葉や楔形文字をすべて網羅した百科事典的なもので、そこには総合的に知識が蓄積されていたと考えられる。「すべてを知ること」を意味する「ムードゥー・カラーマ」(*mūdû kalâma*)という考えは普通のこととされている。例えば、系統的で合理的で検索可能な占いのデータを何世紀にもわたってコツコツと蓄積、分類してきたことは〝科学〟と呼べるものなのかと問われれば、その答えは多くの場合、「呼べない」である。しかし、その問いにはおそらく、そうした占いは実際に〝機能〟したのかという問いが混入しているのではないかと思う。古代メソポタミアの占いには理論的な宇宙構造があり、綿密な観察によって得られた膨大なデータがそれを裏づけていた。それは十分に科学であるように私には思われる。

最後に

ほんのわずかな楔形文字の粘土書板が全く予想もしなかったことを教えてくれる。そうした書板の中には、政治的な風刺や、姑を罵るマルドゥク神の妻を描いた街頭劇の下品な文書、わずかではあるが、高価に見せるために石を染色する方法や、輸入品を安く提供するための羊毛の染め方、また、水時計のつくり方、ボードゲームの遊び方などを占い師のために記した貴重な「ハウツー本」もある。

　ボードゲームで思い出したが、博物館ではときどき奇妙なことが起こる。古代シュメールには「ウル王のゲーム」と呼ばれるボードゲームがある。前二六〇〇年頃のウルの王墓からゲーム盤とその備品がウーリーによって発見されている。この古典的なボードゲームは、三千年もの長きにわたって、古代中東世界で使われ続けたが、このゲームが廃れる直前の前一七七年、よく知られたバビロニア人の天文学者がそのルールを書き残してくれている。その粘土書板は一八七九年に大英博物館にもたらされ、長い間、私の机のちょうど反対側にある書板収納棚に箱に入った状態で収められていた。誰もその内容を解読することができずにいたので、最初はそれで興味を惹かれたのだが、そのうち解読せずにはいられなくなってしまった。そして、その書板に書かれているゲームのルールの背後にはあの古きシュメールのゲームがあることを私は（九九パーセント直感によって）突き止めた。ゲーム盤の中央にある十二のマス目を十二宮の星座に見立て、ゲームの駒が十二宮図を移動していく惑星にたとえられていた。

　私はこのボードゲームについて知られている考古学的な事例をすべて調べるために文献を漁り始めた。しかし、この急展開の数日後の朝、同僚のドミニク・コロンが私の部屋にやってきて、「下の階の展示室で〝ウル王のゲーム〟を発見した」と言ってきた。私は自分への当てこすりだと思ったが、彼女は私の耳たぶをつかんで階段を降りていき、一階の展示室まで私を引きずっていった。そこにはサルゴン二世の王都コルサバードで発見された人間の頭をもつ一対の巨大な雄牛像が置かれていた。彼女は勝ち誇ったように、その左側の雄牛を指差し、懐中電灯をつけると（彼女がそれを携帯しているのは奇妙なことだったが）、雄牛像の置かれている磨り減った大理石の台座にその光をさっと走らせた。光を当てた角度が「ウル王のゲーム」のために彫られたマス目をくっきりと浮かび上がらせた。この巨大な像が一八五〇年代に運び込まれて以来、このマス目に気づいた者は誰もいなかった。そのマス目には短刀の先で何度も彫り直された跡があったが、二十個の正方形が並んでいることは間違いなかった。コロンによれば、アメリカからアッシリアの石工が雄牛の足を彫った方法と、その足の爪の幅についての専門的な質問があり、物差しと懐中電灯を手に、常に薄暗い展示室へ調べに降りたのだという。このようにして彼女はボードゲームの落書きの最初の発見者となったわけだが、私がボードゲームのことを「これ、見ろよ」と低い声で何度も呟き続けていたので、気にせずにいられるはずはなかったのである。この雄牛像はもともと巨大な城門の入路に据えられていたもので、間にはアーチが架けられていた。前八世紀に退屈した門衛が台座に座って小石とサイコロを使って遊びながら、上官の目を盗んで、立ち番の時間をだらだらとやり過ごしていた様子は容易に想像できる。小石とサイコロなら、現代の街の市（いち）で警官に不意をつかれた抜け目のない賭博師よろしく、即座に片づけられる。対になっているもう一方の雄牛像にも、さらに擦り切れた同じような盤面が彫られていた。その次の週末にはルーブル美術館に出かけたジュリアン・リードがそこにあるコルサバードの雄牛像のひとつにも台座部分にマス目が彫られていることを発見した。そして、ついにはイラクで再発掘された雄牛像にも同じ場所にゲーム盤が彫られていたとの報告がイラクの同業者から送られてきた。これは人々の日常生活や普段の行動を垣間見させてくれる新たな素晴らしい証拠であり、純粋に考古学的発見は発掘現場だけでなく、美術館でも起こるという実例を示している。

ボードゲームについて調べ始めてから、他にも多くのことが起こったけれども、それについては別の機会に譲ろうと思う（大英博物館の塀の中では同じような発見が折に触れて起こっている）。

さて、メソポタミアの楔形文字に〝欠けているもの〟とは何だろうか。そこには、どのような類いのものであれ、個人的なものや何の気なしに書かれたものは本当に稀にしかなく、よく知られた古典的な作品であっても、その著者が知られているものはほとんどない。複雑で徐々に変化してきたという経緯を考えれば、今に伝わっている作品には多くの人の考えや工夫が加えられているということであり、関わった人々の名は永久に失われている。作品を生み出した人とは対照的に、図書館で文学作品や文書を写したり伝えたりした人の多くは奥付に名前を残しているが、皮肉なことに書記の名前が記されているのは最も平凡な行政に関する書板である。その上、書板の書き方を教えるということは粘土書板にしてよいことといけないことをはっきりと教え込むことであったようだ。楔形文字で書かれた走り書き、メモ、下書きなど正式なものではない文章は、行政文書の欄外に書かれた計算以外は極めて稀である。また、書板に絵が描かれることもほとんどないのだが[14]、残されている少数の例について言えば、そうした絵もかなりの技術をもって描かれたことがうかがわれる。

古代において異国の人が楔形文字を習うということはなかったのだろうか。前二〇〇〇年紀には訓練を受けた書記たちが頭に詰め込んだ専門知識と鞄に入れた書物を携え、自ら運命を切り拓こうとメソポタミアの中心を離れるということはよくあった。そうした人々のはたらきの一部が知られている。例えば、シリアのメスケネでは楔形文字についての知識が輸入されており、各地から集まった学生たちが自分たちには全く馴染みのない古い単語や名称を集めた語彙集を丁寧に写し取っていた。また、それと同時に、アッカド語の楔形文字が普及し、中東全域で国際語として使われるようになると、各地の小国の王たちは外交文書を作成するため、楔形文字を扱える者を臣下に加えたいと望むようになった。その結果、地元のミタンニ人が話したことをバビロニア人の筆記係が書板に書き取り、それがエジプトに届けられると、故郷を離れてエジプトに暮らしている別のバビロニア人の書記がそれを読み、外交文書らしい文体に整えるなどした後、エジプトの言葉に訳してファラオに上奏するという骨の折れる手順を経ることとなった。

楔形文字が普及すると、その他にも思いがけない成果が生み出されることになった。前十三世紀のウガリットで文字の歴史に新たな勢力が登場したのである。それは実質的に最初のアルファベットとして、単語を分ける記号（何と軟弱な！）を備えた三十一文字からなり、セム語系のウガリット語を綴り、記録するのに十分機能していた。奇妙なことに、この新しいアルファベットも文字としては楔形文字であり、文字の形は可能な限り単純化され、その誕生のきっかけとなったメソポタミアの楔形文字とはあまり関連してはいなかったが、従来と同じ手順で粘土書板に刻まれた。まるで、文字というものは粘土書板に楔形文字で刻むものだという意識があまりに強かったため、そこから離れて別の形で文字を記すことができなかったかのようである。このウガリット文字は青銅器時代の地中海の港町ウガリットで広く用いられた。港町に暮らす商人たちは少しでも商売の機会を逃すまいと多くの言語を操れるようにしていたに違いないが、前十二世紀初頭にウガリットの町は破壊され、ウガリット文字は使われなくなった。アルファベットが再び考案されるのは、その後二百年以上経ってからのことである。

実用に優れたアルファベットが発明されても、何世紀もの間、楔形文字による記述法がもつ地位に直接影響が及ぶことはなかった。また、楔を刻みつける書き方が羊皮紙などに二十二文字をインクで書きつける方法に完全に移行するまでには長い歳月がかかった。もっとも、前一〇〇〇年紀後半におけるアラム文字の使用状況は、アラム語が全般に羊皮紙などの脆い材質のものに書かれていた可能性が高いことを鑑みれば、推測不能である。二種類の文字体系が長く並行して用いられていたことは確かだが、その一方で、楔形文字で書かれた文書がすでに膨大な量あったことや、メソポタミア人の伝統意識など変化を好まない人間心理を考えれば、アラム語やアラム文字のアルファベットが広く使われるようになった後も楔形文字は一定の分野ではかなり長く使われ続けただろう。知られている限りでは、楔形文字を最後まで使用していたのは天文学者と記録保管者であった。それまで自分たちが常に行ってきたことを忍耐強く続け、紀元後二世紀のある日、ついに最後の継承者が英雄然として尖筆（せんぴつ）を置き、その伝統は絶えたのである。

アッカド語からギリシャ語へ

楔形文字がまだ使われている時代に楔形文字と出会い、それを積極的に学ぼうとした外国人にとって、楔形文字を使って学習することはどれほど大変なことだっただろうか。本章冒頭で六十進法がギリシャに取り入れられたことに触れたが、特に天文学、数学、医学の膨大な知識はどのようにして楔形文字のアッカド語とアルファベットのギリシャ語の間にある大きな隔たりを越えることができたのだろうか。

後一世紀のあるギリシャ語パピルス文書の中に、後期バビロニアの天文学の分野で一般に用いられ、今日の研究者が「システムB」と呼んでいる数字がインクで縦一列に書かれた興味深い断片がある。現在の所有者が少しはにかみながらオットー・ノイゲバウアーに見せると、そこに書かれている内容はその場でただちに明らかにされた。その所有者は何十年も前、まだ子どもだった頃、〝古い書物の破片〟が入った興味をそそられる箱が接客カウンターにいつも置かれていた古書店でそれを購入したのだそうだ。

このバビロニアの「システムB」は天体表（天体位置）の一種で、前一〇四年から一〇二年まで月がどう動いていたかが記録されている。次頁の写真に明らかなように、それは――〝自称〟アッシリア学者でも――楔形文字の一覧であることははっきりとわかる。楔形文字の一から六十までの数字は非常に単純で、実際、子どもでもすぐに理解できる。数がわかるギリシャ人が関心をもてば、ものの四分で十分に習得できるだろう。さらに興味深いのは『後期バビロニアの天文に関する書板』という古典的な本に掲載されている天文学の表を上から下まで読んで、その内容を理解し、ギリシャ語に書き写すには、次頁以下に挙げる一群の楔形文字を習得するだけで十分であるということだ。その他には「明るい」「暗い」などの簡単な表意文字を少し覚えておけばよかった。

アテネからバビロニアにやってくるだけの動機があり、天体観測の記録が収められた伝説の書棚に惹かれ、それについての最低限の知識を備えたギリシャ人であれば、楔形文字で書かれた知識の宝庫を開くことができただろう。はじめはその程度であったとしても、少しずつ一般的な文字やその意味を学んでいく

アッカド語からギリシャ語へ。「システムB」の数字がきちんと理解され、インクでギリシャ文字に書き写されている。

バビロニアの「システムB」の数字。粘土書板に書かれた天体観測の記録。

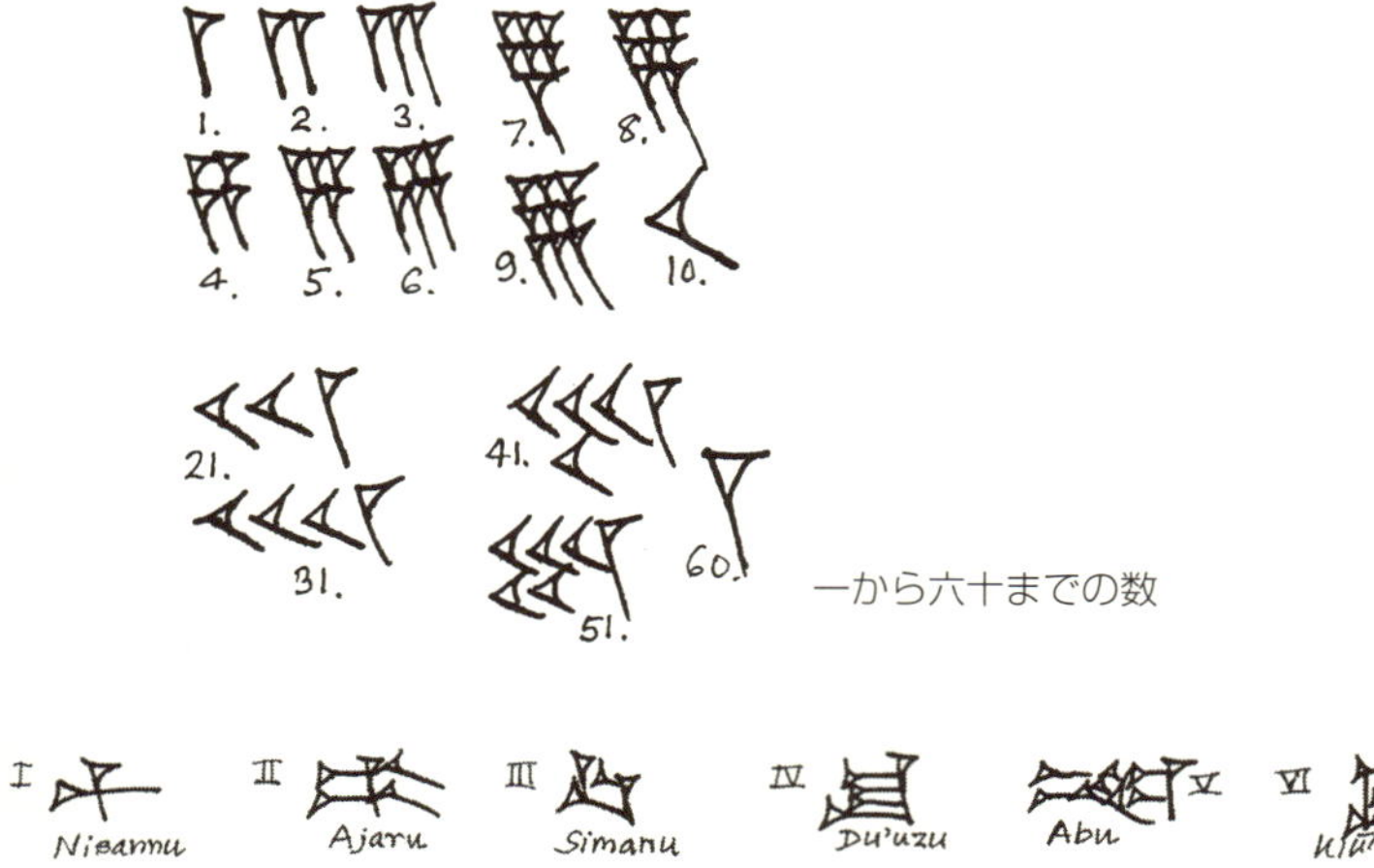

一から六十までの数

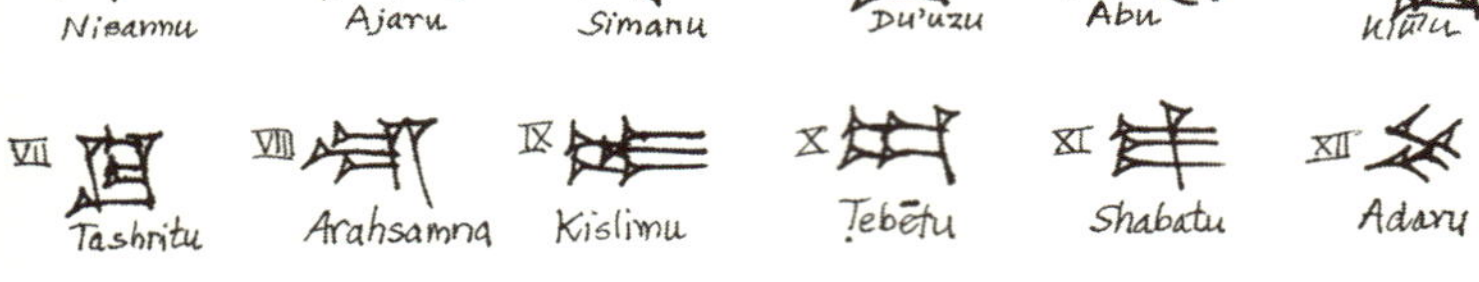

各月の名称
一の月ニサンヌ、二の月アジャル、三の月シマヌ、四の月ドゥウズ、五の月アブ、六の月ウルール、七の月タシュリトゥ、八の月アラフサムナ、九の月キスリム、十の月テベートゥ、十一の月シャバトゥ、十二の月アダル

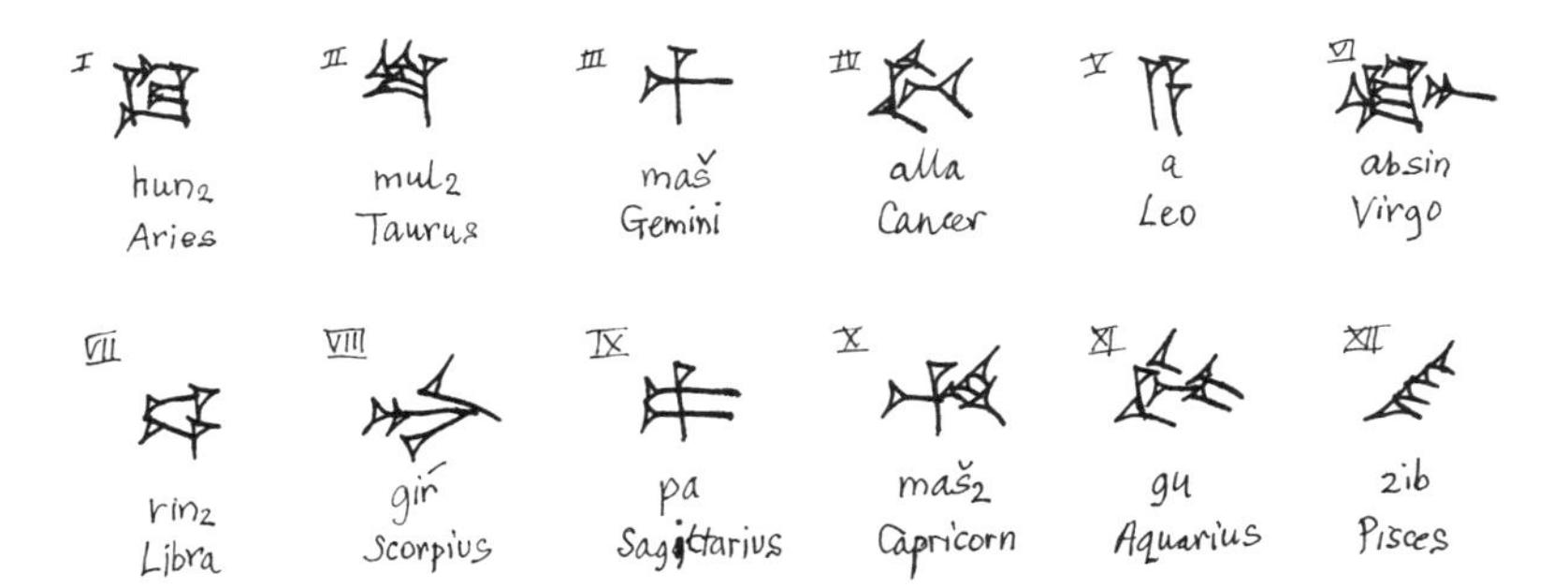

黄道十二宮を表す文字とその名　1. hun$_2$ フン＝牡羊座、2. mul$_2$ ムル＝牡牛座、3. maš マシュ＝双子座、4. alla アルラ＝蟹座、5. a ア＝獅子座、6. absin アブシン＝乙女座、7. rin$_2$ リン＝天秤座、8. gír ギル＝蠍座、9. pa パ＝射手座、10. maš$_2$ マシュ＝山羊座、11. gu グ＝水瓶座、12. zib ジブ＝魚座

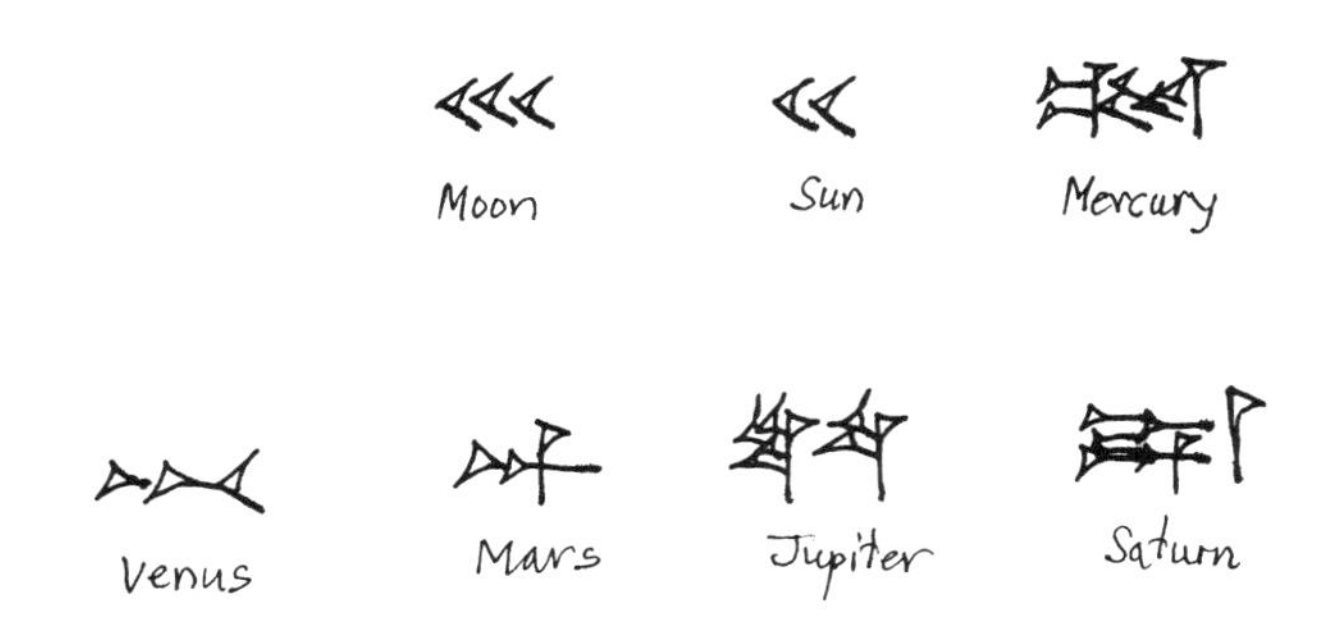

惑星の名を示す文字　（上段左から）月、太陽、水星
（下段左から）金星、火星、木星、土星

ことで、数字以外の文章も読めるようになる。天文学、数学、医学の記録は時とともにどんどん複雑になっていたが、実際にはそうした文書も主にシュメール語の表語文字からなるそれほど多くない数の文字やその組み合わせを学べば理解できた。以下に挙げる少数の語をあらかじめ学んでおけば、どんな医学修習生でも人より一歩先んじることができただろう。

DIŠ NA	もし人が
Ú	（植物の名の前に置く限定詞）
GIŠ	（木の名の前に置く限定詞）
NA_4	（石の名の前に置く限定詞）
ina-eš	その人は回復するだろう
TI	その人は回復するだろう
KI.MIN	前の語と同じ
（数語の動詞）	
（数語の名詞）	
ÉN	まじない

バビロニアの医者たちは説明つきの植物表をもっており、植物の標本も採って来たばかりのものや乾燥させたものを手に取って、相互に益をもたらす多くの分野について補い合っていただろう。

こうしたことを知るために、言語や文字の書き方を本格的に学ぶ必要はなかった。外国人が「アトラ・

ハシース物語」を読んだり、シュメール語の複雑さをアッカド語の語彙研究に基づいて説明したりできるとは誰も思っていなかった。片面にバビロニアの学校での楔形文字の練習問題が書かれ、裏面にはギリシャ語のアルファベットに音訳された楔形文字が書いてあるという少し変わった書板が遅い時代においてはわずかに残っている。そうした書板は数字よりも高度なアッカド語を学んでいたギリシャ人の手によって作成されたものでしかあり得ない[15]。また、この書板からは「この忌々(いまいま)しい文字を覚えることなんて本当にできるのだろうか」といった初学者の絶望のようなものを読みとってみたくなる。

当時の社会は近代における商取引や著作権、出版許諾などといったものが生まれる以前の全く異なる世界であったと指摘しておくことも無駄ではないだろう。ギリシャ語とアッカド語を扱える少数の優秀な頭脳集団の中で、非常に協力的に作業が進められたと考えられる。バビロニア人がそのような新参の思想家たちから刺激を受け、積極的に交わろうとしたかどうかはわからない。しかし、数学、天文学、占星術、医学に関する経験に基づいた膨大な量の知識は、このような地道な形で、込み入った楔形文字から優雅なるギリシャ語へと比較的容易に伝えられ、古代メソポタミア文化が長く受け継いできた知的遺産はパピルス紙に写し取られ、絨毯地(ぢ)の旅行鞄に詰め込まれ、大量にもち出せるようになったのである。

こうした過程は人文科学全体に極めて重要なことであった。バビロニアの知識や情報がギリシャの学問の中にもち込まれたとする指摘は多いが、それを可能にした〝仕組み〟については未だ議論も説明もされていない。それはおそらく単純なことであっただろう。そうした過程は本来、双方向で行われるものである。最も重要なことは、恐れを知らず、好奇心を備えた一握りの人たちが国境を越えたおかげで、偉大ではあったが、滅びつつあった文化の中で達成された非常に重要な知的成果が、まだ若く発展しつつあった文化へと伝えられ、再生したということである。

バビロニアにもたらされたギリシャ思想が全く耳も貸されなかったわけではない。これに関しては興味深い資料が二つある。ひとつは人間の体には四つの病巣があり、病気はそのうちのどれかに起因すると書かれたウルク出土の医学文書である。こうした考えはバビロニアには全く見られない。もうひとつは前述のボードゲームのルールが書かれた書板である。やはりこれもバビロニア的なものではない[16]。ギリシャ人は学問上の成果において個人の名を残そうとしないバビロニア独特の匿名性に困惑していただろう。後にギリシャ人は二つの大河の間で暮らす古（いにしえ）の文字の人々にはすでに知られていた発明に自分たちの名をつけ、その多くを自分たちの手柄にしてきたのではないかと私は思っている[17]。

最後に、バビロニア人（や他の古代人）も私たちと同じようなものなのではないかという問いについてもう一度考えてみよう。そう提案するのは簡単だが、具体的に説明するのは難しく、実証することは不可能である。そもそも〝同じ〟とは厳密にはどういうことだろうか。また、〝私たち〟とはどのような人間なのか……。

この仮説を教壇から主張すれば、「それじゃ、ウルの王墓の遺体はどうですか。あのシュメール人と私たちが同じだなんて言う人はいませんよ」という声が上がるかもしれない。

前二四〇〇年頃、ウルの最上層の人たちは永遠の眠りにつくとき、望む限りの貴重な財宝だけでなく、忠実な僕（しもべ）たちもともに埋葬させた。そのような墓は三、四基、発見されているが、「死の大穴」と呼ばれている墓は特に規模が大きく、七十二体もの遺体が整然と横たえられていた。死んだ王族に仕えた僕たちが主人とともに埋葬されるという考えは衝撃的であり、非常に原始的である。エジプトでも前王朝時代にそうした埋葬が短期間行われていたが、すぐに「ウシャブティ」というファイアンス〔石英を主原料とした焼き物。ガラス質の光沢がある〕製の人形が考案され、必要なときには奉仕できるよう、死者とともに埋葬されるようになった。ウルでの発見については、毒を盛られたのではないか、戦争の捕虜ではないか、死んでから埋葬されたのではないかなど、様々な解釈が飛び交った。このような疑問と並んで、より大きな疑問も浮かび上がる。死後の世界で必要になるからといって、大勢の若く美しい宮廷の使用人たちをともに埋葬するということは容易に納得できることではない。賢明なことに、この習慣はその王朝の終わりとともに完全に消滅し、再び行われることはなかった。このような展開は理解できないことではないが、そもそも従者を捧げるという習慣は、どのようにしてウルにもたらされ、その社会に根づいたのだろうか。これについては二とおりの解釈しか考えられない。この埋葬法は古くからの習慣で、たまたま他の例が古代中東世界で発見されていないだけということか、特定の歴史的重要人物にまつわる出来事から、このような埋葬法が着想されたかである。そのような人物の候補として挙げられるのは、メソポタミアではギルガメシュしかいない。

ギルガメシュは間違いなく実在の人物である。ウルクの初期の王で、歴史時代のはじめに短期間続いた王朝を創始した。残されている伝承を総合すると、ギルガメシュは権力とカリスマを備えた人物で、その影響力は死後も長く続いた。その名を広めることになった一連の物語がそれを証明しており、アレクサンドロス大王と同じレベルの人物であったのではないかという印象を受ける。アレクサンドロス大王については、その死があまりに衝撃的であったため、当初その生涯や時代については歴史家の冷静な判断とは思えない様々な物語が生み出された。このような観点からすれば、ギルガメシュの死に際し、『ハムレット』のレアティーズのように未来に絶望した忠実な臣下が墓に身を投げ出し、その埋葬法のきっかけとなったと考えられないこともない。ギルガメシュの死を語るシュメール語の文書はウルの王墓から復元される埋葬の様子としばしば比較されてきた。この原始的な習慣は文字どおりギルガメシュの死を起源とし、かなり後になるまでウルクの習慣であったのではないだろうか。その埋葬法がウルクとウルの王族間の婚姻などを通してウルにもち込まれ、しばらくの間よく用いられていたが、その後、永久に行われなくなった。つまり、このような慣習は実際にはシュメール人の典型的な考え方にはなかったということなのではないだろうか。しかし、シュメールの格言や知恵文学を読んでいくと、現実の日常的な人々の声が、時に達観し、時に困惑し、時に皮肉や諦め、嘲笑を含んだ様々な声が暗闇から響いてきて、そこからそうした思いの名残を取り出せるような気がしてくる。シュメール人を私たち現代人の理解の及ばないものとして除外する理由はないように私は思う。

時代が下がって、ネブカドネツァルの時代、すなわちバビロン捕囚時代のバビロンは確かにわれわれに馴染みのある世界である。天に聳(そび)える神殿や名高い宮殿などといった巨大建造物は現代にもあるし、その素晴らしい城壁や城門、イシュタル門や行列通りに敷き詰められた美しい紺青色のタイルには驚嘆させられる。しかし、何よりも呪術に関する文書は活気や悩みに満ちた当時の町の日常生活について多くのことを語ってくれている。ますます肥え太る裕福な金貸しや投機家、複雑な処置を行う医者や占い師、市場で魚や野菜を売る露天商、近視の印章彫り師、足の不自由な金属細工師、そして、帝国じゅうから集まってきた人々の喧騒と、彼らが話す様々な国の言葉は、まさにバベルの塔の町を彷彿とさせる。他にも、傭兵や易者、神官や売春婦もいれば、人殺しや物乞い、高利貸しや水売りもいる。喧騒と匂いに溢れた大いなる退廃の都には、一方に素晴らしい庭園、もう一方には貧民窟が混在し、日々の暮らしはどの時代とも同じようなものだったに違いない。そして、古代の文書のおかげで、私たちはそのほとんどについて知ることができる。

粘土書板を書き、世界を見つめ、天地の間で動き回っていた古代の人々はつまるところ、**私たち現代人と同じようなもの**なのである。

第4章　洪水物語

合衆国よ、汝もまた、漕ぎ出せ
強く偉大な国よ、漕ぎ出せ
人々は恐れを抱き
未来への希望を抱いて
固唾(かたず)を飲んで汝の運命を見守っている
——ヘンリー・ワーズワース・ロングフェロー

洪水によって世界が滅ぼされようとしているとき、舟に乗った英雄が人間と動物を絶滅から救うという物語は、世界各地の文学に見られる。（地球規模の）洪水物語の中心テーマは人間存在の弱さ、神の摂理の不確かさであり、もし火星人が「人間百科」を編纂したら、洪水物語は非常に興味深い項目として大きく扱われることだろう。この物語の豊かなテーマは多くの思想家、作家、画家の感性を刺激し、聖書や宗教を超えて、文学だけでなく現代オペラや映画にも影響を与えている。

　多くの学者があらゆる種類の洪水物語を虫取り網で捉えては標本にし、科や種属ごとに分類しようと試みてきた[1]。広義の洪水物語（天災は洪水とは限らないので、〝大災害物語〟としてまとめられることもある）はメソポタミア、エジプト、ギリシャ、シリア、ヨーロッパ、インド、東アジア、ニューギニア、中央アメリカ、北アメリカ、メラネシア、ミクロネシア、オーストラリア、南アメリカの各地で記録されている。洪水物語の総数は分類する学者によってそれぞれに異なるが、およそ三百と考えられている。今後、出版が進めば、多くの洪水物語が愛好家たちの目に触れるようになるだろう。なかには、たった数行ですべてを語っているものもあれば、力強く劇的な物語に発展しているものもあり、そのすべてに目を通していくと、洪水物語をもたない文化の方が少ないのではないかという気がしてくる。

　伝説を集めて比較するのはいつでも興味深く、他のそうした試みと同様、洪水物語の樹形図をつくって整理してみたくなるかもしれない。しかし、それぞれの洪水物語が基本的な部分で似ているということよりも、その幅の広さと全体として変化に富んでいることの方が重要である。なにより、川や雨や海などの自然の力は（地震、竜巻、火事や火山の噴火と並んで）一度猛威を振るい始めれば人間にはどうすることもできないものであり、それゆえ、伝統的なよくある物語となったように思われるが、その一方で、どの物語も洪水を悲惨なものとしているにもかかわらず、何人かの人が必ず生き残る。彼らはたいていが「舟に乗った人々」である。洪水物語の起源とその伝播、遠く離れた地との相互関係は蜘蛛の巣のように入り組んでいるが、それを解きほぐす必要はない。また、宣教師が教える聖書の物語のように、ある特定の時期に特定のやり方で中断されたり、影響を受けたりしている物語が影響を受けていない物語として〝自然に〟流入することもあるという事実は常に考慮に入れておかねばならない。

しかし、収集家からしてみれば、影響や伝播が明白に認められ、世界規模での重要性をもち続けてきた特殊なケースこそが重要である。「創世記」の象徴的な物語であり、それゆえユダヤ教、キリスト教、イスラム教における重要な主題となっているノアの物語は比較神話学において大きな関心の的となってきた。この三つの宗教の聖典においては、人間の悪行の罰として、神と人間世界の関係を調整し、「現状に見切りをつけて、やり直すために」洪水が引き起こされる。この洪水物語はヘブライ語聖書〔旧約聖書のこと。構成、内容に違いはない。ユダヤ教の視点を鑑みたこの呼称への移行が最近では進んでいる〕からギリシャ語の新約聖書、アラビア語のコーランへ、直接、明白な形で伝播している。そして、そのヘブライ語の物語は実質的にそれよりも長いバビロニアの楔形文字で書かれた遥かに古い物語に由来することがビクトリア朝時代のジョージ・スミスの発見によって判明した。このバビロニアの物語こそが洪水物語を時代を超える旅へと送り出した源であった。本書はその旅の最初の段階に焦点を当て、楔形文字で粘土書板に残された様々なメソポタミアの物語を検討し、これらの物語がどのようにして現代まで伝えられることになったのかを考察する。

このような角度から研究に取り組めば、「洪水は本当にあったのか」という問題を丸ごと避けることができる。しかし、人々が長く関心を抱いてきたのはまさにこの問題であり、それを裏づける証拠を探し続けてきた。メソポタミアの優れた考古学者たちは皆、万が一に備えて、洪水物語のことを常に頭の片隅においているのではないかと私は思っている。一九二八年から二九年にかけて、イラクの発掘現場では聖書の洪水伝説を裏づけるとされる重要な発見がなされた。[2]例えば、ウルでは王墓の下を深く発掘した結果、三メートル以上に及ぶ何も含まない泥の層が現れ、さらにその下からは、それ以前の居住跡が発見された。イラク南部のキシュ発掘では、ラングドンとワテリンにより、ほぼ同じ時期のものとされる似たような発見がなされた。これは両発掘チームにとって、単に古代に洪水が起こったことを示すだけでなく、紛れもなく、聖書の洪水物語の証拠と思われた。レオナード・ウーリー卿がイギリスじゅうで能弁な講演を行い、自説を擁護する文章を書きまくったため、[3]「ノアの洪水が実際に起こったという証拠がウルで発見された」という認識が広まることとなった。

同じような泥の堆積は他の発掘でも確認されたが、その何も含まない層は考古学的に見て本当に同時代の層なのか、また、そもそもこれらは本当に水によって沈殿した泥なのかという疑いが浮上した。最近では、この種の〝明白と思われる証拠〟は考慮の対象とはされていない。確かに、何も含まない粘土層は古代イラクにおいて人々の住まいが洪水によって壊滅的な被害を受けたことを裏づけており、全般的に見れば、このような発見は古代メソポタミアが実際にどれほど洪水の被害を受けやすかったかという認識を飛躍的に高めることに貢献した。しかし、今日では、このような発見が「創世記」に描かれた大洪水と関わりがあると主張する人はほとんどいない。レオナード・ウーリー卿はウルが話題となれば、誰よりも説得力のある演説家であった。ランバートはあまり自分のことを話す人ではなかったが、生涯の仕事としてアッシリア学者になろうと決心したのは、少年の頃ウーリーが考古学上の発見について語るのをバーミンガムの映画館の片隅で聞いたときだったと私に語った。

近年の考古学では、洪水の堆積層を探し求めることは時流から外れたものになっているが、そのような発見は広い範囲を深く掘る発掘でしか得られず、その方法は今日ではほとんどとられていない。最近では学者たちの目は考古学より地質学的な調査に向けられており、洪水の痕跡を求め、地震や潮の干満、氷河の融解などのデータが目眩（めまい）のするような速さで追跡されているが、その足跡を辿ることは本書の範囲を遥かに超えている。[4]

メソポタミアの洪水物語

心理学的見地からすれば、メソポタミアの人々の心に洪水伝説が深く刻み込まれていたことは驚くに当たらない。それはまさに彼らを取り巻く自然環境から生じたものを反映しているからである。人々はティグリス・ユーフラテスの両河川の水に絶対的に依存しており、そこから逃れようもなかった。それ以外にも、頭上には畏れを呼び覚ますほどに何もない空という空間があり、突然起こる嵐、太陽神や月神、嵐の神といった古代の神々の実体的な力は、最も洗練された人でさえ自然の力という現実の脅威から遠く離れていられないということを意味していた。洪水は津波と同様、目の前の文明を流し去るほどの制御できない力であり、その物語は子どもを怖がらせるための安全で無害な「子取り鬼」の話などではなく、実際に起こった災害についての遠い記憶を留めようとするものであった。おそらく、何千年もの間、いくつもの洪水物語が語られていたことだろう。

洪水は文化的には時間の流れを区切る役割を果たし、重要な出来事は洪水の前のことか後のことかというように示された。楔形文字の文書には「洪水以前」には大賢人が生きており、洪水後には文明に関わるすべてが人間に与えられた。楔形文字の文書には「洪水以前」という言い回しがほとんど決まり文句のようによく使われているが、それは今日における「大戦前には……」といった表現にかなり通ずるものがある。

世界規模の洪水は神々が世界をより適切な形につくり直すために効率よく掃き清める〝新しい帚(ほうき)〟であった。エンキ神（賢く、ユーモアがあり、反抗的な神）はこの計画に愕然とし、その結末を予期したおそらく唯一の神であり、人間や他の生き物の命を救うため、それに相応しい人間を選び出す。洪水物語はまさに口誦文学の本質を備えている。中心主題はすべての人、すべての聞き手に関わることであった。男も女も皆、神が望みさえすれば、自分たちは滅ぼされると思っており、まさに命の綱と言うべきティグリス・ユーフラテス川の水が止まっても、その流れが膨れ上がりすべてを飲み込む混沌の濁流となっても、自分たちにはなす術がないということを知っていた。洪水物語にはハリウッド映画のように、恐ろしい出来事と人間の奮闘、そして、土壇場での救出が語られているのである。

シュメール語やアッカド語で書かれたメソポタミアの物語の多くには書板に書き記される遥か以前からその物語が存在していたことを示す特徴が見られる。重要な文句の繰り返しはそのひとつだが、こうした工夫により、長い物語も記憶しやすくなり、物語の途中から聞き始めた人にも内容がわかりやすくなる。小さな子どもがお気に入りの物語を何度も繰り返し読んでもらうのと同じようなことである。前三〇〇〇年紀初頭、文字によってあらゆることが記録できるようになると、神々の物語もすぐに書き記されるようになった。

イラク南部から出土した最初期の粘土書板には神々が活躍する物語が記されていたが、この初期の書板はまだ大部分が訳されていない。それとは対照的に、洪水物語はそうした初期の時代にはまだ書き留められていなかったようだ。洪水物語の一部が含まれる最も古い書板は前二〇〇〇年紀になってからのもので、文字が書かれるようになってからすでに千年以上もの時が経っていた。その間、シュメールやバビロニアの語り部たちが看板演目であったはずの大洪水の物語をどのようにして物語っていたのかは想像するしかない。前二〇〇〇年紀初頭には洪水伝説が書き留められるようになったが、「メソポタミアの洪水物語」といったひとつの物語としてではなく、洪水を中心題材のひとつとする作品の中に見られるようになる。このこと自体、洪水伝説の古さを表している。洪水物語の力と劇的な効果はメソポタミアの外には広がらなかったとしても、その文化が続く限り[5]、詩人や語り部の心を常に捉え続けていたことを示しているからである。

「メソポタミアの洪水物語」は楔形文字で書かれた三つの物語の中に組み込まれている。ひとつはシュメール語で書かれた〈シュメールの洪水物語〉で、あとの二つはアッカド語の「アトラ・ハシース物語」[6]と『ギルガメシュ叙事詩』である。二つのアッカド語の物語の中では、洪水物語が主要な話のひとつになっている。この三つの物語にはそれぞれ洪水に関係する別の主人公が登場する。したがって、物語の本質は三つすべてに共通しているが、重要な違いもあり、三つの物語をひとまとめに「メソポタミアの洪水物語」として語るのは適切とは言い切れない。また、三つの物語それぞれに洪水物語の部分が異なる版がいくつか流布しており、場合によってはその相違は大きく、用いられる言葉の違いだけでなく、書式や行数、物語の筋までもが異なることもある。「アトラ・ハシース物語」と呼ばれている物語はよく広まっていたことは明らかで、書式も多くあり、決して完全に〝標準化〟されることはなかったが、『ギルガメシュ叙事詩』は最終的に合意された書式で統一された。ニネヴェの王立図書館から発見された洪水物語を含む『ギルガメシュ叙事詩』の前一〇〇〇年紀の書板は文字どおり完全に同じ物語を語る全くの複写である。アトラ・ハシースの洪水物語は今のところ前一〇〇〇年紀になってからのものが見つかっていない。見つかってほしいものだ。

洪水物語の粘土書板は次のように長い時代にわたって流布していた。

古バビロニア時代　前一九〇〇―一六〇〇年
中期バビロニア時代　前一六〇〇―一二〇〇年
新アッシリア時代　前八〇〇―六〇〇年
新バビロニア時代　前六〇〇―五〇〇年

ペンシルベニア大学（フィラデルフィア）所蔵の〈シュメールの洪水物語〉が記された書板。

現在、メソポタミアの洪水物語の全体像を描き出すのに役立つ書板は九つ知られており、新たに発見された〈箱舟の書板〉を理解し、評価する上でも、大いに助けとなる。

〈シュメールの洪水物語〉

古バビロニア版〈シュメールの洪水物語〉

洪水に関するシュメール語の記述はペンシルベニア大学考古学人類学博物館に収められている有名な書板で読むことができる[7]。かつては書板の両面に三欄ずつ文章が並んでいたが、ほぼ三分の二が完全に失われており、その全体像は曖昧なものにならざるを得ない。この書板は前一六〇〇年頃にシュメールの都市ニップルで作成された。ニップルは宗教と文化の中心地で、文学文書が多く発見されている。

この物語はシュメール語で伝わっているが、奇妙な語形の動詞があるなど、言葉づかいに特徴があるため、この書板を訳したミゲル・シヴィルは人類を滅ぼす洪水という題材はシュメールの口誦文学の主流には属していなかったのではないかと結論づけている。古バビロニア時代のアッカド語の物語に由来するかのように見えるが、未だ発見されていない物語が元になっていたはずで、まだ知られていない別系統のシュメール語の物語も普及していた可能性があることは指摘しておく必要があろう。

この書板によれば、偉大な神々は町々をつくってだいぶしてから、創造の女神ニントゥの嘆願にもかかわらず、人類を滅ぼすことにしたとされている（理由は書かれていない）。ジウスドラ王が舟を建造して、生き物の命を救う使命を課せられ、それを見事やり遂げた見返りとして不死となる。

そして、ジウスドラ王が
動物と人間の子孫を守ったから
神々はジウスドラを海の彼方ディルムンの地
太陽の昇る土地に住まわせた。

〈シュメールの洪水物語〉二五八―六〇行

シェーエン版〈シュメールの洪水物語〉

〈シュメールの洪水物語〉の書板は長い間ひとつしかなかったが、二つ目の書板の断片がノルウェーのシェーエン・コレクションで見つかった[8]。その書板によれば、ここでは「スードラ」と呼ばれているジウスドラ王はエンキ神のグドゥ神官とされている。つまり、主人公ジウスドラは王であり、神官であったわけだが、王と神官を兼ねることは古い時代ではよく見られることであった。第3章で見た「シュルパクの教え」はジウスドラの父がシュルパクと呼ばれ、両者が血縁関係にあることは確かであるようだ。

ウバル・トゥトゥの子シュルパクが
息子ジウスドラに助言を与える。

シュルパクは実際にはシュメールの町であった。「シュメール王名表」と呼ばれる貴重な書板には洪水以前と洪水後の王の名とその統治年数が書かれているが、それによると、ウバル・トゥトゥはシュルパクの町で一万八千六百年統治した王で、洪水以前の最後の王であったが、その王名表には賢者として知られ、「シュルパク出身の男」とも呼ばれたシュルパクのこともジウスドラのことも記されていない。しかし、「王の年代記」と呼ばれる別の資料には、洪水前にシュルパクで、ウバル・トゥトゥの後を息子のジウスドラが継いだと書かれており、大洪水を経験した英雄がジウスドラであることを裏づけている。どうやらかなり複雑な事情がありそうで、ギリシャ人の証言によれば、重要な楔形文字の文書は保管のために洪水の前に埋められていたというが、洪水以前の王の統治年数や系譜に混乱があることについては、この優れた年代記作者にも言い分があるのではないかと思う。[9]

ジウスドラという名は洪水物語の不死の英雄にまことに相応しい。ジウスドラとは、シュメール語で「長命の人」という意味なのだ。『ギルガメシュ叙事詩』における洪水物語の英雄ウトナピシュティムという名もほぼ同じ意味である。このアッカド語の名がシュメール語からの翻訳なのか、それともその反対なのかは、はっきりとはわかっていない。

アッカド語の「アトラ・ハシース物語」

古バビロニア版「アトラ・ハシース物語」

「アトラ・ハシース物語」は三枚の書板に記された文学作品である。最も重要なメソポタミア文学のひとつで、人間の普遍的な問題と格闘しているものなので、この物語は疎かにできないだろう。その中で最もよく知られているのは洪水と箱舟の物語だが、それは遥かに長い物語の一部にすぎない。敢えて言わせてもらえば、これは全体が壮大なオペラにもなり得る物語である[10]。

物語は非常に奇妙な世界で幕が開く。人類はまだ創造されておらず、地位の低い神々が必要な仕事をすべてこなさなければならないことになっていた。その神々が不平を言って反逆し、ついには自分たちの道具を燃やしてしまう。その言い分にはもっともな面もあったので、上位の神々は下位の神々に代わって仕事をするルルー、すなわち人間をつくることにした。ニントゥやベーレト・イリィの名でも知られる誕生の女神マミが呼び出された。しかし、彼女が自分ひとりでつくることはできないと言うので、エンキ神がウェ・イル神を殺すことによって、人間がつくられると宣言する（補遺1の引用文四〇六頁参照）。こうして人間は神々のために働くようになったが、そのときは死ぬことはないとされ、どんどん増えていった。そして、増えすぎた人間が立てる騒音があまりに酷くなり、エンリル神が次のように仲間の神々に訴える。

人間が立てる物音はあまりにうるさくなった。
その喚(わめ)き声で私は眠ることもできん。

あまりに酷い騒音のため、人間を全滅させる疫病を広めることが是認されるが、上位の神々のひとりで、人間の創造にも関わったエア神（シュメールの物語ではエンキ神）がこの計画を阻止する。エンリル神の不満は高まり、今度は飢餓で人間を滅ぼそうと考え、雨が降らないようにする。そこに介入し、雨を再び降らせ、人々の命を救ったのもやはりエア神であった。エンリル神の第三の計画は絶滅をもたらす洪水を起こし、すべてをきれいさっぱり押し流そうとするものであった。そこでこの大災害を回避するために、エア神はアトラ・ハシースに箱舟をつくらせ、人間と動物の命を救わせる。神々は最終的にはエア神の介入を喜んだ。アトラ・ハシースの家族は不死となり、人間は存続することを許される。しかし、これ以降、人間には死がもたらされ、数が増えすぎないように、不妊、独身の巫女、死産などが導入された。

今の感覚で言えば、人間を全滅させる理由が「騒音防止」というのは、やりすぎのように思われるが、それが理由であったことは間違いない。人間が立てる騒音は我慢の限界を超えていたのだ。アトラ・ハシースの物語におけるエンリル神の苛立ちは、昼食の後、海辺のデッキチェアに寝そべる老人が他人の子どもやラジオの音に苛（いら）つくのを連想させる。聖書の洪水物語における道徳的見地からの訴えとはかけ離れている。鍵となる「騒音」を表すアッカド語「リグム」は悪い行いの婉曲表現なのではないかと主張する学者もいるが、あまり説得力がない。ここで実際に問題となっているのは「人口過剰」だからである。騒音は人間が増えすぎた結果であり、大洪水は人が不死であった洪水以前の状況に対する解決策だったのだ。エンリル神の言葉はそのままの意味であった。実際、天上の偉い神々を再び忍耐を超えるほど苛立たせるような「騒音（リグム）」を立てる困った赤ん坊を宥（なだ）めるまじないが楔形文字で書かれている[11]。つまり、洪水物語はひとつの逸話として、きちんと構成された話の筋に沿って「アトラ・ハシース物語」の中に織り込まれているのである。アトラ・ハシースは当時の英雄であり、その名は「極めて賢い」という意味である。

「アトラ・ハシース物語」の洪水物語

アッカド語で書かれた「アトラ・ハシース物語」のうち、最もよく知られているのは前十七世紀にメソポタミア南部の町シッパルで働いていた「イピク・アヤ」という名の書記[12]によるものである。アッシリア学者フランス・ヴァン・コペンはこの偉大な人物の名の読み方について積年の議論を決着させただけでなく、その経歴についても調査している。イピク・アヤは前一六三六年から三五年に若くして「アトラ・ハシース物語」をすべて、三枚の大きな書板に楔形文字で書き写し、入念に奥付と自らの名を記録した。自分の労作が今日、ロンドン、ニューヘブン、ニューヨーク、ジュネーブの博物館に散り散りになっていると知ったら、彼は気を悪くするに違いない。三枚の書板はもともと千二百四十五行の文章で構成されていたが、保存されているのはすべて合わせても六十パーセント程度である。

箱舟と洪水に関わる重要な逸話はイピク・アヤの第Ⅲ書板にある。本書では〈古バビロニア版アトラ・ハシース物語〉として言及する。第Ⅲ書板は今は二つに割れてしまっており、大きい方の断片は「C1」として知られ、もうひとつの断片「C2」と同じ部屋に置かれれば、ぴったり合わさるはずだが、C1は大英博物館、C2はジュネーブの美術歴史博物館に収蔵されている[13]。いつの日か、それを接合したいと思っているのだが……。

アッカド語で書かれた古バビロニア版「アトラ・ハシース物語」は他にも書板や断片が六つ残されている。これらは確かに「同じ物語」なのだが、異なる四つの版があることがわかっている。この六片のうち洪水物語を含んでいるのは一片だけである。

古バビロニア・シェーエン版「アトラ・ハシース物語」

この最近刊行された書板はやはりシェーエン・コレクションに収蔵されているが、これまでに知られていた書板とは文章の系統がはっきりと異なり、〈古バビロニア版アトラ・ハシース物語〉よりも百年ほど古い。この書板で本書に関係ある部分を引用しておく。(14)

「さて、お前の言葉を彼ら（人間たち）に聞かせてはならない。
神々は全滅を命じた。
エンリルは人間を悲惨な目に合わせてようとしている。
神々の集まりで、彼らは大洪水を命じて、こう言った。
『新月の日までに実行しよう』」
アトラ・ハシースはそこに跪(ひざまず)いていた。
エアの前で、その涙は溢れ続けた。
エアは口を開き、
僕(しもべ)に言った。
「第一に、お前は人間のために嘆いている。
第二に、お前は私を畏れ、跪いている。
なすべきことがあるが、
しかし、お前はそれをどう成し遂げればよいかを知らない」

古バビロニア・シェーエン版「アトラ・ハシース物語」第iv欄一―一六行

何とももどかしいことに、「古バビロニア・シェーエン版」はここで終わっている。すでによく知られている物語の流れから判断すれば、この続きは〈箱舟の書板〉の最初の行と同じ文章になるはずである。[15]

中期バビロニア・ウガリット版「アトラ・ハシース物語」

この重要な書板断片は現シリアの古代ウガリット（ラス・シャムラ）の発掘で発見された。イラク以外の遺跡で発見された洪水物語の断片は今のところ、これだけである。この発見は物語や学問が楔形文字世界の中心からアッカド語を主要な言語としていない中東の主要都市へとどのように伝えられたのかをよく示している。この「ウガリット版」は一人称で書かれている点で他の「アトラ・ハシース物語」とは異なっていると言われてきたが、その根拠となる箇所は直接話法の部分であり、地の文は三人称で書かれている。今日残されているテクストは他の版と明確に異なっている。[16]

中期バビロニア・ニップル版「アトラ・ハシース物語」

この書板の断片は〈古バビロニア版シュメールの洪水物語〉と同じく、イラク南部のニップルで発見され、現在はペンシルベニア大学の博物館に収蔵されている。[17]

新アッシリア校訂版「アトラ・ハシース物語」

前一〇〇〇年紀のアッシリア方言で書かれたこの書板からは他とは異なる短縮版の洪水物語が浮かび上がる。また、複写元の書板が一、二か所破損していたことを示す印が書記によって書き込まれているという点で特殊な書板である[18]（第3章参照）。

新アッシリア・スミス版「アトラ・ハシース物語」

これはジョージ・スミスがニネヴェで発見した歴史的な書板の断片である。無理もないことだが、当初はギルガメシュの物語の一部と考えられていた。大英博物館ではスミスによる発掘のスポンサーであったデイリー・テレグラフ紙の気前のよさを記念して、この粘土書板には「DT42」という分類番号がつけられている[19]。

『ギルガメシュ叙事詩』の洪水物語

アッカド語で記されたもうひとつの洪水物語は最も有名であり、時代的には最も新しい。その洪水物語は今までのところ「ペンギン古典選書[20]」に名を連ねる唯一のバビロニア文学であり、間違いなくアッカド語文学の至宝と言える『ギルガメシュ叙事詩』の中の一部である。非常に洗練された作品であり、全部で十二枚の書板からなる長大な文学作品である『ギルガメシュ叙事詩』の中で、洪水と箱舟の物語は第XI書板に記されている。現代の視点からすれば、この洪水物語はもともと『ギルガメシュ叙事詩』とは全く別の物語として、ウルクの王ギルガメシュの生涯や治世ではなく、人間の振る舞いや、人間をはじめとする動物すべてに間近に迫った破滅を主眼として形成されている[21]。今日、『ギルガメシュ叙事詩』全体の中で読むと、その再利用の物語は総じて付け足しのように感じられる。

新アッシリア時代の『ギルガメシュ叙事詩』に含まれる「箱舟と洪水」の物語がより古い前二〇〇〇年紀の記述から派生したことは確かだが、洪水物語を含む古バビロニア時代の『ギルガメシュ叙事詩』は知られていない。知られている限りでは古バビロニア時代の洪水物語はすべて「アトラ・ハシース物語」である。本書で扱う前二〇〇〇年紀初頭の〈箱舟の書板〉と「アトラ・ハシース物語」の洪水物語が前一〇〇〇年紀の〈ギルガメシュ第XI書板〉にどの程度影響を与えたのかについては第7章と第8章で検討する。

新アッシリア時代の『ギルガメシュ叙事詩』では、洪水物語の主人公はウトナピシュティムと呼ばれている。ウトナピシュティムとは、「私は命を得た」（もしくは「彼は命を得た」）という意味で、そのまま訳されたわけではないにしろ、シュメール語の「ジウスドラ」から直に着想を得た名である。『ギルガメシュ叙事詩』の中では「ウバル・トゥトゥの子ウトナピシュティム」、「ウバル・トゥトゥの子のシュルパク人」と呼ばれている。

1872年にジョージ・スミスが初めて洪水物語を読み取った〈ギルガメシュ叙事詩第XI書板〉の最初に出版された写真。

現存する「アトラ・ハシース物語」では（私が知る限り）どの写しも主人公を王とは記していない。また、ウトナピシュティムも王とは呼ばれておらず、彼が王であったと考える確かな根拠はない。ただし、「洪水の粘土書板」には突然、宮殿が登場する（後述）。しかし、この語は私には文中に差し込まれたように見え、ウトナピシュティムと同一視されるジウスドラが実際に王であったと記している歴史書から誤って紛れ込んでしまったものなのではないかと考えている。

エンキ神とアトラ・ハシースの関係、もしくはエア神とウトナピシュティムの関係は伝統的には主人と僕（しもべ）の関係として描かれる。アトラ・ハシースとウトナピシュティムが王ではなく、いわゆる〝一般市民〟であるとしたら、ノアの原型である両者は何を根拠に一般人の中から大いなる仕事を成し遂げるために選ばれたのかという疑問が生じる。例えば、有名な船大工であったなどといった、選ばれて当然の理由は一切書かれていない。神殿との関係が示唆されてはいるが、彼らが実際に神官であったとはされていない。選ばれた理由はおそらく、立派で正しい人であり、神の命令に従い、心に不安を抱えていたとしても、その命令を完遂できる人が求められたということだろうが、それについては何も語られていない。

本書における探求が進んでいくにつれ、洪水物語が楔形文字の世界を越え出て、ヘブライ語の創世記やアラビア語のコーランに移された際に何が起こったのかを見ていくことになる。また、本書の全体像をまとめ上げる偉大なるベロッソスの証言がある。

ベロッソスの著作に登場する洪水物語

古き楔形文字の世界が衰え始め、古代メソポタミアの支配がアラム語やギリシャ語を話す人々の手に移った頃、ベロッソスという名で今日知られるバビロニアの神官がバビロニアに関して自分が知っていることを『バビロニア誌（バビロニアカ）』という名で書物にまとめた。ベロッソスという名はバビロニア名をギリシャ語に直したもので、本来の名はおそらく、ベル・レウシュ（「主なるベルは彼の羊飼い」の意）であったと考えられる。ベロッソスは前三世紀の古代イラクに暮らし、（アラム語、ギリシャ語の他に）アッカド語を話し、おそらく楔形文字を不自由なく読むことができた。バビロンのマルドゥク神殿に仕えていたので、好きなだけ書板を読むことができただろう（しかも、その書板はすべて完全な状態で揃っていたと考えられる）。べロッソスはこうした書板を用いて偉大なる書物を編纂し、アンティオコス一世ソーテール（在位前二八〇—二六一年）に献呈した。

ベロッソスはその書物の二巻目で、十人の王とその賢者を一覧で示した後、洪水物語についてはっきりと語っている。残念ながら、その文章は（偽ベロッソスのものも含め）後の時代の著述家の引用でしか残っておらず、伝達過程もかなり複雑である。ベロッソスが自身について述べた「フラグメンタ」（断片）と呼ばれている二十二の引用や言い換え、また、今日知られているのは「テスティモニア」（証言）という十一の記述である。これらは今日ではほとんど名を知られていない古典期やユダヤ教、キリスト教の著述家によるものである。興味深いことに、ベロッソスの洪水に関する記述には、創世記版にはない夢をモチーフとした記述や、一年のうちの月の名など古い伝承に由来するもの、書物を埋める行為など、実際に他の楔形文字の文書にも登場する記述など、メソポタミアの洪水物語の要素がかなり多く残されている。

ポリュヒストルによれば、ベロッソスは次のように書いているとされる（この引用自体はエウセビオスの著作に残されている）[22]。

アルダテース（別名オティアルテス。ウバル・トゥトゥのこと）の死後、その息子クシストロスが十八サルの間、統治したが、その間に大洪水が起こった。以下はその記録である。

クシストロスの夢にクロノスが現れ、ダイソスの月十五日に人間は洪水によって滅ぼされると告げた。クロノスはクシストロスに、穴を掘って、あらゆる書物の初めと、半ばと、終わりを太陽（神）の町シッパルに埋めるように命じた。そして、舟をつくり、一族の者と親しい友人たちを乗せるように命じた。食べ物と飲み物を積み込み、鳥と動物の両方を乗せ、準備がすべて整ったら出航しなければならないとした。どこに向かうのかと聞かれたら、「神々のもとへ、人間を祝福してくれるよう祈るために」と答えることになっていた。

クシストロスはその命令に背かず、舟をつくった。長さ五スタディオン（九百メートル）、幅二スタディオン（三百六十メートル）の舟だった。すべてが整うと、クシストロスは妻と子どもと親しい友人たちを舟に乗せた。洪水が起こり、それが静まるとすぐに、クシストロスは鳥を数羽、放した。食べ物も休むところも見つからなかったので、鳥は舟に戻ってきた。数日後、もう一度鳥を放した。今度も鳥は舟に戻ってきたが、その足は泥に覆われていた。三度目に放したとき、鳥は舟に戻ってこなかったので、クシストロスは地面が見え始めているのだと思った。そこで彼は舟の継ぎ目を一部こじ開けて、舟がどこかの山の上に乗り上げているのを確認した。クシストロスは妻と娘と舟の舵手とともに舟を降り、地面にひれ伏すと、祭壇を築いて、神々に犠牲を捧げた。そして、一緒に舟を降りた者たちとともにそこを去った。クシストロスたちが戻ってこないので、舟に残っていた者たちも舟を降り、クシストロスの名を呼んで探した。クシストロス自身が現れることはもうなかったが、神々を崇拝しなければならないと教える声がどこからか聞こえて、クシストロスはその敬虔さゆえに神々とともに暮らすことになり、妻と娘と舟の舵手も同じ栄誉に浴すことになったと言った。そして、バビロンに戻り、定められていた通り、シッパルで書物を掘り出して、人々に広めるよう命じた。また、今いるのはアルメニアの地だと言った。残った者たちはそれを聞くと、神々に犠牲を捧げ、徒歩でバビロンに向けて旅立った。アルメニアのゴルディアンの山々に止まった舟の一部は今でもその場所に残されており、舟に塗られていたヤニなどをこすり取って護符にしている人もいる。舟を降りた人々はバビロンに着くと、シッパルで書物を掘り起こし、多くの町を建て、神殿を築いた後、もう一度バビロンを再建した。

アビュデヌスによれば、ベロッソスは次のように記していたとされる。

他の王たちが支配した後、クロノスはシシトロスにダイシオスの月十五日に洪水が起こると告げ、太陽（神）の町シッパルに集められる限りの書物を隠すよう命じた。シシトロスはこれらのことをすべて成し遂げ、即座にアルメニアに向けて出航したが、その後すぐに神が告げたことが起こった。三日目に、雨が弱まったのち、水に覆われていない地面があるか確かめるために、鳥を放した。鳥は降りる場所が見つからず、どこまでも海が広がっていたので、シシトロスのもとへ戻ってきた。他の鳥も同様であった。三度目に放した鳥でシシトロスは成功した。戻ってきた鳥の羽根に泥が付いていたのだ。神々はシシトロスを人間から取り去ったが、アルメニアに残された舟は土地の人々に木の護符をもたらした。

ベロッソスのことは今はこのくらいにして、後に再び触れることにする。

コーラン

洪水以前のヌーフ（ノア）の生き方についてはコーランの七一章（スーラ）に記されている。彼はアダムの系図に連なる父祖のひとり、ラメクの子である。ヌーフは預言者で、人々に行いを改めるよう警告を発した。(23) 以下にヌーフと箱舟についてコーランから知られていることを集めてみた。

われ（神（アラー））はヌーフとその箱舟で彼とともにいた者たちを生き残らせた。

一〇章七三節

ヌーフはこのような啓示を受けた。

「すでに信じている者以外に、お前の民で信じるものはもういない。だから、そういう者たちが何をしようと悩むことはない。われの（注意深い）目の前で、啓示に従って箱舟をつくれ。不義を行ってきた者のことをもう嘆願してはならない。あの者たちは溺れ死ぬ」

そこで、ヌーフは箱舟をつくり始めた。民の首長たちは傍（そば）を通るたびにヌーフのことを嘲笑（あざわら）った。

ヌーフは言った。

「今は私たちのことを嘲笑っているが、いずれあなたがたのことを私たちが嘲笑うだろう。誰が恥辱の懲罰を受けるのか、誰の上に永劫の苦難が降りかかるかやがてわかる」

ついにわが命令が下り、地中から水が堰（せき）を切って迸（ほとばし）り出たとき、われは言った。

「すべての生き物をひと番（つがい）ずつ、すでに宣告が下された者以外のお前の家族、それに信じた者たちをその箱舟に乗せよ」

だが、ヌーフとともに信じた者はほとんどいなかった。ヌーフは言った。

「箱舟に乗れ。この舟は神（アラー）の御名において航行し、停泊する。わが神は誠に寛容にして慈悲深くあられる」

舟はかれらを乗せて山のような波の上を進み出した。ヌーフは後に残っていた息子に向かって叫んだ。

「息子よ、一緒に乗れ。不信者たちと一緒にいてはならない」

しかし、息子は答えた。

「山の上で水から逃れられるところを探します」

ヌーフは言った。

「今日、神の御命令から逃れられるところなどない。逃れられるのは神が慈悲をかけてくださる者だけだ」

波が二人の間を分け、息子は溺れる者のうちのひとりとなった。そのとき、御言葉があった。

「大地よ、その水を飲み込め。天よ、その水を留まらせよ」

水は引き、命令は成し遂げられた。箱舟はジュディ山の上に止まり、また御言葉があった。

「不義を行う民を追い払え」

ヌーフが主に向かって叫んだ。

「主よ、わが息子は家族の一員なのです。あなたの約束は真実です。あなたは最も優れた裁きを行う方」

神は言う。

「ヌーフよ、あの者はお前の家族などではない。あの者のしたことは正しくない。お前が何も知らないことについて、われに求めてはならない。無知な者とならないよう、お前のことを戒める」

ヌーフは言った。

「主よ、知りもしないことについて願い出たことをお赦しください。お赦しくださらず、慈悲をお与えくださらないなら、私は失敗者のひとりとなりましょう」

御言葉があった。

「ヌーフよ、心を安らかにしてわれから降りていくがよい。お前に祝福があるように。また、お前とともにいる者たちから増えていく者たちにも祝福があるように」

一一章三六－四八節

ヌーフは言った。

「主よ、お助けください。彼らは私を嘘つき呼ばわりするのです」

それで、われはヌーフに啓示した。

「われの（注意深い）目の前で、われの啓示に従って、舟をつくれ。われの命令が下って、地中から水が堰を切って迸り出たら、すべての生き物をひと番ずつ、宣告がすでに下された者以外のお前の家族をその箱舟に乗せよ。悪を行った者のために、われに嘆願してはならない。その者たちは溺れるのだ。そして、お前とお前とともにいる者が舟の中に落ち着いたら、『悪を行う者たちからお救い下さったアラーに讃えあれ』と言うのだ。そして、こう言え。『主よ、あなたの祝福の下、私を陸に上げてください。最も優れた上陸の場所を与えてくださるのはあなたです』」

このすべてのうちにしるしがある。われは常に（人々を）試すのである。

二三章二六－三〇節

彼（ヌーフ）は言った。

「主よ、私の民が私のことを拒んでいますので、私と彼らの間に裁きを行い、私と私の信じる者たちを救って下さい」

そこで、われは彼と彼に従う者たちを満載した舟に乗せて救い、後に残った者たちは溺れさせた。

二六章一一七―一二〇節

われはヌーフをその民に遣わした。ヌーフは民の間に千年に五十年欠けるだけ留まったが、洪水に見まわれても、人々は悪を行っていた。われはヌーフと彼とともにいた者たちを箱舟（サフィナ）に乗せて救った。われはそれをすべての人々に向けたしるしとした。

二九章一四―一五節

そこでわれは天の門を開いて水を注ぎ降らせ、地からは泉の水を噴き出させた。水は神の命じたとおりのことを起こした。われはわれの注意深き目の前で進む板と釘の舟に彼を乗せた。それは退けられた者への報いであった。

五四章一一―一四節

しかし、洪水が高くまで達したとき、われは水に浮く舟でお前を救い、それをお前への教訓とした。注意深い耳がそれを聞いて心に留めるように。

六九章一一―一二節

箱舟の書板

新しく発見された〈箱舟の書板〉をこれら有名無名の文書と比較することはたいへん刺激的なことだ。その六十行に及ぶ新しいテクストはバビロニア方言のアッカド語で書かれた文学文書であり、おそらくは前一七五〇年頃の古バビロニア時代に遡る。洪水物語はメソポタミア文学、またそれを越えて発展してきたので、そのテクストを綿密に検討すれば、洪水物語について興味深いことが明らかになるだろう。〈箱舟の書板〉には次章以下で検討するより大きな物語における決定的で劇的な部分が詰め込まれている。それをすでに知られているシュメール語、アッカド語、ヘブライ語、ギリシャ語、アラビア語の物語と比較しつつ検討していこう。

この新しい楔形文字の文章からどのような事実が絞り出せるのであろうか。それが本書の課題である。多くの新しい見解が生まれ、そのうちには『ギルガメシュ叙事詩』に登場する有名な箱舟の形など、従来の考えを覆すものも出てくるだろう。

第5章　箱舟の書板

そして、夕食の席上、
ノアは妻によく言っていた。
「ぶどう酒の中に入り込みさえしなければ、
水がどこを流れていようと構わんね」
――G・K・チェスタトン

ジョージ・スミス以来、メソポタミアの洪水物語の謎に迫る素晴らしい粘土書板がいくつも発見されてきた。多くの人がその粘土書板に興味を示し、アッシリア学者は「壁よ、壁よ……」で始まる楔形(くさびがた)文字文書の断片を見逃さぬように目を光らせている。そうした文書は発掘現場で出土するにせよ、博物館のコレクションの中から見つかるにせよ、高い文学性を備えており、通常、発見されるとすぐに出版され、複数の現代語に訳されてきた。興味がある人はいつでもそれを手にし、書かれている内容を読むことができ

〈箱舟の書板〉表面（おもて）。どう箱舟をつくるかを伝えている。写真はほぼ実寸大。

る。非常に広い読者層が洪水物語の文書に関心を寄せており、その内容は文化的に世界に属していると言える。

　ここでは本書のきっかけとなり、私がそれを最初に刊行する幸運を得た洪水物語の書板を扱う。その書板は同時代の多くの資料と同様、楽に手でもてる大きさにつくられており、重さ、大きさは今日の携帯電話とほぼ同じである。

　まず要点をまとめてみよう。〈箱舟の書板〉は前一九〇〇年頃から一七〇〇年頃の古バビロニア時代に書かれた。書記による奥付の日付はないが、書板の形や外見、楔形文字の特徴や文章、文法の形態や用法などから、この時代に書かれたのは確かであろう。セム語系のアッカド語で、文語体で書かれている。筆跡は小さく、丁寧で、熟練の書記の手によるものと考えられるが、残念ながらその名は記されていない。この文書はある明確な目的のために、書き間違いなどもなく非常に巧みに書かれており、初心者が書記学校で練習用に書いたといったような類のものではない。大きさは縦十一・五センチ、横六・〇センチで、ちょうど六十行の文章が記されている。

表面の状態はよく、ほぼすべての文字が読みとれ、訳すことができる。裏面はほぼすべての行にわたって中央部分が破損しており、それでも多くの重要なことがらをそこから読みとることはできるが、すべてを読みとることはできない。全く消えてしまっていた部分もあれば、ひどく摩滅している部分もある。過去にいくつかの断片に割れてしまっていた時期があり、現代になって腕のよい修復士の手によって焼き固められて、接合された。一九四八年、レオナルド・シモンズ氏の所蔵品としてイギリスにもち込まれ、一九七四年に子息ダグラス・シモンズ氏に遺贈された。この本の執筆中は常に大英博物館の私の机に置かれていたので、幾度となく文字を調べ、不完全な言葉や文字の解読を繰り返し試みることができた。

〈箱舟の書板〉は楔形文字と古代ヘブライ語の洪水物語双方の歴史にとって、とてつもなく重要であり、これまでに発見された最も重要な書板のうちのひとつに数えられるが、その理由については次章以降で述べていくことにする。この物語ではエア神と、聖書のノアに当たるバビロニアの英雄アトラ・ハシースの会話が一語一語丁寧に引用され、何が起こりつつあり、アトラ・ハシースは何をすべきなのかが語られる。水が押し寄せて来る前に、アトラ・ハシースの背後で船大工が戸を密閉するところで物語は終わる。ここでは〈箱舟の書板〉の原文をアッカド語から逐語的に訳出してみよう。

粘土書板の表面には以下のように書かれている。

「壁よ、壁よ。葦の壁よ、葦の壁よ。
アトラ・ハシースよ、我が忠告を心にとめよ。
さすれば、お前は永遠に生きることになろう。
お前の家を壊し、舟をつくれ。

財産を捨て、命を守れ。
お前がつくるその舟を描け。
円形の平面に
舟の長さと幅を等しくせよ。
床の広さは一イクーとし、側面は一ニンダの高さにせよ。
お前は［以前、網代舟の］カンヌ縄とアシュル草（？）を見た。
お前のために誰かに、葉とヤシの繊維を編ませよ。
一万四千四百三十スートゥもの量を使うことになる」
「私は三十本の肋材を据え付けた。
それは一パルシクトゥの厚さで、長さは十ニンダだった。
私はその中に三千六百本の支柱を据えた。
それらは半パルシクトゥの厚さで、高さは半ニンダだった。
私は上と下に船室を設けた」
「私はその外側に一ウバーヌの瀝青を割り当てた。
私は舟の内側に一ウバーヌの瀝青を割り当てた。
私は（すでに）一ウバーヌの瀝青を船室に注いだ。
私は窯に二万八千八百（スートゥ）のクプル瀝青を詰め込んだ。
さらに私は三千六百（スートゥ）のイトゥ瀝青をその中に注いだ。
瀝青は表面に［文字どおりには「私に」］届かなかった。

（そこで）私は五ウバーヌのラードを加え、
窯に同じだけ……詰め込むようにと命じた。
ギョリュウ（？）（と）茎（？）（を使って）
……（＝私は混ぜ終わった）」

下辺の縁の部分は四行のうち二行だけが部分的に解読可能だった。

……
舟の肋材の間に。
……
……イトゥ瀝青……

裏面には以下のように書かれている。

「私は窯から出したクプル瀝青を外側に塗った（？）。
作業員たちが取り分けておいた百二十グル分の中から」
「私は喜びの……身を横たえる（？）。
私の親類縁者は……舟に［乗り込んだ］。
喜びの……私の親類たち……

そして、門番は……と……とともに……
彼らは思う存分食べて飲んだ
「私はといえば、私の心に言うべき言葉はない、また
私の心……
私の……
私の……の……
私の唇の……
……私はあまり眠れなかった。
私は屋根に上がった。[そして]我が主である月神シンに[祈った]。
『私の悲嘆（?）を消し去ってください。[どうか姿を]隠さないでください。
暗闇……
私の……に』
シンはその玉座から、全滅について誓った、
そして[(来たるべき)]暗黒の[日]の荒廃を。
「しかし、草原から野の獣が[(……)]
二匹ずつ舟に[獣は入った]……]
「私は……ビール五……
彼らは十一か十二の……を運んでいた。
三シクブを……。

三分の一の飼葉(かいば)……、そしてクルディヌ植物（？）」

「私は何度も（？）ギルマドゥで一ウバーヌ分の（厚さに）ラードを［塗るよう］命じた。

作業員たちが取り分けておいた三十グルのうちから」

「私が舟に乗り込んだら
扉の枠を塞げ」


何とも劇的な終わり方ではないか。

〈箱舟の書板〉裏面。最高の書板にも損傷は起こる。

第6章　洪水の予告

胆嚢(たんのう)の中心が水で膨らんでいたら
洪水が起こる
——バビロニアの肝臓占い

〈箱舟の書板〉は何の前置きもなく始まる。洪水を予告する言葉はまさに前置きもなく発せられたのだ。その背景を理解し、その予告をしているのがエンキ神で、この緊急のメッセージを伝えるために二度にわたって異なる方法を試みなければならなかったことは、他の洪水物語を詳しく調べてみなければわからない。

そこで、まず古典的な〈古バビロニア版アトラ・ハシース物語〉を見てみることにしよう。

アトラ・ハシースは口を開いた

そして主に語りかけた……

楔形文字の物語ではよくあることだが、物語がようやく話らしくなったと思ったところで、九行分もの文章が完全に欠損してしまっている。失われた部分には不吉な夢についての説明がなされていたらしいことが再開された物語から推察される。

20

アトラ・ハシースは口を開いた。
そして、主に語りかけた。
「どうか［夢の］意味を教えてください。
……そうすれば、その結末に備えることができます」
［エンキ神は］口を開いた。
そして、僕に語りかけた。
「お前は『私は何を探すべきか』と言った。
私がお前に送るメッセージに注意せよ。
壁よ、私の言うことを聞け。
葦の壁よ、私の言葉をすべて聞け。
お前の家を壊し、舟をつくれ。
財産を捨て、命を守れ……」

〈古バビロニア版アトラ・ハシース物語〉第iii欄一―二、一一―一三行ここでエンキ神は無自覚の未来の英雄に対して――今まで誰も聞いたことのないような――緊急の指示を次々と与えている。明確にしておくべき点は多い。エンキ神が送った夢のお告げはうまくいかなかった。あまりに漠然としていて、複雑だったからであろう。世界を救うことのできる唯一の人物であったアトラ・ハシースには世界を押し流す洪水などというフランシス・ダンビー〔十九世紀のアイルランド人画家〕が描いたようなイメージは想像もできなかったのであろう。古代メソポタミアにおける夢は神が人間に何か伝えるときの重要な手段であり、占いと同じく、意図せずにもたらされることもあれば、儀式を通して聞き出されることもあった（大英博物館には、お告げの夢を個人的に得るための手順を記した前四五〇年頃の手引書が所蔵されている。夢のお告げは地下の世界から、屋根の上で香（こう）を焚いた匂いで朦朧（もうろう）として待っている人のもとへと、「夢の梯子（はしご）」を通り、「風の使者」によってもたらされる）。夢のお告げはたいてい夢解きが必要であり、その道の専門家に委ねられた。メソポタミアの物語では夢解きが必要なお告げの夢は古典的な道具立てとしてしばしば登場する。

舟のことが夢で示されることについては他の洪水物語も支持している。破損がひどい〈中期バビロニア・ニップル版アトラ・ハシース物語〉には、ある単語がはっきりと残されている。そこではエンキ神がアッカド語で「アパシャル」、すなわち「私は説明しよう」と言っているのだが、これは夢解きをするときにいつも使われる動詞「パシャール」の活用形である。〈中期バビロニア・ウガリット版アトラ・ハシース物語〉からはもっと多くのことが読み取れる。アトラ・ハシースはエア神の神殿にいる。

> 神々は地上について相談したとき、
> 全世界に洪水をもたらした。

……聞く……
心のなかでエアに……

「私はアトラ・ハシース
私はわが主エアの神殿に留まり
そして、すべてを知った。

私は偉大なる神々の相談を知った
私は神々の誓いを知った。神々はそれを私に明かすことはしなかったが」

この〈ウガリット版〉の七行目はアトラ・ハシースがお告げの夢[1]を見ようと、一晩中神殿で過ごし、それに成功し、意味のある夢を見たことを示唆している。そうだとすれば、何かの心配ごとがあって、そのような行動をとったということである（神殿に籠もってお告げを受けるというやり方は統治者が好んだ。アッシリア学では、このお籠もりのことをなぜか「抱卵」としている。前一四〇〇年頃、クリガルズという王が痩せ細った妻カタントゥムが今後妊娠するかを知ろうとして、バビロンの大神殿に籠もり、神々は「罪の書板[2]」に彼女の名を探すが、その後、何が起こったのかはわかっていない）。七行目は全く同等に「私はエア神の神殿に住んでいた」と読むこともできるので、アトラ・ハシースは〈シュメールの洪水物語〉におけるジウスドラのように神官だったのだと考える学者もいる。〈新アッシリア校訂版〉では、アトラ・ハシースはエア神が神々の決定について何らかの方法で知らせてくれるのを神殿で待っていたとされる（この書板を書いた書記は律儀にも十一行目に、自分が写している文書の一部が破損していたと伝えている）。

「エアよ、主よ、あなたが入ってくるのを［私は聞いた］。
［私は］［あなたの］足音に似た足音に気づいた」
［アトラ・ハシースは］跪き、床にひれ伏し……彼は立った。
彼は［口を］開いて、言った。
「［主よ］、私はあなたが入ってくるのを聞きました。
あなたの足音に似た足音［に気づきました］。
［エアよ、主よ］、私はあなたが入ってくるのを聞きました。
あなたの足音に似た足音に［私は気づいた］」
「七年のように……
……あなたの……弱い者の喉を渇かせる」
……（新たな破損）……私はあなたの顔を見た。
……あなたがたの決定（？）を私に教えてください。

しかし、〈シュメールの洪水物語〉ではジウスドラへのお告げは別の形で届けられている。

日ごと絶えることなく、賢き主、エンキの……に立った。
明らかにし、語る夢はなかった……

これらの書板は断片的ではあるが、すべてを合わせれば、エンキ神が最初に夢を通してアトラ・ハシースに警告したことは説得力をもって示すことができるだろう。しかし、それが確認されるのは、意外なことに、メソポタミアについての最も新しい証言であるギリシャ語で書かれたベロッソスの『バビロニア誌』である。そこでは夢についての伝承は物語の重要な要素であり、神のお告げが伝えられる唯一の導管となっている。ベロッソスによれば、ゼウスの父クロノスはバビロニアの神エアと同一視される。したがって、ゼウス自身はマルドゥクに対応することになる。

クシストロスの夢にクロノスが現れ、ダイシオスの月十五日に人間は洪水で滅ぼされると告げた。

バビロニアの物語から見て重要なのは、アトラ・ハシースにお告げの内容を明確に伝えるには夢では不十分だったという点である。しかし、それは驚くべきことではない。お告げはあまりに重大なことであり、明らかにすべき細かい点は多かったのである。それゆえ、エア神は別の形で、正体を隠して語りかけなければならなかった。

壁に語りかける

本書の主題〈箱舟の書板〉が始まるのは実際のところ、次の文からである。

壁よ、壁よ。葦の壁よ、葦の壁よ。
アトラ・ハシースよ、我が忠告を心にとめよ。
さすれば、お前は永遠に生きることができよう。
お前の家を壊し、舟をつくれ。
財産を捨て、命を守れ。　5

一八七二年、ロンドンでジョージ・スミスがスポットライトを浴びて、「壁よ、壁よ、葦の塀よ、葦の塀よ」と読み上げて以来、神が人間に語りかけるこの劇的な言葉は楔形文字で書かれたもののうちで最も有名な言葉となった。〈箱舟の書板〉を含め、五つの洪水物語がこの言葉、もしくはその一部を留めている。エンキ神は壁に話しかけることによって、その僕(しもべ)にお告げを与え、それによってアトラ・ハシースは何が起こるのかを知るのである。

〈シュメールの洪水物語〉ではエンキ神が壁に話しかけているのをジウスドラが立ち聞きするという形をとっている。

153　傍らの壁よ、左側に立って……

154 傍らの壁よ、お前に話そう。私の言葉［を心にとめよ］
155 私の教えに［留意せよ］

〈古バビロニア版アトラ・ハシース物語〉では、以下のとおり。

20 私がお前に話す言葉に留意せよ。
「壁よ、私の言うことを聞け。
葦の壁よ、私の言葉を守れ。
お前の家を壊し、舟をつくれ。
財産を投げ捨て、命を守れ」

〈中期バビロニア・ウガリット版〉では以下のとおり。

12 壁よ、聞け……

〈新アッシリア校訂版〉では、

15 ……。葦の小屋よ、葦の小屋よ。
……私の言うことに注意せよ。

……舟をつくれ（?）……

そして、〈ギルガメシュ第XI書板〉には次のように書かれている。

葦の塀よ、葦の塀よ、煉瓦（れんが）の壁よ、煉瓦の壁よ。
聞け、ああ、葦の塀よ。心にとめよ、おお、煉瓦の壁よ。
おお、シュルパクの男、ウバル・トゥトゥの子よ。
家を壊し、舟をつくれ。
25 富を捨て、生命を求めよ。
財産を投げ捨て、命を救え。
あらゆる生き物の種（たね）を舟に積み込め。

エア神は葦の壁や塀をある種の伝言板として用いることで、今後起こることをアトラ・ハシース本人には伝えていないと主張することができる。エア神は近くにあった大きな葦の壁にたまたま大声でつぶやいただけで、それが反響してアトラ・ハシースのところに届いたとしても、自分の落ち度ではないというわけである。この場面はどのように考えたらよいだろうか。

その答えはその家を取り壊し、それを材料にして舟をつくれという命令から得られる。ランバートは次のように述べているが、[3] 私もまったく同じ意見である。

今でもメソポタミア南部で見られるような葦の家にアトラ・ハシースは暮らしていたと考えられる。メソポタミア南部では葦がとてつもない高さにまで育つ。葦でできた壁の間を吹き抜ける風は囁くような音を立てていたに違いない。エンキ神は同じようにして忠実な僕に囁きかけたのだろう。もはやメッセージを伝えたのはエンキ神自身ではなく、壁であった。葦の舟は葦の家と同じく一般的なものであったので、家の壁から葦の束を引き抜き、それを木の枠に嵌め込んで舟をつくるのは自然な流れであった。

「アトラ・ハシース物語」を最初に読んだ人にとっても、この出来事は洪水以前の遠い昔に起きたことであった。前二〇〇〇年紀の都市に住むバビロニア人にとって、独特な家や舟に特徴づけられる南部の沼沢地の「葦と水」の風景は自分たちが思い描く原初的な世界そのものであり、この風景こそが「アトラ・ハシース物語」やエンキ神のお告げの場面の背景であった。驚くべきことに、このような生活は今でもイラク南部の湿地帯で見ることができる[4]。二十年前にサダム・フセインが暴力的な干渉を行うまで、太古の時代からおよそ変わらず、連綿と続いていたのである。多くの作家がイラクの沼沢地とそこに住む人々について取り上げ、そこで起きていることに注目してきた。近年、東に逃れて生き残った一族が戻ってきたが、これはかつての生活がいつの日にか復活する最初の兆しかもしれない。おそらくメソポタミア研究の他の分野では、古代からほとんど変わらぬ景観から物事を解明するなどということはないだろう。伝統的な葦の家は多くの写真に残されている。小さな島のように沼地に浮かぶ家の周囲に巡らされた塀の中では家畜が幸せそうに動き回っている。葦を編む技術は非常に美しい大聖堂のような建物や、船首と船尾が高くなっているほっそりしたアーモンド型の舟をつくるのにも使われている。その舟はまるで小さな魚のよ

葦でつくられた建物。20 世紀半ば、イラク南部の沼沢地につくられたアル・エッサ族のアブドラのムドゥヒフ（葦の家）。

葦の舟。沼沢地でよく見られる漁船で、大洪水以前から使われていただろう。

うに浅瀬を進むことができ、それに乗ってのんびり魚を獲ることもできる。

ここに描かれているアトラ・ハシースは神殿や宮殿が聳える大きな町で日干し煉瓦の家で暮らしていたのではなかった。彼の家は強くしなやかな葦でできており、必要があれば編み直して、容易に救命船をつくることもできたのである。前一〇〇〇年紀に入り、物語にギルガメシュが関わるようになってくると、日干し煉瓦づくりの家に変わったが、その家には葦の塀があり、古い有名な言い回しは残された。

沼沢地の優美な舟は非常に古いものも知られている。古代の印章に描かれた例もあれば、ウーリーが発掘したウルの墓所からは瀝青でつくられた舟の模型も出土している。これまでに知られている洪水物語の書板のうち、二つの版には洪水以前の沼地の細長い舟の伝統においてつくられた葦の〝箱舟〟のことが記されている。この舟は旧型であり、機能も十分ではなく、率直に言って、その原型程度のものとしてしか使えないが、少し検討しておこう。

箱舟の原型

古きシュメールの町ニップル（イラク南部）から出土した前二〇〇〇年紀後半の二つの洪水物語、〈シュメールの洪水物語〉と〈中期バビロニア・ニップル版アトラ・ハシース物語〉には箱舟の基本的な原型が描かれている。この二つの版がともにニップルで作成されたからといって、適切な箱舟をつくる強い意識をもった造船組合がニップルにあったというわけではないが、その伝統がニップルの資料にだけ残されているのは興味深い。

〈シュメールの洪水物語〉で箱舟は「ギシュ・マ・グル・グル」（*giš.má-gur*$_4$*-gur*$_4$）と呼ばれている。私が

前3000年紀中葉の瀝青でつくられた舟の模型（シュメール時代のウルの墓から出土）。

常に依拠するシュメール学者ミゲル・シヴィルはこの語を単に「巨大な舟」と訳す。この語は四行のうちで三度用いられており、以下の読みに間違いはないだろう。

> 洪水は七日七晩の間、地上で荒れ狂い
> 激しい風が**巨大な**舟を大波の上で揺さぶり続けた後
> 太陽の神が現れ、天と地を照らした。
> ジウスドラが**巨大な**舟に穴を開けると
> 太陽の神はその光線とともに**巨大な**舟に入ってきた
>
> 〈シュメールの洪水物語〉二〇四―二〇八行

「ギシュ・マ」は舟を表すシュメール語で、「ギシュ」は木でつくられていること、「マ」は舟を意味する。これに対応するアッカド語は「エレプ」（*eleppu*）で、舟を指す英語の単語と同様、女性名詞である。

シュメール語には日常的に使われる川舟を意味する「マ・グル」（*má-gur*）という語があり、そこからアッカド語の「マクル」（*makurru*）という言葉が生まれた。「マ・グル」は文字どおりには「グルする舟」という意味だが、残念なことに、「グル」という動詞の意味は完全には解明されておらず、「マ・グル」が単なる「マ」とどう違うのかはわかっていない。アッカド語の「マクル」は常に「エレプ」だが、「エレプ」は常に「マクル」とは限らないということである。「エレプ」と「マクル」が専門的にどのように区別されるにせよ、この二語は文献の中では同義語として扱われることが多い。古バビロニア時代の「アトラ・ハシース物語」では、箱舟は「エレプ」とされることも「マクル」とされることもある。これは「箱舟」と言ったり、単に「舟」と言ったりするのと同じことであろう。

〈シュメールの洪水物語〉では「ギシュ・マ・グル」をパワーアップさせた「ギシュ・マ・グル・グル」という語も用いられている。これは「巨大なギシュ・マ・グル」を語形変化によって表現したものである。舟に言及する日常的な文書は数多くが残されているが、巨大な「マクル」について書かれているものはないようで、「ギシュ・マ・グル・グル」が水の上を行くのは神話の中だけということかもしれない。とはいえ、この語は古代において編纂された楔形文字文書の単語表の船舶に関する語彙表二九一行目に確かに記載されている。この単語表は現代の研究者が非常によく参照するものだが、舟と舟の部分を表すシュメール語の単語が時代的に新しいアッカド語の同じ意味の単語とともに掲載されている。その表の二九一行目には、シュメール語の「ギシュ・マ・グル・グル」は「マクルクル」というアッカド語の借用語を生み出したと書かれている。〈中期バビロニア・ニップル版〉に登場する箱舟は、まさに「マクルクル」と呼ばれ、はっきりと葦でつくられていたと記されている。

〔良質の葦を〕できるだけ多く編まねばならない（？）
そのために集めなければならない（？）
巨大な舟（エレパム・ラビタム）をつくれ……

その骨組みはすべて良質な葦で［織り合わせ（?）］よ
……それを「命を救うもの」という名の「マクルクル」とせよ
……頑丈な覆いをもって、それに屋根をつけよ

〈中期バビロニア・ニップル版〉五―九行

この「マクルクル」型の「巨大な舟」は屋根つきであったようだ［「エレパム・ラビタム」は「大きなエレプ」の対格形］。この〈中期バビロニア・ニップル版〉の「マクルクル」が「命を救うもの（ナツィラト・ナピシュティム）」という名であったことが私には好ましい。シャンパンを叩きつけての進水式はなかったとしても、その船首にはこの名が煌（きら）びやかに立体的な楔形文字で刻まれていたに違いない。

この種の舟はどのような形だったのか

「マクル」という特徴的な形は楔形文字での数学教育に用いられていた幾何学の図表から容易に特定できる。これについては次章で詳しく解説する。その図（次頁）には互いに重なり合う二つの円が描かれており、バビロニア人の教師が二つの円が重なっている部分、すなわち尖ったアーモンド形、もしくは凸レンズ状の部分を「マクル」と呼び、その数学的な特徴を説明している。当時の「マクル」舟を上から見た形と似ていたからその図がそう呼ばれたのか、この形の舟だから「マクル」と呼んだかのどちらかだろう。

その舟は大別すれば、沼沢地で伝統的につくられていた古代の舟と同じ種類である。これがニップルの船大工が念頭に置いていたものであり、前二〇〇〇年紀中葉の物語は、洪水物語の成立以来、細長いアーモンド形の葦の舟と結びつけられてきた伝統を保持していると結論づけてよいだろう。エンリル神の言葉

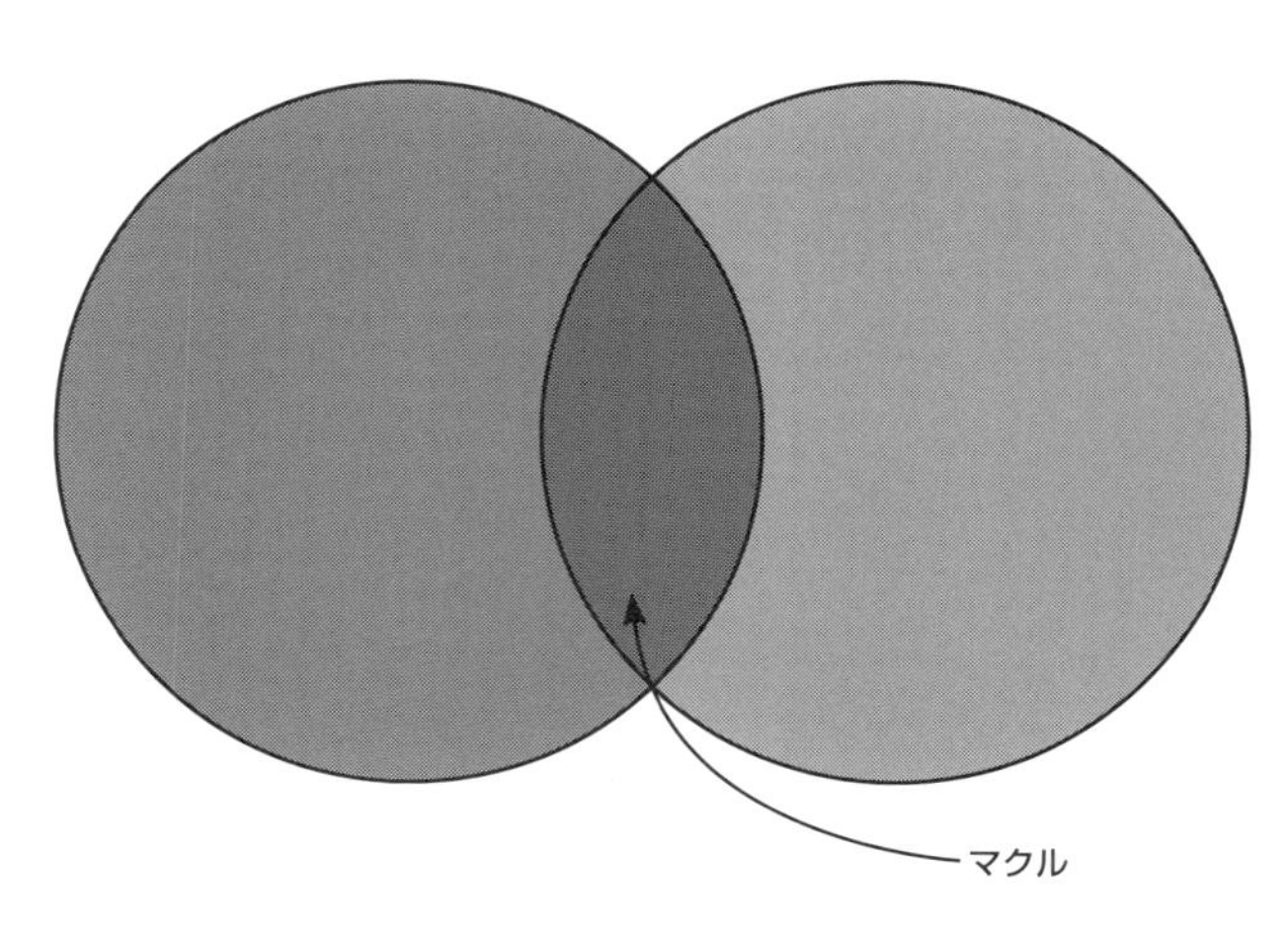

この重なった部分の形が「マクル」と呼ばれている。

は「アトラ・ハシース物語」を象徴する文章であり、長い口承伝承の歴史を通じて、敬虔なる勇気と劇的な効果を上げるために、メソポタミア人の経典（マントラ）とでも呼べるようなものへと高められたのではないだろうか。洪水物語の主人公は洪水による恐ろしい最期が迫っていることを伝承された言葉でエンキ神から知らされたのである。主人公は動物、人間を問わず、あらゆる種類の命の種を積み込み、守らなければならなかった。そうすれば、すべてが終わったとき、住み慣れた世界は以前のような姿を取り戻すことができる。彼は救命船をつくらなければならなかった。時間が経過したからか、あるいはたびたび洪水に悩まされた結果なのか、人々はどのような大きさであれ、「マクル」では全世界を救えないと考えるようになったのかもしれない。こうした状況において、縄と瀝青でつくられた、これまでにないほど大きな丸い「網代舟（あじろぶね）」があらゆる点で優れ、世界を保持するという目的に適った舟として、原型である「マクル」に取って代わったのであろう。

第7章　箱舟の形

そして「ふるい」がくるくる回り
「みんな溺れてしまうぞ」と人々が叫ぶ。
彼らは大声で言った。
「この『ふるい』はでかくはない。
しかし、それがなんだというのだ。構うものか。
俺たちは『ふるい』で海に漕ぎ出すのだ」
――エドワード・リア

〈箱舟の書板〉の中で最も注目すべきことはアトラ・ハシースの救命船が間違いなく、明確に〝丸い〟ということである。

これまでそんなことがあるなどとは誰も考えていなかった。(1) その事実に初めて直面するときには衝撃を

伝統的な「ノアの箱舟と動物たち」のおもちゃ。木製で彩色されている。1825年頃のもので、おそらくドイツ製。

受ける。ノアの箱舟、すなわち〝本物の〟箱舟のことは誰でも知っている。ずんぐりとした木製の代物で、船首と船尾があり、真ん中には小屋があって、乗り込むための渡り板と窓も当然ついている。かつては立派な家の子ども部屋には、必ずといっていいほど木や鉛でつくられたつがいの動物つきのノアの箱舟のおもちゃが置かれていたものだ[2]。

この西洋における伝統的な箱舟の形についての考えは非常に根強いが、それがなぜなのかは少なくとも私にはわからない。そもそもこの舟のイメージはいったいどこから来たのだろうか。工芸家や玩具メーカーが手にしていた〝証拠〟は聖書の記述だけだったが、後述のように、そこに書かれている箱舟の形は全く異なっている。

これまでの図案がどのようなものであったにせよ、古バビロニア時代のメソポタミアの箱舟は間違いなく円形であったことが今やわかった。この事実は新たに発見された〈箱舟の書板〉から知られるわけだが、その思いがけない驚くべき内容についてはこれから紙幅を割いてじっくりと検証していく。その書板には六十行の文章が

日曜日のおたのしみ。

書かれており、これまでに私が出会った楔形（くさびがた）文字書板のどれよりも多くのことを示してくれている。そして、そのような文書は抽出できる情報がなくなるまで完全に絞り切ることがアッシリア学者を自負する者の義務である。

すでに見たように、〈箱舟の書板〉は使い古しの葦（あし）で舟をつくる話につながる古典的な言葉で始まっている。しかし、エンキ神が間髪を入れずアトラ・ハシースにはっきりと告げたことは、それとは全く異なるものをつくれということであった。

お前がつくる舟を描け。
円形の平面に
舟の長さと幅を等しくせよ。
床の広さは一イクー、側面は一ニンダの高さにせよ。
お前は［以前、網代舟（あじろぶね）の］カンヌ縄とアシュル縄を見た　10
お前のために誰かに葉とヤシの繊維を編ませよ。
一万四千四百三十（スートゥ）の量が必要となる。

初めて六行目と七行目を読んだとき、アドレナリンが私の身体じゅうを駆け巡った。私は「こんなこと、あり得るか？」「円形の平面図だって？」と思った。誰でもそう思うはずだ。

しかし、その後、机の上に無造作に置かれた書板を見つめながら、よく考えてみると、その考えは理に適っていると思うようになった。円形の舟とは「網代舟」のことだろうし、古代メソポタミアに網代舟があったことは確かである。考えてみれば、網代舟には並外れた浮力があり、決して沈まない。また、舵が効かなくなったり、回転が止まらなくなったとしても大した問題ではない。箱舟の場合、水が引くまで貴重な積荷を乾いたまま無事に保管できればよかったからである。つまり、驚いて目を剝くようなことではなく、むしろ非常に理に適ったことだったのだ。そして、そのときに起きつつあったことは重大で、確実な根拠がある非常に興味深いことであった。

ここでの「箱舟」を表すアッカド語「エレプ」（*eleppu*）は単に「舟」を意味する語である。「円形の平面図」という句は「エツェルティ・キパティ」（*eṣerti kippati*）という。「平面図」を意味する「エツェルトゥ」（*eṣertu*）と、「円形の」を意味する「キパトゥ」（*kippatu*）のそれぞれ変化形である。後述するように、アッカド語には網代舟を指す「クプ」（*quppu*）という語があるが、〈箱舟の書板〉では使われていない。

エンキ神はアトラ・ハシースに非常に実際的に舟のつくり方を示した。まず地面に舟の円形の床の平面図を描かせる。[3] 杭が一本と長い紐があれば、できることである。杭を円の中心となる部分に打ち込み、この杭につないだ糸をぴんと張って、地面に円を描きながら杭を中心に一周する。本章で後述するチェスニー大佐による別の形の舟の描き方とほぼ同じである。これで底面の直径約七十メートル、面積三千六百平方メートルという世界最大の網代舟を建造する準備は整った。実際にはアトラ・ハシースにこのような基本的なことを教える必要もなかっただろう。地面に描く建造物の図面については「エツェルトゥ」より

正方形の中に描かれている円はシュメール人の幾何学の演習の一部である。この大きな粘土書板は教師用の参考書で、答えもすべて書かれている。

も一般的な語形である「ウツルトゥ」(*usurtu*)が使われている他の書板に詳しく書かれており、それがよい説明になっている。

次にエンキ神は「舟の長さと幅を等しくせよ」と命じているが、これはちょっと聞いただけでは何とも当惑させられる言葉である。円がどういう形であるかは誰でも知っており、それゆえ円形の舟がどのようなものになるかもわかる。しかし、ここでは円の理論上の性質が問題なのではなく、神の言葉は円形の舟という姿を強く印象づけようとしているのだ。他の舟とは異なり、船首も船尾もなく、すべての方向について幅――つまり直径ということになるが――が等しい舟ということなのである。エンキ神の平面図によれば、網代舟建造の指示は非常に具体的であり、その僕(しもべ)アトラ・ハシースはそれをよく理解していなくてはならなかった。

エンキ神は世界初の超大型網代舟をつくるにあたっては助けを求めてよいと示唆しながら、細部についてアトラ・ハシースのことを励まさなければならなかったが(一〇―一二行目)、〈箱舟の書板〉のアトラ・ハシースは舟についてかなりよく知っていたようだ。
　この新しい文書に取り組むにあたって堅実に既存の「洪水物語」の書板を参照したが、さらなる驚きがそこには待ち構えていた。次の二枚の書板について再検討した結果、やはり舟が円形であることがわかったのである。この二枚の書板はともに大英博物館の収蔵品で、容易に閲覧できるものであった。そのうちの一枚は楔形文字の重要な部分が損傷し、もう一枚は文脈がはっきりしていないのだが、ともに粘土の表面には鍵となる「キパトゥ」すなわち「円形」という語が認められた。

古バビロニア版「アトラ・ハシース物語」

〈古バビロニア版アトラ・ハシース物語〉の箱舟に関する部分の記述は〈箱舟の書板〉の言い回しとかなり近いものの、完全には残っていないが、二八行目には「キパトゥ」という語が部分的に残されているのが識別できる。

お前がつくるべき舟は
［(……)］［……］等しく［せよ］
［……］円形の……［……］
28　アプスーのように舟を覆え

注・二八行目の楔形文字は以下のように読める。[...] ⌜*ki-ip-pa-ti*⌝ *x x* [*x* (*x*)]

新アッシリア・スミス版「洪水物語」

新アッシリア時代のスミス版「洪水物語」は年代的には前一〇〇〇年紀の〈ギルガメシュ第XI書板〉に近く、その一、二行目の重要な事柄は同じであるが、かなり以前に正確に読まれていたにもかかわらず、その重要性が認識されることはなかった。また、この部分については完全に残っていないため、どう理解すべきなのかはあまりはっきりしていない。

［……］……［それが……であるように］せよ
2［……］……円のように……［……］

注・二行目の文字は以下のとおり。［. . .］*x ki-ma* ˹*kip-pa-tim*˺ *x*［. . .］

この二枚目の書板から千年の時が経つうちに、舟自体もしくは舟の特徴に重大な変化が生じていたことがわかる。「円のように」ということは、もちろん「円形」と同じではない。しかし、ここで見てきた他の二つの記述からすれば、この語を舟の形とは無関係と考えるのはあまりにも懐疑的に過ぎる。エンキ神の指示はアトラ・ハシースを困惑させたことは確かである。時代が下った新アッシリア時代の洪水物語におけるアトラ・ハシースは古バビロニア時代に比べて謙虚に描かれており、手引きとなる絵を描いてほしいと神に頼んでいる。レンブラントの細い指をもった手が天から伸びてきて地面にはっきりと図を描く様子が思い浮かぶかもしれない。(4)

アトラ・ハシースは口を開いて語り
［彼の］主、エアに言った。
「私は舟をつくったことはありません……
地面に図面を描いてください[5]。
そうすれば、［その図面を］見て、私は舟［をつくることが］できるでしょう」
エアは地面に［図面を］描いた。

〈新アッシリア・スミス版〉一一―一六行

千年ほどの時が瞬く間に過ぎ去って、ここには私たちに理解可能な人間が現れてくる。普通に日常生活を送り、地球を救うことなど考えたこともなかったアトラ・ハシースが全く突然にエンキ神によって途方もない責任を与えられる。彼はメソポタミアで最もこの任務に相応しくない人物であったかもしれない。舟をつくったことはなく、口頭でつくれと言われるだけでは不十分であった。舟をつくるのであれば、明確な図面が必要だったのである。尋常ではない責務をいきなり命じられて尻込みし、能力不足だと言う様子は、出エジプト記で「私はいったい何者でしょう」と叫んだモーセや、預言者になるよう神に命じられて驚愕し、自分は人前で話すにはあまりに若く経験が足りないと訴えた預言者エレミヤと重なる。

さて、箱舟について円形（あるいは「円のように」）と記している洪水物語の書板は今や三枚となった。メソポタミアの箱舟の標準的な形は円形であったということなのだろうか。この驚くべき展開に力を得て――このような経過は極端に力を与えてくれるものである――、私は非常に有名な――しかし、非常に奇妙な――〝直方体〟の箱舟を登場させている〈ギルガメシュ第XI書板〉の四八―八〇行をもう一度検討してみることにした。先に「力を得て」と言ったのは、ギルガメシュ叙事詩のこの箇所は楔形文字の世界では最もよく知られ、ホメロスに匹敵する古典としての地位を得ているからである。〈ギルガメシュ第XI書板〉の本文を弄り回せば、矢が飛んできたり、熱した油を浴びせかけられることも予想される。

アッシリア学の世界ではニネヴェの図書館で発見された新アッシリア時代の『ギルガメシュ叙事詩』の背後に〈箱舟の書板〉や〈古バビロニア版アトラ・ハシース物語〉のような古バビロニア時代の写本があることは昔から知られている。この問題に関してはジェフリー・ティゲイが一九八二年に啓発的な検証を行っている。[6] 先行する古バビロニア時代の書板はアッシリア時代にはすでに千年以上も昔のものであった。今日まで残っているものを見ればわかるとおり、そうした古い文書は常に内容が一致しているわけではない。意味が変化していたり、曖昧になってしまった語もあっただろうし、そもそも楔形文字は損傷しやすい。さらに、アッシュルバニパル王の美しい蔵書を生み出した古代の編集者兼書記たちが最終的に完成品として残した過去の作品も、すでに多くの人の手を経たものである。その過程で恣意的な変更や挿入が行われ、編集の痕跡は――軽率な変更も含め――今でもはっきりとわかることもある。新たに発見された〈箱舟の書板〉のおかげで、〈ギルガメシュ第XI書板〉における舟とその建造の並行記述は豊かで意味深い事例研究となった。〈ギルガメシュ第XI書板〉が〈箱舟の書板〉と密に関係する円形の箱舟建造について記録している古バビロニア時代の資料を直接の下敷にしていることを見ることもできれば、その間にどのように文章が大きく変化したのかも理解できるのだ。アッシュルバニパルの図書館の閲覧室で、この物語を熱心に読んでいた人もウトナピシュティムの巨大な箱舟がかつては瀝青で固めた縄でつくられた巨大な網代舟であったとは思ってもみなかっただろう。

これは非常に重要で大胆な主張であり、即座に実証すべきことなのだ。この巨大な風車に突進するには、もうひとつの文献学上の工夫が必要であった。それがあれば、この主張は十分な突破力をもつことになるはずだ。

〈ギルガメシュ第XI書板〉では、ウトナピシュティムの箱舟の形についての情報は二つの箇所に分けられている。ひとつはエア神の指示であり、もうひとつはウトナピシュティムによる箱舟建造についての説明部分である。

エア神からの指示は以下のとおり。

お前がつくる舟は
29 その寸法をすべて一致させなければならない
30 その幅と長さを同じにしなくてはならない
それをアプスーのように屋根で覆わなければならない

〈ギルガメシュ第XI書板〉二八―三一行

この後は二十六行にわたって全く関係のない会話が展開される。エア神はウトナピシュティムに長老たちに話すべきことを説明し、注意すべき洪水の前兆について警告しているが、そこには箱舟に関する情報は一切ない。その後でウトナピシュティムはこう述べる。

五日目に私は舟の（外）壁を築き上げた。
58 その広さは一イクー、その側面の高さはそれぞれ十ニンダその覆いの周囲の幅は等しく、それぞれ十ニンダだった。
私は船体を築き上げ、その平面図を作成した。
私は舟に六つの甲板をつけ
舟を七層に分け
その内部を九つに仕切った。

〈ギルガメシュ第XI書板〉五七—六三行

なんと立派な舟だろうか。断面は正方形で、六つの甲板と多くの部屋があるという。

しかし、箱舟に関する非常に需要な語である「キパトゥ」が五八行目にある。気をつけなければならないのは、「円形」を意味するこの語が単純な綴りではなく、「グル」(GÚR)というシュメール語の表意文字で書かれていることである。それゆえ、アンドルー・ジョージは『ギルガメシュ叙事詩』に関する大著の中で、この語を「広さ」と捉え、この行の最初の部分を「一エーカー(イクー)がその広さ(キパトゥ)であった」と訳した(George 2003, vol. 1: 707 fn. 5)。しかし、〈箱舟の書板〉のおかげで、この語の本来の意味がわかり、「キパトゥ」は「円」と訳すべきで、箱舟の形について述べていることが判明した。

こうして、ギルガメシュの物語に登場するウトナピシュティムの箱舟は、実際にはアトラ・ハシースの巨大な網代舟と同じく、底面の広さが一エーカー(イクー)の円形であったことが確認されたのである。

床面の広さは一イクーとし、側面は一ガルの高さにせよ。

〈箱舟の書板〉九行

〈ギルガメシュ第XI書板〉 五八行
その円は一イクー、その四壁の高さはそれぞれ十ニンダ……

〈ギルガメシュ第XI書板〉では二九―三〇行の「(舟の)寸法をすべて一致させなければならない」「その幅と長さを同じにしなくてはならない」は、舟が円形という重要な問題とは切り離されている。円形のことは五八行で(曖昧に)述べられているだけだからである。物語の中で関連する部分が分けられてしまったことで、元の意味とはかけ離れた〝正方形〟の舟という根拠のない考えが生じた。そして、円形の底面という元の形は完全にどこかへ追いやられ、〝立方体〟という現実にはあり得ない舟を誕生させることになったのである。

さて、これはどういうことなのだろうか。もう一艘(そう)の円形の箱舟が見つかったが、今度は水に沈んで消息不明になってしまいそうだ。よく知られた〈ギルガメシュ第XI書板〉二八―三一行や五八―六〇行の背後に〈箱舟の書板〉と同系統の古バビロニア時代の文書があるのであれば、エア神による元々の指示の言葉はひとつだけで、その単純な言葉に次々と手が加えられていったと考えてよいだろう。「ギルガメシュ叙事詩」よりも古い段階においては、次のような簡潔な指示が書かれていたのではないだろうか。

一　つくるべき舟について。
二　その図面を描け。
三　その寸法はすべて一致させよ。

四　その幅と長さは同じにせよ。
五　床が広さ一イクーの円形とし、周壁はそれぞれ高さ十ニンダとせよ。
六　その覆いの周囲の幅は等しくせよ。
七　舟はアプスーのように屋根で覆え。

網代舟としての箱舟

エンキ神は下界を見下ろしていたので網代舟のことを詳しく知っていた。彼が箱舟の上級モデルとして網代舟を選択した理由は、すでに述べたように明白であり、理に適っている。アトラ・ハシースの箱舟はどこに向かう必要もなかった。ただ浮いて漂流し、どこに流され、どこに運ばれようと、水が引いたときに、きちんとどこかに接岸できさえすればよかったのである。問題の網代舟は伝統的には縄を籠（かご）状に巻き上げ、その表面を瀝青で覆ってつくられる。しかし、この舟は想像を絶するほどに大きく、多くの部屋が必要であった。

網代舟は人間の川との関わりの中で、目立たないながらも長く重要な役割を果たしてきた。丸木舟や筏（いかだ）と同様、非常に実用的な発明品のひとつであった。そこに当然のようにあるものが、さらに改良しようもないほど単純な解決法を提供したのである。葦の網代舟は実質的に水の上を移動する大きな籠であり、浸水しないように瀝青で隙間を塞がれていた。この種の舟は川辺に暮らす人々には自然に生じるもののようで、インドやイラク、チベットやウェールズといった広い範囲でつくられている網代舟は「双子と見紛（まが）うばかり」とは言わないまでも、従兄弟（いとこ）程度には似ている。[7]

古代メソポタミアの網代舟には今まで誰も注目していなかったようだが、洪水物語の領域に〈箱舟の書板〉が登場したことで、突如として興味を引くようになった。古代メソポタミアの舟に関する著述で網代舟はほとんど扱われておらず、[8] アッカド語において特にそれを指す語は確認されていない。果たして網代舟を指す語はあるのだろうか。

「サルゴン王の伝説」[9] として知られる楔形文字で書かれた物語がある。この物語は本書の中で非常に重要な役割をもっており、後でパピルスの茂みの間に置かれたモーセの物語との関係で再び触れることになるが、この物語の中でアッカドのサルゴン王（前二二七〇―二二一五年）は母親が生まれたばかりの赤ん坊であった自分をユーフラテス川に流したときのことを語っている。そのとき、彼は「籠」と常に訳されている物に入れられて、川の流れのままに流されたとされる。

> 余はサルゴン、偉大な王、アッカドの王。
> 余の母は高位の巫女であったが、父のことは知らない。
> 余のおじは山に住む。
> 余の町はユーフラテス川沿いのアズピラーヌ。
> 高位の巫女であった余の母は余を身ごもり、密かに産み落とした。
> 母は余を葦の〝クプ〟に入れ、防水のためにその（字義どおりには「余の」）隙間を瀝青で塞いだ。
> 川は余を押し流し、水汲み人夫のアキの元へと運んだ。
> 水汲み人夫アキは籠で掬（すく）って、余を拾い上げた

水汲み人夫アキは養子として余を育てた
水汲み人夫アキは余に果樹園の仕事をさせた。
果樹園で働く間、女神イシュタルが余を愛した。
五十四（?）年間、余は王として治め、……。

現代のアッシリア語辞典によれば、六行目に出てくる「クプ」（*quppu*）という語には今のところ、「籐の籠」「木箱」「箱」という三つの意味しかない。現代アラビア語で「網代舟」を表す「クファ」（*quffa*）の主な意味はやはり「籠」である。網代舟は大きな籠以外の何物でもなく、籠と同じようにつくられた後、防水処理を施される。また、クファは網代舟が使われていたイラクのユーフラテス川沿いの地域では上流でも下流でも聞かれた地元の言葉である。アッカド語とアラビア語はともにセム語族に属す言語で、歴史的に多くの単語を共有している。「クプ」と「クファ」は同語源の語と言うことができ（アッカド語の「p」はアラビア語では「f」になる）、この二語は「籠」から「網代舟」まで一連の語義も共有していると見てよい。そうであれば、アッカド語の「クプ」も特に赤ん坊のサルゴンの物語との関連では「網代舟」の意味であったと結論づけることができよう[10]。

言えることはこれだけではない。サルゴンの自伝的断章は疑いなく広く知られていたメソポタミアの洪水物語を直接引き合いに出すものであった[11]。ちょうど生まれてすぐのモーセの物語が創世記のノアの箱舟の物語を連想させるのと同じである。後にメソポタミアの偉大な王となる赤子の生涯は瀝青で塗り固めた籠のような舟で、あてもなく水に浮かべられるという大きな困難から救われることで始まるのである。「瀝青で隙間を塞ぐ」という描写そのものも伝統的な洪水物語の記述と原文そのものにおいて並行している。

　さらに特筆すべきことがある。『ギルガメシュ叙事詩』では七日目の嵐の終わりに印象的な詩的情景が描かれている。

まるで子を産む女のように荒れ狂っていたが
海は穏やかになっていった。

〈ギルガメシュ第Ⅺ書板〉一三一行

　この部分を単なる暗喩ととることは簡単だが、メソポタミアの人々にはおそらくもっと深い意味をもつものであっただろう。お産で苦しむ女性を助ける一連の呪文では、羊水の中に浮かぶ胎児が嵐の海に浮かぶ舟に喩えられる。暗闇の中、へその緒によって〝死の波止場〟に繋がれた舟は、それを断ち切って、この世へと押し流されることができないでいる。あらゆる命の種を載せ、停泊地に着く前に水に翻弄される丸く小さな箱舟は、この嵐に翻弄される胎児に明らかに準(なぞら)えられている。最終的な安住の地を目指す旅は、赤ん坊が生まれるごとに再現されることになる。

　十九世紀後半のF・R・チェスニーによれば、記録に残っているイラク最小の網代舟は「直径三フィート八インチ（約百十センチ）」である。葦で編まれ、防水加工された、ちっぽけなサルゴンの網代舟は史上最小であったかもしれない。[12] もしそうであれば、本書は一挙に世界「最小」と「最大」のイラクの網代舟を検証するという滅多にない機会に恵まれたことになる。

　さて、古代における名称と大小二つの極端な例を取り上げたので、今度は古代メソポタミアにおける

〝標準的な〟網代舟がもつ問題について少し詳しく検討してみよう。他の網代舟についての記録はどこにあるのだろうか。〈箱舟の書板〉は丸い舟に舟一般を指す「エレプ」という語を用いているので、他の楔形文字資料の「エレプ」も網代舟を指しているのではないかと考えたくなるのは無理もない。しかし、以下で見るように、標準的とは言い難い例しか挙げることができない。

川を行くその控え目な乗り物は意識されずに、見過ごされることが多い。しかし、およそ歴史が始まって以来、動物の皮で覆われたものや、瀝青でコーティングされた網代舟がティグリス・ユーフラテスのあちこちを行き来していただろう。それを支持する図像が残っている。前三〇〇〇年紀半ばの硬質の石でつくられた円筒印章には舟が彫り込まれているものがいくつかある。円筒印章とは、粘土書板に書かれた内容を承認する際などに用いられ、粘土書板の表面を転がすと、彫り込まれた図像が刻印されるようになっている。この印章に彫り込まれていた舟のほとんどは明らかに船尾と船首を備えた昔ながらのメソポタミアの葦の舟で、（箱舟中心に考えて）〝原型〟と見なしたものである。しかし、網代舟の特徴である円形の輪郭、あるいは丸い断面が描かれたものが少なくともひとつ発見されている。その印章はバグダッドの西約十一・二キロに位置するイラクのディヤーラー川沿いのハファジェの遺跡から出土したもので、前二五〇〇年頃の正真正銘の網代舟がそこには描かれている（次頁図）。

＊　＊

それからおよそ〝二千年後〟、アッシリア軍が軍事遠征でどう見ても実戦で使ったとしか思えないような形で網代舟を上手に使いこなしていたことが知られており、幸運にもそれが有名な宮殿の壁の浮彫りに日常生活や戦闘場面とともに詳細に描かれている。

口絵 1-1　著者９歳、ロイヤル・アルバー
記念博物館（エクセター博物館）にて。この時
大英博物館の学芸員になりたいと初めて口にし
た。

口絵 1-2　大英博物館の中東部門にあるアーチド・ルーム図書館。１万3000 枚の楔形文字の書板が保管されている。

口絵 1-3　W.G. ランバート教授。196
年９月、著者と出会った頃の写真。

1-4　レオナルド・シモン
従軍中に古美術品を集め、エ
トからは家にクリスマス・
ドを送っていた。

口絵 1-5　少年の頃のダグラス・シモンズ（中央）。
二階建てバス（ダブル・デッカー）がやってくる」
の共演者たちと。

口絵 1-6　ダグラス・シモンズ。ルーブル
美術館のメソポタミアの英雄像の前で。

口絵 1-7 〈箱舟の書板〉表面。

口絵 1-8 〈箱舟の書板〉裏面。

口絵1-9　シュメールの葦の小屋（ムドゥヒフ）。前3000年頃の石製容器に描かれていた。

口絵1-10　現代イラク南部の沼沢地。時代を経ても変わらない、固有の景観が広がる。

口絵 1-11　葦、水、人間、家畜が調和をなしている。イラク南部の沼沢地で 1974 年に撮影された。

口絵 1-12　1920 年代にイラクで使われていた網代舟。

口絵 1-13　少年の想像力を掻き立てた網代舟。チャーチマンのタバコカード「航行方シリーズ」の一部。

絵 1-14　古代アッシリアに
ける川辺の生活のイメージ。

口絵 1-15　イラク出土の伝統的な網代舟の模型。ビーズと貝殻は幸運のお守りとして、実物大の網代舟にもつけられた。

口絵 1-16　忍耐強く乗船を待つ動物たち。17 世紀フランドルの画家、ヤーコブ・サベリによる。

絵 1-17　ハーマン・トム・リングに
る 16 世紀の描画。乗船にあたって直面
たであろう現実の一端がうかがえる。

コ絵 1-18 フランシス・ダンビーの描いた大洪水。1840 年に発表され、強い印象を与えた。

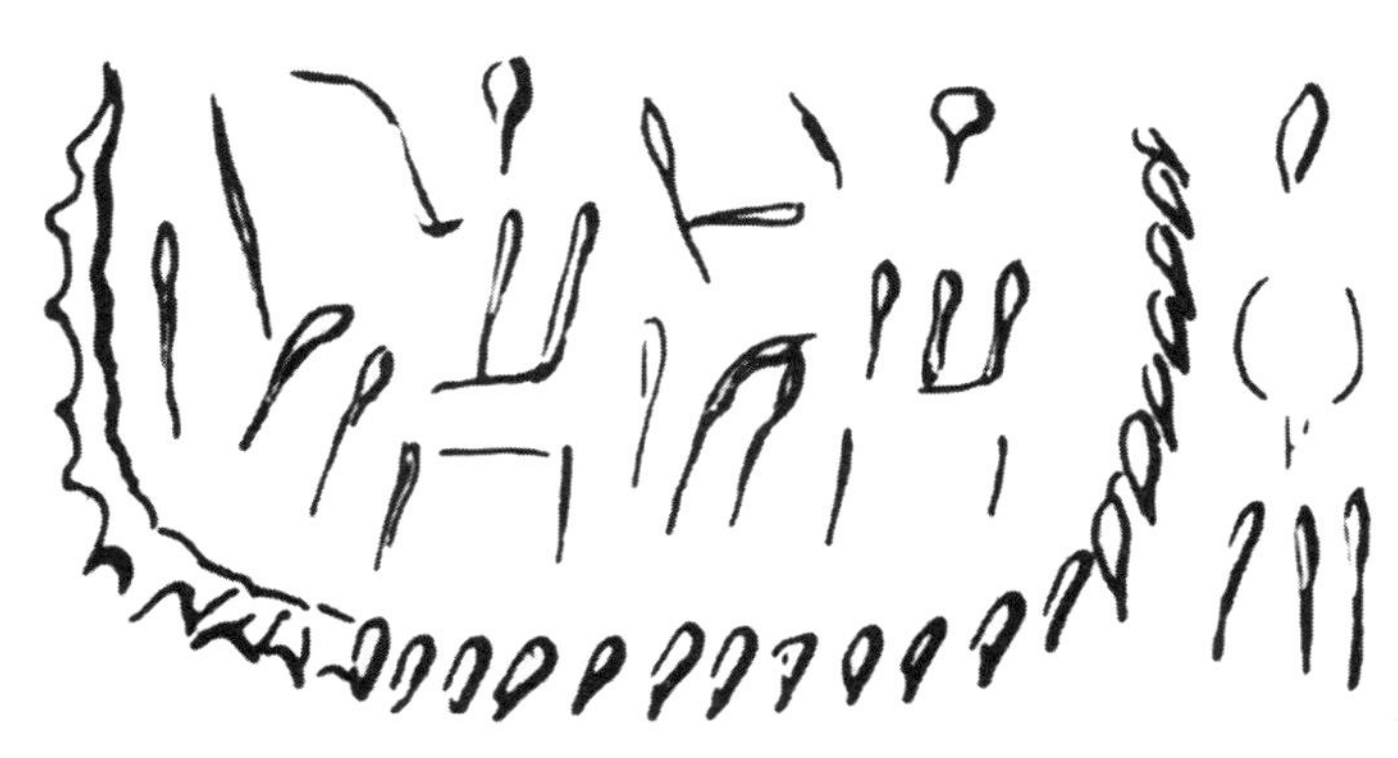

ハファジェ出土の印章に彫られた最初期の網代舟。

アッシリア王シャルマネセル三世（前八五九—八二四年）はマザムア（ザグロス山脈北西斜面のアッシリアの一地方。現・スレイマニア）での軍事遠征について生き生きとした記録を残している。この戦いの最中、アッシリア軍は敵の追撃に「葦の舟」と「皮で覆われた舟」を使わざるを得なくなる。(13)

彼らは余の軍の力強い武器のきらめきと、嵐のような襲撃に恐れをなし、海に浮かんでいた葦の舟に殺到した。余は皮で覆われた網代舟で彼らを追跡し、海の真ん中で雄々しく戦った。余は彼らを打ち負かし、彼らの血で海をまるで赤い羊毛のように赤く染め上げた。

ニネヴェにあるセンナケリブ王（前七〇五—六八一年）の宮殿の浮彫りには、煉瓦を積みこんだ頑丈な網代舟に乗る二組のたくましいアッシリアの漕ぎ手が川の早い流れの中で操船している様子が描かれている（次頁）。長い舵取り棒は先が鉤状に曲がっていて、おそらく鉛の錘がつけられている。その傍では仲間のアッシリア人が動物の皮を膨らませた浮き袋にまたがり、食料用に魚を突き刺している。溢れんばかりの荷を積んだ網代舟の上で漕ぎ手は舟の天辺を

センナケリブ王の壁画。４人乗りの頑丈な網代舟を漕ぐ様子。

囲むベンチのようなものに腰掛けている。櫂（かい）はオール受けに固定されている。網代舟の側面に描かれた縦横の線は舟に詰め込まれた煉瓦を表現したものではなく、舟の表面が互いに縫い合わされた四角い皮で覆われていたことを示している。船べりは補強のための素材がしっかりと巻きつけられているのがはっきりと見えるが、右端の部分にはこの縁取りが見られない。

古代の網代舟が使われている様子を石に描いたセピア色のこの場面は、前九世紀から八世紀にかけてこの舟が存在し、実際に使われていたことを示すものとして非常に貴重である。後の時代と同様、二人乗りの「水上タクシー」程度の大きさから、多くの家畜を運搬できるノアの箱舟風のものまで、様々な大きさの網代舟がつくられていたと考えられる。

時代が少し下ると、南方のバビロニア地方の網代舟についてギリシャ語で書かれた確かな情報が現れる。前五世紀半ば、まだ楔形文字を使う人々が数多く生きていた時代に、畏怖すべき歴史家ヘロドトスは世界的なベストセラーである『歴史』の中で網代舟について触れている。ヘロド

上陸用のボート。人を一杯に載せ、岸に向かう20世紀の網代舟。

トスが実際にバビロニアを訪れたのか、その記述にはどのくらい信憑性があるのかといった問題については他の課題同様、長く議論が続いているが、網代舟に関して言えば、どのようにつくるのかをヘロドトスは明らかに知っていた[14]。

彼らは動物の皮でつくられた完全に円形の舟でバビロンまで川を下っていく。アッシリアよりも上流にあるアルメニアでは柳の枝を切って骨組みをつくり、その外側に防水用の皮を張り、これが船体の役割を果たす。船尾や船首をつくるために舟の側面を広げたり狭めたりすることはなく、船体は盾のように丸くつくられる。また、舟の内側には藁を敷き詰め、荷物を積んで川を下る。最も一般的な積荷はぶどう酒を満たした棕櫚の木の樽である。舟は二人掛かりで、それぞれ舟の中で立ったまま櫂を操る。ひとりが手前に向かって櫂を引くと、もうひとりが体から離すように櫂を押す。舟の大きさは非常に大きいものから小さいものまで様々である。最大級のものなら、重さ五千タラントの荷物も運ぶことができる。舟にはそれぞれ生きたロバが一頭ずつ――大きい舟なら数頭――載せられている。バビロンまで下って旅を終え、積荷をすべて売り捌く(さば)と、舟の枠組みや藁も残らず売り払い、動物の皮をロバに積んでアルメニアに戻る。このようにするのは川の流れが速くて舟で上流に遡ることができないためで、それゆえ、舟は木ではなくて皮でつくられているのである。彼らはロバを牽(ひ)いてアルメニアに戻ると、普段と同じようにしてもう一度、舟をつくる。

ヘロドトス『歴史』巻一・一九四

専門の職人の手になるティグリス川の網代舟は紀元後四世紀になってローマ人の目にとまる。その運搬能力と機能性に着目したローマ人は網代舟をつくるために、ティグリスの船大工(バルカリィ)たちをティグリス沿いのアルベラからはるばるタイン川〔イングランド北部の川〕沿いのサウス・シールズまで連れていき、そこで河川運搬技術を運用させた[15]。おそらくこのとき初めてイギリスに網代舟がもたらされたものと考えられる。ラテン語の「バルカ」は舟に載せられる小さなボートのことで、舟の積荷を岸へと運ぶのに適しているが、これはまさに網代舟の一般的な使われ方である。当時ティグリス川沿いでは確かに「クプ」もしくは「グファ」と呼ばれていたのだが、興味深いことに、この舟を指す語としては既存のラテン語の単語が採用された。

こうした実際的な背景から〈箱舟の書板〉の網代舟は理解される。大昔の詩人の中には「もし大洪水が本当に起こって、箱舟がつくられたとしたら、実際にはどのような形だっただろうか」と自問する者や、聴衆に尋ねられた者もいただろう。とてつもなく大きく、決して沈まず、かつ建造可能な舟とは一体どのような舟だろうか。それは決して船首と船尾が尖った「マグルグル」ではなかっただろう。川面(かわも)を見渡しながら白昼夢に耽(ふ)ければ、網代舟、円形の、宇宙的な――何と形容してもよいのだが――大きさの網代舟という答えが稲妻のような閃(ひらめ)きとして自ずと思い浮かぶだろう。

〔図中の英文キャプションの訳〕「網代舟（前 100 年）」 内陸深くまで続く深い森には入り込むことはできなかったので、古代ブリテン人はほとんどが海岸沿いに住み、戦いをしていないときには魚を釣って過ごしていた。籐でつくった浅い籠のような舟にはひとりで乗ったり、乗れなかったり。この舟は「網代舟」という。

多くの網代舟が行き交っていた古代における川の情景に焦点を当てることは可能である。現代のイラクでは残念なことに消滅してしまったが、この伝統的な乗り物はまさに二十世紀前半まで変わることなくメソポタミアの川で使われ続けていたからである。網代舟一般はよく研究され、十分に理解されている。その中で近代イラクの網代舟は一目置かれる地位にある。網代舟はイラクで十九世紀から二十世紀初めに撮影された写真の多くに写っており、そのときの調査対象が何であれ、川沿いの暮らしを写せば避け難く写ってしまうものであったことがよくわかる。一八三頁に示す網代舟建造の写真を一九二〇年代に撮影したE・S・スティーブンズは、以下のように生き生きと記している。

> 私たちは曲がりくねった道をがたがたと揺られ、水が溢れた場所に出くわすと、ザブザブと音を立てて進んだが、グファが岸に繋い

であるところまで来ると、四頭のやせ細った馬は歩みを止めた。グファは大きな椀（わん）のような形をした籠で、浸水しないように瀝青が塗られていた。この円形の舟には非常に大きなものもあり、私たちが乗った舟もおそらく三十人程度は余裕で乗れただろう。私たちが乗り込むと、船頭（グファチ）は牽き綱を担ぎ、上流に向かって水の中を歩き出した……。そして、実際の川の流れにまで達すると、船頭は助手たちとともに舟に飛び乗り、川を斜めに横切るように舟を漕ぎ出した。対岸の高い土手の上に位置するサーマッラーは、この時点でかなり下流になっていたからである。川の流れは強く速かったので、数分後には町の下にある桟橋で舟から上がった。

Stevens 1923, 50

また、後に大英博物館の責任者にもなったE・A・ウォーリス・バッジの記録もある。彼は得体の知れない人物で、網代舟が戦闘でも役立つことを知っており、自分で古い網代舟を操っている。一八七八年のバグダッドで、（彼の言葉によれば）重要な粘土書板が入った缶をできるだけ速やかにイギリスの小型砲艦に運ばなければならなかったが、税関でウィスキーの容器と勘違いされ、ささやかな問題が持ち上がった。

税関吏はこの一連の手続きが気に入らず、幾人かがクファに飛び乗り、船頭に全力で漕がせて私たちを追ってきた。彼らは砲艦の梯子（はしご）に着く直前で追いつき、砲艦と私の間に自分たちのクファを割り込ませた。何人かが私のクファの円形の縁に飛び乗り、トランクから粘土書板の箱を引き出そうとした。私はテル・エル・アマルナの粘土書板が入った箱がティグリス川に落ちて失われるのではないか

THREE STAGES OF A GUFA.
(1). Weaving the basket foundation.

(2). Adding the "ribs."

(3). The finished gufa, daubed with bitumen to make it watertight.

E. S. ドローワー（旧姓スティーブンズ）によって記録された網代舟製作の三工程。［以下、図中のキャプション］グファ製作の３工程。（１）籠の枠組みを編む、（２）肋材で補強する、（３）完成したグファ。防水のため瀝青が塗られる。

渡り板で網代舟に乗り込む。

と恐れた。

（中略）

「クファ」は……柳の枝でつくられた大きな籠で、その内側と外側が瀝青で塗られている。形は完全な円形で、流れに浮かぶ巨大な鉢のように見える。大きさは様々で、馬三頭と複数の人間を乗せられるくらいのものもある。小さなものはあまり乗り心地がよくないが、私は大きなクファで数日間、旅をしたこともある。ユーフラテスから溢れた水の上を移動してバビロンを巡り、ヒンディヤ運河を航行し、夜はその舟で眠った。

Budge 1920, 183

バッジがクファをひとつ大英博物館にもち帰らなかったのが残念でならない。

すでに知られている洪水物語からメソポタミアの箱舟の形について探求できることはこのくらいだろう。伝承の中の舟の形は細長く先の尖った「マクル」（旧式で、安定性に乏しく、横波に弱い）から、丸く快適な

1899年にこの写真を撮影したJ. P. ピーターズは「バグダッドのティグリス川の風景には土地特有の舟である細長いタラダと、ピッチが塗られた円形のクファが桟橋を背景に写っている」と記している。

「クプ」（より新しく、実用的で望まれる形）まで様々であった。後に文章が付け加えられて、「クプ」が何層もある塔のようなクルーズ船に〝発展〟していった。ギルガメシュ自身がはっきりと記しているのは、この（全く使用に適さない）舟である。

十九世紀末の古い写真にティグリス川の伝統的な川舟が写っている。多くの円形の網代舟と一緒に写っているのは「タラダ」（*tarada*）と呼ばれる舟で、上から見ると古バビロニアの図表に描かれた凸レンズ型の「マクル」とよく似た形をしているのが特徴である。タラダは木でつくられ、帆と帆柱を備えているが、形状においては古代のマクルの子孫と言える。この二つの選択肢からすれば、エンキ神が賢く円形の網代舟を選択したことにも頷けるのではないかと思う。

ルター訳聖書に描かれたノアの箱舟。ヘブライ語聖書の記述に基づいた形をしている。

創世記のノアの箱舟

ここからは、よき研究者として、箱舟が辿った足跡を追っていくことにしよう。当然のことながら、話はヘブライ語聖書とその先のことへと繋がっていく。

あなたはゴフェルの木の箱舟(テーヴァー)を造りなさい。(以下、指示が続く) 箱舟には小部屋(キンニーム)を幾つも造り、内側にも外側にもタール(コフェル)を塗りなさい(カーファル)。次のようにしてそれを造りなさい。箱舟の長さを三百アンマ、幅を五十アンマ、高さを三十アンマにし、箱舟に明かり取りを造り、上から一アンマにして、それを仕上げなさい。箱舟の側面には戸口を造りなさい。また、一階と二階と三階を造りなさい。

創世記六章一四―一六節

これがノアに下された命令であり、特別仕様の舟で、事実上たったひとりで世界を救うという途方もない使命を課せられたわけである。以下は舟の仕様の概要である。

箱舟　テーヴァー（長方形の舟底の舟を指しているが、言葉そのものの意味は不明）
材料　ゴフェルの木（木の種類は不明）
船室　キンニーム（「小部屋」。もとの意味は「鳥の巣」）
防水加工　コフェル（ピッチもしくは瀝青。舟の内側と外側に塗られた（カーファル））
長さ　三百アンマ＝百三十七・二メートル
幅　五十アンマ＝二十二・八メートル
高さ　三十アンマ＝十三・七メートル
明かり取り　高さ（？）一アンマ
戸口　一個
甲板数　三階建て

わずかだが、出エジプト記二章二―六節にあるモーセが入れられた「パピルスの籠」についてのデータと比べてみよう。

パピルスの籠　テーヴァー（長方形の舟を指しているが、言葉の意味は不明）
材料　ゴメー（イグサ、葦、パピルスなど水辺に生える植物を指す。もしくは籐）
防水加工　ハマール（泥状になった鉱物。瀝青、アスファルトなど。もしくはタール（ゼフェト））

「テーヴァー」という語は聖書ではノアの箱舟とモーセの籠以外には使われていない。それゆえ、ヘブライ語では洪水と赤ん坊の逸話は、ちょうどバビロニア文学においてアトラ・ハシースの箱舟とサルゴンの籠の話が関連づけられているのと同じように、意図的に関連づけられ、結びつけられている。

やや異例なことだが、「テーヴァー」という語が何語に属し、何を意味しているかはわかっていない。また、木を指して用いられている「ゴフェル」という語もやはりヘブライ語聖書では他のどこにも用いられておらず、何語に属し、どんな木を指しているのかもわかっていない。世界中の文学作品の中でもとりわけ有名で影響力があるノアの物語にはこのような特殊な状況がある。

「瀝青」を意味する「コフェル」と「塗る」を表す「カーファル」は互いに関連している言葉だが、やはりヘブライ語聖書では他には使われていない。しかし、これらの語はそれぞれアッカド語「クプル」（「瀝青」）と「カパール」（「塗る」）に由来し、物語とともにバビロニアから伝えられたことは意義深い。この点からすれば、当然、「テーヴァー」と「ゴフェル」もアッカド語からヘブライ語に取り入れられた借用語ではないかと考えたくなるが、両語にはアッカド語に決定的な候補となるような語がない。「ゴフェルの木」については様々な候補が提案されてきたが、木の種類や元になった他言語の単語についてはまだ結論が出ていない。「テーヴァー」についても何世紀にもわたって様々な考えが示されてきた。モーセがエジプトにいたことから、古代エジプト語で「箱」や「棺（ひつぎ）」を意味する「テベト」（*thebet*）と結びつける人もいるが、まだ決着はついていない。「テーヴァー」は他の箱舟に関する語と同様、バビロニアの言葉を反映しているとするのがもっともありそうなことのように思われる。

そこで新たな説を示すことにしよう。大英博物館には前五〇〇年頃の舟について書かれた粘土書板があり、そこに「トゥブー」（*tubbû*）と呼ばれる舟のことが書かれている[16]。この舟は渡し場に置かれていて、どうやら船頭たちの間で交換されていたらしい。

幅六アンマの舟が一艘、渡し場に置かれた舟が一艘、橋に置かれた幅五・五アンマで舟が一艘、これらの舟が幅五アンマの舟一艘と交換された（?）。

大英博物館所蔵〈「トゥブー」書板〉（BM 32873）第二行

「テーヴァー」の最初の子音「タウ」は「トゥブー」の最初の子音「テット」とは明確に異なる子音なので、語源が定かではない男性名詞「トゥブー」と、やはり語源が定かではない女性名詞「テーヴァー」が語源的に同じ言葉とは考えられない。そこで考えられるのは、「トゥブー」という舟を表すアッカド語が洪水物語の中で他の箱舟を表す語とともに使われているのを目にした古代のユダ人がそれをヘブライ語化して「テーヴァー」としたのではないかということである。この場合、元の子音字はそれほど重要ではない。この語は聖書全体の中でノアの物語とモーセの物語でしか使わないので、大事なのはこの見知らぬ語をどう示すかであった。つまり、この二語の関係は同語源の語でも借用語でもなく、バビロニアの「トゥブー」がヘブライ語では「テーヴァー」という形になったということである。これはネブカドネツァルの宦官ナブー・シャルース・ウキーンがエレミヤ書ではネブ・サルセキムとされているのと同じようなことである〔エレミヤ書三九章三節。後述、第11章〕。このことからすると、まだ発見されていない前一〇〇〇年紀のバビロニアの洪水物語の中には、「トゥブー」がウトナピシュティムの箱舟を表す「エレプ」（「舟」）の代わりに使われているものがあるということになる。

もうひとつ考えられるのは、ヘブライ語の「テーヴァー」がいわゆる「ヴァンダーヴォルト」（wander-wort）であるという可能性である。つまり、通商などを通して多くの言語や文化の中で、語源や元の言語が曖昧になった後も長く使われ続けているような語のひとつではないかということである（好例が「チャ

「トゥブー」書板。表側（上）、裏側（下）。

イ」すなわち英語の tea「茶」である)。ありふれた種類の川舟を表す古い非セム系の語がアッカド語では「トゥブー」、ヘブライ語では「テーヴァー」——ことによると「桶」を意味する英語の「タブ」(tub) の元にある語とも考えられる[17]——という形をとったのかもしれない。このような普通の舟を表す普通の語が何千年もの間、世界中の河川沿いで使われ続けたと想像するのは全く難しいことではない。そうした舟はひっくり返して底を叩けば、ドンドンと鈍い「太鼓のような音」が出る。英語の「タブ」が箱舟 (ark) と同じく、箱 (box)、櫃 (chest)、舟 (boat) といった意味をもつのは興味深い。皮肉なことに、アッカド語の「トゥブー」も「テーヴァー」と同様に、滅多に用いられず、ここで引用した二箇所以外では一切用いられていない。

古代のユダ人が「トゥブー」という語に出会い、それをヘブライ語化して「テーヴァー」としたか、古代のユダ人には「テーヴァー」、バビロニア人には「トゥブー」という名で知られていた古い舟があり、それが箱舟特有の形に似ていたので、聖書の箱舟も「テーヴァー」と呼ぶようになったか、このどちらかが聖書での箱舟を表す語を説明していることになるだろう。

しかし、ここでもまた、舟の形が問題となる。イラクの伝統的な川舟の中には、形や縦横比の点で、創世記に描かれている箱舟と極めて似たものがあった。チェスニー中佐は英国政府への報告書の中で、一八五〇年代にそのような舟がつくられ、使われていたことを証言している[18]。

ティクリートやラムルンの沼沢地では珍しい舟がつくられているが、この舟は瀝青がよく採れるヒト付近では、ごく普通のものとしてつくられている。これらの地域では、舟づくりは日常的に行われており、そのつくり方は極めて単純である。それゆえ、自己流の船大工は桟橋や舟の係留地はもちろん、造船台でもたしかに特に一目置かれることもない。しかし、経験があれば非常に短い時間で舟をつくることができる。わずかな斧と鋸(のこぎり)しか使わず、溶かしたタールを注ぐための大きな金属製の柄杓(ひしゃく)とタールを伸ばす木製のローラーを用いる。この原始的な舟づくりの第一段階は、川の近くに適当な広さの平らな地面を見つけることである。そこに寸法どおりに舟の基底部を線で引く。この場合、確かに数学的な正確さには欠けるが、線が用いられ、ある種の秩序に従い、舟の床や基底部がまずでき上がっていく。

この作業工程は、すでに見た〈箱舟の書板〉でエンキ神がアトラ・ハシースに指示した舟の平面図の描き方と全く同じである。チェスニーは続ける。

> 印を描いた場所に一フィート(三十センチ)ほどの間隔で切り出した枝を平行に並べる。それに交差させて別の枝を同じ間隔に並べ、互いに結び合わせる。籠のように編んだ葦や藁でその格子状の隙間を埋め、舟床部がだいたいでき上がる。強度がもっと必要なので、しっかりした枝を舟床部の端から端に八インチから十二インチ(二十センチから三十センチ)ほどの間隔でわたす。舟床部がこの段階に達したら、次の工程に入り、側面をつくる。舟床部の縁に一フィート(三十センチ)ほどの間隔で必要な長さの棒を立てていく。その棒と棒の間は舟床部と同じように塞ぐ。その後、その状態のまま、両側の船縁の間に四フィート(百二十センチ)ほどの間隔で粗く切り出された木材を並べ、舟全体をまとめる。

チェスニーは舟の構造を詳しく説明した後、防水処理の工程に進むが、この部分もやはり〈箱舟の書板〉と似ている。

その後、舟のあらゆる部分が熱い瀝青で覆われる。瀝青は作業場近くの穴で溶かされ、砂や土を混ぜて適切な濃度に薄めてある。この瀝青の接着剤が枠組み全体に塗られ、木のローラーで内も外も表面が滑（なめ）らかになるように広げられる。それをしばらくおいておくと、表面は固く頑丈になるだけでなく、水を通さず、航行に適した状態になる。このようにしてつくられた舟は棺のような形をしており、最も幅の広い方の端が船首となる。しかし、もっと形の整った舟もある。長さ四十四フィート（約十三・二メートル）、幅十一フィート六インチ（約三・四五メートル）、高さ四フィート（約一・二メートル）。積載時の喫水は一フィート十インチ（約五十五センチ）、空の状態だと六インチ（約十五センチ）しかないといった舟はヒトでは一日でできてしまう……。

チェスニーはすぐにこの舟の形と比率が聖書の箱舟を思わせると見てとり、ノアならこの種の舟を造作なくつくれると、もっともらしく述べている。

周知のように、ノアの箱舟は長さ三百キュビト（アンマ）、幅五十キュビト、高さ三十キュビトで、最後に高さ一キュビト、もしくは傾斜した屋根が付けられる。このキュビトを諸説のうちで最も短い説に従って計算したとしても、長さ四百五十フィート（約百三十五メートル）、幅七十五フィート（約二十二・五メートル）、深さ四十五フィート（十三・五メートル）という非常に大きな骨組みの舟となり、その積載量は補強の船梁（ふなばり）や支柱があれば、四万トンは超えるだろう。今述べたヒトの町の舟についての記述からすれば、この種の舟をつくる作業はこの町やその周辺の人々には造作もないことであろう。ただ枠組みの寸法を大きくしさえすればよいのである。動物たちを収容する舟の下層部は仕切る必要があるが、そのような仕切りは当然、人間が使う二階部分を支え、この二階部分の部屋の仕切りがさらに上の階、すなわち鳥に割り当てられた空間を支える。このような三つの床と屋根という構成であれば、必要な仕切りや支柱が加えられ、全体の構造を安定させていただろう。それゆえ、大変な作業になるとして反対意見が起こることはないと考えられたのではないだろうか。特にこの箱舟はただ同じ場所で浮いていればよいとされていたのだから、なおさらであろう。

考古学者ジョン・プネット・ピーターズがこの形の舟の写真を残してくれている（次頁）。この一八八八年に撮影された写真には、制作途中の舟と、完成した舟の両方が写っている。写真のキャプションからはピーターズもまたノアの箱舟を連想していたことがわかる。

さて、ここで、箱舟の候補として、長くて細い形（シュメール型）でも、円形（アトラ・ハシース型）でも、正方形（ウトナピシュティム型）でもない形の舟が登場した。この舟は現実に機能するもので、船底が長方形の創世記の箱舟と当惑させられるほど形が一致している。聖書におけるヘブライ語の記述はこの種の長方形の舟を反映したものと考えるのが妥当だろうと思う。網代舟と同様、当然この形の舟も古代メソポタミアの川で日常的に見かけただろうし、ヘブライ人の詩人もそれを現地で目にしていただろう。残念なことに、チェスニーもピーターズもこの舟が十九世紀にアラビア語で何と呼ばれていたのか記録していない。しかし、総合的に見ると、アッカド語で「トゥブー」、ヘブライ語で「テーヴァー」と呼ばれて

J．P．ピーターズの２枚目の写真。「ノア時代の造船所。ユーフラテス川沿いのヒートにて」と書き留めている。

いた舟ではないとは言い切れないようだ。

このような舟があるということは、ヘブライ人のバビロニアの物語との出会いを考えるに当たって重要な要素となる。もし聖書の長方形の箱舟が〝窓から外を眺めれば〟すぐに目につくようなバビロニアの舟を反映していたとすれば、物語の伝播に直接関係してくるからである。

ニネヴェ版の『ギルガメシュ叙事詩』ではウトナピシュティムが箱舟を円形から正方形に変えたが、別の知られていない版でさらに長方形に変更されたと考えられないこともない。立方体の舟では現実に機能しないので、「トゥブー」という長方形の平底型の舟に影響されたのだろう。底部の面積はほぼ同じに保ち（一万四千四百平方アンマに対して、一万五千平方アンマ）、舟の長さと幅は平船の比率を反映した切りのよい数字に調整された。

ノアの箱舟に関する聖書の記述は重要かつ簡潔であったため、敬虔な学者もそうでない学者もその文章の研究に熱中してきた。ユダヤ教のラビたちもこの短い物語を細部にわたって説明し、多くの解釈を残してきた。例えば、ノアは洪水の百二十年前にヒマラヤスギを植えていたなどとも考えられている。そうすれば、人々が罪を改めるまでの時間が稼げるし、木も箱舟をつくるのに十分な高さに育つという二重の利点があるというわけである。箱舟には十ヤード（約九メートル）四方の小部屋が三百六十室、六ヤード（約五・四メートル）四方の小部屋が九百室、様々な目的のために設（しつら）えられていた。舟の最上階は祭儀的に汚（けが）れた動物、その下の階は人間と清い動物、一番下の階はゴミ置き場と考える学者もいれば、正反対の並びという者、あるいは、海に汚物を捨てるための跳ね上げ式の戸があったという者もいた。アトラ・ハシースは汚物を捨てながら、滑稽話とされるアッカド語のこんな小話を思い浮かべ、忌々（いまいま）しく思ったことも多かったに違いない。

象が独り言を言う。

「シャカンの神がおつくりになった野の獣の中で、俺ほど多く糞をひる者はいまい」

シピディカル鳥、それに答えて曰く、

「体の大きさからすれば、俺だってお前と同じくらいするがね」

上は天井で塞がれていたので、箱舟の中は昼も夜も真っ暗だっただろうが、ノアが日中の太陽のように光り輝く石を身につけていたとラビたちは説明している。すべての動物を集め、飼葉（かいば）をあてがうのは一群の天使たちの仕事で、選ばれた動物たちはとても行儀よく振る舞って、舟の上で繁殖行為に及ぶことはなかった。ノアは決して眠ることなく、常に起きていて舟の中の者の食事の世話を続けていたという。さらに言えば、舟に荷物が積み込まれている間、邪悪なものがこっそり入り込まないように、立派なライオンが舟の入口を見張っていたとされる。大英博物館裏口のライオン像のことを思い出させるが、この像は逆に、来館者がそこから出て行かないようにするために置かれている。

ベロッソスの箱舟

第4章で見たように、ベロッソスは箱舟について、大きさ以外のことを記していない。

クシストロスはその言葉に背かず、舟をつくった。縦が五スタディオン、横が二スタディオンの舟だった。

パタイはその長さが「五スタジアもしくはハロ——約千ヤード（約九百十四メートル）——で、幅は二スタジア——約四百ヤード（約三百六十六メートル）」と書いている。[19] アルメニア版のエウセビオスの『年代記』はベロッソスの記述を基に、舟の長さを十五ハロンとしているが、これはおよそ二マイル（約三・二キロ）にあたる。

コーランの箱舟

ヌーフ（ノア）の箱舟には特別な名はなく、舟を表す一般的な単語「サフィナ」が使われ、五四章一二節には「板と釘でつくったもの」と書かれている。コーランには箱舟のつくり方や形について細かい記述は一切ないが、ムハンマドと同時代を生きたアブダラ・イブン・アッバスは、ノアが箱舟をどのような形

1880年代に網代舟で旅するイギリス人女性。しかし、あまりくつろいだ様子ではない。

にするべきか悩んでいたとき、チーク材を使って、鳥の胃袋のような形につくるようアラーが指示したと書いている。イスラムでも時代が下ってから、宗教権威者たちがこの物語について議論や分析、推測などを行っている。アブダラ・イブン・ウマル・アルバイダウィは十三世紀に著した著作の中で、三層に分かれている舟の一番下の階に野の獣と家畜、二階に人間、三階に鳥が収容されたと説明している。すべての板にはすべて誰かしら預言者の名が書かれていた。三枚の失われた板があり、それは三人の預言者を象徴しているわけだが、その板は洪水を生き延びることを許された唯一の巨人アナクの息子オグによってエジプトからもたらされ、アダムの体が男たちを女たちと隔てるために箱舟の真ん中に運び込まれたという。また、ノアは舟を動かしたり止めたりするときには「アラーの名によって」と言わなければならなかったという伝承もある。

　さて、様々な形の箱舟が登場した。しかし、私たちは本来の形に戻らなければならない。まずは網代舟をつくってみることにしよう。

第8章　箱舟をつくる

本当に、本当だよ……
舟に乗ってのんびり漂うことより
楽しいことなんてないんだ
——ケネス・グレアム

1　〈箱舟の書板〉の箱舟をつくる

命を守る箱舟は何と言っても洪水物語の中心であり、ここまでに主人公アトラ・ハシースがつくらなければならなかったのは巨大な網代舟(あじろぶね)であったことを立証してきた。〈箱舟の書板〉が発見されるまで、古代メソポタミアの箱舟づくりのことでわかっていたことは〈ギルガメシュ第XI書板〉の有名な記述がすべてだった。従って、舟をつくる者の視点から確実なことはほとんどなく、形や大きさ、寸法に関する実際的な数値は、防水に関する重要な問題への対処同様、〈箱舟の書板〉の発見を待たなければならなかった。今や実際に箱舟をつくりたいという人には〈箱舟の書板〉から得られた情報を十分に正確な舟の仕様書として印刷物で提供することができる。

この貴重な文書に刻まれた楔(くさび)の森の中へと手探りで入り込むことはまさに冒険だった。大きく損傷している書板の裏面は特に大変だったが、アトラ・ハシースの簡潔な話から多くの情報が引き出せたことは注目に値する。六―三三行、五七―五八行には様々な作業に必要な実際的なデータが順序どおりに記述されており、その情報は作業の進行に従って、アトラ・ハシースからエンキ神への〝報告〟という形で伝えられている。まず、その視点で報告を見てみよう。

エンキ神からアトラ・ハシースへの指示

6―9　全体の形と大きさ

10―12　船体に使われる材料とその量

アトラ・ハシースからエンキ神への進捗報告

13―14　内部の枠組みを組み立てる

15―17　甲板を付け、船室をつくる

18―20　防水に必要な瀝青(れきせい)の量を算出する

21―25　窯(かま)に瀝青を準備する

26―27　添加剤を加え、濃度を調整する

28–29　舟の内側に瀝青を塗る
30–33　外壁の隙間を塞ぐ
57–58　外壁の仕上げ。外壁のコーティングを行う

損傷が激しく判読困難な部分は措くとして、ここで扱うべき内容は非常に簡潔なものなので、わかりやすい〝取扱説明書〟とは言えそうもない。網代舟の製作者になったつもりで一行一行解読しなければならないが、メソポタミアの伝統的な網代舟の製作法が古代から変わっていないので取り組みやすい。網代舟のつくり方は一九三〇年代にイラクのクファづくりについて詳細な記録を出版した船舶史の専門家ジェームズ・ホーネルの文章を通して知ることができる。イラクの網代舟は姿を消し、かつては川沿いに大勢いた網代舟のつくり手や船頭たちもすべていなくなってしまったので、今ではそうした情報を直接得ることはできない。この貴重な記述と並んで、十九世紀後半から二十世紀初頭にティグリス川沿いで撮影された写真には、昔ながらのつくり方で網代舟をつくる様子が写っており、今日この件を探求するときには、これも貴重な助けになる。

ホーネルの網代舟についての証言は、本書になくてはならない資料であった。実際、それがどれほど役に立ったかを言い表すには、新聞の見出し風の言葉が必要になるほどだ。網代舟の製作過程にはいくつかの段階があるが、ホーネルはそのすべてを記録している。この記録を手引きにすれば、アッカド語の記述を読んで——通常どおりに——訳すだけでなく、実際に機能する網代舟をつくるということについて粘土書板が実際に何を言おうとしているのかを把握することができた。さらには、この書板に書かれた舟の仕様と寸法は驚くほど明確に、現実的かつ実際的なデータに基づいており、ホーネルの記述のおかげで、

17 世紀にフランドルの画家が描いたノアの箱舟をつくる場面。

〈箱舟の書板〉に記された建造法、寸法、作業工程が解明されると同時に、確認された。

ここで思い出していただきたいのは、詳細な舟づくりの知識が詰まった〈箱舟の書板〉は「ホーネルが残した記録よりも四千年も前に」最高のものとして書かれたということである。

まさに最古の網代舟製造者が土地の材料を使って完成させた技術は数え切れないほどの世代に受け継がれてきた。このような長期にわたる歴史は印象深くはあるが、驚きはない。網代舟の形には実用の点で改良すべき点はほとんどなく、構造や使い方に変化の必要がなかったのである。しかし、長く存続できると主張することと、実際に存続し、なおかつ、有効に利用されていたということは全く別の問題である。

ついでに書いておくが、この章の執筆は私には軍隊の訓練に挑戦するようなものであった。私は楔形（くさびがた）文字解読者として人生を全うするのに、船乗りになったり、数学の実際的な知識を得なくても何の問題もないと思っていた。しかし、アトラ・ハシースの舟づくり作業の問題のことを考えていると、自分に不足しているものがあることがすぐに痛感された。私の舟に関する経験といえば、十二歳くらいのとき、休日にハイズの運河で、妹のアンジェラとカヌー下りをしたことぐらいである。妹が前席に座り、力が強い方の私が後席で漕ぐ役目だった。岸にぶつかりそうなほど近づいたため、私は方向を立て直そうとしてオールをもち上げ、妹の頭の上を通そうとした。しかし、大きく計算が外れ、オール先端の平らな部分を妹の側頭部に直撃させてしまった。すぐに妹は意識を失い、カヌーの底に倒れこんだ。私たちは何とか岸からは離れたが、妹のオールは当然、妹の手を離れて瞬く間に後ろに流れ去っていた。その後、ボートを漕いでいた通りすがりの大人たちに助けられるという不面目の中、私たちは無事生還した。舟はもう懲り懲りなのだ。数学に関して言えば、代々の教師が成績表のコメント欄に「授業前に鎮静剤で落ち着かせるべきだ」と記したほどだ。私は楔形文字で六十まで数えられるようになるまでは、いつもメアリー・ノートンの次の一節に慰めを見出していた。


「おじいさんは数を数えたり書いたりできましたよね。ええと、いくつまででしたっけ、ポッド？」

「五十七だよ」ポッドが言う。

「そうそう、五十七。アリエッティ、お父さんも数を数えたり書いたりできるわ。どこまでもどこまでも。どこまでいくのかしら、ポッド？」ホミリーが言う。

「千あたりまではいくよ」

メアリー・ノートン『床下の小人たち』

この章は二つの部分に分けて箱舟の建造について扱う。まず、ホーネルの記述と照らし合わせながら、巻末の補遺3の計算結果を用いて、〈箱舟の書板〉で述べられている各工程について明らかにしていく。後半は同じ舟づくり作業を記している〈ギルガメシュ第XI書板〉のさほど詳しくない記述と比較し、現在〝伝統的〟とされるテクストがどのように進化してきたのかを解明するために、その背後にある古バビロニア時代の伝承を掘り起こすことに特に注意を払う。補遺3には〈箱舟の書板〉から得られ、本章前半の結果を導き出した、技術的な事柄、測定法、作業手順、計算が記されている。この部分は友人のマーク・ウィルソンと共同で作業を進めたことになっているが、実際には馬鹿げた質問をいくつか彼にしただけである。この方法が私の能力を超えたものであったことは認める必要もないほど明らかなことである。

アトラ・ハシースの箱舟をつくる

床の広さは一イクーとし（エンキ神は続けた）
側面は一ニンダの高さにせよ。

〈箱舟の書板〉九行

エンキ神は〈箱舟の書板〉で本当に巨大な網代舟をつくるよう命じている。舟の底面の広さは一イクーで、高い壁に囲まれている。メソポタミアの数学や度量衡の用語など、あらゆる証拠を駆使すると、この網代舟の底面積は三千六百平方メートルである。これはサッカーのピッチ（約七千平方メートル）のおよそ半分である。壁の高さは約六メートルだが、これは雄のキリンが真っ直ぐに首を伸ばしても向こう側が覗けないほどの高さである。

縄

アトラ・ハシースの網代舟は縄を巨大な籠のように巻き上げてつくられた。この縄はヤシの繊維を原料としており、エンキ神がアトラ・ハシースを気遣っているように、莫大な量が必要とされた。

お前は（以前、網代舟の）カンヌ縄とアシュル草（？）を見た。
お前のために誰かに、葉とヤシの繊維を編ませよ。
一万四千四百三十（スートゥ）もの量を使うことになる。

〈箱舟の書板〉一〇―一二行

ここで早速、ジェームズ・ホーネルの文章を参照しよう。

クファは構造上、まさに巨大な蓋のない籠で、底面の中心から多くの肋材を放射状にわたすことによって、内部の強度が保たれている。籠の部分は材料を巻き上げてつくる一般的な籠と同じである。そのつくり方では材料が繰り返し平らに巻き上げられる。繊維質の材料――一般に草や藁――を包み込んだり、叩いたりして縄状に束ね、同じ長さの頑丈な筒状の芯がつくられる。この〝詰まった縄〟を同心円状に巻き上げることにより、徐々に決められた形になっていく。芯に巻きつけるのはナツメヤシの若葉を細く帯状に裂いたもので、芯の周りにざっくりと螺旋状に巻きつけていく。縄が一周回ったら、上の縄とそれに接する下の縄に頑丈な針など先の尖った道具で穴を開け、そこに紐状のものを通して固定する。こうして、渦巻き状の縄が次々と固く結びつけられていく。この製法はアフリカ各地に見られる様々な種類の籠や敷物のつくり方と似ている。船べりは柳などの木の細枝を大量に束ねた輪でできており、それを側面の縄の最上部にココヤシの繊維を撚り合わせた紐で固く結びつければでき上がりである。

〈箱舟の書板〉の一〇行目に書かれているアトラ・ハシースの「カンヌ」と「アシュル」はホーネルの記述の叩いた繊維質の材料と、ナツメヤシの若葉でつくられた紐に相当する。

エンキ神の言葉を少し〝深読み〟してみよう。

網代舟のことは知っておろう。まさしく、いたるところにあるのだからな……
この作業は他の誰かにさせるがよい。お前には他にやることがある……
お前に必要となる材料の量を教え、計算する手間を省いてやろう……

縄はヤシの葉の繊維を撚り合わせてつくられる。アッカド語の動詞「パタール」は「撚り合わせる」「織る」を意味し、そこから「ピティルトゥ」という「ヤシの繊維」を意味する名詞が派生する。ウル出土の古バビロニア時代の書板に、この種の縄をヤシの繊維と葉からつくるために百八十六人もの人が雇われたと書かれたものがある。それより一世紀ほど古い別の資料では、会計係が頭を痛めながら「二百七十六タラント（八・二八トン）のヤシの繊維の縄……三十四タラント（一・〇二トン）のヤシの葉の縄」と算出しており、これについて、ダン・ポッツが「この十トン近くものヤシの繊維や葉の縄を使って、いったい造船所で何をするつもりだったのだろうか」と疑問の声を上げているが[1]、私に言わせれば、網代舟を大量につくるためとしか考えられない。

エンキ神の計算によれば、一万四千四百三十スートゥの縄が箱舟の船体をつくるのに必要とされる。これは二点において非常に重要である。ひとつは総量をどう記述しているかという点、もうひとつはその合計数を導き出す計算法である。

一万四千四百三十は、少なくとも私には大きな数である。書板には「四〈かける〉三千六百〈たす〉三十」と書かれている。少し計算すると「一万四千四百〈たす〉三十」となる。つまり、「三千六百」を表す文字が四回用いられ、その後に「三十」を表す文字がつけられて合計数が表されているのである。この「三千六百」を使う方法は一五行で木製支柱の数や、二一—二二行で防水用瀝青の量を表すときにも使われている。

「三千六百」という数はシュメール語の「シャル」（ŠÁR）という文字で表されている。この語は数を表す言葉としてバビロニアのアッカド語に取り入れられ、「シャル」と発音されていた。この「シャル」という文字は重要な楔形文字で、もともとが「円（形）」を表す文字であったため、形と意味において「囲い」や「完全さ」といったことを示している。それゆえ、「三千六百」という大きな数以外に、「全体性」や「人々が住む世界全体」といった概念を表す語として使われた。

文学作品に出てくるとき、「シャル」の文字は大きな切りのいい数を表すにすぎないと考えられている。「太陽神の恵みによって、あなたが三千六百年もの間、元気でいますように」といった他人の幸せを願う手紙の文句や、勝利に酔ったアッシリア王の「生き残った者〝四〈かける〉三千六百〟人の目をくりぬいた」という主張にそれは明らかであろう。それゆえ、アッシリア学者は神話的な大きさや感覚を表す言葉として「シャル」を捉え、「無数の」(myriad) と訳すことも多い。ギリシャの十進法に基づく myriad という語は文字どおりには「一万」という意味だが、六十進法のメソポタミアでは当然のようにして「シャル」を「六十〈かける〉六十」で考えたわけである。〈箱舟の書板〉の計算で本当に驚くべきなのは、この「三千六百」を表す文字を単に切りのいい大きな数としてではなく、文字どおりに理解しなければならないという点である。

「七リーグを駆けるブーツ」や「百エーカーの森」といった英語の表現に慣れている人はこうした主張が特に物語の文脈でなされれば驚かされ、「シュメール王名表」や〈ギルガメシュ第Ⅺ書板〉などで「シャル」の文字のことを知っているアッシリア学者でも一度ならず片眉を上げてこの主張を訝(いぶか)しむだろう。この結論はたしかに、やや躊躇させられるものであり、私にしてもそれは同じであった。しかし、振り返ってみれば、〈箱舟の書板〉の中に見られる楔形文字の大きな数字をすべて解読したとき、それらの数字が単なる空想上の数ではなく、少なくともその数字そのものに語らせる機会を与えるべきなのではないかという勘が働いただけのことである。「一万四千四百」の後に「三十」が加えられていることがその主たる根拠であった。この数字は何だろうか。冗談だろうか。エンキ神が「百万と四つ」などという軽口を叩くだろうか。文脈から言って、そのような解釈はありえず、この余分な「三十」は実際の合計数を示すために必要なもので、この数を文字どおりに解釈する以外に納得できる説明はなかった。容易ならざる事態に陥ったのはこの瞬間であった。〝数学者〟の助けがいる――というわけで、うまい具合に先ほど触れたマーク・ウィルソンの登場となる。次にすべきことは、アトラ・ハシースの作業報告に登場する数字は実際の数字であること、つまり、「アトラ・ハシース物語」の中に現実のデータとそのきちんとした計算結果が挿入されたということを立証し、確認することであった。さらには、ここには数量の単位が示されていないが、それは「スートゥ」であるはずで、出てくる数を理解するには、それについても理解しておく必要がある。

エンキ神が算出した必要な縄の量をそのまま当てはめることで、このことは支持される。

一、「全体の表面積」は「網代舟の底の広さ」「側面の面積」「屋根の広さ」の和に等しい。敢えて言及する必要は私にはないのだが、この数字を出すためには、「パップス・ギュルダンの定理」を少し用い、その後「ラマヌジャンの近似式」のお世話になった。

二、縄の太さ。〈箱舟の書板〉には言及されていないので、網代舟をつくるときの一般的な太さだったと考えられる。イラクの網代舟を写した数枚の古い白黒写真から、伝統的な網代舟に使われた縄の太さは人の指一本ほどの太さであったと推測される。「指」を意味する「ウバーヌ」という語はバビロニアの一般的な単位なので、アトラ・ハシースの縄の太さと考えられる。この選択は後で行う網代舟に塗る瀝青の厚さについての計算でも確認されるだろう。

補遺3には解決に至るまでに必要だった明快な数学的過程を示しておいたが、ここではバビロニアの単位「スートゥ」が何を表現しているか、その答えだけを示せば十分だろう。

エンキ神による縄の量の見積もり　一万四千四百三十スートゥ

本書で算出した縄の量　　一万四千六百二十四スートゥ

エンキ神の見積もりはここでの計算とわずか一％強しか違わない。これは偶然の一致ではない。以下の点を明らかにしておこう。

一、〈箱舟の書板〉では一見「無数の」を意味しているように見える語「シャル」は文字どおり「三千六百」を意味している。

二、エンキ神はたしかにバビロニアの単位「スートゥ」において計算をしている。

三、アトラ・ハシースの超大型網代舟に必要な縄の長さは、その太さを指一本分、一ウバーヌとすれば、全部で五百二十七キロメートルと算出される。繰り返すが、「五百二十七キロメートル」である。これをどう考えればよいだろうか。これはほぼロンドンからエディンバラまでの距離〔東京と神戸までに相当〕に相当する。

エンキ神は寸法についてはこれ以上言及していない。エンキ神の言葉が終わると、話は一変し、アトラ・ハシースが自分で行った作業についての報告を一人称で続ける。

肋材

縄を巻き上げ、巻き上げた縄の間に紐を通して結い上げることで最終的に柔軟性に富む巨大な円形の籠ができ上がる。次の工程は補強のための肋材を全体に据えつけることである。ホーネルによる網代舟建造の記述は以下のように続いている。

内部の枠組みは曲線状の肋材からなり、それを狭い間隔で数多く据えつけることによって、縄を巻き上げたクファの壁に強さと硬さが加えられる。肋材には通常、柳やポプラ、ギョリュウ、セイヨウネズ、ザクロなどの枝を割いたものが使われる。それらが手に入らないときはナツメヤシの中肋（ちゅうろく）で代用されるが、素材としての評価は低い。割いた枝でできた肋材は床の中心を通って、舟の端まで届く長さのもので、その本数はつくる舟の大きさに従い、八本、十二本、十六本のいずれかとされる。この主要な〝枠材〟は、ふた組に分けて、一組目がもう一組の枠材と直角になるように配置される。まずそれぞれの組の枠材の半分が互いに向かい合うように壁に沿って下り、それぞれ底面を横切る。それらの枠材の底面に接している部分は重なり合い、互いにかみ合って、底面は帯状に重なった枠材によって強化される。次に、それぞれの組の残りの枠材が、最初に据え付けた枠材に対して直角になるよう、同じように配置され、その結果、底面部に二組の枠材によって形成される床材、つまり、互いに交わった枠材による耐荷帯が設置されることとなる。この二組の枠材、もしくは主要肋材に挟まれた、四分の一スペースには、密接した間隔で肋材が設置される。その際、この肋材は湯に浸して凹形に曲がったクファの内壁に沿うように撓（たわ）められる。撓めすぎると、船べりに向かって壁面が内側に曲がりはじめる部分に亀裂が生じることもある。四組の枠組みによって区切られた四分の一のスペースの幅は、それぞれ中心から離れるほど広がるため、最初に置かれる肋材は、その両側に配置されるものよりわずかに長く、挿入されるのが後になればなるほど、両側の肋材の長さは少しずつ短くなっていく。肋材の低い方に伸びる先端は中心部分でぴったり合わさるよう、先が尖っている。

それぞれの肋材と枠材を所定の位置に置いたら、ココヤシの皮でつくった紐で籠の壁面に縫いつける。この作業は二人がかりで行う。一人がクファの中に入り、紐を籠の壁に通して、外にいる相棒に渡す。外にいる方はその紐を強く引いてから、今度は内に向けて通す。外壁にはこの紐が継ぎ目から継ぎ目へと斜め上に向かって通されているように見える。内側では肋材の上を端から端へと水平方向に進み、外では繰り返し上の継ぎ目に向かって斜めに縫われる。クファの内壁には水平の縫い目が等間隔に並び、まるで肋材に無数の輪が取りつけられているように見え、これがこの舟に特徴的な左右対称の美しさを生み出している。

アトラ・ハシースはこの点に関して、非常に簡潔にまとめている。

私は三十本の肋材を据えつけた
その厚さは一パルシクトゥ、長さは十ニンダだった。……

〈箱舟の書板〉一三―一四行

ここで「肋材」に当たるアッカド語は「肋骨」を意味する「ツェール」(*sēlu*) だが、舟に使用される特別な例がいくつかある。例えば、二か国語並記の辞書にはシュメール語「ゲシュ・ティ・マ」(*giš-ti-má*) とアッカド語「ツェール・エレピ」(*sēl eleppi*) が見出し語として並記され、「舟の肋材」の意とされている。また、悪魔祓いのまじないに「(悪魔が) 患者の肋骨をまるで古い舟の肋材のように破壊する」という文句がある。当時は川辺に修繕や防水処理ができなくなった古い舟が朽ち果てて放置されているのは珍しい光景ではなかっただろうし、言うまでもなく白く光る肋骨を晒して死んでいる水牛や駱駝の死骸もあっただろう。ここの楔形文字は「l」が「r」に置き換えられ、*sēri* と綴られているが、こうしたことはアッカド語ではしばしば起こることである。

アトラ・ハシースによれば、その箱舟に見合う肋材は厚さが一パルシクトゥ、長さが十ニンダである。「パルシクトゥ」という言葉は実際には書板に書かれているわけではなく、イラク南部出土の他の書板と同じく、省略形の「PI」という文字が使われている。(2) つまり、「パルシクトゥ」と書く代わりに「PI」と記したのである。この先の一六行の支柱について述べるところでは、「二分の一のPI」と書くべきところをさらに省略して、「二分の一」としか書かれておらず、「パルシクトゥ」を補って読まなくてはならない。「パルシクトゥ」は計量容器の名称だが、容積の単位名でもある。これは珍しいことではなく、メソポタミアの度量衡の単位の多くは容器の名に由来している。驚くべきなのは容積を表す単位が厚さを表すのに使われていることである。「パルシクトゥ」は約六十リットルであることがわかっている。指二本分ほどの厚さの頑丈な箱型計量器具であるとすれば、補遺3で示すように、一パルシクトゥの「厚さ（幅）」はほぼ一アンマ、つまり五十センチということになる。

アトラ・ハシースはエンキ神に応えて、雄弁に生き生きと語っている。彼は自分がつくった舟の肋材は「一パルシクトゥほどの厚さ」とはっきり述べているが、現代において長短の渡し板が実際にどのようなものなのか、渡し板の寸法に統一規格のようなものがあるのかどうかも知らずに、その言葉が意味するところは誰でも知っているかのようにして、「短い板材二枚分の厚さ」（「ひどく愚かな」という慣用句）と口にしているようなものかもしれない。直径五十センチとすれば、一パルシクトゥはほぼ一アンマの厚さということになるが、アトラ・ハシースは長さを表すのにニンダを使いながら、厚さにはアンマを使っていない。ここで強調したかったことは肋材がどの網代舟の肋材よりも厚いということであった。アトラ・ハシースは貧弱な肋材（スペアリブ）では満足できない男だったのだろう（楔形文字の文献において「二パルシクトゥの厚さ」という表現は他では見当たらない。用いられるのは全く例外的で、非常に重要で、直接関係している場合だけである。これについては第12章で扱う）。

アトラ・ハシースの網代舟の肋材はそれぞれ長さ十ニンダ、すなわち六十メートル、厚さは五十センチである。据えつけられた〝Jの字〟型の肋材は網代舟の天辺から底面に向かって壁に沿って下り、底面の平らな部分を横切る。その際、ホーネルが書いているように、先端は互いに格子状に編み合わされる。これらの主要な肋材が据えつけられたら、次に残りの肋材である。その先端部は相互に交差するように（ホーネルは「互いに噛み合うように」とうまく表現している）配置され、それ自体が敷物のような強さと堅牢さを備えた床を形成する。その後、そこに瀝青が注がれる。

ホーネルは一般的な網代舟には最大十六本の肋材が使われたとしている。アトラ・ハシースは三十本の肋材を据えたが、巨大な舟にしてはかなり控えめな数であり、この枠組みは交差筋違いなどの予防措置で補強されたと考えていいだろう。

ホーネルはイラクの網代舟で肋材に用いられた木の種類を列挙しているが、そのすべてが楔形文字の文書に記録されているものであった。

柳／ヒレープ（*hilēpu*）——扉の板や家具に使われる。川や運河沿いに生育。

ユーフラテス・ポプラ／ツァルバツ（*sárbatu*）——メソポタミアの下流域で最も一般的な樹木。廉価な木材で、安い家具や、燃料にも使われるが、丸太としても用いられた（ある手紙に「屋根に適したポプラを〝十一〈かける〉六十〟本」という請求書がある）。

タマリスク／ビーヌ（*bīnu*）――この地方原産でいたるところに生えている灌木（かんぼく）。木材は小さな物にしか使えない（「タマリスクよ、お前はまったく使えない」などの句がある）。

ジュニパー／ブラーシュ（*burāšu*）――ジュニパーは本来、木工品や家具などに使われる。

ザクロ／ヌルムー（*nurmû*）――ザクロの木を木材として使っている例は見当たらない。

これらの木材[3]は困ったことに、少なくとも舟に関する楔形文字の資料には今のところ見当たらないようだ。

支柱

私は舟の中に三千六百本の支柱を据えた
その太さは半パルシクトゥ、高さは半ニンダ。

〈箱舟の書板〉一五―一六行

ここでアトラ・ハシースはエンキ神に従い、「三千六百」を意味する「シャル」を使って計算している。太さ半パルシクトゥ、高さ半ニンダの支柱は箱舟の構造の中で非常に重要な要素であり、アトラ・ハシースの特別な要望を満たすための工夫であった。支柱をつければ、上甲板がつけられる。支柱の横断面はおそらく正方形で、その断面積は十五ウバーヌ〈かける〉十五ウバーヌで、二百二十五平方ウバーヌであったと考えられる。エンキ神の場合と同様に、ここの「シャル」も字義どおりに三千六百本の支柱があるとすると、支柱の断面積の総計は床全体の面積三千六百平方メートルの約六パーセントにすぎないことになり、耐荷重の配分から考えても非現実的な値ではない（補遺3参照）。

これらの支柱が整然と並んでいる様子を思い描く必要はない。むしろ様々な配置で並べられていただろうし、肋材が互いに交差している正方形のスペースに均一に並べられ、下階を適当な「船室」とし、大型動物や性質上一緒にしておけない動物のためのスペースに仕切りやすくしていたかもしれない。

アトラ・ハシースの報告の中で特に奇妙な点は、甲板や屋根のことがはっきりと言及されていないのに、舟の仕様に甲板や屋根のことが暗に含まれていることである。

甲板

甲板については、支柱への言及があるので、疑いなくあったと考えられる。甲板は船壁の中ほどの高さに取りつけられたと考えられるが、これによって上部船室がつくれるようになっただけでなく、舟全体が大いに補強されたことは間違いない。イラクの伝統的な網代舟には言うまでもなく甲板などなかったが、同じような任務を課せられた網代舟は他にはなかったということでもある。

船室

次章で論じる他の人間たちはともかくとして、アトラ・ハシースとその妻、直接の家族のための居住設備が必要であった。様々な生き物のためにも上階には多くの空間が割かれたことだろう。例えば、ひとつがいのおしゃべりなバビロニアの鸚鵡（おうむ）は場の雰囲気を明るくしていたことだろう。

〈箱舟の書板〉一七行

アトラ・ハシースは言う。

「私は舟の上と下に船室（ヒンヌ）を設けた」

「船室」という言葉は豪華客船のようで時代錯誤に聞こえるが、この「ヒンヌ」（*hinnu*）という珍しい語はまさにそのような意味なのである。これについてもやはり古代の辞書編纂者が情報を提供してくれている。

giš.é-má ＝ *bīt eleppi* ＝「船上の木造の家」
giš.é-má-gur$_8$ ＝「マクルの上の木造の家」

（同じ語がアレクサンドロス大王時代の書板に記された精緻で象徴的な夢にも登場する。その夢では、ナブー神の帆船が蛇行する祭儀の行列の中、バビロンの大通りを進んでいくが、そこにナブー神の船室（ヒンヌ）がはっきりと言及されている）。

アトラ・ハシース船長は複数形で「船室」に言及しており、動詞は「結びつける」もしくは「編む」を意味する「ラカース」（*rakāsu*）が使われている。少なくとも船室の一部は木ではなく、葦（あし）でつくられていたようだ。アトラ・ハシースは船室を上と下、すなわち上甲板と下階につくったと述べている。この船室については、第6章で紹介した南部の沼沢地（しょうたくち）に見られるような葦を結びあわせてつくられた小さな小屋、特に円形の柵の中に動物たちがぶらつき、沼沢地の上に穏やかに浮いているようなものと考えれば、大間違いということにはならないだろう。

屋根

箱舟に屋根があったこともやはり確かである。四五行でアトラ・ハシースは月の神に祈るために屋根の上に登っており、第7章で引用した三つの並行する洪水物語における指示から、箱舟は「アプスー」のように覆われていたことがわかる。「アプスー」とは地下にある水という宇宙的な空間であり、「アプスーのように」と言えば、黒く丸い形がイメージされる[4]（別の次元の話だが、屋根がなければ雨や海水が舟に入ってしまう）。屋根の構造や素材については補遺3参照。

瀝青

次に防水のため、瀝青を舟の内側と外側に塗る。この工程は非常に重要で、積荷や予測される天候を考えると、極めて重く受け止めるべき作業である。瀝青を表す主たるアッカド語は「イトゥ」（*ittû*）であり、昔も今も瀝青の産地としてイラクで最もよく知られたヒト（Hit）という地名にこの語が残っている。ヘロドトスは「イス」と呼んでいる。瀝青を表すシュメール語は「エシル」（ESIR）である。瀝青はメソポタミアの土地に湧き出し、尽きることのない豊かな資源として、〝無数の〟用途に用いられている。ホーネルの次の記述にもあるように、グファの防水で瀝青を無視することはできない。

クファの組み立てが終わると、ユーフラテス川沿いのヒトやイマム・アリから運んできた瀝青を熱して外壁を厚く覆う。これによって、効果的な防水加工が施される。さらに、床にも厚く瀝青を塗ることで床面が平らになり、損傷からも守られる。壁の内側には瀝青を塗らないままにしておく。船頭（クファジ）は迷信深いことが多く、邪視を避けることを願って、キイロダカラガイ（タカラガイの一種）と青いボタン状のビーズを外壁の瀝青に埋め込む。……瀝青には防腐効果があるので、うまくできたクファは長もちする。コーティングにひびが入ったり剥がれかけたりしても、塗り直せば舟は新品同様になる。

瀝青を表すアッカド語はすでに述べた「イトゥ」の他に、「クプル」（*kupru*）という語があり、アトラ・ハシースはその両方を用いている。大量に使われたクプル瀝青には「ESIR」という文字の後ろに「UD.DU.A」という文字がつく（二一行には文字の痕跡が残っており、書板の割れ目部分の空白を考慮して、復元してある）。「UD.DU.A」には「乾燥した」といった意味がある。これに単に「ESIR」の文字で表記されているイトゥ瀝青が一定量加えられる。

アトラ・ハシースは全文六十行のうち二十行を割いて、舟の防水のことを詳しく説明している。それゆえ、古代の舟の防水処置については、ほぼ完璧な説明が現代にまで伝わっているが、それは〈箱舟の書板〉がもつ数多くの注目すべきことのほんの一例である。この文書の背後にある技術的な詳細については、注意深く検討しなければならない。

> 私はその外側に一ウバーヌの瀝青を割り当てた。
> 私は舟の内側に一ウバーヌの瀝青を割り当てた。
> 私は（すでに）一ウバーヌの瀝青を船室に注いだ。

私は窯に二万八千八百（スートゥ）のクプル瀝青を詰め込んだ。
さらに私は三千六百（スートゥ）のイトゥ瀝青をその中に注いだ。
瀝青は表面に［文字どおりには、「私に」］浮いてこなかった。
（そこで）私は五ウバーヌのラードを加え、
窯に同じだけ……を詰め込むようにと命じた。
ギョリュウ（？）（と）茎（？）（を使って）
……（＝私は混ぜ終わった）。

〈箱舟の書板〉一八―二七行

アトラ・ハシースはまず、外側と内側すべての表面に厚さ一ウバーヌで防水加工を施すために――すでに作業を終えていたと思われる船室に塗った分も含めて――必要な瀝青の量を算出している。広範囲の作業全体に必要となる瀝青の量を計算した後、どうやらアトラ・ハシースは用途に適した濃度となるまで、窯の中で瀝青を混ぜ合わせたようだ。おそらく彼は計深棒で硬さや粘度の加減を見て、塗るのに適していないことを知ると（二三行）、濃度を下げるために同量のラードと未加工の瀝青を加えた。そして、ついに瀝青の準備が整う。

一ウバーヌの瀝青

ここで、シュメール語の「シュ・シ」（ŠU.ŠI）という表意文字（たいていはŠU.SI）で書かれている単位のことを理解しておく必要がある。この文字はアッカド語では「指」を意味する「ウバーヌ」（*ubānu*）と読まれ、長さは約一・六六センチとされる。つまり、箱舟の表面全体には一ウバーヌの厚さで瀝青が塗られたということである。[5]

窯に詰め込む

「窯」を表す「キール」(*kīru*)という語は〈箱舟の書板〉では複数形で用いられているが、いくつ使ったのかは書かれていない。瀝青は重要な材料なので、多くの楔形文字文書で言及されているが、ここでの役に立つような技術的な事柄については驚くほど情報が少ない。二一行で使われている動詞は舟に荷を積むことを意味する場合が多いが、ここでは瀝青を箱舟に積み込むわけではなく、熱するために窯に入れよと言っている。従って、「私は積み込むよう命じた」という〈箱舟の書板〉の言葉は準備の整った窯に瀝青を放り込む過程を表している。

瀝青の量

アトラ・ハシースは防水処理に必要な瀝青の量を示す際にも「三千六百」を表す「シャル」の文字を用いている。クプル瀝青の量は二万八千八百スートゥなので、「八〈かける〉三千六百」と書かれ、計算すると、二百四十一・九二立方メートルとなる。これに三千六百スートゥ、すなわち三十・二四立方メートルのイトゥ瀝青、すなわち未加工の瀝青と、体積は算定できないが、それぞれ五ウバーヌの厚さのラードと採ったままの瀝青が加えられた。このラードと瀝青は全体に影響を与えるほどの量ではなかったのだろう。また、窯はいくつ作業に使われたのか、窯の容量はどれほどであったのかもわからない。書かれているのは一ウバーヌの厚さで壁の内と外に瀝青を塗る必要があるということだけである。縄の量に関する計算では瀝青の総量は八シャルとされたが、書板にも外壁を覆うために八シャルのクプル瀝青と、それとは別に少量の充填剤が必要と書かれている。

これらの作業についてはラルサの町の瀝青商が残した前一八〇〇年頃の断片的な記録から多少知ることができる。(6) 舟づくりのために種々な瀝青が出荷され、その詳細にはツィリ・イシュタル〔人名〕の百グルの舟には十五グルを超えるクプル瀝青、窯に二スートゥのイトゥ瀝青、木造船室の「タルピトゥ」(*talpittu*)にイトゥ瀝青、クプル瀝青に注ぐ分のイトゥ瀝青、船体に注ぐ分のイトゥ瀝青といった記載があり、こうした瀝青が他の品物とともに積載量二十グルの配送船に積み込まれた。

こうした瀝青の一部は網代舟製造者の手に渡っていたかもしれない。舟に関する語「タルピトゥ」はあまり知られていないが、「塗りつけること」を意味し、木造船室に塗る瀝青の層に関するラルサの記録の中で二度使われている。この語は「触る」を意味するアッカド語の動詞「ラパートゥ」(*lapātu*)に由来する。また、アトラ・ハシースが二〇行で「私は(すでに)一ウバーヌ分の瀝青を船室に注いだ」としている巨大な舟に設置した船室と同様に、瀝青は一ウバーヌの厚さで塗るものだという認識がそこには反映されているのかもしれない。

瀝青が幾重にも箱舟に塗られたのは物や人、動物が舟に入るかなり前だったと考えていいだろう。すべての家畜が収容された状態で動物を囲う檻にコールタールの蒸溜液を塗るとは誰も考えない。洪水物語の中にこの途方もない事業のどの部分が語られていたにせよ、〈箱舟の書板〉は瀝青について明記された後の部分は激しく損傷してしまっており、そこからは何も読み取れない。〈古バビロニア版アトラ・ハシース物語〉も、その部分が破損しており、〈ギルガメシュ第XI書板〉にはその作業の詳細は記されていない。

しかし、〈箱舟の書板〉には、すべてが整い、アトラ・ハシース自身が舟に乗る直前に、もうひとつ別の作業が行われたと伝えている。

私は何度も（？）ギルマドゥで一ウバーヌ分の（厚さに）ラードを［塗るよう］命じた作業員たちが取り分けておいた三十グルのうちから。

〈箱舟の書板〉五七―五八行

作業員たちの手にある九立方メートルものラードは、パンに塗るとか、焼いた肉から滴り落ちるなどといった生易しい量ではなく、規模の大きなものの外壁に実際に塗りつけられることになっている。おそらく瀝青と並行して、このような大量のラードも前もって準備されていただろう。アトラ・ハシースはこのラードを「ギルマドゥ」(*girmadû*)と呼ばれるローラー（三九一頁）で、一ウバーヌ分の厚さに塗りつけなければならないと述べている。ラードなどの油を最後に塗ることで瀝青の表面が柔らかくなり、防水効果が上がるので、これがそうした目的の作業であることは明らかである。油を塗るのはもちろん外壁だけなので、作業は最後の最後に行われたのだろう。

〈箱舟の書板〉の残りの部分には洪水物語の筋に沿った続きが語られている。人間と動物が乗船し、最後の積荷が運び込まれ、アトラ・ハシースの苦悩へと話は続く。この部分については第10章で扱う。この壮大なる舟の建造作業の詳細は、そのほんの一部だけが抜粋され、〈ギルガメシュ第XI書板〉に挿入されている。次はこの堂々たる物語を見ていこう。

2　ウトナピシュティムの箱舟

ウトナピシュティムの箱舟建造の作業は朝早くに始まり、そこには多くの人が集まった。

　夜明けの最初の光とともに
　人々はアトラ・ハシースの門に集まってきた。

〈ギルガメシュ第Ⅺ書板〉四八—四九行

古バビロニア時代の物語がこの後代のテクストに取り入れられたことはすぐにわかる。ここでウトナピシュティムは一人称で思い出を語っているので、「私の門に」と言うべきなのである。もともとは古バビロニア時代の名であるアトラ・ハシースがそこに書かれていたのだろうが、それはこの新しいテクストに属すものではないのである。この名は編集で削除されるべきであったが、辛うじて残った。この一行もやはり非常に重要で、背後にある古バビロニア時代のテクストが一人称ではなく、以下の〈古バビロニア版アトラ・ハシース物語〉と同じく三人称で書かれていたことがそこに示されている。

　アトラ・ハシースは命令を受け取った。
　彼は長老たちを自分の門に集めた。

〈古バビロニア版アトラ・ハシース物語〉三八—三九行

〝骨組み〟の完成には五日かかった。〈箱舟の書板〉では省略されているが、〈古バビロニア版アトラ・ハシース物語〉（あまり残されていない）と〈ギルガメシュ第XI書板〉はともにアトラ・ハシースの大事業を手伝った人々を列挙している。その労働力がここまでに検討してきた巨大な網代舟建設作業と非常にうまく関連しているのがここに見てとれるだろう。

〈作業者〉		〈作業内容〉
斧を運んできた大工	→	肋材、支柱、排水栓
石を運んできた葦を扱う人たち	→	船室
……を運んだ若者たち	→	……
ヤシの繊維の縄を運んできた老人たち	→	舟の枠組み
瀝青を運んできた金持ち	→	防水
「用具」を運んできた貧しい男	→	「用具」

このテクストには、おそらく木工にも使える「アガシリク」（*agasilikku*）という斧を携えた専門の大工が書き加えられている。「ヤシの繊維の縄」を意味するアッカド語「ピティルトゥ」（*pitiltu*）は〈箱舟の書板〉一一行目でエア神がこの素材のことに言及していることを考えると特に重要である。

貧しい男が運んできた「用具」（原義は「必要なもの」の意）については謎である。ウトナピシュティムはこう説明している。

私は水栓を舟の胴体にはめこんだ
私は舟棹（ふなざお）を探し、器具をつけた

〈ギルガメシュ第XI書板〉六四―六五行

この器具が安全面で重要であることはこの千年前にエア神が強調している。

器具はとても強くなければならない。
瀝青を厚く塗り、（舟に）強さを与えよ。

〈古バビロニア版アトラ・ハシース物語〉三二―三三行

『ギルガメシュ叙事詩』の「舟棹」はアッカド語では「パリス」（*parrisu*）といい、網代舟の操縦に必要な道具だが、それが登場することも古バビロニア時代の実際の河川事情がここに反映されていることを示している。イラクの伝統的な網代舟は特定の目的地に向かって航行することになっていたので、櫂（かい）が必要とされた。

あまり大きくない小型の舟であるクファージの場合、片側に身を乗り出し（差し当たってその側が機能上、前方となる）、櫂で漕いで舟を前へと進める。まず片側で数回漕いだ後、進路をまっすぐに保つために必要に応じて反対側で漕ぐというのが通常の操縦法である。中程度の大きさのクファの場合、二人の人が両側に立って櫂で漕ぐ。最大級のクファは四人の漕ぎ手が必要とされる。……今日使

われている櫂は柄の長さが五、六フィート（一・五〜一・八メートル）で、先端に円形もしくは楕円形の小さな水かきがついている。アッシリアの浮彫りに見られるセンナケリブ時代のクファは「受け軸」に固定された櫓を用いており、今日の櫂とは全く似ていない。

Hornell 1946, 104

洪水を前提としているアトラ・ハシースの箱舟がすべきことはただひとつであった。ただ浮かんで、その舟に乗っているものの安全が守れさえすればよかった。とはいえ、巨大な網代舟であれば、巨大な舟棹が必要であったはずだ。それゆえ、「器具」とは舟棹を船縁に留め、流されるのを防ぐオール受けのようなものと考えていいだろう（櫂が流されやすいことは経験上、私はよく知っている）。操縦する必要はなくても、棹があれば舟がその場で回転し続けるのを止めることができるし、『ギルガメシュ叙事詩』の第X書板にあるように〔第iv欄〕、ギルガメシュのような人物は、いざとなれば三十メートルの舟棹を三百本、操ることができる。「水栓」については〈箱舟の書板〉四七行でも言及されており、汚水排水栓とみられる。円形の箱舟に屋根をつける過程は、その意味とそこから連想されることとともに、古代の詩人に地下の水、「アプスー」を思い出させ、その考えが明確に表現される。

舟をアプスーのように屋根で覆わなければならない

〈古バビロニア版アトラ・ハシース物語〉二九行／〈ギルガメシュ第XI書板〉三一行

それとは対照的に、〈中期バビロニア・ニップル版〉では円形ではない「マクルクル型」の箱舟なので、

「頑丈な覆いで舟の上を覆え」とされ、宇宙的な「アプスー」の喩えは用いられていない。しかし、屋根に関する記述は〈古バビロニア版〉すべてにあるわけではなく、すでに見たように、〈箱舟の書板〉の著者は甲板の設置のことを言っていないのと同様、屋根についても完全に省略している（すでに述べたように、甲板が一枚は設置されていたとする根拠はある）。つまり、円形のバビロニアの箱舟には舟の底面にあたる下部の甲板と、上甲板があり、そのそれぞれに船室があり、上は船底を写し取ったかのような形の屋根で覆われていた。

ウトナピシュティムはこの二層からなる控えめな構造を遥かに凌ぐ設備を舟の内部に施している。

私は六つの甲板をつけ
舟を七層に分けた。
また、その内部を九つに仕切った。

〈ギルガメシュ第XI書板〉六一―六三行

この箇所がこの書板に書かれている他のことと同様、遥かに単純な古バビロニア時代の手本から派生したものであることを考えると、随分と派手なことをしたものだと思う。

物語のこの部分を〈箱舟の書板〉と比べると（この非常に興味深い問題については他に情報はないのだが）、ちょうど検討したばかりの瀝青に関する長く厄介な記述が〈ギルガメシュ第XI書板〉ではわずか二行に減らされてしまっているのが目立つ。もしかしたらアッシュルバニパル王の編集者たちが技術的なことで荷が重いと感じていたのかもしれない。とにかく網代舟に瀝青を塗る正しい方法についてはこの物語ではあまり扱われておらず（この物語はギルガメシュと彼に起こったことが中心なのである）、どのように箱舟がつくられたかよりも、その構造の象徴的な性質への関心の方が遥かに優っている。

『ギルガメシュ叙事詩』では瀝青の記述は大幅に減らされているが、ウトナピシュティムの窯に投入されたのは〈箱舟の書板〉と同じ二種類の瀝青であった。瀝青とその後に出てくる油については、部分的にニネヴェ版とバビロン出土の書板に〈ギルガメシュ第XI書板〉独自の量が示されている。

> 私は三〈かける〉三千六百［ニネヴェ版W］もしくは六〈かける〉三千六百［バビロン版J］（スートゥ）のクプル瀝青を窯に注いだ。（私は）三〈かける〉三千六百［ニネヴェ版、バビロン版ともに］（スートゥ）のイトゥ瀝青を（注いだ）……
>
> 〈ギルガメシュ第XI書板〉六五―六六行

〈新アッシリア・ニネヴェ版〉の「三〈かける〉三千六百」ではなく、バビロン版の「六〈かける〉三千六百」を選ぶとすれば（ここではその方が望ましい）、ウトナピシュティムはもともとは広さ一イクーの床面と高さ一ニンダの壁をもつ円形の網代舟――これを思い出していただきたい――を防水するために、全部で九シャルの混ぜ合わせた瀝青を窯に入れたことになる。古バビロニア時代の〈箱舟の書板〉では同じ目的のために九シャルの瀝青を準備しているが、この比較から非常に興味深い点が現れてくる。テクストが伝えられる過程で、瀝青に関する元の数字は歪められたり変更されたりしておらず、箱舟の規模が大きくなっても瀝青の量は変更されていないのである。それとは対照的に〈ギルガメシュ第XI書板〉の最終版に関わった者たちは瀝青の元の量ではギルガメシュ物語での大きさの箱舟では外壁の下三分の二にしか塗れないことに気づいている（後述および補遺3参照）。

ウトナピシュティムは費用がかかるのを弁明するかのように油の量を詳細に記述している。

運搬人が三〈かける〉三千六百（スートゥ）の油を運んできた。
「ニク」に使った三千六百（スートゥ）の油を別にすれば
舟づくりが取り分けておいた三千六百〈かける〉二（スートゥ）があった。
〈ギルガメシュ第XI書板〉六八―七〇行

三千六百スートゥを一つの単位とすると、運び込まれた油は三単位分である。そのうち一単位が「ニク」（*niqu* 厳密な意味は不明）に使われ、残りの二単位が舟づくりの責任者プズル・エンリルのもとへと運ばれ、必要なときまで保管された。「ニク」は献油ではないかと言われているが、確かではない。「〜を別にすれば」の部分は〈箱舟の書板〉から派生したもので、もとは「〜のうちから」だったのが若干変更されている。最後に、〈箱舟の書板〉はこの油に関する文脈の中で、「ギルマドゥ」と呼ばれる道具に言及しており（五七行）、そこではっきりと「ギ・リ・マ・デ・エ」（*gi-ri-ma-de-e*）と綴られている。この重要な語は七九行にも残されているが、学者たちは通常、テクストに修正を加えて、そのままには受け入れない。しかし、それは今や不当であろう。その重要なくだりを見てみよう。(7)

日が［昇るころ］、私は油を塗る作業に着手した
日が沈む［前に］舟は完成した

［……］はとても難しかった
われわれはギルマドゥを後ろから前へと動かし続けた
舟の三分の二に［達するまで］

〈ギルガメシュ第XI書板〉七六—八〇行

七六行の「油を塗る」という言葉から、この五行がどんな作業のことを語っているのかがわかる。作業

TEXT-FIG. 10. Method of transporting a large new *quffa* to the river Euphrates at Hit. (*After Vernon C. Boyle*.)

巨大な網代舟を進水させる様子（その必要がある場合）。［図中のキャプション］ヒトの町で新たにつくられた大きなクファをユーフラテス川まで運ぶ様子（ヴェルナンC.ボイルによる）。

は一日がかりで、決して簡単なものではなかった。舟の内と外すべてに瀝青を塗りつける作業の方が大変だったはずだが、ギルガメシュ版ではこの最後の防水作業が特に強調されている。おそらく完成の儀式といった意味が含まれていたのだろう。プズル・エンリルは「ギルマドゥ」を使っておそらく自ら油を塗った。「ギルマドゥ」は新しい舟に瀝青を塗った後、表面を均(なら)す道具なので、まさに前出のチェズニーの文章で見たような「木製のローラー」を意味しているに違いない。

このローラーは瀝青と油を塗る両方の作業に使われただろう。プズル・エンリルはその両方の作業を監督しなければならなかったが、その結果、以下のような素晴らしい報酬を受け取った。

「舟を密封した人物、すなわち舟づくりの
プズル・エンリルに」ウトナピシュティムは言った
（異読——舟づくりのプズル・エンリルに舟を密封した報酬として）
「私は家財とともに宮殿を与えた」

〈ギルガメシュ第XI書板〉九五—九六行

ここは私には映画のワンシーンのような忘れがたい場面である。伝承の過程からすれば後代のことだが、ここに「宮殿」という語が挿入され、アトラ・ハシースが王であることが示されている。物語の最後の最後に登場するプズル・エンリルという人物はおそらくアトラ・ハシースの気分を和ませ、その途方もない〝何としてでもやりたくない〟舟の建造に文句も言わずに従事した（とはいえ、作業仲間とはビール片手に皮肉交じりに語り合ったことだろう）。今や箱舟の入り口は閉ざされ、極めて重大な知らせが届いた。

プズル・エンリルはどうしただろうか。狂ったように宮殿へと駆け出し、その正面の扉を押し開き、食糧庫の大半を開け放って宴会を催し、ハーレムの女たちをできるだけたくさん連れてくるように命じる。満足して王の間（ま）の寝椅子の座布団に寝そべり、動くこともできないほどになった彼の耳に最初の雨の一滴が屋根に当たる音が届く……。そんな場面が目に浮かぶ。

八〇行の「舟の三分の二に達するまで」という復元が正しいとすれば、油は舟の外壁の下から三分の二までしか塗られなかったことになる。この三分の二という数字はニネヴェ版での瀝青の量に完全に対応している。ニネヴェ版でもウトナピシュティムの箱舟の下三分の二を覆う分しか瀝青はない。浸水の危険があることは明らかに予期されていない。興味深いことに、現代では網代舟の船縁まで瀝青を塗らないことも多い。

七六—八〇行については今のところ、ウトナピシュティムの箱舟が〝進水〟する場面と理解されている。舟に荷を積み終わる前に進水することは考えにくく、進水説を支持して、七九行を「造船台の棒を前後に動かし続けた」とする解釈は、今や〈箱舟の書板〉で実際の言葉としてははっきりと綴られている「ギルマドゥ」という読みを不当にも放棄する裏づけのない解釈である。

バビロニアの洪水物語の主人公には船首にシャンパンを叩きつけて進水の儀式をするという選択肢はなかった。巨大な箱舟は海岸に放置されたエアマットが打ち寄せる波に乗って浮き上がるように、洪水の到達によって進水したのである。

第9章　舟に乗せられた生き物

動物は二匹ずつでやってきた　エイオー、エイオー
象も　カンガルーも　エイオー、エイオー
動物は二匹ずつ
象もカンガルーも
そして、雨を避けて、みんな箱舟に入った
——作者不明

前章の終わりで箱舟が完成した。防水が施され、油が塗られ、準備が整い、箱舟に乗っているものたちは何が起ころうとしているのか当然知っている。この劇的な瞬間まで進んできた洪水物語は版によってアトラ・ハシースのところにやって来て舟に乗り込む動物や人間、また積荷が異なっている。本章ではこの興味深い問題に焦点を当てる。ここで何より重要なのは、もちろん「動物」、そして「人間」である。

エンキ神は「財産を捨て、命を守れ」とアトラ・ハシースに命じた。ここではただそれを想像すること

嵐の中の箱舟（オランダの画家レイニエ・ゼーマン作）。

しかできないが、彼に課された任務の本質は現代においてもなお意義深い課題である。この命令は三つの主な洪水物語、すなわち〈古バビロニア版アトラ・ハシース物語〉〈箱舟の書板〉〈ギルガメシュ第XI書板〉に登場する。〈ギルガメシュ第XI書板〉二六行の「命を守れ」という指示は「舟にあらゆる生き物の種を積み込め」という言葉で拡大され、強調されている。

舟は完成したが、様々な時代の洪水物語に登場する〝ノアたち〟や動物のことは否が応でも心配になる。遠足の引率をする学校の先生のように、動物を集め、一列に並ばせて渡り板の上を歩かせ、いつまで続くのかわからない旅の間、常におとなしくさせておくなどということは考えただけで……。

「アトラ・ハシース物語」の動物たち

舟に乗り込んだ動物たちは基本的に家畜と野生の獣に分類されるが、アトラ・ハシースの物語を書いたバビロニアの詩人たちはそれを表すのに、「ブール・ツェーリ」（*būl ṣēri*）、「ウマーム・ツェーリ」（*umām ṣēri*）、「ナンマシュー」（*nammaššû*）という三つのアッカド語を用いている。「ツェール」（*ṣēru*）という語〔「ツェーリ」の主格〕は悪霊が頻繁に出没する「奥地、未開の地、開けた土地、野原、平原、大草原地帯」など、村や町周辺の広大な未開の土地を指す。「ブールー」（*būlu*）という語〔「ブール」の主格〕は「牛、羊、馬などの群れ」

を指す一方で、「集合体としての野生動物、主に四足歩行の動物の群れ」を意味した。最後に、「ウマーム」は「動物、獣」を指すが、野生とは限らず、「ナンマシュー」は「（野生）動物の群れ」を表している。

このように分析してみると、アッカド語の単語というものはどのようなものでも表現できるかのように思われるかもしれないが、実際にはそうではない。これは文学上の表現であり、それぞれの語が意味し得る範囲は広すぎるため、博物学的分類研究にはあまり役に立たないが、文脈の中では家畜なのか野生なのか、一匹なのか複数なのか、その正しい意味は多くの場合、明確である。箱舟の物語という文脈においては「ブール・ツェーリ」は「家畜」、「ナンマシュー」は「野生の獣」と理解すれば問題はないだろう。また「ウマーム・ツェーリ」に関しては、家畜か野生かを問わず、「野の獣」と訳すことができる。

こうした訳語を念頭に置くと、〈古バビロニア版アトラ・ハシース物語〉で舟に乗り込んだのは一般的な家畜、飼育されている動物、野生動物であることが明らかとなる。

彼が［もつ……］は何であれ
彼が［もつ……］は何であれ
清い（動物）……［……］
肥えた（動物）……［……］
彼は捉え［舟に乗せた］
翼がある空の［鳥］
畜牛（ブール・シャカン）［……］
野生の（ナンマシュー・ツェーリ）［草原の動物］

［……］を彼は舟に乗せた

〈古バビロニア版アトラ・ハシース物語〉三〇―三八行

残念なことに、この箇所は時を経て、保存状態が最もよい書板でも破損してしまっている。「清い」動物と「肥えた」動物が他と区別されているが、おそらく家畜の羊と山羊を指しているのだろう。これらの動物は単に種の保存のためだけではなく、乳、チーズ、肉の供給源として、最良の状態のものが舟に乗せられたと考えられる。「畜牛」と訳した「ブール・シャカン」（*būl šakkan*）と「草原の動物」と訳した「ナンマシュー・ツェーリ」（*nammaššû ṣēri*）の違いは基本的に家畜か野生の獣かの区別でしかないが、〈古バビロニア版アトラ・ハシース物語〉（の現存している部分）には使命の中に、すべての種を助けなければならないというくだりや、雄と雌をそれぞれ一匹ずつといった記述がないことは指摘しておくべきだろう。「清い」という分類にも注意が必要である。古代メソポタミアには聖書のような「清い動物」「清くない動物」という考え方はなかったからである[1]。豚は確かに清くない動物の代名詞だが、ヘブライ人の食物規定の概念がここに現れているわけではないし、その先例というわけでもない。確かに、よりにもよってこの区分が重要な意味をもっている創世記のテクストと最も明確に並行している箇所でこのような分類がなされているのは非常に興味深い。

〈中期バビロニア・ニップル版〉では、野生の獣と鳥への言及があるが、文章は断片的である。

お前がつくった［舟に］
草原の野生の獣（ウマーム・ツェーリ）と空の鳥を［乗せよ］

……を積み上げよ

〈中期バビロニア・ニップル版〉一〇―一二行

〈新アッシリア・スミス版〉の「アトラ・ハシース物語」では、箱舟建造に関する最初の指示の中で家畜と野生の草食動物が言及されている。とはいえ、ここではアトラ・ハシースが自ら動物を集め、まとめる必要はなかった。

それに［送る］……
家畜の［動物］(ブール・ツェーリ)、草を食む(はむ)あらゆる野生の獣(ウマーム・ツェーリ)を
［私は］お前のところに送り、動物たちはお前の戸口で待つだろう

〈新アッシリア・スミス版アトラ・ハシース物語〉八―一〇行

〈箱舟の書板〉五一―五二行はかなり破損しており、一見したところでは解読不能のように見える。この部分は完全に失われていないにしても、表面がかなりすり減ってしまっていたので、解読には高度な技術を駆使する必要があった。拡大鏡を磨き、それを固く固定したまま、摩滅した楔(くさび)のわずかな痕跡を読み取ろうと、照明の下で書板を繰り返し何百回と動かした。その結果、ついに五一行の文字の痕跡が「そして［草原の］野生の獣」と読めることがわかった。

しかし、私が楔形(くさびがた)文字の書板に書かれた困難な文章に挑み続けた四十四年のうちで、最も衝撃的だったことがその次に待ち受けていた。五二行の最初の二文字は完全に残っていたわけではないが、全力で取り

組んだところ、「シャ」と「ナ」であることが判明した。さほど期待せずに『シカゴ・アッシリア大辞典』「Š―1／シャからシャプ」の巻で「シャナ」(*šana-*)で始まる語を調べてみると、「シャナ(*šana*)もしくはシャナー(*šanā*)――副詞。「それぞれ二つ」「二つずつ」の意。古アッシリア時代。シナ(*šina*)参照」とあり、それを見て、私はすんでのところで椅子から転げ落ちるところだった(「古アッシリア時代」は前一九〇〇―一七〇〇年頃。Old Assyrian が「OA」と略される)。

そこに載っていたことをわかりやすく言うと、アッカド語の「シャナ」もしくは「シャナー」という語は数字の「二」を表す「シナ」から派生した「それぞれ二つ」「二つずつ」という意味をもつ副詞ということである。この語は現存の文書の中でもほとんどお目にかかることのない語で、実際のところ、『シカゴ・アッシリア大辞典』が出版された時点では、二例しか見つかっていない。ある商人が「衣類をそれぞれ一枚ずつ、あるいは二枚ずつ(シャナ)取っておき、それをあなたがたに送ろう」という文の中でこの語を使っている。

これほど素晴らしい辞書での説明を見たことはない。

バビロニアの箱舟に乗せられた動物がノアの箱舟の場合と同じく、「二匹ずつやって来た」ことがここではじめて判明した。「二匹ずつ」という発想は紛うことなくバビロニアの伝統の中にあったのである。(2)

これによって、慣れ親しんでいる聖書の物語へとさらに近づくことになる。したがって、〈箱舟の書板〉は次のように読むことができる。

> しかし、草原(ツェール)から野の獣(ナマシュトゥ)が[……]……
> 二匹ずつ……[箱舟に入]った。

この発見によって〈古バビロニア版アトラ・ハシース物語〉の並行箇所を見直す必要が出てきた。そこではまさにこの部分に損傷があり、最初の文字の痕跡だけが残されている。これまでは「x［……］」……を彼は舟に乗せた」と訳され、最初の文字をはっきりと特定する手段がなかった。

意味をなし得ず「x」とだけ記された一文字分の文字の痕跡は非常に重要であった。大英博物館所蔵の書板を見直したところ、左端の楔しか残されていなかったが、その文字の痕跡は「シャ」の文字の一部と見てもよいものだった。

書板の痕跡をそのまま写し取ったもの（*š*[*a*-）と、比較のために同じ書板に書かれた完璧な状態の「シャ」の文字をスケッチして掲載したが（左頁の図）、これを見れば明らかであろう（水平方向の大きな楔の下に平行して小さめの楔が二本刻まれているのがこの文字の最初の部分の特徴である）。つまり、これは *ša*-[*na* の痕跡と言えるのである。その結果、〈古バビロニア版アトラ・ハシース物語〉には〈箱舟の書板〉と同様に「二匹ずつ」という内容が含まれていることがわかり、さらには、すでに言及した〈箱舟の書板〉の大きく破損している部分に書かれている重要な文字の読み方がこの発見によって強化された。〈古バビロニア版アトラ・ハシース物語〉第ii欄三八行に書かれた重要な言葉は次のように復元される。

š[*a-na i-na e-le-ep-pi-im uš*]*-te-ri-ib*
二匹ずつ彼は舟に運び込んだ

そして、〈箱舟の書板〉五二行は以下のように復元される。

「ša-na MÁ! lu-ú x x x x x x x [x x x x]

二匹ずつ舟に［獣は入った……］…［……］……

〈箱舟の書板〉五一―五二行には他にも留意すべき点がある。この箇所には野生の獣しか言及されてい

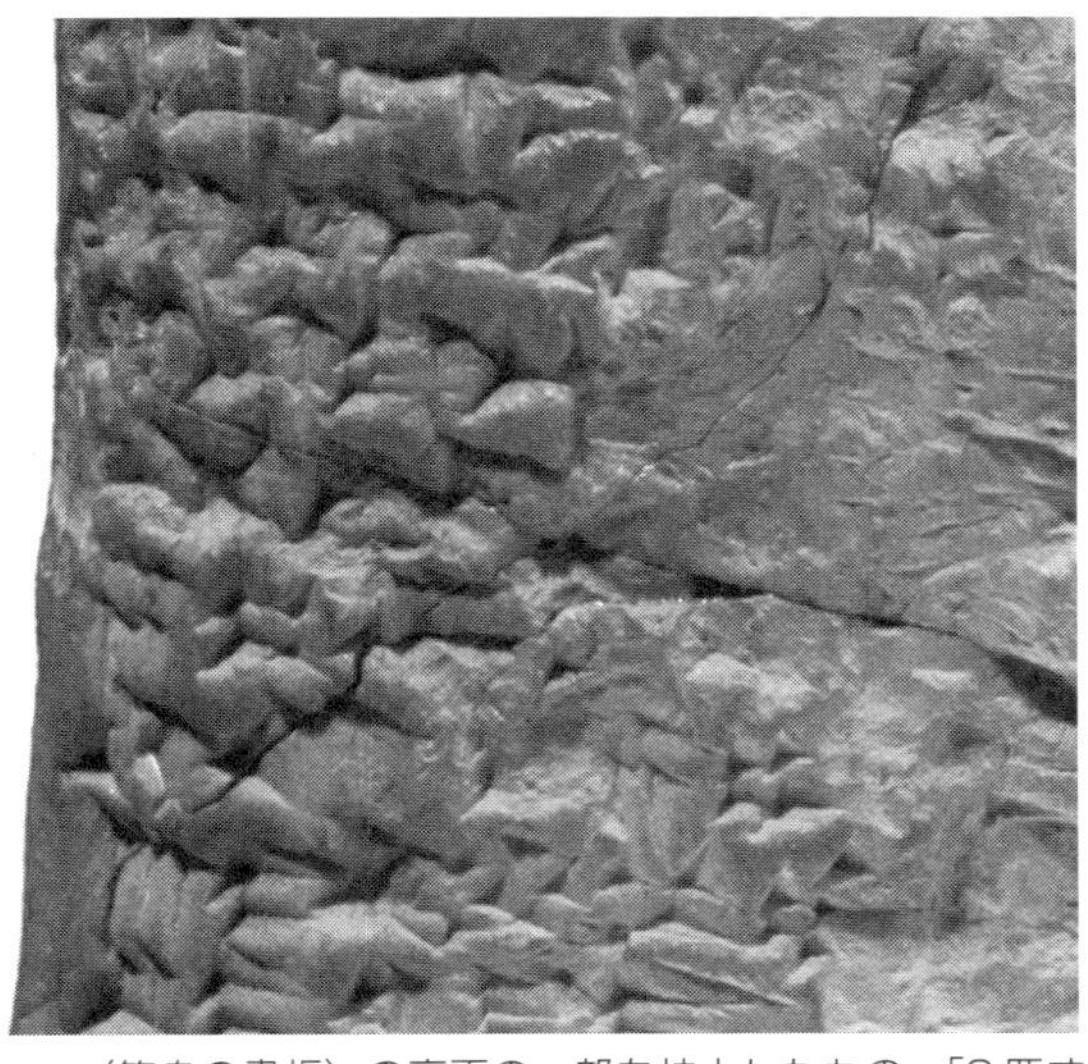

〈箱舟の書板〉の裏面の一部を拡大したもの。「2匹ずつ」の文字が見える。

ša-na（上）、破損した š[a-（左下）、完全な状態の ša（右下）。

ないのである。他の書板が伝える長い方の伝承から考えると、物語の一行が抜けていると仮定するより（特に行数が全部で六十行ちょうどであることを考えれば）、この部分には家畜も含まれているとすんなり理解すべきであろう。家畜を乗せることは言わずもがなのこととみなされていたのだ。そうした動物には食糧になるものがあると考えればなおさらである。五一行は「そして」という語で始まっているが、そう訳すと、前行の四足動物や野生動物とは何の関係もない文章と内容的に直接つながりがあるように読めてしまうので、ここは「しかし」の意味で訳すのがよい。

この次に〈箱舟の書板〉で列挙されている物資については非常に判読が難しい。文章は破損しており、各数字には単位が伴っていない。

私は……ビール（？）五（単位）［……］
彼らは十一か十二の［……］を運んでいた
三（単位）のシクブム（？ *šiqbum*）を私は［……］……。
三分の一（単位）分の飼葉（かいば）……そしてクルディヌ（植物？ *kurdinnu*）を。

〈箱舟の書板〉五三―五六行

これらはおそらく、すべて動物用である。家畜の飼育には希釈したビールが使われることもあるし、このうちの一行、五四行あたりは藁（わら）や敷き藁のことを言っていると考えられる。

〈ギルガメシュ第XI書板〉はこの問題について大きく趣を異にしている。舟ができあがり、そのときがやってくると、ウトナピシュティムは以前に示してあった「あらゆる生き物の種」以外にかなり多くの物を舟に運び込んだ。

［私のもち物をすべて］私は舟に積み込んだ[3]
私は所有する銀すべてを積み込んだ
私は所有する金すべてを積み込んだ
私は所有する生き物の種すべてを、それぞれすべて積み込んだ
私はすべての親類縁者を舟に乗せた
私は四足の家畜（ブール・ツェーリ）、草原の野生の獣（ウマーム・ツェーリ）、あらゆる技術や技能を備えた人々を舟に乗せた……
〈ギルガメシュ第XI書板〉八一―八七行

最初の三項目は「財産を捨てて命を救え」という元々の命令からすると、実に驚くべきことである。箱舟の上で銀や金が必要なのだろうか。重要であったとしても、もっと後ろで言及されるべきではないのか。これでは生き物の救済が脇役になってしまう。さらには、二六行でエア神が命じた「あらゆる生き物の種」という理想が「私が所有するすべて」とされ、任務の規模が縮小してしまっていることにも注目したい。「種（たね）」とは何を意味しているのだろうか。子種をもつ繁殖可能な動物のことだろうか。動物、植物、鳥類、そのすべてを指しているのだろうか。

これは動物について述べている楔形文字の文書のうちで「あらゆる」という言葉が使われている唯一の箇所である。あたかも誰かがウトナピシュティムに「すべての生き物を乗せるのは不可能です。一体どうやって集めるんですか。象と蟻を一緒にするなんて考えられますか。シリアで見た人の赤ん坊を食う巨大

なトカゲも乗せるというのですか」と注進したかのようだ。そうした不都合のゆえか、物語は「ウトナピシュティムの手のうちにあるすべての生き物」を意味するものと解釈し直されている。

さらには、引用六行目の「野生の獣」はその前に言及されている「すべての生き物」に含まれているはずで、付け足しのように見える。これもまた不注意な編集であるように思われる。この二行で家畜と野生の獣を併せたすべての生き物を網羅しようとするのであれば、この二行は対とするべきである。ウトナピシュティムの言葉は、上述した同時代の〈新アッシリア・スミス版〉の断片と比べると、必要以上に詳しい。

こうした点を踏まえると、古バビロニア時代の物語が「命」の保存に重きを置いているのに対し、後代の新アッシリア時代における伝承は「文明」の保存に配慮していると言えるだろう。

簡潔に概略を示すと、以下のようになる。

古バビロニア版	一般的な家畜、鳥、飼育される動物、野生の動物、二［匹ずつ］
中期バビロニア・ニップル版	野生の獣と鳥（現存部分から）
新アッシリア・スミス版	飼育される動物と肉食ではない野生の動物
〈箱舟の書板〉	野生の動物二匹ずつ

古バビロニア版にはおそらく「家畜と野生を問わず、あらゆる生き物」という考えが根底にあるが、はっきりと言われていない。「あらゆる」という言葉を使っているのは〈ギルガメシュ第XI書板〉だけである。〈中期バビロニア版〉におけるエア神の命令には鳥が含まれているが、鳥が舟に乗り込む記述は〈古

バビロニア版アトラ・ハシース物語〉だけにしか見られない。それぞれの版に登場する動物の種類は家畜、野生の動物、肉食ではない野生の動物の三つに大別される。肉食獣を乗せないことは箱舟の方針として確かに賢明だろう。

〈箱舟の書板〉に「二匹ずつ」と書かれ、家畜についての記述がないことは、この書板が驚くべき発見であることを示している。

ノアの箱舟の動物たち

ノアとその箱舟に乗ろうと列をなす動物たちは風刺漫画家の創作意欲を刺激するらしい。箱舟に入って三日後、ノアが妻に「木喰い虫夫妻は除外すべきだった」と悲しそうに話している様子を描いた絵は私のお気に入りのひとつだ。また、海岸に二頭の首の長い恐竜が立ち、地平線に消えていく箱舟を見ながら、「だから出発は木曜日だって言っただろ」と言っている絵も好きだ。

ノアももちろん任務をうまくやってのける。彼もまた指示を受けていた。実はノアの物語には若干異なる二つの版が存在する〔以下、聖書の引用は新共同訳〕。

1　創世記六章一九―二一節
また、すべて命あるもの、すべて肉なるものから、二つずつ箱舟に連れて入り、あなたと共に生き延びるようにしなさい。それらは、雄と雌でなければならない。それぞれの鳥、それぞれの家畜、それぞれの地を這うものが、二つずつあなたのところへ来て、生き延びるようにしなさい。更に、食べられる物はすべてあなたのところに集め、あなたと彼らの食糧としなさい。

ここではあらゆる種の雄と雌を必要な食糧とともに舟に乗せよと命じられており、ここに「箱舟プロジェクト」とでも呼ぶべき任務の本質が詰め込まれている。選ばれたひとつがいが種を保存する役割を担っているとすれば、その動物が食糧とされることはないはずである。つまり、意地の悪い自然の法則をこの期間の間、停止させる必要があり、通常の食物連鎖に連なるあらゆる関連を断つ合意がなされた。しかし、どう考えるにせよ、舟の中のすべての命を見守るというのは、かなりの手腕が船長に要求される難題である。しかし、この簡潔な指示には続きがあった。

2　創世記七章一―三節

主はノアに言われた。「さあ、あなたとあなたの家族は皆、箱舟に入りなさい。この世代の中であなただけは私に従う人だと、私は認めている。あなたは清い動物をすべて七つがいずつ取り、また、清くない動物をすべて一つがいずつ取りなさい。空の鳥も七つがい取りなさい。全地の面（おもて）に子孫が生き続けるように」

ここでは追加して、清い動物が雄・雌六つがい、鳥が動物とは別扱いにされ、全種類について七つがいずつ乗せることになっている。あたかも最初の計画における不都合に気づいて修正したかのようだ。洪水が引いた後、ノアは水の引いた土地でまず清い動物と鳥を捧げ、感謝を示した。それを見越して、修正が行われたのかもしれない。風刺漫画家なら、これはノアの妻による助言と考えるかもしれない。彼女は料理をする立場にあり、数え切れないほどの献立を前もって整えようとしていたことだろう。しかし、結局のところ、これに続く二つの記述からわかるとおり、ノアはあらゆる生き物の雄と雌をひとつがいずつ舟に乗せ、七つがい乗せる案は採用しなかった。

創世記七章八―九節
清い動物も清くない動物も、鳥も地を這うものもすべて、二つずつ箱舟のノアのもとに来た。それは神がノアに命じられたとおりに、雄と雌であった。

創世記七章一三―一六節
まさにこの日、ノアも、息子のセム、ハム、ヤフェト、ノアの妻、この三人の息子の嫁たちも、箱舟に入った。彼らと共にそれぞれの獣、それぞれの家畜、それぞれの地を這うもの、それぞれの鳥、小鳥や翼のあるものすべて、命の霊をもつ肉なるものは、二つずつノアのもとに来て箱舟に入った。神が命じられたとおりに、すべて肉なるものの雄と雌とが来た。主は、ノアの後ろで戸を閉ざされた。

この箇所を読み返したとき、私は地上のすべての動物の命を未来に繋げるという重大な問題の重さにじっと耐え続けているノアが相矛盾する指示に直面しなければならなかったという異常さを思った。ノアはどうすべきだったのだろうか。この揺らぎは説明がつくようなものなのだろうか。

実のところ、この異なる二つの指示それぞれの特性はヘブライ語テクストがもつ内的な歴史から理解されるべきものである。ヘブライ語聖書の多くの文章に言えることだが、現在のヘブライ語テクストの用語法を丁寧に検討すると、ひとつの段落あるいは文章はその背後に異なる系統のテクストが織り合わさって紡ぎ出されたものであることがわかる。聖書のヘブライ語テクストに対するこうした研究方法は文書仮説〔あるいは資料説〕として知られ、聖書研究の一分野として長い伝統をもち、一般に問題ある研究方法とは見られていない。この説ではヘブライ語聖書のテクストの背後には、主に神名の用い方を根拠として四つの主な資料があるとされている。この研究方法を採る神学者たちはこうした資料のことをそれぞれ〈ヤハウィスト資料〉（略号「J」）、「エロヒスト資料」（略号「E」）、「申命記的資料」（略号「D」）、〈祭司文書〉（略号「P」）と呼んでいる。ここでは試みに洪水物語、特に動物に関する文章の背後にある資料を分析してみることにしよう。[4] 創世記六章から八章は〈ヤハウィスト資料〉と〈祭司文書〉の二つの資料から構成されており、〈ヤハウィスト資料〉の方がかなり短い。

〈ヤハウィスト資料〉最初の段落（創世記七章一―三節）

主はノアに言われた。「さあ、あなたとあなたの家族は皆、箱舟に入りなさい。この世代の中であなただけは私に従う人だと、私は認めている。あなたは清い動物をすべて七つがいずつ取り、また、清くない動物をすべて一つがいずつ取りなさい。空の鳥も七つがいずつ取りなさい。全地の面に子孫が生き続けるように……」

〈ヤハウィスト資料〉二番目の段落（創世記七章七―九節）

ノアは妻子や嫁たちと共に洪水を免れようと箱舟に入った。清い動物も清くない動物も、鳥も地を這うものもすべて、二つずつ箱舟のノアのもとに来た。それは神がノアに命じられたとおりに、雄と雌であった。

〈祭司文書〉最初の段落（創世記六章一八―二二節）

あなたは妻子や嫁たちと共に箱舟に入りなさい。また、すべて命あるもの、すべて肉なるものから、二つずつ箱舟に連れて入り、あなたと共に生き延びるようにしなさい。それらは、雄と雌でなければならない。それぞれの鳥、それぞれの家畜、それぞれの地を這うものが、二つずつあなたのところへ来て、生き延びるようにしなさい。更に、食べられる物はすべてあなたのところに集め、あなたと彼らの食糧としなさい」。ノアは、すべて神が命じられたとおりに果たした。

〈祭司文書〉二番目の段落（創世記七章一三―一六節）

まさにこの日、ノアも、息子のセム、ハム、ヤフェト、ノアの妻、この三人の息子の嫁たちも、箱舟に入った。彼らと共にそれぞれの獣、それぞれの家畜、それぞれの地を這うもの、それぞれの鳥、小鳥や翼のあるものすべて、命の霊をもつ肉なるものは、二つずつノアのもとに来て箱舟に入った。神が命じられたとおりに、すべて肉なるものの雄と雌とが来た。主は、ノアの後ろで戸を閉ざされた。

こうしてみると、「動物七つがい」という情報は〈ヤハウィスト資料〉の最初の段落にしかなく、第二段落ではすでに退けられ、〈祭司文書〉では一切触れられていないことがわかる（この点については第10章で、創世記の洪水物語を楔形文字書板の伝承とまとめて比較するときに再び取り上げる）。内容や表現において異なる伝承を融合しようとする人間の手が加わっているのだ。ここではそれを間違えようもない形で目にすることができる。そして、動物の数に関する異なる伝承に直面した編集者は、このような重要な点について自分の一存で決定することができないと思い、両方とも残したのだろう。

『コーラン』では一一章四〇節と二三章二七節の「すべての種をつがいで舟に乗せなさい」に明らかなように、ノア（ヌーフ）はそれぞれの種からひとつがいずつ舟に乗せている。

このように、聖書と『コーラン』で、ノアはすべての鳥、動物、昆虫から二匹ずつ、それぞれ雄と雌を集める責任を負わされていた。これはどう考えても無理難題であろう。「すべて」とか「あらゆるもの」というものはどんどん増えていくものであり、デイヴィッド・アッテンボロー卿〔動植物に関するドキュメンタリー番組を各国で製作〕のおかげで、今日の人は皆、「すべて」という言葉が具体的に何を意味するか、多少なりとも察することができる。実際、統計上の数値には唖然とさせられる。[5] 知られている限りでは動物は約百二十五万種いる。そこには百十九万二百種の無脊椎動物が含まれ、そのうちの九十五万種が昆虫、七万種が軟体動物、四万種が甲殻類、その他が十三万二百種である。特定されている脊椎動物は約五万八千八百種で、そのうち二万九千三百種が魚、五千七百四十三種が両生類、八千二百四十種が爬虫類、九千八百種が鳥、哺乳類が五千四百十六種である。参考までに、植物は約三十万種が知られている。

それゆえ、ノアのすべきことに問題が待ち構えていることは難なく想像できる。舟の上では息もできず、体の大きなものは小さなものを踏み潰し、とりわけ暗闇の中では肉食獣を長く抑えておくことなどまず不可能だ。そもそも、重さに耐えかねて、舟は沈んでしまうだろう。地上の生き物すべてを一処に集めるなどということは不可能なのだが、心強い逃げ道がひとつだけある。ヘブライ語の洪水伝承は先行するシュメールやバビロニアの伝承と同じく、動物の範囲をその土地に生息する種と想定していた可能性があるのだ。そうすれば、すべての動物、鳥、虫という表現は単に「馴染みのある生き物すべて」を指していることになる。そう考えると、サイ、ホッキョクグマ、キリンなど、地上で最も大きく、最も危険で、共存に向いていない動物の多くは無数にいる微小な生物と同様、彼らにとって未知の存在であり、全く関わりがなかったことになる。中東には鳥、虫、哺乳類、爬虫類の品種は、現在もそうだが過去にも、想像を絶するような数は生息していなかった。さらに、魚や鯨などの収容に頭を悩ます必要もなかった。水の生物は水の中にいればよいのだ。こう考えると、最終的には、箱舟の目的は大なり小なり実行可能であるように思えてくる。

そこで、バビロニアと聖書の洪水物語に関わるすべての動物のことをここで考察し、舟の渡し板の上で用いる乗船リストのようなものを作成してみよう。

「アトラ・ハシース物語」の動物のすべて

「アトラ・ハシース物語」の動物大行進については、あらゆる生き物を表す言葉が何章にもわたって列挙されている楔形文字の貴重な辞書があるおかげで、それを把握することはさほど難しいことではない。楔形文字の図書館員たちはその〝素晴らしい辞書〟を「ウラ＝フブル」という陰鬱な響きの古い名で呼んだ。なぜ陰鬱かというと、この辞書の最初の章では法律や商売に関する専門用語が扱われており、その最初の語がシュメール語の「ウラ」（*urra*）とアッカド語の「フブル」（*hubullu*）で、ともに「利息付きの貸付」を意味しているからである。この辞書には「家畜」の章（ウラ第XIII書板）、「鳥・魚」の章（同第XIV書板〉、「野生の動物」の章〈同第XVIII書板〉があり、それぞれについて知られている語がすべて扱われている。そうした内容はすべて非常に大きく、重い粘土書板に書かれているが、学校での演習用書板――〈箱舟の書板〉の製作者も学生の頃に親しんだであろう――の多くはこうした博物学的資料から数行を抜き出して書き写すことが毎日の訓練であったことを示している。少なくとも〈箱舟の書板〉の時代にまでは遡る古い一覧表では、まずシュメール語の単語が示されている。それより千年ほど時代が下ったニネヴェのアッシュルバニパル王の図書館員たちは全章がほぼ完璧に筆写され、すべてがアッカド語に訳された二言語並記の「ウラ＝フブル」を所有していた。その結果、すでに滅びた二つの言語で古代メソポタミアに生息していた鳥、獣、地を這うものの名を今日においても知ることができるわけだ。言い換えれば、尊敬すべきバビロニアの〝ノア〟が名簿で動物たちをチェックしていたとしたら、そこに書かれていた動物のすべてを知ることができるのである。[6]

〈ウラ第XIII書板〉には羊、山羊などの基本的な家畜が挙げられており、そこから二つがい、もしくは七つがいを選び出すことは容易なことだっただろう。例えば、古バビロニア時代の羊の欄には八十四の項目があり、以下はその最後の部分である。

> 肥えた羊、高品質の肥えた羊、ナイフで毛を刈られた肥えた羊、雄の羊、繁殖用の雄の羊、牧草で育てられた羊……肺が潰れた羊、皮膚病で毛が抜けた羊、臀部に関節炎がある羊、下痢をしている羊、頭突き癖のある羊……

〈ウラ第XIV書板〉はその他すべての動物を大小関係なく取り上げている。この一覧表の構成は一貫しており、見出し語の頭の部分がシュメール語に基づいていて、辞書内の〃ハイパーリンク〃の役割を果たしている。例えば、シュメール語の「UR」の文字はアッカド語では「カルブ」（*kalbu*）と読み、「犬」を意味するが、(7) それを行頭に置いて、犬や犬に似たものを意味する語がずらりと並ぶ。

ここで〈ウラ書板〉の動物を一覧で示してみるのも面白いだろう。今日、そうした単語を訳出できるのは何人もの優れた楔形文字の研究家が何十年もかけて、山のような文献に献身的に当たったおかげである。その中心にいたシカゴ大学のアッシリア学者ベノ・ランズベルガーはそうした古代の辞書をすべて、現代の『シカゴ・アッシリア大辞典』としてまとめ上げた。語と実際の動物がほぼ合っているものもあれば、伝統的にそう理解されているという程度のものもある。しかし、まとめられた古代の動物を一覧としてまとめたものからは全体として信頼できるという印象を受ける。

アトラ・ハシースの動物

次頁の表に挙げる動物の名はほぼ〈ウラ第XIV書板〉の順に並んでいるが、アトラ・ハシースの役割に鑑みて、同種の動物の雌と雄は例外的に一緒にまとめた。「○種」として数を挙げているものにはシュメール語での名称や生息地、色、気質の違いも含めての数である。また、神話上の架空の動物が挙げられていることもあれば、現代では別種と見なされているものが語彙の区分では一緒にされている場合もある。

アトラ・ハシースはおそらく水生昆虫のミズムシ（*ēsid pān mê.* 優雅にも「水面を刈る者」という意味）などの一般的な昆虫は見分けていただろう。辞書編纂者によれば、主に人間、雌ライオン、オオカミ、雄牛などを刺し、水、石、蜂蜜、バター、きゅうりなどに集る（たか）とされる八種の迷惑なハエ（アブ）については、もしアトラ・ハシースの立場に立てば、箱舟の中に席を用意すべきか、一度ならず考えるに違いない。ま

ヘビ（ṣēru 四十四種）
カメ（šeleppû 三種類）と子ガメ
ウナギ（kuppû）
齧歯類（asqūdu）
野生の雄牛（rīmu 二種）、野生の雌牛（rīmtu 二種）
ゾウ（pīlu 二種）
ラクダ、ヒトコブラクダ（ibilu 二種）
乳牛（littu 二種）
イヌ（kalbu 十九種）、雌イヌ（kalbatu）
ライオン（nēšu, labbu, girru 二十種）、雌ライオン（nēštu 七種）
オオカミ（barbaru; parrisu）
トラ／チーター（mindinu）
ヒョウ（dumāmu）
アナグマ（kalab urṣi）
ハイエナ（būṣu 二種）
キツネ（šēlebu）
ネコ（šurānu）
ヤマネコ（murašû）
カラカル（zirqatu）
オオヤマネコ（azaru）
コブウシ（?）（apsasû）、雌のコブウシ（?）（apsasītu）
サル（pagû）と雌ザル（pagītu）
クマ（asu）

雄牛（lîʾu）
ヒョウ（nimru）
ワシ（erû 五種）
ジャッカル（zību 三種）
野生のヒツジ（bibbu; atūdu）
野生の雄ヒツジ（sappāru）
バイソン（ditānu; kusarikku 二種）
アカシカ（lulīmu）
雌のシカ（ayyālu 二種）
シロイワヤギ（turāḫu）
ノロジカ（nayyālu 二種）
ガゼル（ṣabītu 二種と子どもの ḫuzālu）
雄ジカ（daššu）
野ウサギ（arnabu）と雌の野ウサギ（arnabtu）
クマ（dabû）と雌のクマ（dabītu）
ブタ（šaḫû 二十三種）
雌ブタ（šaḫītu 五種）、子ブタ（kurkizannu）
イノシシ（šaḫ api）
「ブルマーム」（burmāmu 何を指すか不明 三種）
ヤマネ（arrabu; ušummu）
「ピアズ」（piazu 小型の齧歯類 三種）
マングース（šikkû 二種。puṣuddu; kāṣiru）
ネズミ（humṣīru; pērūrūtu）

ヤマネ（arrabu）、「イシュカリス」（iškarissu 齧歯類）
「クルシス」（kurusissu 齧歯類）
野ネズミ（harriru）、aštakissu（齧歯類）
トガリネズミ（ḫulû 二種）
トビネズミ（akbaru）
「アスクドゥ」（asqudu 齧歯類 三種）
カワウソ（tarpašu）
テン（šakadirru）
カメレオン（ḫurbabillu; ayyar-ili 四種）
トカゲ（anduḫallatu 二種、ṣurārû 五種）
カメ（raqqu, usābu）
カニ（kušû 二種、alluttu 二種）
バッタ／イナゴ（erbu 三種、irgilum; irgizum; 大型 ṣinnarabu; 中型 ḫilammu; 小型 zīru; 超小型 zerzerru）
コオロギ（ṣāṣiru 三種、ṣarṣaru）
カマキリ（šāʾilu 二種、sikdu; adudillu）
「ララルトゥ」（lallartu 虫 三種）、「イシド・ブカヌ」（išid-bukannu 虫）
頭ジラミ（uplu）
シラミ（nābu）
「カルマトゥ」（kalmatu 虫 十三種）
「シーフ」（šīḫu 虫）
ノミ（peršaʾu）
ゾウムシ（talʾašu）

- シロアリ（*bušṭītu* 五種）
- 蛾（*ašāšu; sāsu* 七種、*miqqānu* 三種、*mēqiqānu*）
- ナンキンムシ（*ibḫu*）
- イモムシ（*tūltu* 四種、*urbatu* 四種）
- ミミズ（*iššippu*）
- 地虫（*mubattiru*）
- イモムシ／幼虫（*munu* 八種、*nappilu* 五種、*ākilu* 五種、*upinzir* 三種、*nāpû*）
- 「シャスール」（*šassūru* 虫 三種）
- チョウ（*kurṣiptu* 三種、*kurmittu* 三種、*turzu*）
- シラミの幼虫（*nēbu*）

- ハエ（*zumbu* 九種）
- ウマバエ（*lamṣatu*）
- コバエ（*baqqu* 三種）
- 蚊（*zaqqītu*）
- ブヨ（*ašturru* 二種）
- カリバチ（*kuzāzu*「ブーっと飛ぶ虫」、*hāmītu*「ブンブンいう虫」、*nambubtu*）
- ミズムシ（水生昆虫）（*ēṣid pān mê*）
- ムカデ（*ḫallulāya* 二種）
- クモ（*ettūtu* 四種、*anzūzu; lummû*）
- クラゲ（*ḫammu* 四種）
- 「ムール・メー」（*mūr mê* 虫）
- 「ウミ・メー」（*ummi mê* 水生昆虫）

- トンボ（*kulilītu; kallat-Shamash* 四種）
- アリ（*kulbabu* 八種）
- サソリ（*zuqaqīpu* 十一種）
- ヤモリ（*pizalluru* 三種）
- トカゲ（*humbibittu*）
- カエル（*muṣa''irānu*）
- ヒキガエル／カエル（*kitturu* 七種）

た、アトラ・ハシースに分別があれば、蚊も除外しただろう。

ノアの動物たち

今日ではノアの箱舟に乗せられた動物についての問題は、もはや科学的探求の重要課題ではないが、かつてはユストゥス・リプシウス（一五四七―一六〇六年）などの真面目な学者や、偉大な博識家アトナシウス・キルヒャー（一六〇一年頃―一六八〇年）がそれについて考察を重ねた時代があった。それはちょうど博物学的な知識が増えつつあった時代であった。キルヒャーは〈箱舟の書板〉とその内容に大いに興味をそそられたに違いない。その燃えるような科学への好奇心は信仰上の信念によって妨げられることはな

偉大なるアトナシウス・キルヒャーの肖像。

く、〈箱舟の書板〉の内容も一六七五年に出版された『ノアの箱舟』という素晴らしい著作の中で詳しく取り上げられていたことだろう。当時、キルヒャーは〝百科に通じる者〟として名高く、ノアの箱舟についての素晴らしい著作には、作業場で建造される箱舟を描いた挿絵や、動物が割り当てどおりに整然と収容されている様子を完成した舟の断面図の中に描いた図版などが数多く掲載されている。

キルヒャーの分類によれば、箱舟に乗せる動物は五十つがいだけで、箱舟の部屋割りはさほど困難ではないとされた。キルヒャーが展開した説は興味深い。ノアは当時存在していたすべての動物を救ったのであり、後にこの世に膨大な種類の生き物が誕生したのは洪水後の環境への適応や、箱舟によって救われた動物の間で異種交配が行われた結果であるというのだ。例えば、キリンは洪水の後にラクダとヒョウから生まれたとされている。キルヒャーはまた、エジプトのヒエログリフ解読にも真剣に取り組んだ。今日では三巻からなる彼の大著に信を置く者はいないが、一六三三年にコプト語を学び、現存するコプト語は古代エジプト語の最終段階であると――正しく――主張したのは彼が最初であった。『バベルの塔』というもう一冊の見事な著作にはアッシリア学の萌芽が見られ、読み出したらやめられなくなるほどのものであることを考えると、キルヒャーは楔形文字にも喜びを見出したはずだ。

キルヒャーによるノアの箱舟建造の様子。

ノアの箱舟に乗せられた動物については、ヘブライ語聖書の中から動物を示す単語を集めることで、それがどの程度の規模だったのかを見てみることにしよう。この作業はアッカド語の書板から動物の名を集めるのと同じくらい困難である。言葉の意味は時を経るにつれて確実に変化するし、聖書で動物を表す語の多くは登場する頻度が非常に少ないので、そうした語を特定する作業は多くの場合、他の言語の古い訳か、語源に頼らざるを得ない。ここではノアが用いたかもしれない動物の一覧表を見てみるだけなので、こうした問題を長く論じる必要はない。聖書に登場する生き物は以下のとおりである。

家畜――ウマ、ロバ、ラバ、ブタ、ヒトコブラクダ、畜牛、水牛、ヤギ、ヒツジ、イヌ、ネコ。

野生の動物――コウモリ、ハリネズミ(?)、ジャッカルとキツネ、クマ、ハイエナ、ライオン、ヒョウ、イワダヌキ、ノロバ、イノシシ、アカシカ、ダマジカ、ノロジカ、野生の雄

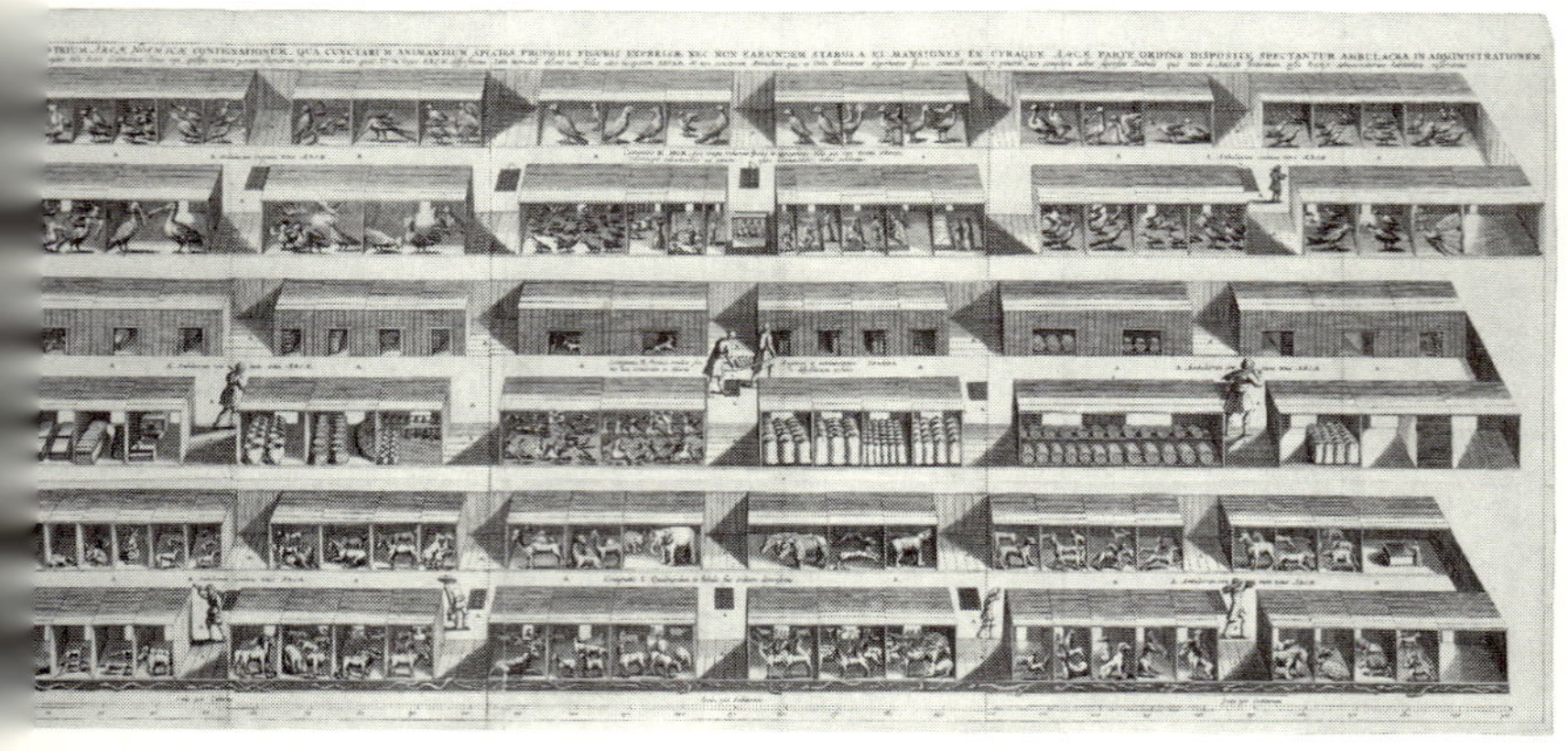

キルヒャーは動物たちはこのように収容されたと考えていた。

牛、ガゼル、アイベックス、アンテロープ、野ウサギ、メクラネズミ、ネズミ、ゾウ（輸入された）、サル、クジャクもしくはオウム。

鳥——ワシ、ハゲワシ、タカ、様々な種類のフクロウ、ダチョウ（？）、ツバメもしくはスズメ、サギ、コウノトリ、ウ、ツル、カワラバト、キジバト、ガチョウ、家禽、ヤマウズラ、ウズラ。

爬虫類——様々な種類のトカゲ、カエル（また、何種類かのよくわからない怪物や竜）。

無脊椎動物——マムシ、クサリヘビ（もしくは他のヘビ）、サソリ、ヒル。

虫——シラミ、バッタやイナゴ、アリ、カリバチ、ミツバチ、ガ、ノミ、ハエ、ブヨ、クモ。

こうみると、ノアにとって神からの提案はそれほど困難なものではなかったかもしれない。数本の縄と丈夫なネットと蜂蜜、そして、忍耐が十分にあれば……。

洪水はバビロニアの伝承では七日七晩であったが、聖書では四十日四十夜続いたと考えられている。地上からすべての生き物を抹消するには十分であろう。エンキ神はアトラ・ハシースに大洪水がどのくらい続くのか告げていたのだろうか。これについては、粘土書板には何の手がかりもない。

〈箱舟の書板〉によれば、舟づくり作業が終わり、箱舟が荷を積み込める状態になったとき、アトラ・ハシースは疲れ切っていると言いながらも、とりあえずは喜んだ。

> 私は喜びの……身を横たえる（?）。
> 私の親類縁者は……舟に［乗り込んだ］。
> 喜びの……私の親類たち……
> そして、門番は……と……ともに……
> 彼らは思う存分食べて飲んだ。
>
> 〈箱舟の書板〉三四―三八行

さて、実際には誰が舟に乗り込んだのだろうか。「親類縁者」（アッカド語では「キムトゥ」*kimtu* と「サラートゥ」*salātu*）は直接の家族――アトラ・ハシース夫妻、名はわからないが、その息子たちとその妻たち――と、婚姻によって親戚になった者、すなわち息子の妻の家族を意味する。この語からでは合計人数はわからない。〈古バビロニア版アトラ・ハシース物語〉では、舟をつくった人々と、舟に乗り込んだ家族（キムトゥ）は明確に分けられている。

> ……］彼は使用人を招いた
> ……］宴会に

……」……彼は家族を舟に送り、彼らは思う存分食べて飲んだ。

〈古バビロニア版アトラ・ハシース物語〉四〇―四三行

「彼らは思う存分食べて飲んだ」というこの一節は両方の〈古バビロニア版〉洪水物語に一字一句違わずに用いられている。逐語的に訳すと、「食べる者は食べ、飲む者は飲む」で、この微妙な意味合いを正確に捉えることは難しい。[8] これと似たアッカド語の表現で「見る者は見、聞く者は聞く」という言い回しを占い師が用いている。どちらも人口に膾炙した格言、言い習わしといった響きがある。

〈ギルガメシュ第XI書板〉では、働き手たちは作業の間中、まさに油を塗る日の前日まで、すでによい待遇を受けており、改めて宴会を開く必要はなかった。

働き手のために私は雄牛を屠(ほふ)った
私は毎日、羊を殺した。
ビール、エール、油、ぶどう酒を
［私は］働き手に［飲むために］与えた。川の水の如くに。
彼らは新年祭の日のように浮かれ騒いでいた。

〈ギルガメシュ第XI書板〉七一―七五行

乗船する人々については、後で言及されるが、彼らのための宴会は開かれていない。また、甲板の船室にはウトナピシュティムの近親者や親しい者以外の人も収容されることになっている。

私はすべての親類縁者を舟に乗せた。
私は……あらゆる技術や技能を備えた人々を舟に乗せた。

〈ギルガメシュ第XI書板〉八五―八六行

前一〇〇〇年紀のウトナピシュティムは、洪水後の世界で自分や家族が困ることがないように、あらかじめ技術者を乗船させているのだ。同じことが〈新アッシリア・スミス版〉にも言及されている。

そこに［送りなさい］……
［お前の妻］、お前の親類、お前の縁者、そして技能に秀でた働き手を。

進水後に必要になるはずのことを考えると、浸水に対処するのに必要な技術者であるはずの船大工プズル・エンリルが乗船者の中に含まれていないのは興味深い。この「技能に秀でた働き手」はすべて動物の扱いに慣れている者たちで、少なくともそのうちひとりは（望ましくは）獣医[9]であろう。

ヘブライ語聖書の伝承では舟に乗るのはノアとその直接の家族だけであった。

私はあなたと契約を立てる。あなたは妻子や嫁たちと共に箱舟に入りなさい。

創世記六章一八節

ノア夫妻とセム、ハム、ヤフェトとそれぞれの妻――舟に乗るのはこれだけである。つまり、八人ということであった。

『コーラン』では、ヌーフ（ノア）自身の息子でさえ、数少ない信者たちが乗る箱舟に乗り込んでいない。

われは言った。

「……すでに宣告が下された者以外のお前の家族、それに信じた者たちをその箱舟に乗せよ」

だが、ヌーフとともに信じた者はほとんどいなかった。ヌーフは言った。

「箱舟に乗れ。この舟は神（アラー）の御名において、航行し、停泊する。わが神は誠に寛容にして慈悲深くあられる」

箱舟はかれらを乗せ、山のような波の上を進み出した。ヌーフは後に残っていた息子に叫んだ。

「息子よ、私と一緒に乗れ。不信者たちと一緒にいてはならない」

しかし、息子は答えた。

「山の上で水から逃れられるところを探します」

一一章四〇―四三節

〈古バビロニア版〉の物語では、〈箱舟の書板〉のおかげで以前はわからなかった箇所のことがわかるようになり、苦難の僕（しもべ）としての人間アトラ・ハシースの姿を目にすることができるようになった。舟づくりという日ごとの気忙（ぜわ）しい作業が終わると、アトラ・ハシースは現実と向き合わなければならなくなる。家族は無邪気にお祝い気分でいる。アトラ・ハシースだけが知っている間近に迫った運命には気づかず、目前に迫った旅を楽しみか冒険のように考えているのだろうが、まもなく友人も隣人も他のすべての生き物もろとも滅びようとしているのだ。すぐに全員溺れ死ぬと知りつつ、この大事業のために働いてくれた「使用人」のために宴会が開かれる。アトラ・ハシースの心には重荷が重くのしかかり、それは耐え難いほどになっていた。全員が乗船したときの様子を〈古バビロニア版アトラ・ハシース物語〉でイメージしてみよう。月はすでに姿を消しており、それが何を意味しているのかアトラ・ハシースにはわかっている。しかし、主人公の彼は次のようなありさまだった。

彼は出たり入ったりを繰り返した。座ることも、横たわることもできなかった。
胸は張り裂けんばかりで、胃液を吐き続けていたからだ。

〈古バビロニア版アトラ・ハシース物語〉四五―四七行

〈箱舟の書板〉はさらにこの情景を詩的に描いているが、残念ながら、その部分は破損している。アトラ・ハシースは大災害を防ごうと、手遅れにならないうちに月の神に祈り、執り成しを求める。

私はといえば、私の心に言うべき言葉はなく、
私の心［……］
私の［……］
私の……の……
私の唇の……
……私は眠れなかった。

私は屋根に上り、我が主である月の神シンに祈［った］。
「私の悲嘆（？）を消し去ってください。［どうか姿を隠］さないでください。
暗闇……
私の……に
シンはその玉［座か］ら全滅を誓［った］
そして、［（来たるべき）］暗黒の［日］の荒廃を。

〈箱舟の書板〉三九―五〇行

この背後に、大洪水は「新月」に起こると記す〈古バビロニア・シェーエン版〉があるのは明らかである。

神々が全滅を命じた
エンリルが人々に行おうとしている無情な行いを。
その集まりで「新月の日までに実行しよう」と言って、洪水を命じた。

〈古バビロニア・シェーエン版〉一一―一二行

アトラ・ハシースは、月の神が同情して、いつものように姿を隠さなければ、新月にはならず、運命の日も訪れないと考えたのである。

〈古バビロニア版アトラ・ハシース物語〉では、エンキ神は洪水の進行予定も明言している。

彼は水時計を開き、それを満たした。
彼はアトラ・ハシースに、洪水は七日目の夜に起こると告げた。

〈古バビロニア版アトラ・ハシース物語〉三六―三七行

月が隠れるのは月の二十九日か三十日なので、苦悩するアトラ・ハシースがそのような思惑を抱いて最後の最後に祈ったのだとすれば、それは月の二十八日の夜だったはずである。すると、箱舟建造のことでエンキ神と会話した日はその月の二十二日か二十三日なので、箱舟建造には六日の猶予があったことになる。〈ギルガメシュ第XI書板〉でもこの作業日程は同じで、巨大な舟は五日目までに組み立てられ、油を塗る作業などは六日目に行われた。そして、七日目に洪水が起こる。〈新アッシリア・スミス版〉では、アトラ・ハシースは単に「私は知らせる定められたときに［注意せよ］」と告げられただけであった。

アトラ・ハシースと比較して、〈ギルガメシュ第XI書板〉のウトナピシュティムには個性がない。指示を受けた後、エア神から「わが主である神とともに住むために地下の水アプスーに赴く」というつくり話を与えられ、他のバビロニア人にそう話すよう命じられる。鳥や魚やパンや小麦がともに降る象徴的な大雨がその兆しということになっていた。箱舟の作業が完了し、すべてが舟に積み込まれると、ウトナピシュティムは太陽神シャマシュが期限を定めたのだと明かし、豪雨が降り注ぐときこそが大洪水の日になると告げる。ウトナピシュティムはここで哀れを感じるようなことは全くなく、個人的な苦しみは一切見られない。兆しとなる雨を伴うという文学的挿話はバビロニア人にとっては多くの意味がこめられたものなのだが、[10]〈古バビロニア版アトラ・ハシース物語〉におけるもっと簡単な文から発展したもので、そこでは以下のように簡潔な約束がされている。

私はここにいるお前たちの上に
多くの鳥やおびただしい魚を雨のように降らせる

〈古バビロニア版アトラ・ハシース物語〉第iii欄三四―三五行

これについて〈箱舟の書板〉に言及はない。

ついでながら、〈古バビロニア版アトラ・ハシース物語〉の「水時計」を表す「マルタクトゥ」(*maltaktu*)という語は「試みる」という動詞「ラタークゥ」(*latāku*)に由来する。「ピチョン、ピチョン」と絶え間なく時を刻む水時計の音は、この後に待ち受けている運命を思うと、アトラ・ハシースには不要なストレスを与えるものだったのではないかと思わずにはいられない。

第10章　バビロンと聖書の大洪水

わたしが考え出すことのできた
最上の定義によれば
人類は
はっきりと二種類に分けられる
借りる者と貸す者だ
――チャールズ・ラム

大英博物館の楔形(くさびがた)文字研究者としての生活が始まった一九七九年九月二日のあの素晴らしい瞬間以来、私は粘土書板のことや、そこに書かれている内容について、数え切れないほどの公開講座を行い、ジョージ・スミスの「洪水書板」を前にして、それが創世記の物語と非常に似ていると強調してきた。その都度、私は寛容なる聴衆に対して、家に帰ったら二つの記述を一文一文読んで比べることを熱心に勧めてきた。その勧めの餌食となった人のうちで、実際にそれを実行した人がいるかどうかはわからないが、この本の読者にはもはやそうした勧めの必要はないだろう。今や、両者を比較し、その結果を明らかにすることは、不可避とは言わないまでも、喫緊の課題となっているからである。

すでにここまでに古代メソポタミアの洪水物語に関して二千年以上にわたる文献を検討し、この物語がメソポタミア文化に深く根ざしていたものであることを示してきた。十九世紀におけるジョージ・スミスの輝かしい発見以来、創世記の物語と前七世紀の〈ギルガメシュ第XI書板〉の間には強い結びつきがあることはよく知られている。それと同時に、現存の楔形文字による洪水物語のうちで最古のものは、「アトラ・ハシース物語」で知られているように、少なくとも前十八世紀にまで遡り、楔形文字での伝承が聖書の記述よりも遥かに古いことも広く認識されている。ここで次に取り組むべき課題は二つある。ひとつはヘブライ語のテクストが楔形文字による洪水伝承に依拠していることを示すことである。もうひとつは、依拠していることが確かであるとして、どのように伝承がバビロニアの楔形文字から聖書のヘブライ語へと伝えられたのかを明らかにすることである。

新しい驚きに満ちた〈箱舟の書板〉はこの研究を飛躍させるきっかけにはなったが、これひとつによってすべてのことが支持されるわけではない。六十行からなるこの書板は洪水の直前で終わっており、楔形文字とヘブライ語の記述の間にある関係を見極めるには、物語の最初から最後まで目を通す必要がある。今までに知られている〝ギルガメシュ以前〟の他の洪水物語についてはここまでに何度も扱ってきたが、そこには物語全体や重要な部分がすべて含まれているわけではなく、洪水の告知や、箱舟建造の記述が部分的に残されているだけである。つまり、バビロニアと聖書の伝承を比較する作業は両者の関係に最初に気づいたスミスの時代と同じように、〈ギルガメシュ第XI書板〉に大きく依存しているのである。

そこでここでは、可能な限り他の洪水物語からの情報で補いながら『ギルガメシュ叙事詩』の洪水物語〈第XI書板八―一六七行〉を要約し、それが実際にはどのように創世記と一致しているのかを検討していく。それゆえ、ここでは創世記の物語が今日知られているアッシリア時代の『ギルガメシュ叙事詩』から訳された、もしくは直接由来していると主張しようとしているのではない。両者の比較により、題材や発想の点で両者の間に強い結びつきがあることが明確になり、〈ギルガメシュ第XI書板〉と同一ではないけれども深く関わりのある古い楔形文字の洪水物語が聖書の文章の中に反映されていることが確認されるだろう。

すでに第9章において鳥と動物の関連で見たように、文書資料説によれば、創世記のヘブライ語テクストは文学的に複数の構成要素から成り立っていると見ることができるが、この方法は楔形文字の記述とヘブライ語テクストの関係の評価でもやはり有効である。ここでは創世記の文章を引用するとき、その背後にある〈ヤハウィスト資料〉および〈祭司文書〉がそれぞれ提示する伝承を別々に考察していく。

こうした比較がされるのは初めてではないが[1]、ここで新たに提示される資料に基づいて改めて見直す必要があろう。この本の文脈で言えば、以下の九項目が楔形文字の記述とヘブライ語の伝承の繋がりについての重要な問題を示しているように思う。

1　なぜ洪水が起きるのか。主人公は何者なのか

〈ギルガメシュ第XI書板〉には洪水が起こされる理由は書かれていない。ウトナピシュティムはギルガメシュに有力な神々が決定したことを伝えただけで、その動機――それがわれわれの一番の関心事だが――は全く問題にされていない。ウトナピシュティムは伝統的には王とされているが、私にはそうは思え

ない。彼の道徳心や資質はそこから読み取ることができないからである（八―一八行）。大洪水は「アトラ・ハシース物語」では、増えすぎて我慢できないほどの喧騒を撒き散らす人間を神々が滅ぼそうとした三度目の試みであることはわかっているが、そこからもやはり主人公の適性や資質はほとんど読み取ることはできない。

それとは対照的に、創世記六章では、大洪水は人間の罪ある行いに対する罰であり、ラメクの子ノアは正しく完全な人間であったから救済者として選ばれたと明確に述べられている。この点は〈ヤハウィスト資料〉でも〈祭司文書〉でも明らかである。

バビロニアの物語がヘブライ語聖書に移植されたことは確かだが、バビロニアの物語の筋とユダにおけるその再利用の間にある重要な違いがここに凝縮されている。楔形文字での物語では神々の都合のみが洪水の原因とされているが、聖書では人間の道徳性が問題とされている。至高の被造物である人間が悪しき行いゆえに創造主の不興を買ったのである。この大災害の理由がメソポタミア文学の中で最も重要な『ギルガメシュ叙事詩』に一切記されていないのは大きな驚きであろう。

2 告知

〈ギルガメシュ第XI書板〉では、秘密厳守を誓っていたにもかかわらず、エア神があの洪水物語の有名なお告げを葦の壁越しに囁くことによって、何が起ころうとしているのか、何をすべきなのかをウトナピシュティムに暴露している。つまり、「アトラ・ハシース物語」では重要な逸話のひとつである「夢によるお告げ」という方法をエア神は取っていない（興味深いことに、『ギルガメシュ叙事詩』では後の話で夢がある役割を果たしている）。

「アトラ・ハシース物語」では夢のお告げによって物語の魅力や劇的な効果がさらに生み出されているわけだが、『ギルガメシュ叙事詩』ではエア神の有名な言葉は残しつつ、話を早く進めるために「お告げの夢」は省略されている。

ユダにおける聖書テクストには、これに対応する記述そのものがない。創世記六章では神は偽装したり、自分の行動を説明したりすることはなく、ただノアに語るだけである。

3 箱舟の建設

スミスの発見によって、ウトナピシュティムの箱舟が物語の中に浮かび上がり、その奇妙な立方体の形や驚くべき内部構造がノアの箱舟とは著しく異なっていることが示されたが、この相違によって二つの物語で比較できるのは「洪水の中で人々は舟に乗っていた」という程度のことだけなのではないかと考える者もいた。標準版の『ギルガメシュ叙事詩』で箱舟のことが記されているのは以下の二つの箇所である。

お前がつくる舟は
その寸法をすべて一致させなければならない
その幅と長さを同じにしなくてはならない
それをアプスーのように屋根で覆わなければならない。

〈ギルガメシュ第Ⅺ書板〉二八―三一行

その側面の高さはそれぞれ十ニンダ

その覆いの周囲の幅は等しく、それぞれ十ニンダだった。
私は舟に六つの甲板をつけ
舟を七層に分け
その内部を九つに仕切った。

〈ギルガメシュ第XI書板〉五九―六三行

創世記六章の〈祭司文書〉の部分では舟の詳細はまとめて簡潔に――しかし印象的に――記されている。

あなたはゴフェルの木の箱舟を造りなさい。箱舟には小部屋を幾つも造り、内側にも外側にもタールを塗りなさい。次のようにしてそれを造りなさい。箱舟の長さを三百アンマ、幅を五十アンマ、高さを三十アンマにし、箱舟に明かり取りを造り、上から一アンマにして、それを仕上げなさい。箱舟の側面には戸口を造りなさい。また、一階と二階と三階を造りなさい。

創世記六章一四―一六節

創世記の〈ヤハウィスト資料〉は舟の詳細を記していない。第7章で示したように（第14章の要約と補遺2の原典資料参照）、円形から正方形という明らかに調和を欠いた形への変化は、物語がある筋に沿って伝わったことを表している。つまり、『ギルガメシュ叙事詩』の立方体の箱舟はその元にある円形の網代舟（あじろぶね）が歪められた産物であり、それをユダの聖書伝承における直方体の舟が受容したのである。複数のテクスト間の関係では、元になっているテクストがわかりやすく変わっている場合は、実は逆に元のテクストの内容がわかりにくくなっていると見ることが重要である。

4 ウトナピシュティムのつくり話と洪水の兆し

ウトナピシュティムは箱舟建造の指示を受け入れたが、「町や群衆や長老たち」のことを考えれば、なぜ舟をつくるのか説明する必要があった。鳥や魚やパンが雨のように降るという奇妙な出来事は凶兆であり、大洪水が起こる兆しであった（三二―四七行）。その後、『ギルガメシュ叙事詩』では太陽神が不吉な雨が間もなく降ると警告している。「アトラ・ハシース物語」にも町の人々への懸念と不吉な兆しの逸話がある。この「つくり話」というモチーフは後のベロッソスによるギリシア語版にも取り入れられている（第4章参照）。

「つくり話」と「兆し」の話は占いを強調する非常に〝バビロニア的〟なもので、楔形文字での物語では大洪水という話の山場に向けた重要な要素だが、聖書にはそれに対応する要素は一切ない。創世記を編集したときの元になった資料には間違いなく含まれていただろうが、削除されたのも理解できないことではない。

5 箱舟に乗り込む

箱舟に乗船した者たちの詳細と各物語における相違については第9章で取り上げた。また、創世記六章にはノアが乗船させる動物の数について互いに異なる記述があるという厄介な問題は〈ヤハウィスト資料〉と〈祭司文書〉というヘブライ語の資料の相違を反映していることにも触れた。ここで特に重要なのは、創世記よりも千年以上前の〈箱舟の書板〉五一―五二行に書かれている野生の獣が〝二匹ずつ〟舟に乗り込んでいたという新たな情報である。この〝二匹ずつ〟という貴重な小さな楔の跡が示しているのは、楔形文字文書を扱うときには新たな意味をもった爆弾がいつ、どのように炸裂するかわからないということである。

6 洪水、来たる

『ギルガメシュ叙事詩』のこの場面には、楔形文字で書かれたものの中で最も強烈なものを見ることができる。[2] ウトナピシュティムの洪水では壊滅的な嵐、雨、そして、すべてを一掃する大水が起こる。洪水は六日七晩続き、すべてが死に絶えた（「粘土に還った」）。七日目に嵐はやんだ（九七—一三五行）。

創世記の〈ヤハウィスト資料〉と〈祭司文書〉から得られる情報は驚くほど異なっている。

〈ヤハウィスト資料〉——時間は漠然と記されるだけで、七日後に洪水が起こり、雨は四十日続き、すべては死に絶えるとされている。

〈祭司文書〉——ノアの生涯に従った厳密な日付が書かれている。つまり、ノアが六百歳の年の第二の月十七日に、大いなる深淵の源がことごとく裂け、天の窓が開かれたとされている。洪水が百五十日の間、勢いを保ち、すべての山が覆われ、すべては死に絶える。深淵の源と天の窓が閉じられ、水が引くまでは百五十日となっている。洪水はノアが六百一歳になる年の第一の月一日に終わる。

7　箱舟が陸に着く

メソポタミアと聖書の伝承において箱舟が陸地に着く場面については第12章で詳しく比較する。

8　試しに鳥を放つ

陸地を探すために鳥を放つという話はバビロニアとヘブライ語の物語の両方にあり、ジョージ・スミスの時代から一貫して両者の関連を不可避なものとする最も有力な証拠のひとつと考えられてきた。『ギルガメシュ叙事詩』では以下のとおり。

> 私は鳩を外へ放した。
> 鳩は飛び去ったが、しばらくして戻ってきた。
> どこにも止まるところが見当たらなかったので戻ってきた。
> 私は燕（つばめ）を外へ放した。
> 燕は飛び去ったが、しばらくして戻ってきた。
> どこにも止まるところが見当たらなかったので戻ってきた。
> 私は烏（からす）を外へ放した。
> 烏は飛んでいき、水が引き始めているのを見た。
> 烏は餌をとり、舞い上がり舞い降りた。そして私のもとへ戻ってこなかった。
>
> 〈ギルガメシュ第XI書板〉一四八―一五六行

ヘブライ語聖書にはこの『ギルガメシュ叙事詩』の部分に非常によく似た記述があるが、それは創世記の〈ヤハウィスト資料〉にのみ見出される。

……烏を放した。烏は飛び立ったが、地上の水が乾くのを待って、出たり入ったりした。ノアは鳩を彼のもとから放して、地の面から水がひいたかどうかを確かめようとした。しかし、鳩は止まる所が見つからなかったので、箱舟のノアのもとに帰って来た。水がまだ全地の面を覆っていたからである。ノアは手を差し伸べて鳩を捕らえ、箱舟の自分のもとに戻した。更に七日待って、彼は再び鳩を箱舟から放した。鳩は夕方になってノアのもとに帰って来た。見よ、鳩はくちばしにオリーブの葉をくわえていた。ノアは水が地上からひいたことを知った。彼は更に七日待って、鳩を放した。鳩はもはやノアのもとに帰って来なかった。

創世記八章七―一二節

両伝承は特にこの部分に関して圧倒的な並行性を示しており、物語の借用以外に説明のしようがない。鳥の種類や放す順番といった細かい違いは全く別の次元の話であり、語られている逸話全体が重要である[3]。

『コーラン』ではヌーフ（ノア）は五か月あるいは六か月の間、船上で過ごし、その終わりに烏を放った。しかし、烏は動物の死肉をついばんだため、ヌーフは烏を呪い、今度は鳩を放した。これ以降、鳩は人間の友として知られている。

9 犠牲と約束

ウトナピシュティムは陸に着くと——感動し、心を動かされ、遂には安堵して——すぐになすべきことを行う。

私は供物を牽き出し、大地の四隅に犠牲を捧げた。
私は山の頂で香を焚いた
私は七つ、さらに七つと薫香用の器を置き
その下には(甘い)葦、ヒマラヤスギ、ミルトスを積み上げた。
神々はその香りをかいだ
神々はその芳しい香りをかいだ
神々は彼が犠牲を捧げている周りに蝿のように集まった
ベーレト・イリーはやってくるとすぐに
アヌが求愛したときにつくった大きな蝿④を高く持ち上げた
「ああ神々よ、これを私の首を飾るラピスラズリ(の玉)としてください。
そうすれば、私はこの日々を覚え、永遠に忘れることはありません」
〈ギルガメシュ第XI書板〉一五七—一六七行

創世記ではノアも感謝の犠牲を捧げているが、〈ヤハウィスト資料〉と〈祭司文書〉はともに、人間に対するこのような破壊は二度と行わないという神の約束に重点を置いている。また、誰もが子どもの頃から知っている大きな虹のしるしについて伝えているのは〈祭司文書〉だけである。

更に神は言われた。「あなたたちならびにあなたたちと共にいるすべての生き物と、代々とこしえに私が立てる契約のしるしはこれである。すなわち、私は雲の中に私の虹を置く。これは私と大地の間に立てた契約のしるしとなる。私が地の上に雲を湧き起こらせ、雲の中に虹が現れると、私は、私とあなたたちならびにすべての生き物、すべて肉なるものとの間に立てた契約に心を留める。水が洪水となって、肉なるものをすべて滅ぼすことは決してない。雲の中に虹が現れると、私はそれを見て、神と地上のすべての生き物、すべて肉なるものとの間に立てた永遠の契約に心を留める」

神はノアに言われた。「これが、私と地上のすべて肉なるものとの間に立てた契約のしるしである」

創世記九章一二―一七節〈祭司文書〉

ウトナピシュティムは神から明確な約束を取り付けることはなかったが、洪水説話以外の部分が記された新バビロニア時代の「アトラ・ハシース物語」（ニューヨーク・メトロポリタン美術館所蔵。洪水物語の主人公は元のシュメール語名のジウスドラで呼ばれている）には聖書と同様の考えがはっきりと述べられている。

今後、洪水を起こさないでください

しかし、人々は永遠に続くようにしてください

Spar and Lambert 2005, 199

比較する意義

バビロニアと聖書の洪水物語を比較することの意味は明白である。その明白な並行性はテクストにおいて、また話の流れにおいて、両者が密接に繋がっていることを示しているからである。最終的なヘブライ語の物語はそれ以前のメソポタミアの洪水物語の文献にはっきりと依存している。この関係について、どこまで突き詰めて探ることができるだろうか。

古代バビロニアでは様々な時代に様々な版の洪水物語が粘土書板に記されていたことはここまでに検討してきた文章からはっきりしている。また、大洪水と箱舟の物語は、多くの版が流布していた「アトラ・ハシース物語」と、それよりも明らかに型にはまっている『ギルガメシュ叙事詩』という長期にわたって伝えられた二つの作品の中心であることもわかっている。さらには、前一〇〇〇年紀には、現在知られているよりも遥かに多くの洪水物語が存在していた可能性もあるだろう。

〈ヤハウィスト資料〉と〈祭司文書〉それぞれから抜き出される記述は古い伝承から滴り落ちてきた文章を単にばらばらにしたものではない。〈ヤハウィスト資料〉と〈祭司文書〉はそれぞれ独自の伝承を踏まえて構成された文書と認められているが、重要な部分がかなり省略されている。

〈ヤハウィスト資料〉の洪水物語(短い版)

1　箱舟についての記述はない

2　A　清い動物七つがい、汚れた動物一つがい、鳥七つがい

　　B　清い動物一つがい、汚れた動物一つがい、鳥一つがい、地を這うもの一つがい

3　雨のみが水源
4　鳥を放す順――烏、鳩、鳩、鳩
5　舟がとどまった場所の記述はなし

〈祭司文書〉の洪水物語（長い版）

1　箱舟についての記述あり
2　すべての生き物一つがい
3　深淵の泉と雨が水源
4　鳥を放す場面はない
5　箱舟がとどまった場所――アララト山
6　犠牲、約束、虹

〈ヤハウィスト資料〉が箱舟そのものについて全く何も記していないのは、〈祭司文書〉の方が箱舟についての内容が何かしら優れていたか、より適切であったので、〈祭司文書〉の記述がすべて採用されたということだろう。〈ヤハウィスト資料〉がこの物語の主要な構成要素を省いたとは考えられず、単にこの話題についての記述は〈ヤハウィスト資料〉からは採用されなかっただけと理解するべきである。あるいは〈ヤハウィスト資料〉の元となった資料には箱舟建造に関して聖書の物語に不相応なほど詳細な専門的な情報が含まれていたのかもしれない。これは本書で取り組んでいる〈箱舟の書板〉の網代舟に関する多くの実質的なデータが前一〇〇〇年紀の『ギルガメシュ叙事詩』では一、二行にまで減らされたのと同じようなことであろう。鳥を放つ場面ではこれとは逆のことが見られる。〈祭司文書〉はこの重要な場面を明確に省いているが、〈ヤハウィスト資料〉にはより適切なものが十分にあったので、それが〝そっくりそのまま〟採用されたということだろう。

前章で見たように、〈ヤハウィスト資料〉は舟に乗せる動物の数について、二つの異なる伝承を混在させている。もともとの考えは〈祭司文書〉にあるとおり、すべての生き物の雄と雌を一匹ずつであったことははっきりしている。〈ヤハウィスト資料〉は鳥を含んでいるが、楔形文字資料で鳥について記述があるのは（知られている限りでは）〈古バビロニア版アトラ・ハシース物語〉だけなので、その点では〈古バビロニア版アトラ・ハシース物語〉に近い。また、楔形文字資料で動物の数を「二匹ずつ」としているのは〈箱舟の書板〉だけだが、そのおかげで「二匹ずつ」という伝承がバビロンにもあったことが知られるところとなった。

〈ヤハウィスト資料〉は雨のことだけに言及しているが、〈祭司文書〉は洪水と雨について述べている点で〈ギルガメシュ第XI書板〉に近く、ここでもやはり背後に二つの異なる伝承が関わっているようだ。〈ヤハウィスト資料〉の元となった資料では、舟が山に到着する場面が全く記されていなかったわけではなく、聞きなれないバビロニアの地名が書かれていて、〈祭司文書〉に書かれていた遥か北方の巨大なアララト山の名の響きがユダ人に自然とこちらを選択させたと考えた方がよいだろう。ここでは、これ以上この話を進めないことにする。

現在のヘブライ語テクストは、大幅に編集された文学作品であり、主に二つの異なる系統の洪水に関する文献で構成されている。この二つの資料は互いに織り合わさっていて、もはやそれぞれの全貌を知ることはできないが、それが〝復元〟されれば、両者は全く別物と理解されることになるかもしれない。削除や編集作業も〈ヤハウィスト資料〉と〈祭司文書〉が同じではないことを隠してはいない。

こうした違いこそが楔形文字で書かれた洪水物語の版の違いを反映しているのではないかと私は思っている。背後にある異なる版は『ギルガメシュ叙事詩』ではなく、バビロニア版の「アトラ・ハシース物語」を語り直したものであることはほぼ確実である。ヘブライ語聖書のノアと洪水のことを伝えるよく知られた物語はそれゆえ、「楔形文字伝承J」「楔形文字伝承P」とでも呼ぶべき、影のような亡霊をとどめてくれているのである。

さて、ヘブライ人の編集者たちは粘土板に刻印された扱いづらい楔形文字をどのようにして上品なインクで書かれたヘブライ語に転換することができたのだろうか。次章ではこの問題を検討する。

第11章　ユダ人の経験

「その瞬間の恐怖を――」
王は言い募る
「わたしは決して、決して忘れないよ」
「いいえ、忘れますとも――」
女王は言った
「書き付けでも残さないかぎりはね」
――ルイス・キャロル

前章では聖書の洪水物語が楔形（くさびがた）文字で書かれたバビロニアの古い物語からヘブライ語へと伝えられたものであることを示せたのではないかと思う。また、網代舟（あじろぶね）に乗せられたモーセとサルゴンそれぞれの幼児期の物語も同様の借用を反映しており、特に創世記には同様の借用を示唆する要素が他にもあることはこれまでに見てきた（「長命の時代」の話など）。それでは、洪水と箱舟の太古の物語はどのようにしてバビロニアの楔形文字から聖書のヘブライ語へと伝えられたのだろうか。

一般に、この問いを人々は避けてきた。それは難しい文字から別の難しい文字への伝達、すなわちバビロニアの楔形文字から表音文字のヘブライ語への文書の伝達という問題を中心としており、それに答えるには、その時代と場所について説得力のある状況を示し、それが起こった理由と、それが可能となった仕組みを説明する必要がある。洪水物語はこのような問題に直面しており、これまでに大きく言って二つの見方がされてきた。

洪水物語は同じ物語から派生したものとして、前二〇〇〇年紀以降バビロンおよびヘブライ人の間でそれぞれ独立して伝えられたというのがひとつの見方である[1]。言い換えれば、ウルを出る前のアブラハムが洪水物語を知っており、その物語が後にヘブライ語の口承伝承として伝えられ、最終的に書き記されたということになる。私見では〈ギルガメシュ第XI書板〉と創世記の記述はそれぞれ独立して長く伝えられた末のものと考えるには似すぎている。楔形文字で書かれたバビロニアの洪水物語は様々な形で広まり、それが伝えられた千年以上もの間に多くの異なる版が生まれ、それ自体が単一で不変の伝承というわけではなかったのだ。そうした背景や時間の長さを考えれば、ヘブライ語の物語はバビロニアの物語と同じような構成で基本的な物語の筋を語りながらも、独自の歴史を経た結果であることをはっきりと示す非常に異なる作品になっていたはずなのである。

もうひとつの見方は、バビロン捕囚の中でユダ人たちがその地に流布する物語に触れたのではないかとする見方である。この場合、物語を知る人々と同じ場所――この場合はバビロンの下町――にいる人々が何らかの形で〝習得した〟物語が浸透したと考えられる。この説明ではバビロニア人は単に外国人に物語を語るのが好きだったのだということになる――まさか飲み水に混ぜられていたというわけでもあるまい。この説が根本的に非現実的であることは措くとして、〈ギルガメシュ第XI書板〉という丹念に構成された物語と類似するヘブライ語の物語がこのような曖昧模糊とした過程を経て生み出されたとはとても考えられない。

ここで提案する二段階からなる解決策は、二〇〇九年二月二十六日木曜日の夕方、大勢の聴衆を集めて大英博物館で開催された「ユダヤ人の捕囚についての新発見」という題の公開講義の最中に、筆者の頭に突然閃いたものである。この新たな思いつきは大英博物館で二〇〇八年十一月十三日から二〇〇九年三月十五日まで開催された特別展「バビロン――神話と現実」の準備のため、二年以上もの間、バビロンについて考え、執筆を重ねた結果であった。アッカド語、アラム語、ヘブライ語で発せられる古代の声という様々な資料が洗濯機の中で絡み合った衣類のように私の頭の中でぐるぐると回転し続けていた。ここで紹介する単純な思いつきは、その企画展も終わりに近づき、それに伴う講演会もほぼ終了する頃になるまで、はっきりとした形をとって現れてくることはなかった。

ユダ人が楔形文字伝承と出会った〝時〟と〝場所〟はバビロン捕囚時代のバビロンであったはずである。この基本的な考えはすでに多くの人によって提案されてきたことであり、はっきりさせるべき新たな留意点はあるが、そのものとしては驚くようなものではない。

バビロニアの洪水物語からの借用が起きたのは、すでに存在していたユダの資料をもとにヘブライ語聖書が最初にまとめられたときのことであり、借用の理由はそのとき初期の物語が必要とされたからと〝説明〟されるはずである。私が知る限り、これは今までにない新しい考え方である。

伝達の〝仕組み〟は、ある重要な地位にあったユダ人が楔形文字の読み書きを学んで、バビロニアの物語に直接親しむようになり、自分たちの目的に沿うように新たな指針を付け加えて再利用したということであろう。私の知る限り、これもまた今までにない考えである。

この〝時〟〝場所〟〝説明〟〝仕組み〟という四部構成の推論の妥当性と一貫性を確実に立証することは可能だろうか。

そのためには、まずネブカドネツァルの都にいたユダ人たちの様子がどのようなものであったかを簡単に考察し、捕囚という経験が彼らに及ぼした影響について考える必要がある。その上で、「長命の時代」「洪水物語」「舟に乗せられた赤ん坊」といった題材が当時のユダの文学伝承に取り込まれた理由を知り、その経緯を見ることができるだろう。この目論見に非常に役に立つ書板がいくつかあり、そのほとんどは大英博物館に収蔵されている。

なぜユダ人はバビロンにいたのか

前五九七年三月十六日の朝、十八歳になるユダ王国のヨヤキン王はエルサレムで目覚め、町がバビロンの王ネブカドネツァル二世の軍隊によって包囲されているのを知った。聖書には次のように書かれている。

ヨヤキンは十八歳で王となり、三か月間エルサレムで王位にあった。その母は名をネフシュタといい、エルサレム出身のエルナタンの娘であった。彼は父が行ったように、主の目に悪とされることをことごとく行った。そのころ、バビロンの王ネブカドネツァルの部将たちがエルサレムに攻め上って来て、この都を包囲しているところに、バビロンの王ネブカドネツァルも来た。ユダの王ヨヤキンは母、家臣、高官、宦官らと共にバビロン王の前に出て行き、バビロンの王はその治世第八年に彼を捕らえた。主が告げられたとおり、バビロンの王は主の神殿の宝物と王宮の宝物をことごとく運び出し、イスラエルの王ソロモンが主の聖所のために造った金の器をことごとく切り刻んだ。彼はエルサレムのすべての人々、すなわちすべての高官とすべての勇士一万人、それにすべての職人と鍛冶を捕囚として連れ去り、残されたのはただ国の民の中の貧しい者だけであった。彼はヨヤキンを捕囚としてバビロンに連れ去り、その王の母、王妃たち、宦官たち、国の有力者たちも、捕囚としてエルサレムからバビロンに行かせた。バビロンの王はすべての軍人七千人、職人と鍛冶千人、勇敢な戦士全員を、捕囚としてバビロンに連れて行った。バビロンの王はヨヤキンに代えて、そのおじマタンヤを王とし、その名をゼデキヤと改めさせた。

列王記下二四章八―一七節／歴代誌下三六章九―一〇節参照

バビロニアとエジプトという二大勢力に挟まれているユダの国は戦略上、非常に重要な位置にあり、ネブカドネツァルの軍事行動は聖書の記述よりも遥かに大きな問題と関わっていた。

若いヨヤキン王の降伏はバビロン捕囚の第一段階の始まりを意味していた。それゆえ、その影響は計り知れない。この出来事はその後の世界の歴史と発展に大きく影響を及ぼすものとなったと言っても過言ではない。

バビロニアがヨヤキンに代えて擁立したおじのゼデキヤは、バビロニアを裏切ってエジプトに接近したために、その十年後の前五八七／六年、二回目の遠征が行われ、ネブカドネツァルの嵐のような軍隊は妥協を知らないネブザルアダンの指揮の下、エルサレムを徹底的に破壊する。神殿は尊い財宝をすべて略奪された上で破壊され、都は荒廃した。聖書の物語はユダの王族、統治者、役人、大部分の兵士、すぐれた職人や工匠など有能な人々がバビロンに根こそぎ連れ去られて終わる。国力の源泉である知識人、教養人、有能な人々がすべて奪い去られたのである。

この作戦はバビロニア人にとって通常の軍事行動であった。これによって国庫は潤い、厄介な地方の王朝が引き起こす問題に恒久的な終わりがもたらされるだけでなく、多くの人材を統合することで、軍は強化され、建築事業の力は増し、高品質の品物が生産できるようになる。捕囚民たちは二波にわたり、困難な旅の末にバビロニアにやってきて、古く、強大な征服者の文化を目の当たりにする。その衝撃的な体験は、彼らの生活のあらゆる面に影響を及ぼしたに違いない。ユダの人々が直に新しい世界、すなわち新しい宗教および楔形文字とその文学にさらされたのは、七十年間と伝えられるこの捕囚の時代であった（実際には前五九七年から五三九年の五十八年間）。そして、彼らがバビロニアの大洪水や箱舟、箱舟をつくった人物についての物語に慣れ親しむようになったのはまさにこのときであった。

最初のエルサレム侵攻については、すでに示したヘブライ語聖書の記述に加え、治世の間に起こった出来事すべてが時系列で記されたバビロニアの標準的な宮廷年代記という形で、ネブカドネツァル自身の記録にも残されている。その貴重な粘土書板はネブカドネツァルの即位から治世十一年までを網羅しており、その第七年（前五九七年）に聖書の列王記と歴代誌に記されている最初のエルサレム遠征に関するバビロニア側の見方が示されている。

第七年――キスレヴの月に、アッカド（バビロン）の王は軍隊を指揮し、ハットゥ（シリア）に進軍した。王はユダの都と対陣し、アダルの月二日、その町を落とし、ユダの王（ヨヤキム）を捕らえた。王は自らユダの王（ゼデキヤ）を選び、その都で即位させ、多くの貢ぎ物をバビロンにもち帰った。

「ネブカドネツァルの年代記[2]」裏面一一―一三行

第二回遠征については「ネブカドネツァルの年代記」は何も語っておらず、何があったのかは預言者エレミヤを通して知ることができるのみである。

エルサレム占領について記した「ネブカドネツァルの年代記」。

ユダの王ゼデキヤの第九年十月に、バビロンの王ネブカドレツァルは全軍を率いてエルサレムに到着し、これを包囲した。ゼデキヤの第十一年四月九日になって、都の一角が破られた。バビロンの王のすべての将軍が来て、中央の門に座を設けた。ネレガル・サル・エツェル、サムガル・ネブ、侍従長（じじゅうちょう）サル・セキム、指揮官ネレガル・サル・エツェル、およびバビロンの王の他のすべての将軍たちである。……

そこで、親衛隊の長ネブザルアダンは侍従

長ネブシャズバン、指揮官ネレガル・サル・エツェルはじめ、バビロンの王の長官たちを遣わし、監視の庭からエレミヤを連れ出し……。

エレミヤ書三九章一―三、一三―一四節。五二章三―一三節参照

ナブ・シャルス・ウキン、金を預ける。

二〇〇七年、ウィーン大学のアッシリア学者ミハエル・ユルサは大英博物館に収蔵されていたネブカドネツァル時代の期待に乏しい――正直なところ――少し退屈な商取引文書の山の中から驚くべき発見をした。その粘土書板には次のように書かれていた。

首席宦官ナブ・シャルス・ウキンの所有である重さ一・五ミナ（〇・七五キロ）の金は彼がエサギル（神殿）に遣わした宦官アラド・バニトゥ（*Arad-Banitu*）に預けられた。アラド・バニトゥは（それを）エサギルに届けた。アプラヤ（*Aplaya*）の子、近衛兵ベル・ウサット（*Bel-usat*）およびマルドゥク・ゼル・イブニ（*Marduk-zer-ibni*）の子ナディン（*Nadin*）の立会いのもと。

バビロン王ネブカドネツァル第十年十一の月十八日

新バビロニア王国の宮廷には多くの宦官がいたが、首席宦官は常にひとりなので、ネブカドネツァルに仕えていた、このナブ・シャルス・ウキン（*Nabu-šarrussu-ukin*）はエレミヤ書の「ネボ・サル・セキム」

に違いない。聖書では伝統的に「侍従長」と訳される役職「ラブ・サリース」(*rab-sarīs*) はアッカド語「ラブ・シャ・レーシ」(*rab ša-rēši*) がヘブライ語化したもので、字義どおりには「首席宦官」を意味する。

この書板は世間の静かな注目を集めることになった。ユルサが大英博物館の「学生室」――ビクトリア朝時代の壮麗な図書室で、大英博物館の粘土書板はすべてそこに収められている――を訪れているときには、私は長年の同僚兼友人として彼の机へと足を運び、前の週に何か〝面白いもの〟を首尾よく見つけられたか、経験豊富な同僚の手助けを必要とする難解な楔形文字に直面していないか、先輩面（づら）して尋ねるのを習慣としている。通常、この手の質問には溜息しか戻ってこないのだが、さすがにそのときばかりは、エルサレムにいたとエレミヤ書に記されているネブカドネツァルの高官、首席宦官（ラブ・サリース）「ネボ・サル・セキム」の名が書かれた粘土書板を見つけたとユルサは言った。これは退屈どころの騒ぎではない。私は王国じゅうの勢力を急ぎ動員して、聖書に記載されている個人名が楔形文字で大英博物館の粘土書板に記されていたことをすでに知っていた人がいるかどうかを何とか確かめた。そして、ほどなくしてユルサはカメラの前に立たされることになったというわけである。[3]

この書板が尋常ではないのは、これまでヘブライ語聖書の中で他の名前に紛れて全く注目されていなかった王ではない人物が突然、実在の人間として現れている点である。その人物は前五九五年、第二回エルサレム遠征の十四年前に自ら商売をし、目下の者を使って神殿に金を納めさせていた。政治的な要職にあったので、エルサレム遠征では間違いなくエレミヤという厄介な相手と対面していただろう。

さて、イスタンブールにある「ネブカドネツァルの宮廷暦」と呼ばれる異例な文書を含めて、楔形文字の資料をつき合わせてみると、ネブカドネツァルの五人の高官について、エレミヤよりも正確なリストを――弁明をしつつ――作成することができる。アッシリア学においてはその名はすでに以下のように知ら

れているからである。(4)

ネルガル・シャル・ウツル (*Nergal-šar-uṣur*)
ナブ・ザキル (*Nabu-zakir*)
ナブ・シャルス・ウキン (*Nabu-šarrussu-ukin*)
ナブ・ゼル・イディン (*Nabu-zer-iddin*)
ナブ・シュジバニ (*Nabu-šuzibanni*)

これらの名と役職名は、おそらく聞き馴染みがなかったためか、ヘブライ語に移されたときに書き間違いが生じたようだ。興味深いのは自分たちの神殿と町を破壊した人物たちの名を後世に残そうとしたユダ人の心理である。

ヘブライ語での国の記録

聖書の列王記と歴代誌は十分な歴史資料を年代順に綴っているが、実際に関心としているのは王が神を畏れ、偶像を拒否し、総じて正しい王かそうではないかという点だった。それを判断するための情報は、聖書の編者が当時入手することのできた詳細な記録から抜粋され、聖書に挿入された。ヘブライ語聖書にはしばしば、そうした情報を提供した資料の名が記されている。例えば、聖書には〝善き王〟ヨシャファトの「事績」について二種類の記述がある。ひとつ目の記述の最後には次のように書かれている。

ヨシャファトの他の事績、彼のあげた功績、また戦いについては、『ユダの王の歴代誌』に記されている。

列王記上二二章四五節

歴代誌の並行箇所には次のように書かれている。

ヨシャファトの他の事績は、初期のことも後期のことも、『ハナニの子イエフの言葉』に記されている。これは『イスラエルの列王の書』にも載せられている。

歴代誌下二〇章三四節

つまり、現代の脚注と同様に参考文献に言及する以下のような説明がされているということである。

1　この時代についての詳細は『ユダの王の歴代誌』参照。その他、『イスラエルの列王の書』の中の『ハナニの子イエフの言葉』も参照。

イスラエル（北）王国の資料はユダの資料に比べて、明らかにその内容が詳細であった。ともにバビロン王の記録と同じような宮廷年代記であったはずで、政治的な事績や宗教活動、また軍事的成功などが時系列で記録されていた。また、おそらくバビロンの場合と同様に、王の道徳心や振る舞いへの評価は一切なかったと思われる。それが加えられたのは聖書においてであろう。聖書の歴史記述の元となった資料は羊皮紙の巻物にヘブライ語で記録され、イスラエルやユダの王室文書庫に保管されていたと考えられる。

このように引用資料を明らかにすることは――少なくとも理論上は――読む者がその資料を追跡調査できるということを意味し、〝公にされた〟文書の権威や歴史的な信頼性を飛躍的に高めることになる。このような影の作品は数多くあり、そこには詩歌も含まれている。その例をいくつか挙げれば、『ヤシャルの書』『ソロモンの雅歌』『主の戦いの書』『イスラエルの列王の書』『ユダの王の歴代誌』『預言者シェマヤと先見者イドの言葉』「王の権能について」〔サムエルが書いたとされる。サムエル記上一〇章二五節〕『先見者サムエルの言葉』『ソロモンの事績の書』『ダビデ王の年代記』『預言者ナタンの言葉』『先見者ガドの言葉』『シロの人アヒヤの預言』「ウジヤの事績について」〔イザヤが書いたとされる。歴代誌下二六章二二節〕「マナセの事績と祈り」『イスラエルの列王の記録』『ホザイの言葉』『(ヨシヤへの)哀歌』〔歴代誌下三五章二五節〕『メディアとペルシアの王の年代記』といったところである。

これだけあれば棚ひとつ分の蔵書であろう。箱舟と洪水の関連で重要なのは、少なくとも聖書の一部はすでに存在していた他の文書資料から抽出されたものであり、それが聖書の文脈に沿った新しい意味の中に置かれたということである。総じて聖書本文の作成の背景には、このような編集の過程がある。口承にせよ書かれたものにせよ、〝偉大なる作品〟の編者が手にすることのできた様々な記録で聖書の物語は構成されている。洪水物語にも同じことが言える。

前五九七年のバビロニア軍到来以前のエルサレムでは、どのような文書資料を参照することができただろうか。次の巻物は少なくともあっただろう。

第一の棚　イスラエルとユダの宮廷年代記
第二の棚　国王の書簡

追い立てられるイスラエルの難民。前 701 年、センナケリブの軍隊によって破壊されたラキシュの町から連行される様子。これはバビロニアがエルサレムのユダ人を連行する遥か以前の出来事である。

第三の棚　政治文書、条約、交易に関する記録、人口調査の記録
第四の棚　宮廷詩、歌、箴言
第五の棚　典礼書、犠牲に関する書物、神殿の管理に関する記録
第六の棚　預言に関する書物
第七の棚　その他

ヘブライ語聖書の歴史書にはこうしたあらゆる種類の資料がまとめられている。どこでもそうであったように、ユダ王国の宮廷でも記録の量が増加しており、聖書の著者がもつ単一の目的から、遥かに大きい記録文書全体の一部だけが残されることになったということであろう。エルサレムからバビロンまでの大変な旅程の間、ヨヤキン王には王族としての特権がある程度認められていたようだ。今はっきりとわかっているのは、継承されたヘブライ語の巻物はネブカドネツァルの軍隊に燃やされることなく、ともに運ばれたに違いないということである。そうでなければヘブライ語聖書が生み出されることはなかっただろう。

バベルの塔――バビロンを目の当たりにしたユダ人

前五九七年と前五八七年の二度にわたり、バビロンの町に近づきつつあったユダの捕囚民たちは遠くからバベルの塔を目にすることになる。ジグラトゥ（ジグラット）と呼ばれるネブカドネツァルの都の中央に聳える巨大な階段状の神殿は九十一メートル四方の土台の上に、優に七十メートルを超える高さで築かれていた。町が近づくにつれ、その威容はますます高く地平線上に浮かび上がり、すべての人に畏怖の念を抱かせたに違いない。この摩天楼を初めて目にする異邦人が受けた衝撃を現代において想像するのは難しいかもしれない。それを見る心の準備をさせてくれるような建物は当時のエルサレムには存在しなかった。

創世記の「バベルの塔」は教訓を目的につくられた単なる空想上の産物ではない。彼らの眼前に突如として現れたこの巨大な建造物は、マルドゥク神とマルドゥク神を後ろ盾としていたバビロンの王の間の交信を助けるために可能な限り高く建設された。ジグラトゥは王の信頼、とりなし、嘆願といった声が能う限り神に聞こえるようにするために天へ向かって伸びていた梯子であった。この建物やその頂の小さな神殿がどのように使われたのかはよくわかっていないが、王と天を結ぶ〝ホットライン〟として機能していたことは間違いない。

創世記のバベルの塔の物語はほんの九節からなる短い話だが、(5) バベルの塔はその重苦しいメッセージとともに、人間社会の上に今でも多少なりとも暗い影を落としている。

世界中は同じ言葉を使って、同じように話していた。東の方から移動してきた人々は、シンアルの

1754年頃に描かれたバベルの塔の建設場面（作者不明）。煉瓦をつくる様子が描かれている。

地に平野を見つけ、そこに住み着いた。彼らは、「れんがを作り、それをよく焼こう」と話し合った。石の代わりにれんがを、しっくいの代わりにアスファルトを用いた。彼らは、「さあ、天まで届く塔のある町を建て、有名になろう。そして、全地に散らされることのないようにしよう」と言った。主は降って来て、人の子らが建てた、塔のあるこの町を見て、言われた。「彼らは一つの民で、皆一つの言葉を話しているから、このようなことをし始めたのだ。これでは、彼らが何を企てても、妨げることはできない。我々は降って行って、直ちに彼らの言葉を混乱させ、互いの言葉が聞き分けられぬようにしてしまおう」。主は彼らをそこから全地に散らされたので、彼らはこの町の建設をやめた。こういうわけで、この町の名はバベルと呼ばれた。主がそこで全地の言葉を混乱（バラル）させ、また、主がそこから彼らを全地に散らされたからである。

創世記一一章一―九節

この箇所が作文されたのはユダ人たちが実際にバビロンに滞在した結果であることは疑いない。「シンアルの地」とはメソポタミア南部、すなわちシュメール語の地名を反映している。聖書に書かれているとおり、傲慢が生み出したジグラトゥは煉瓦（れんが）とアスファルトで実際、に建造された。事実、都のあらゆる建物は日干し煉瓦を何千何万と積み重ねてつくられていた。なかには釉薬（ゆうやく）をかけて光沢を出した煉瓦もあり、楔形文字でネブカドネツァルの名と称号を刻印したものも数多くあった。ジグラトゥの建設だけでも想像を絶する量の煉瓦が使われる。ネブカドネツァル配下の建築家たちは、あらゆる点でそれまでの建造物を越えることを目指していた。

創世記の文脈において、この物語には二つの別々の注目すべき要素が見出される。ひとつはこの世界の主要な現象についての説明で、「なぜ世界には数多くの言語があるのか」という問いへの答えを提供している。今日でも多くの子どもが路上やバスの中で聞きなれない言葉を耳にして困惑し、この当然の質問をする。互いに理解できない言葉が数多くあるのは、神による罰であるというのがここでの答えだ。人間は自分たちができることとできないことをわきまえるべきだったのだ。恐れを知らない多くの消防士たちが階段を這い登るように、人間が天の国に入ろうとするなど、とんでもないことなのだ。ユダ人の感覚では、いかなる人間であれ、物理的に天に近づこうとする衝動は神への冒瀆であった。この教訓は厳格にして、容赦のないものであり、ヘブライ人の心に直接訴えかける。子どもの無邪気な問いは向きを逆にして、より深いメッセージを子どもに伝えることになるのだ。

その上、このテクストの底流にはバビロニア人という〝他者〟に対する蔑視や留保の態度がある。尊大な建物を建設することは過去におけるヘブライ人の行いにはない異質な出来事であり、彼らは世界がこのようになった責任はそこにあると見ている。バビロニアにおける塔の存在を支持し、それが体現する宗教的な理想は、ユダ人の目には罪深いものであった。それゆえ、ヘブライ語のテクストは国の祭儀であるマルドゥク信仰に敵意を示すようなことはないが、一切触れることはない。

さらに細かい問題もある。「バベルの塔」の「塔」に当たる語はヘブライ語では「ミグダル」という。

この語を「塔」と訳すのは確かに正しいが、「塔」というものは通常、安定性のために本体よりも広い土台の上に建てられているとしても、基本的には灯台のように細長く屹立している。しかし、バビロニアのジグラトゥはそうではない。ユダ人の目にはジグラトゥの形そのものが未完成のものとして映ったとは考えられないだろうか。地上から天へと至る塔としてこの建物を建てようとしたが、その建築作業（あるいは資金調達）が初期の段階で頓挫したように見えたのではないだろうか。[6] その頂上が雲に近づいてもおらず、作業全体もほとんど進んでいない。ヘブライの人々にしてみれば、バビロニア人の塔は神によって建設を中断させられたとしか考えられなかった。それゆえ、非常に有名でありながら、しばしば簡単に読み飛ばされるこの短い話は、心ならずも初めてこの町を訪れたユダ人たちの視点という文脈で考えれば、非常に明快な意味を孕んだものと見ることができる。

ネブカドネツァルの都は当時、世界最大の都市だった。王は全権を有し、帝国は広大で、その富は尽きることなく、全体として生活は安定していた。バビロンそのものが王冠を飾る宝石だった。都はバビロンの最も偉大な神マルドゥクに捧げられ、マルドゥクの庇護の下にあった。「天地創造の叙事詩」に描かれているように、マルドゥクは闇の勢力を消し去り、世界をあるべき姿に創った。そして、自らの祭儀の永遠の中心としてバビロンを建設したのである。王はマルドゥクの地上における代理人であった。

バビロンと出会ったユダ人——移住、文化、筆記術

聖書にバビロニアの伝承が組み込まれていることを理解するには、塔の聳える都を自らの住みかとしなければならなくなったユダ人たちが、それを初めて目にしたときの信仰上の心理状態を考慮しなければな

らない。ユダ人たちは廃墟となった自分たちの都から異国の遥かに有力な国の都へと丸ごと移送されてきた、いわゆる強制移住者の共同体だった。自国の預言者たちからは神に背いた振る舞いゆえに咎められ、長く脅かされてきた想像を絶する罰に動揺し、わずかばかりの財産と所有物を携え、ようやく〝難民〟としてバビロンの城門に辿りついたのである。

この流入した人々がその後どうなったのかはほとんどわかっていない。移民たちの大部分はおそらく主要な都市ではなく、最も必要とされる場所へと散らされただろうが、優れた技能をもっていた者が都に居場所を見つけていたことはわかっている。いわゆる「宮殿文書庫」の書板によって、ネブカドネツァルの都の城門を通ったあるユダ人の一行のその後を追跡することができる。書板には油や大麦といった食糧品など、どうということのない品目が記されている[7]。これらの品はバビロニア帝国を横切って移送されてきた人々を養うためのものであり、その中にはエルサレムから連れてこられた若き王ヨヤキンとその側近たち、すなわち〝国賓〟も含まれていた。

ユダの王ヨヤキンのために（油）三十リットル
ユダの王の五人の息子たちのために二・五リットル
八人のユダ人のために四リットル、ひとりあたり〇・五リットル

これらの記録にはユダ人の大工と船頭も見られる。エレミヤも捕囚民の中にそうした者たちが含まれていたと記している。その後、ヨヤキンの状況は少し好転する。

ユダの王ヨヤキンが捕囚となって三十七年目の第十二の月の二十七日に、バビロンの王エビル・メロダクは、その即位の年にユダの王ヨヤキンに情けをかけ、彼を出獄させた。バビロンの王は彼を手厚くもてなし、バビロンで共にいた王たちの中で彼に最も高い位を与えた。ヨヤキンは獄中の衣を脱ぎ、生きている間、毎日欠かさず王と食事を共にすることとなった。彼は生きている間、毎日、日々の糧を常に王から支給された。

列王記下二五章二七―三〇節

王からの支給品。バビロニアでの食糧支給表。この中にヨヤキンの名が見える。

ここに見えるエビル・メロダク〔アッカド語ではアメル・マルドゥク〕はネブカドネツァルの王太子だったが、前五六二―五六〇年の二年間だけはどうにか王位にあったものの、すぐに暗殺された、あまり羨ましくない後継者である。十二世紀にフランス人のラビが今日には伝わっていない資料をもとに編纂した「エラフメエルの年代記」によれば、当時は「ナブ・シュマ・ウキーン」（*Nabu-šuma-ukīn*）と呼ばれていた王子が宮廷の陰謀を理由に父親によりヨヤキンの牢獄に放り込まれたとされる（この逸話は聖書には書かれていないが、ナブ・シュマ・ウキーンがその獄中で記したマルドゥク神への嘆願詩を記載した楔形文字書板がバビロンから出土している。その後、救出されたことに感謝して、「マルドゥクの僕（しもべ）」を意味するアメル・マルドゥクを王名として名乗ることになったという）。

さらにバビロンのユダ人について追跡するのは、現在知られている考古学資料や文書資料だけでは無理である。記録されている人名の中にユダ人のもの、ヘブライ名らしきものはあるが[8]、確かな証拠とはなり得ない。

しかし、別の点で観察できることはある。前五八七年にエルサレム神殿と町がバビロニア人によって徹底的に破壊されたことを考えれば、ユダの捕囚民は自分たちの文化を定義し、その独自性を保つための実質的な拠り所が何ひとつ残されていない状態にあったはずである。彼らは政治と宗教の中心であった自分たちの都を失い、ダビデ王につらなる古い王家の家系も途絶えてしまった。また、今やその信仰生活の中心となる祭儀の場もなくなり、祭儀は行えないという状態になっていた。何世代にもわたって神殿で行われてきた神への賛美、犠牲、礼拝からなる複雑な宗教儀式は突如終わりを迎えたのである。

ユダ人の信仰生活においては礼拝の物理的な対象となる神の像は原則として用いないことになっていた。その宗教は少なくとも伝えられている限り、預言者を嘆かせた堕落の時代を除いて、本質的には一神教であり、目には見えない単一の全能神への信仰であった。十戒の第一戒「あなたには、私をおいてほかに神があってはならない」（出エジプト記二〇章三節）は他に神はいないと単純に言っているのではない。この表現は、他にも神はいるかもしれないが、それらは別の民たちの神なのだと言っているとも理解できる。ユダ人の神は名も妻も子どももない男神であった。それゆえ、ユダ人の宗教は特にその通常の文脈においては、純粋に観念的で、実体がないものを相手とし、慰めとなるような偶像や付属物に助けられるようなこともない。ユダ人は周りのバビロニア人とは異なり、玉座に座って、供物を受け入れ、呼びかけに耳を傾け、賢明な親のような確かさで見守ってくれるような神の像をもたなかった。聖書におけるヘブライの宗教は当初から、それ以前や同時代の他の宗教とは全く異なっていた。ヘブライの神は抽象化され、遠くにいて目に見えないものとして概念化されていた。彫られた像もなければ、それを取り巻く家族もない。視覚的に捉えられない唯一神を奉じる古代の宗教で他に生き残ったものはない。バビロンに到着した直後のユダ人たちには、この非常に難解な抽象性以外に自分たちの信仰を体現し、故国を失った民族としての独自性を構成するものがほとんど残されていなかった。

言い換えれば、バビロニア人と移民のユダ人が市場で親しげに話しているとき、ユダ人は「君たちの神は何という名なんだ。どんな姿をしているんだ。どこに住んでいるんだ。妻は誰だ。子どもは何人いるんだ」といった全く当然と言っていい質問に答えられないということだ。また、ユダ人が捕囚となっていた時期のバビロンでは宗教上の大きな変化が進行していた。当時、バビロニアの国神マルドゥクは伝統的に考えられてきたような神々の王ではなく、非常に重要な唯一の神であるという考えが展開されていた。古代メソポタミアの文化はその三千年にわたる歴史の大半において、大小様々な夥しい数の神々に仕えてきたが、この新バビロニア王国の王たちの下では、こうした多くの神がいるという文化的背景の中から新たな一神教的枠組みが発展しつつあった。以下の神学的要素に乏しく、素朴な感じがする資料の発するメッセージについて考えてみよう[9]。

ウラシュは「作付け」のマルドゥク
ルガラキアは「地下水」のマルドゥク
ニヌルタは「鍬」のマルドゥク
ネルガルは「戦争」のマルドゥク

ザババは「戦い」のマルドゥク
エンリルは「支配と熟慮」のマルドゥク
ナブは「経理」のマルドゥク
シンはマルドゥクの闇夜を照らす姿
シャマシュは「正義」のマルドゥク
アダドは「雨」のマルドゥク
ティシュパクは「軍隊」のマルドゥク
イシュタランは……のマルドゥク
シュクァムヌは「飼葉桶（かいばおけ）」のマルドゥク
マミは「陶土……」のマルドゥク

この掛け値なしに注目すべき文書には、神学上の革新が進行し、やがて定まっていく過程を見ることができる。マルドゥクは本当は唯一の神なのだと考えた神学者がおり、十四柱の古い有力な神々、それぞれに独自の神殿や儀式、信者をもつ独立した神々は、いわばマルドゥクの別の面や職務を表しているという主張がここに表明されているのである。この文書は特別なものというわけではない。同様の〝混淆（シンクレティズム）〟においてて、ザルパニトゥをマルドゥクの妻、ナブーを息子とし、これが別の文脈で三位一体とでも呼べそうなものを構築している場合もあれば、同じような主旨の長い神学的な論考もある。

ネブカドネツァルの治世下においてマルドゥクが唯一神として特別な地位を得たことは、のちのナボニドゥス時代に月神シンが同じような発展を遂げる道を開いた。ナボニドゥスはペルシャによる滅亡以前のバビロニアの最後の王であり、恐るべき母親に筋金入りの月神の信奉者として育てられた。やがてマルドゥクの神官とシンの信者との間に対立が頻発するようになり、新たな征服者キュロスがそれを巧みに利用することになる。この時代以前、文字による表現をしてきたメソポタミア社会において宗教的な偏見や敵意を示す証拠はほとんど見られない。よそ者はよそ者であり、自分のことは自分で守り、人の風習を蔑むことはあったかもしれないが、「他の宗教」を信じる人に対して、それを理由に敵意を言明するようなことはなかった。誰もが多くの神々を認め、それを信じていたし、新たな神が加わることを歓迎した。戦争に勝てば、当然のように異国の神々の像がアッシリアやバビロニアの神殿に運び込まれて安置された。異国の神々の中には異国の呪術と同様、強力なものもいただろうし、強大な敵が奉じる神であれば、それはなおさらのことであっただろう。人々はその神に新しい玉座を用意し、繰り返し犠牲を捧げることで、忠義を向ける方向を変えてくれるだろうと考えていた。そうした神々も時が経つにつれ、蛮族の響きのある名をもっていたとしても、正式な神々の一覧に加えられていった。宗教的不寛容が起こるのは、排他的な一神教を広めようとする力が働くときだけである。まさにこの時代のバビロンは古代メソポタミア文化において、そのような一神教が

発展過程の一神教。マルドゥク神学が構築されていく。

初めて生じた時代だったのである。

それゆえ、ユダ人たちは以前の時代とは異なり、バビロンで自分たちの宗教に似たその土地の宗教体系に出会ったことになる。バビロニアの一神教は、広く国家的な政策であったにせよ、仲間うちでのみ語られる神学理論であったにせよ（町中での自由な議論もあっただろう）、唯一神を信じ、その信仰を純粋なまま守らなければならなかったユダ人には脅威であったに違いない。また、「羊飼い」「貧しい者と弱い者の擁護者」「寡婦や子どもの守護者」「正義と真実のために戦う者」など、マルドゥク神を称える数々の呼び名は、独自の伝統の中で育ったユダ人の耳にも馴染みのないものではなかったことも指摘しておく価値がある。

ユダの人々が前六世紀のバビロンという国際都市の群衆の中に入り込んだとき、短期間のうちに完全な同化と、独自の宗教の最終的な消滅が起こる様々な理由があった。少数の新参者と大多数の既住者が独自の文化基層の上に、新参者はヘブライ語、既住者はアッカド語という同じアラム語系の言語を共有している場合は特にそうしたことが想定される。

また、このような問題の尺度を設定するのは難しいが、セム語を話すセム系の祖先をもつという点で、両者はある程度、〝親戚〟と言えるようなものだった。このような状況下で何の介入もなければ、ユダ人とその偶像をもたない排他的な信仰は確実に消え去っていたことだろう。この一世紀前にアッシリア軍の遠征によって、アッシリアやその他の地域に移住させられたイスラエル（北）王国の人々の末路がそれを裏づけている。彼らは程度の差こそあれ、結果的に歴史から完全に消えてしまった。この状況を考えると、ユダの民に対する社会的、宗教的責任を自負していた人々が自分たちを強く結びつけるために、防衛策を講じなくてはならないと考えていたことは明らかであろう。

まさにこのような状況がヘブライ語聖書を全体としてまとめる最初のきっかけとなったのではないだろうか。その必要性は当初から（通常示唆される）ペルシャ時代やヘレニズム時代ではなく、すでに捕囚期の初めにおいて急務であった。なぜ自分たちが現在のような状態にあるのか、なぜ祖国と自分たちにとって意味あるものすべてが滅び去り、バビロンに連れて来られることになったのか。こうした疑問に満足な答えを与えてくれるだけの説明がユダ人には必要であった。

それは長く、説得力のある物語でなくてはならず、世界の創造から始まり、父祖の時代や王国時代を経て、その後に何が起こって今に至るのかが明確にされていなければならない。物語全体を貫くのは、放浪や争い、混乱など、すべてを含む歴史的な連続性ということになる。完成したテクストには、編集の途中で、祭儀についての伝承や、詩、格言などが多く組み込まれる。しかし、その本質的な役割は、時の初めから起こったことに明快な説明を与え、世界の始まりからの歴史上の過程全体が、選ばれた民であるユダ人を関心の中心とする神の計画に沿って展開していたということをはっきりと示すことであった。この巧みに混ぜ合わされた物語によって生まれてきたまと

バビロニアの教室にて。「アラム語のアルファベットを順に楔形文字で書け」という課題に答えた書板。*a*、*bi*、*gi*、*da*、*e*、*u*、*za*、*he*、*tu*、*ia*、*ka*、*la*、*me*、*nu*、*ṣa*、*a-a-nu*、*pe*、*ṣu*、*qu*、*ri*、*shi*、*ta* と書かれている。

まりが故国を追われたユダ人の実質的な手引書となっていくのである。

こうした観点からすると、ヘブライ語聖書をそれぞれ構成する要素はすべて明快な役割を果たしている。最初から最後まで系図、家系図に重点が置かれているのは、危機にあるユダの民のアイデンティティがそこに明言されているからである。部族の系譜について残っている情報をすべて集めて、一覧にした結果、民に属す者と属さない者についての疑いはなくなった。「歴代誌上」はすべての名前が記載された〝電話帳〟のようなもので、娘への求婚に対処するときにはなくてはならないものとなった。

ヘブライ語聖書という〝文書〟は(いかなる霊感によって生み出されたにせよ、そこからどのような霊感が生じるにせよ)人間の手による作品である。この原則を念頭にヘブライ語聖書を読めば、それが正しいことはいたるところで明らかとなる。不必要な繰り返しや不適切な挿入、記述の矛盾や重複、すでに見たように、他の文書からの引用であることがはっきりと示されている箇所もあることなどがその基本的な特徴として挙げられる。これが正しいとすれば、聖書の文章が生み出された過程は、複数巻の百科事典といった複合的な大きな書物を生み出す過程と似たものであったとするのが合理的な結論と言えるだろう。

ヘブライ語聖書は明らかに、ひとりの人が成し遂げられるようなものではない。少数の人が計画を統括し、大勢の人がそれに関わっていた。制作にあたっては、その大部分について既存の様々な素材を用い、それを加工し、整えて全体がまとめあげられた。そこで次の点が指摘される。

一、何か特定の出来事や必要性がきっかけとなっていたはずであり、実際の着手には年代を特定できる瞬間があったはずである。

二、内的な一貫性を保ち、作業全体に継続的に作用する明確な展望があったはずである。

三、少なくとも主要部ができあがった時点においては、到達点についての最終的な合意があったはずである。

それゆえ、私見では、ヘブライ語聖書はバビロン捕囚への直接の回答として、バビロン捕囚という時代、場所、環境において、今日の形へと発展し始めたと考えられる。

この大原則は聖書本文を行ごとに別々の（ヤハウィスト、祭司文書、エロヒストなどの）著者に分けるという長く行われてきた内的な分析と衝突することはない。すでに編集された文書を含め、入手できる資料がすべて利用され、さらに形が整えられ、文章が組み合わされるという編集過程が長く続いたと考えられるからである。

このような複雑な作品がこのように多種多様な資料をもとに、これほど効率的に生み出されたということには重要な意味がある。まず、編纂作業は合意を経て役に就いた編集責任者の下、既存の記録資料すべてに接することのできる人々の集団によって行われたはずである。これは〝ユダ史編纂局〟とでも呼ぶべきものだっただろう。ほぼすべてのテクストがアラム語ではなく、ヘブライ語で書かれたという事実は政治的独自性という議論の手がかりになるのではないかと私は思っている。対象読者はそうしたことにだけ関心をもつ人々であった。

バビロニアの伝承の混入が明らかであることは、こうした背景に反している。ユダ人の思想家たちには世界と文明の始まりについて自分たち固有の考えが不足していたのかもしれない。いずれにせよ、強い印象を与えるバビロニアの物語がいくつか選ばれたわけだが、決定的に重要であったのは、そうした物語をそのまま丸ごと採用したわけではなかったということである。特に創世記冒頭は楔形文字の文書を土台としているとは見ないわけにはいかないが、その物語には〝完全に新しい文脈において機能するようにユダ的なひねり〟が加えられた。ここではそれが明らかな三つの例を検討しよう。

洪水以前の「長命の時代」

「創世記」[10]はアダムとその子孫、洪水以前を生きたノアの父ラメクにいたるまでの子孫に超人的な寿命を与えている。なかでも一番の長生きはもちろんメトシェラである。

アダム	九百三十歳
セト	九百十二歳
エノシュ	九百五歳
ケナン	九百十歳
マハラエル	八百九十五歳
イエレド	九百六十二歳
エノク	三百六十五歳
メトシェラ	九百六十九歳
ラメク	五百九十五歳

バビロニアにも楔形文字で書かれた同じような伝承がすでにあった。「シュメール王名表」に記された最初期の王たちの治世は極めて長く、その年数を表すために、第8章の〈箱舟の書板〉の舟の仕様でも登

場する「シャル」という「三千六百」を表す単位が使われている。

王権が天から降ってきたとき
王権はエリドゥにとどまった。
エリドゥでアルリムは王となり、
二万八千八百年統治した
アラルガルは三万六千年統治した。二人の王が六万四千八百年統治した。
変化が訪れた。
王権はバド・ティビラに移った。
バド・ティビラでエンメンルアンナは
四万三千二百年統治した。
エンメンガランナは
二万八千八百年統治した。
神なる羊飼いドゥムジィは三万六千年統治した。三人の王が
十万八千年間統治した。

「シュメール王名表」一―一七行

血統の確立に腐心していたユダ人たちは疑いなくこのスケールの大きな考えを採用したわけだが、この長生きした初期の王たちのことを巨人に違いないと考えた。しかし、楔形文字の伝承にはそのような記述

はない。創世記における「長命の時代」の伝承[11]は楔形文字の世界とは何の関係もないとしようとする学者もいるが、それは全く道理に反したことであるように思われる。

なぜ洪水が起きたのか

「アトラ・ハシース物語」では、人間があまりにうるさかったために壊滅的な洪水が人類に課せられた。しかし、このバビロニアの物語は救世主として選ばれた主人公の資質については一切記していない。聖書、あるいは後の『コーラン』における洪水は〝悪〟に対する罰である。また、ノアが選ばれた理由は明確に、その性質と振る舞いが正しかったからとされている。[12]

サルゴン王の伝説

サルゴンの母親はそもそも子を産むはずのない女神官で、父親については誰にもはっきりとしたことがわかっていなかった（「サルゴン王の伝説」参照）。それゆえ、サルゴンの出自は曖昧で、多少は卑しいものであったと考えられる。彼は田舎で、野菜畑に水遣りをしながら成長した。出エジプト記のモーセの場合は、他ならぬファラオの娘に救われる。ファラオの娘の周辺ではモーセの実母をそうとは知らずに雇い、手当を払ってモーセに乳を与えさせ、モーセは何不自由なく宮殿で成長する。モーセのような象徴的な人物の生い立ちは劇的で奇跡的なものでなければならないと考えられていたが、[13]バビロニアの物語にその話全体が別の意味をもつようなユダ的な色がつけられた。「授乳への手当て」のくだりは〝愚かなエジプト人〟への〝哄笑〟を誘ったに違いない。

では、そうしたバビロニアの題材はどのように道徳的な意味を加味してつくり変えられ、聖書の中に組み込まれていったのだろうか。

楔形文字を学ぶユダ人

ヘブライ語聖書にはユダの知識人たちが選抜され、バビロンで楔形文字の奥義を伝授されたという話が詳しく語られているが、それを文字どおりに受けとめるべきではないとする理由は全く見当らない。

さて、ネブカドネツァル王は侍従長アシュペナズに命じて、イスラエル人の王族と貴族の中から、体に難点がなく、容姿が美しく、何事にも才能と知恵があり、知識と理解力に富み、宮廷に仕える能力のある少年を何人か連れて来させ、カルデア人の言葉と文書を学ばせた。王は、宮廷の肉類と酒を毎日彼らに与えるように定め、三年間養成してから自分に仕えさせることにした。

ダニエル書一章三—五節

ダニエル書は新バビロニアの王たちとそれを継いだペルシャ王の治世下というバビロン捕囚の時期を時代背景とし、随所に大いなる幻が散りばめられた物語で構成されている。かつては前六世紀のものと信じられていたが、古い伝承材をまとめてダニエル書全体の編集が終わったのは今では前二世紀、すなわち捕囚より四百年も後のことと考えられている。この判断は全般的には正しいのだろうが、このダニエル書冒頭の記述はわずかではあるにせよ、ネブカドネツァルの宮廷のことを語っていると思わせる不思議な確信が漂っているように思われる。特に、楔形文字の教室でカルデア人の言葉と文書を学ばせたという記述が注意を引くように冒頭に置かれていることから、私はこの話を断然支持する。

教育課程の課題１(15)「長命の時代」：この粘土書板は学校での学習のためにつくられたもので、洪水以前の王たちの名をその長い統治期間とともに一覧表にしたもの。そのシュメール語の序文にアッカド語の行ごとの対訳がつけられている。この文章は今日では「王朝年代記」として知られ、直接「シュメール王名表」に由来する。

この記述が意味するのは楔形文字の筆記術とアッカド語の教育のことに他ならない。ユダ人はヘブライ語を話していたが、教育を受けた者はアラム語も知っていた。この教育計画は明らかにバビロニアの国策の一環であり、移住させた人々との長期にわたる摩擦を回避する狙いがあった。移民の上層がバビロニアの生活と慣習の中に文化的に溶け込んでいくことが望まれた。(14) それを最も効果的かつ永続的に達成させるには読み書きを教えるのが一番であった。ダニエルとその友人たちは教育を受けた後、裁判官になったとされるが、法律に関わることはすべてアッカド語で処理され、長く楔形文字で記録されるようになっていく。

私の知る限り、三年間教育を受けたという記述を楔形文字の学習とする解釈はこれまでに提案されたことも主張されたこともない。それはおかしなことにダニエル書が評価に足る証言と見なされてこなかったからなのかもしれない。しかし、人文学的見地からすれば、この箇所がヘブライ語聖書の中でも最も重要な文章であることは容易に示すことができる。それによって、これまで説明

教育課程の課題２(17)「網代舟に乗せられた赤ん坊のサルゴン」：中央の欄にその引用があり、第1-6行が記されている。両側の欄は他の文学作品の抜粋と文字のリスト。

されず、互いに関連づけられてこなかった多くのことが理解できるようになるはずである。

ネブカドネツァル時代のバビロニアの学校における教育内容のことは多くの学習用粘土書板(16)から知られていることだろう。若き候補生たちは最上の教師をつけられたことだろう。ヘブライ語とアラム語はアッカド語の同系統の言語なので、アッカド語の習得は優れた若者にはたやすいことであった。筆記術を学ぶ方法は確立されており、ほどなくして彼らは文字や数の表を書けるようになり、言葉や決まり文句、名前、そして様々な文学的な文章を筆記できるようになっていっただろう。

ここでの議論を強く裏づけるのは、同時代のバビロン出土の学習用書板には実際に「長命の時代」「サルゴン王の伝説」「ギルガメシュ叙事詩」についての研究や抜粋が用いられているということである。つまり、聖書における借用の過程を最もよく証言している三つの作品が学習用の教材に含まれていたのである。教育の過程にあったユダ人たちは宮殿の中の学校でまさにこれらの文書に出会っていたのである。

教育課程の課題３：授業で使われた『ギルガメシュ叙事詩』第Ⅲ書板からの抜粋。

この三つの話の書板があることによって、これまで見えなかった道筋が特定される。その上、その道筋は非常に直線的である。ユダ人たちが楔形文字を読めるようになったということだ。

優れたユダの知識人にとって、前六世紀初頭に膨大な量の楔形文字の伝承に遭遇したことは電気ショックのような効果をもたらしたはずであり、長期にわたる研究を始めた者や、楔形文字の習得が必須の様々な仕事に関与するようになった者もいたに違いない。

前五三九年にキュロス大王がバビロンを征服するまでの間、ユダ人はただ座して嘆いていたわけではない。その地に適応し、定住していたのであり、早晩メソポタミア市民となった。キュロスがやってきたとき、ネブカドネツァルによって移住させられたユダ人のすべてが〝故郷〟エルサレムに帰りたがっていたわけではなかった。しかし、ユダ人の古く、崩れかけていた宗教的アイデンティティは歴史、風習、教え、箴言の詰まった百科事典のおかげで、永遠のものとして結晶化していた。[18] 彼らは文字どおり、書物の民[19]となっていたのである。バビロン捕囚は通常、災厄とされているが、こう考えると、究極的には近代ユダヤ教の基盤が形成される過程だったと言えるのではないだろうか。

ヘブライ語聖書の発展は世界に新しい何かをもたらした。宗教的なアイデンティティがそこで規定され、始めと終わりのある文書集、すなわち〝聖典〟が初めて登場したのである。それ以前、世界には個別に宗教文書があるだけだった。これによってひとつの範例が確立され、キリスト教、イスラム教へと継承されていく。それは聖典を核とした一神教であり、定められた聖典には注釈書や説明、解釈が生み出されていくようになり、時には外典的な書物〔正典として『聖書』に入れられなかったユダヤ教の文献〕にも対処しなければならないようになった。

おわりに

バビロニアの地に定着したユダの捕囚民はおそらく、現代において国外強制退去であれ、政治的、宗教的亡命であれ、祖国を離れて別の大きな共同体に移った人々と同様の行動をとった。当初はひとつところに固まって暮らすが、当局が居住地域を定めていなければ、次第に分散し始め、最終的には各地へと散っていく。[20] ユダ人の場合、第二次世界大戦後にロンドンやマンハッタンに定着したユダヤ人と同様、社会的、民族的なアイデンティティと宗教的アイデンティティがともに重要な要素であった。この複合的なアイデンティティがバビロニアで徐々に発展していった結果、ユダ人の中に伝統的な民族意識とは異なるレベルで、大きく三つの区分が生じた。

一、自分たちの歴史や文化を強く意識し、神殿破壊という現実に直面しながらも、従来の慣習を堅持

ヤフドゥ出土の粘土書板。ユダ人の個人名が記された結婚契約書。

し、神殿を再建するためにできるだけ早くエルサレムに戻ることを待ち望む人々。

二、自分たちの文化への忠誠や個人的な信仰は伝統的なユダの慣習に依拠しているが、排他的な生活様式には固執しない人々。

三、あらゆる点でバビロニア人の生活に溶け込み、完全に同化することを望む人々。

第三のグループの人々にとって、おそらくは第二のグループの人々にとっても、マルドゥク神と自分たちのユダの神との違いは曖昧になっていったのではないだろうか。両者がともに神であるとしたら、マルドゥクはユダの神の目に見える神として、ユダの神よりも優っていると考えたのではないだろうか。特にバビロン到着から二、三世代経つと、多くの人にとって、どちらを選ぶかは大した問題ではなくなっていたかもしれない。この二つのグループの人々はマルドゥクやその子ナブー、ベルなどの神名が組み込まれた名を自分の子につけることを躊躇しなかっただろう。第一のグループの人々はそのような名は避け、「ヤフー」で終わる名や神々とは無関係の名をつけた。第一のグループにとって、ヘブライの神をマルドゥク神から区別することは常に重大かつ優先すべき課題であった。

前五三九年のキュロス大王の登場以降の資料は、他のユダ人がエルサレムに出発した後もイラクに残ってともに暮らしていたユダ人の共同体のことを断片的に伝えている。彼らが暮らした場所のひとつは「ヤフドゥ」、すなわち「ユダ人の町」と呼ばれていた。共同体は安定して秩序を保ち、中央政府に対して義務を負いつつも、自分たちがもち込んだ習慣やしきたりを維持しており、〝鎖に繋がれた奴隷〟などではなかった。その上、バビロニアの楔形文字で書かれた文書も残されている[21]。

最終的には後二世紀から四世紀の間に、自分たちの学院で「バビロニア版タルムード」を生み出したのは、このバビロニアに定住したユダ人の子孫たちであった。バビロニア版タルムードは、主にいくつかのアラム語の方言で記され、聖書ヘブライ語と後期ヘブライ語が混ざっている。タルムードはミシュナ(「事例集」)とゲマラ(行動規範)で構成されており、その根本的な目的は対象となる聖書箇所が正確には何を意味しているかをわかりやすく解説することにあり、様々な思索的な取り組みによってそれは達成されている。そこに記された異なる見解にはそれぞれ、それを考え出した尊敬すべき教師や個人の名が付されていることが多く、何世代もかけて学院で発展した洞察と解釈がそこに築き上げられている。整然と並んだ多くの考察や解説の中心にあるのは、もちろん聖書である。

タルムードはバビロニアにおける初期の伝承や学習の影響を直接感知することのできる最後の文書集である。そのような影響はアラム語におけるアッカド語からの借用語という形をとることもあれば、バビロニアの考え方や慣習[22](医学、呪術、占いやウルの「王のゲーム」など)が残っていることに見られることもある。特にここでの関連で言えば、タルムードの語呂合わせや解釈は、補遺1で引用している注釈に見られるようなバビロニアの学院で長く使われていた技巧と類似していることが明らかになっている。そうした工夫も突き詰めれば楔形文字の多面性に負っているのであり、アラム文字のアルファベットで書かれたラビ文献の中にそれが見られることは、バビロンに来た初期のユダ人が楔形文字による学問を受けていたという経緯を疑いなく反映している。楔形文字という特定の文化がユダの捕囚民とその子孫に与えた影響についてはほとんど研究されていないが、その影響が広範囲に及び、長期にわたるものであったことは確かである。以下に示すように、ネブカドネツァルの首都バビロンで用いられていた古代の名称が現代ヘブライ語の暦で今日も使われている月の名に残されているという事実は、バビロニアの影響が長期に及ぶ永続的なものであったことを雄弁に物語っている。

〈アッカド語〉		〈ヘブライ語〉
ニサンヌ (*Nisannu*)	↓	ニサン (*Nisan*)〔現代の暦では三―四月。以下同〕
アヤル (*Ayaru*)	↓	イヤール (*Iyar*)〔四―五月〕
シマヌ (*Simanu*)	↓	シヴァン (*Sivan*)〔五―六月〕
ドゥウーズ (*Du'ūzu*)	↓	タンムズ (*Tammuz*)〔六―七月〕
アブ (*Abu*)	↓	アヴ (*Av*)〔七―八月〕
ウルール (*Ulūlu*)	↓	エルール (*Elul*)〔八―九月〕
タシュリートゥ (*Tashrītu*)	↓	ティシュレイ (*Tishrei*)〔九―十月〕
アラウサムナ (*Arahsamna*)	↓	マルヘシュヴァン (*Marcheshvan*)〔十一―十二月〕
キスリム (*Kislimu*)	↓	キスレヴ (*Kislev*)〔十一―十二月〕
テベトゥ (*Ṭebetu*)	↓	テベト (*Ṭebet*)〔十二―一月〕
シャバトゥ (*Shabatu*)	↓	シュヴァト (*Shevat*)〔一―二月〕

アダル（*Adaru*）　→　アダル（*Adar*）〔二―三月〕

これとは対照的に、もともとの古代ヘブライ語の月名はアビブ（現代ヘブライ語では「春」を表すが、かつては「ニサンの月」の意）、ジブ（イヤール）、エタニム（ティシュレイ）、ブル（マルヘシュヴァン）の四つしかわかっていない。ユダ人はバビロンに暮らすうち、その地で普及していた暦をごく自然に採用するようになった。古いユダの名称は使われなくなったが、アッカド語の単語は生き続け、今日も世界中で日常的に使われているのである。

第12章　何が箱舟に起こったのか

世界地図は空白を残すことがなくなり、
一枚の絵となる――
生き生きと変化に富む形で埋め尽くされて。
各部分はそれぞれ正しい縮尺で描かれる。
――チャールズ・ダーウィン

箱舟はどの版の物語でも、洪水が引いた後、貴重な荷を積んだまま無事に山の頂に着いたとされている。地上の生き物はどうにか洪水を逃れ、人間と動物の世界は立ち直り、新たな活力を得て、以前どおり存続することができた。これ以降、この巨大な舟が実際に着いた場所と、それに何が起こったのかが重要になった。

舟が着いた山については様々な伝説が生まれた。この古代バビロニアの物語はユダヤ教、キリスト教、イスラム教において常に重要であり続けたからである。それ以前の楔形(くさびがた)文字の世界において、その伝承は複数あった。すでに見たように、〈箱舟の書板〉を含む最も古い版の洪水物語は前二〇〇〇年紀のものだが、非常に残念なことに、この時期の書板には箱舟が山に着いたことに言及しているものはない。さらなる検証のためには、当時のバビロニアの地図がまさに必要となる。そして、幸運なことにそれは存在する。

バビロニアの〈世界地図〉

問題の地図[1]はまさしく全世界の地図である。それは今までに発見された粘土書板の中でも特に注目に値するもののひとつで、非常に洗練されているので、他にもそう呼べるものがたくさんあるにもかかわらず——少なくともアッシリア学の世界では——「マッパ・ムンディ」（世界地図）というラテン語の通り名がつけられている。さらに言えば、この地図は粘土書板に描かれた「現存する最古の世界地図[2]」でもある。

最も重要なのは書板の下三分の二を占める図版である。これは非常に出来のよい作品と言える。当時知られていた世界が遥か上空からの俯瞰で円形に描かれ、その周囲をアッカド語でマルラトゥ（*marratu*）と呼ばれる水が環状に取り巻いている。この二つの同心円はコンパスの前身とも言えるような道具で描かれており、中心点はバビロンの南、おそらく「天と地の繋ぎ目(ドゥル・アン・キ)」ニップルの町に打たれている。円の内側にはメソポタミアの中心地域が図式的に描かれ、北方の山脈地帯を水源とし、南部の運河や低地に流れ込むユーフラテス川の広い流れが上から下へと貫いている。この大河を跨(また)ぐように長方形で描かれているバビロンの町は、地図上に楔形文字で名が記され、円で示されている他の町に比べてあまりに巨大である。それぞれの町や民族が集まっている地域の位置は〝正確な〟場合もあるが、常にそうとは限らない。中心地

バビロニアの〈世界地図〉（表）。

域の重要な場所はすべて円の内側にまとめて描かれているが、これはドライブ・マップではないので、すべてを取り囲む「環状の水」の重要性に比べれば、地理上の相対的な比率や円内の位置関係はとるに足らないものとされている。また、その「環状の水」の彼方には広大な山々が環状に並び、世界の縁を形成している。これらの山は平面的に突き出た三角形で描かれ、それぞれ〈ナグー〉と呼ばれている。この山は元来、八つ描かれていた。

このバビロニアの〈世界地図（マッパ・ムンディ）〉は当然、非常によく知られており、大英博物館では常設展示である。通常、粘土書板は長期保存のためには焼くことが推奨されているが、この地図書板は表面がとても繊細なため、博物館の保存部も今まで窯（かま）焼きをしてこなかった。今では展示ケースから取り出されることさえなく、展示のために貸し出されることも一切ない。何年も前に貸し出された際、どういうわけか左下隅の〈ナグー〉が剥離し、あろうことか、消失してしまったからである。

一八八二年、〈世界地図〉が大英博物館に収蔵されたときには、四つの〝三角形〟が残っていた。そのうち二つは完全な形を留めていたが、残りの二つは底辺の部分だけであった。この書板は一八八九年、ドイツの学術誌で初めて発表され、その後もこの地図の手書きの図版や写真が折にふれて残されてきた。そこには南西部の「三角形」を留めた姿が残されており、元の状態を忠実に示す図として参照することができる。

大英博物館の粘土書板がこのような損傷や、損失を被ることは滅多になく、よりにもよって〈世界地図〉の「三角形」にそれが起こってしまったのは二重の不幸であったと言わねばならない。しかし、不思議な巡り合わせで、私はこの事故の埋め合わせをすることになり、その結果は本書に全く予期すべくもない影響を及ぼすこととなった。十九世紀最後の数十年間、考古学者ホルムズド・ラサムに率いられた大英博物館の発掘隊は、メソポタミアのシッパルとバビロンの遺跡で発掘を行い、非常に多くの楔形文字書板を発見した。そのすべては博物館にもち込まれ、楔形文字文書担当の学芸員が登録した。そして、基本情報が記録され、種類別の分類番号がふられると、天辺がガラス製の箱に入れられて、収蔵棚に収まった。博物館には次々に粘土書板がもたらされたため、当然まずは大きな破片に関心が向けられ、次第に小さいものへと処理が進んでいく。粘土書板やその破片は箱に入れられ、紙に包まれた状態で梱包されて送られてくることが多かった。それぞれの箱には大量の小さな破片が入っていることも多かったが――ありがたいことに、ラサムの作業員たちは注意深く、文字が書かれている破片をすべて集めてくれていた――、ロンドンの学芸員にしてみれば、二、三文字しか書かれていないような小片すべてを検討する時間もないまま、新たに重要な荷物が届けば、そちらに関心が移ってしまうという事態が生じることもしばしばであった。その結果、時が経つにつれ、いつか処理しなければならない小さな破片の山が積み上がることになった。そうした破片はたいていは商取引文書のかけら（「証人○○氏、△△氏、◇◇氏」などと書かれている）や、書板の表面から剥がれ落ちた切片（「ダリウスの××年、第四の月の一日」など）で、それだけでは大きな成果が約束されているようには見えないが、それはすべて、そのまとまりの中にある他の書板に属しており、最終的には接合されるはずであることを考えれば、宝物である。いつかは（おそらく何百年もの作業を経て）、大英博物館にある楔形文字の粘土書板のほとんどが継ぎ合わされ、そこに書かれている文章が完全に解読可能となる日が来るのだ。そのためには、とんでもない形のピースからなるジグソーパズルを組み立てなければならない。大英博物館で粘土書板に携わっているアッシリア学者はすべて、このジグソーパズルに取り組みながら、いつの日にか必要としている欠けたピースが根気強い遺物修復者によって、あるべき場所にピタリと収まるときが来るのを夢見ている。そのようなことが時には起こる。単なる破片が非常に重要なものと判明することがあるのである。

私が何年もの間、大英博物館の閉館後に楔形文字の夜間授業を行っていたことは前にも触れた。週に一回、律儀で忍耐強い人々が楔の奥義を伝授されるべく集まってきた。教室ではあらゆる種類の文書をいっしょに読み、時にはちょっとした宿題を課すこともあった。この夜間教室は数年続き、最終的には不本意ながら終了することになったが、そのときまでに、生徒のひとりでイーディス・ホーズリーという女性が楔形文字の確固たる信奉者となっており、粘土書板担当の部署でボランティアとして勉強を続けられないかと考えていた。これは長く放置されている粘土書板の小片を少しでも片づけられるよい機会であるように思われた。ミス・ホーズリーは棚から下ろした箱の包みを開き、書板断片から軽く汚れを落として、できる範囲で選り分けてから再び収納するという作業を行うことになった。彼女は何年も楔形文字の授業を受けていたので、楔形文字の商取引文書がどういうものか知っていた。そこで粘土書板の角や端、本文の破片を選り分けてもらうことにし、何かしらおかしいと思われるものや、商取引文書に見えないものは取り分けておき、毎週金曜日の午後に私が確認することになった。そうした目を引く破片のほとんどは乱雑に書かれた学校教材の破片か、天体に関する数字の表だったが、ある日、その破片の山の一番上に三角形が描かれた書板のかけらが置かれていた。

楔形文字解読家としての人生にはアドレナリンが吹き出る瞬間が数多くあるということをここまでにも伝えようとしてきたが、このときばかりは特別であった。私は即座に――粘土書板に携わる者なら誰でもそうであろうが――この破片が〈世界地図〉の一部だとわかった。間違いない。私は震える手でその断片を摘(つま)み上げて小さな箱に入れると、第五一展示室の展示ケースを開けて、それが合致するかを確かめるために鍵束を取りに走った。しかし、下階の〈世界地図〉のところに降りてみると、信じられないことに、地図はいつもの場所には置かれていなかった。興奮のあまり忘れていたが、古い地図の展示のために大英図書館（当時はまだ大英博物館(ブルームスベリー)の敷地内にあった）によって他の地図とともに建物の別の場所に移されていたのだ。月曜の朝まで待つのは耐え難いことだった。結局、図書館の守衛が私と博物館助手とミス・ホーズリーに断片の接合を試すために地図のところまで行くことを許可してくれた。ついに鍵が開かれ、三角形の断片は再び離れることは決してないというほど、その隙間にぴたりと収まった。

しかし、これは氷山の一角にすぎない。この三角形の〈ナグー〉は楔形文字で記された「その間六リーグは太陽は見えない」という有名な句の右に収まった。この改めて嵌(は)め込まれた〈ナグー〉には「大きな壁」と書かれている。もちろん、中国の「万里の長城」のことではなく、楔形文字の物語を通して知られている古い巨大な壁のことである。

〈世界地図〉の一部を接合できたのは本当に素晴らしいことであった。私はこの成果に少しばかり夢中になりすぎて、誰彼構わず、興味があろうとなかろうと、このことを聞こえる範囲にいる人にしゃべりまくっていた。二日ほど後、博物館員専用の食堂で列に並んでいたときも、この発見のことを当時『ブリティッシュ・ミュージアム・マガジン』の編集者をしていたパトリシア・モリソンに話した。すると、即座にこのことについて寄稿するよう依頼された。[3] そのとき、彼女にはテレビのニュース番組の最後にその日に起こった出来事による陰鬱な空気を和らげようとしてアナウンサーが報じる「身籠もった猫が灯台の屋根からヘリコプターで無事救助された」といったようなニュースだと無邪気に話していた。とは言え、翌朝、玄関ホールからの内線で、ニック・グラスと「チャンネル4」のニュースチームが私とミス・ホーズリー、そして〝問題の断片〟の取材に来ていると聞いたときには相当の衝撃だった。雑誌編集者のパトリシアとニック・グラスが近所に住んでいて、どうやら彼女がこの出来事を庭のフェンス越しにすべて語ったということだったようだ。

「ジグソーパズルのピースをソファの後ろに落としてなくしてしまったことはありませんか」

次の日の晩、[4] 七時のニュースの最後にトレヴォール・マクドナルドがそう話し出した。

「実は、今日大英博物館で……」

その後、大英博物館のメソポタミア展示室、粘土書板コレクション、「学生室」で学ぶ学生たち、埃をかぶった粘土書板の破片に囲まれたミス・ホーズリーなどがフルカラーの映像で映し出され、出来事の一部始終が語られると、最後に青色の三角形の破片がひとりでに浮き上がり、粘土書板の空いた場所にぴたりと収まるという〝魔法のような〟（一九九五年当時の）コンピューター・グラフィックスの映像が流された。ニュースは全部で四分と四十二秒であった。まったくアンディ・ウォーホルばりの映像だった。そして、その日は私の誕生日だったのだが、当時はまだ知るわけもなかったが、この〈ナグー〉の接合は、それに続く私の箱舟研究にすばらしい結果をもたらすことになった。

この地図は楔形文字の書体からすると、前六世紀に作成された可能性が高い。地図の内容は疑いなくバビロンが世界の中心であることを示している。首都を表す長方形の囲いの中心に見える点はおそらくネブカドネツァルのジグラトゥを示しているのであろう。この書板は大きく三つの部分に分けられる。まず、十二行からなる記述があり、バビロンの守護神マルドゥクによる世界の創造のことが書かれている。次に地図が描かれ、最後に、地図上の地理的特徴が二十六行からなる文章で説明されている。

最初の十二行では単語の綴りにシュメール語の表意文字が多用されており、裏面の文とは異なっている。十二行目の真下に書板の幅いっぱいに二重線が引かれていることから、これを書いた書記自身がこの記述を地図とその説明文とは区別して考えていたと推測される。このように表意文字を用いる綴り方のスタイルは完全に前一〇〇〇年紀のものであり、すでに述べた「マルラトゥ」という語の他、地図上の地理用語からもその年代は確認される。〈ナグー〉がもともと八つあったことも確かである。〈ナグー〉はすべて同じ大きさと形で、書板上に残されている範囲では〈ナグー〉の間の距離はその円形の縁に沿ってぐるりと旅した場合、六ベールから八ベールとされる。ベールは歩いて二時間の距離で、慣例として「リーグ」と訳されている。

裏面には全体に八つの〈ナグー〉に関する記述があり、それぞれの山は水を越えた後、それぞれ同じく七リーグの距離にあり、それぞれの山に着いたときに目にするものについても記されている。この興味深い文書が大きく破損しているのは非常に残念なことだが、年を経たアッシリア学者としては、「文脈が素

バビロニアの〈世界地図〉（裏）。

晴らしいほど解読は難しい」という原則を受け入れるしかない。

この形の地図は――「マルラトゥ」という語が初めて「海」の意味で使われたのが前九世紀なので――前九世紀より古いことはあり得ないとされているが、この地図と八つの〈ナグー〉という描写の背後にある思想はもっと古く、前二〇〇〇年紀に端を発すると私は見ている。実際のところ、〈箱舟の書板〉が書かれた古バビロニア時代に遡るのではないだろうか。まさにこの書板に書かれている語の綴りから、そう結論づけられる。前一〇〇〇年紀にはこの同じ地図書板の最初の十二行に見られる表意文字が広く好まれていた。しかし、裏面は当時は毛嫌いされていた単純な音節のスタイルでそれぞれの語が書かれているのである。そう考えると、この文書は作成された時代よりも遥かに古い時代の宇宙体系や伝統が表されていることになる。こうして、この〈世界地図〉書板は部分的に新しいデータや考えを被せながら古い伝統を表しているという性質をもつことが一層鮮明になる。いずれにせよ、この書記はこの地図と説明文は古い時代からの写しであると語っているのである。

この地図では世界は円形に描かれている。つまり、この地図が最初につくられたときには世界は円形と考えられていたということであろう。環状の水路である「マルラトゥ」という語は「苦しくなる」という意味の動詞「マラール」に由来し、川を表す限定詞がついている[5]。川を表す記号がついてはいるが、他の文書では明らかに海を意味しているので、ここでは「大海」と訳す。「苦しみの海」「苦しみの川」という訳も可能だろう。この水の彼方、八つの方角に〈ナグー〉がある。この語は前一〇〇〇年紀には非常に実際的な意味をもっており、政治的、地理的に定義でき、文字どおり普通に辿り着くことのできる地方や地域[6]を指して使われていた。しかし、〈世界地図〉では全く異なる意味をもっている。この八つの〈ナグー〉は世界の縁の向こう、想像を絶するほど遥か彼方にある巨大な山なのである。山なので三角形で描かれてはいるが、「大海」を渡ってそこに近づくにつれ、その頂が水平線上に徐々に現れてくるような山と考えられていたに違いない。

〈ナグー〉の山々をそこに据えることにより、「水平線の彼方には何があるのか」という答えを出しがたい問いに簡潔な答えが与えられていた。人間が知っている土地はすべて水に取り巻かれているので、結局のところ、ずっと水なのだと考えるのは理に適ったことではあるが、「マルラトゥ」の向こうはどうなっているのか。この世界観においては、世界は人が到達することのできない巨大な山々に縁取られ、その山々が要塞のように世界を取り囲んでいるとされる。その向こうを見てみたいと望んでも、空があるだけで何もないのだ。

地理に関する当時の認識はこの文書の最後に記される句に明確に示されている。そこには八つの三角形に囲まれた舞台としての「四方世界」と書かれている。シュメール語やアッカド語において、この壮大な表現は自分の王国の広さを誇示しようとしたメソポタミアの王たちによって太古の昔から好んで用いられていた。したがって、この地図がつくられた当初、地上のものはすべてその円内の平面上に位置していると考えられていたことになる。その外側に出て環状の大海を越えるということは、奇妙な住人などの何か驚きの事実が待ち受ける巨大な山岳地帯に入り込むということであった。その平面に描かれた地図は円形の世界を取り巻く三角形が天に向かって聳(そそ)り立ち、八つの突起をもつ王冠のようなものとして世界を表していた。

〈ナグー〉それぞれについての八つの説明文は判読される限り、そこに行ってきた大胆不敵な旅人によって書かれたものであるかのように読むことができる。そこでの発見を挙げ、同じ道を辿れば感じるであろう驚きができる限り詳しく説明されている。しかし、その語り口は英雄の大冒険や異国の伝承の要約といった型にはまったものになっている。このような旅人となり得るのは一体誰だろうか。冒険を求め、水平線の彼方に漕ぎ出したアルゴー船の先駆けがバビロニアにあったのだろうか。驚きに満ちた土産話をもち帰り、食事のたびにそれを披露するような恐れ知らずの商人がいたのだろうか。あるいは、世界中を地の果てまで飛びまわり、あちこちを見ていた者がいたのだろうか。いずれにせよ、この地図は鳥瞰図であり、説明文を最初に編集した人物には、それが誰かはともかくとして、〝鳥〟と呼ばれた父親がいたことが書板の最後に書かれている。

記述全体を〈ナグー〉ごとにひとつひとつ俯瞰していくと、遥か下方に広がる素晴らしい地形を垣間見られるような気になる。

〈ナグー1〉

（非常に小さな字で書かれた導入文の痕跡あり）

［初めの〈ナグー〉に至るには、七リーグを旅しなければならない……］

それらは……を運んで（?）……

……巨大な……

……その中には……

〈ナグー2〉

［二番目の〈ナグー〉に至るには］七リーグを旅しなければならず［……］

……

〈ナグー3〉

［三番目の〈ナグー〉に至るには］七リーグを旅しなければならず［……］

……［そこでは］翼のある鳥は［自らの翼を］羽ばたかせることができず……

〈ナグー4〉

［四番目の〈ナグー〉に至るには］七リーグを旅しなければならず［……］

［……は］……一パルシクトゥの厚さ、十ウバーヌの［厚さ……］

〈ナグー5〉


[五番目の〈ナグー〉に至るには] 七リーグを旅しなければならず [……]。

[巨大な壁] の高さは八百四十アンマ、[……]。

[……] ……、その木々の高さは百二十アンマ、[……]。

[昼間に] 彼は自分の前の [……] を見ることはできない。

[夜には?] ……に横たわり [……]。

[……] さらに七 [リーグ] 行かなければならない [……]。

……砂 (?) の [中で] ……なければならない [……]。

[……] ……彼は……だろう [……]。


〈ナグー6〉


[六番目の〈ナグー〉に至るには] [七リーグを] 旅しなければならず [……]。

[……] …… [……]。


〈ナグー7〉


[七番目の〈ナグー〉に至るには] [七リーグを] 旅しなければならず [……]。

…… [……] 角のある雄牛 [……]。

それらは [……] 野生の [獣を] 捕まえられるほど速く走る。

〈ナグー8〉

［八番目］に至るためには、七リーグを旅しなければならず［……］。

［……］……門（？）から毛で覆われた人[7]が出てくる。

まとめ

［これらは……］全……における四方世界の……

［……］……その神秘は誰にも理解できない。

書記の家系

［……］……原本に照らし、書かれた、

［書記は……］、「鳥」の息子、エア・ベル・イリの子孫。

破損した文書から判断する限り、それぞれの〈ナグー〉の山は驚くべきものたちの住みかである。三番目の山には（巨大な？）飛べない鳥[8]がおり、五番目の山には地図自体にも記されているとおり、高さ四百二十メートルの巨大な壁があって、森には六十メートルに達する巨大な木々が立ち並んでいる。七番目の山には野生の獣より速く走り、それを貪り食う（巨大な？）雄牛が住んでいる。残念ながら、最初と二番目、六番目の〈ナグー〉については損傷のため、ほとんど何もわからない。

しかし、最も重要な発見があったのは〈ナグー4〉である。〈箱舟の書板〉のおかげで、円形のバビロニアの箱舟が留まったのは世界の涯(はて)の彼方にあるこの山の上であることがわかった。この山の説明については是非とも原文とともに読まねばならない。

[a-na re]-bi-i na-gu-ú a-šar tal-la-ku 7 KASKAL.GÍ[D . . .]

［四］番目の〈ナグー〉に［至るには］、七リ［ーグ］を旅しなければならず

[*šá* GIŠ *ku*]*d-du ik-bi-ru ma-la par-sik-tu*$_4$ 10 ŠU.S[I . . .]

［その丸］太（?）は一パルシクトゥの厚さ、十ウバーヌの［厚さ……］。

二行目冒頭の破損した語は「木片、葦、丸太」を意味する「クドゥ」というあまり一般的ではないアッカド語の名詞に違いないと思う。それが「一パルシクトゥの厚さ」とされているが、同じ文言は奇しくも〈箱舟の書板〉の中で巨大網代舟の肋材についての記述で「私は三十本の肋材を据え付けた。それは一パルシクトゥの厚さで、長さは十ニンダだった」というように使われている。第8章で論じたように、「一パルシクトゥの厚さ」は体積を示す語で厚さを表しているが、他の文書で見られることはなく、現代の英語で「短い板材二枚分の厚さ」〔「ひどく愚かな」という慣用句。既出〕といった表現に相当するものと考えられる。この表現はアトラ・ハシースの箱舟と分かち難く結びついて、常に箱舟を連想させるものであったに違いない。それがこの〈世界地図〉において内容や目的からしても古バビロニア時代の物語からの引用文に他ならないものの中に表れたのである。

地図の記述の中では「丸太」もしくは「角材」に当たる語が「肋材」を示して使われている。アトラ・ハシースの網代舟の肋材は長さがそれぞれ十ニンダ、すなわち六十メートルで、厚さは約五十センチであ

る。アトラ・ハシースの大工は、このサイズの木材をバビロニア南部のどこで調達したのだろうか。おそらく〈世界地図〉がそれに答えてくれる。地図にはまさに長さ六十メートルというお誂え向きの木々が隣の〈ナグー5〉に生えていると記されているからである。これに比べると、第8章で触れたギルガメシュのパント用の竿は三十メートルしかない。ここでは「十ウバーヌの［厚さ……］」が「長さ十ニンダ」から置き換えられているように見えるが、この句はおそらく瀝青を塗る厚さのことを述べている（〈箱舟の書板〉一八―一二行の単位もウバーヌである）。〈箱舟の書板〉の記述と比べると、量が跳ね上がっているが、これはすでに見たように、箱舟に関する他の数値にも見られたことであり、おそらく非常にたくさんの瀝青が広い範囲に塗られたためであろう。

〈世界地図〉の〈ナグー4〉の描写は箱舟の巨大な肋材のことを描いていると考えてみよう。そのゴツゴツした山の頂にアトラ・ハシースの巨大な箱舟が斜めに乗っているのが目に浮かぶようだ。瀝青は剥がれ、縄や布は遥か昔に朽ち果てたか、食い尽くされ、弓なりに曲がった木製の肋材がまるで食い散らされて白骨化した鯨のような姿で、青空を背にくっきりと浮かび上がっている。〈ナグー4〉に到達した類い稀なる冒険者はこの世で最も重要な舟の歴史的な残骸を目の当たりにすることになるのだ。

さて、これは本当に新しい発見なのである。博物館の展示ガラスの奥で穏やかに沈黙を守っていた世界最古の地図が今や洪水の後に箱舟が到着した場所を伝えているのだ。百三十年の沈黙を経て、このよく知られ、話題をさらった脆い粘土の塊が何千年もの間、捜索され、今なおその捜索が続いている箱舟についての情報の一片を暴き出したのだ。

しかし、さらに言うべきことがある。〈ナグー4〉が箱舟の着いた場所であるとして、地図上の八つの〈ナグー〉のうち、実際にはどれが〈ナグー4〉なのか特定することはできるのだろうか。この問いには、ありがたいことに、肯定をもって答えることができる。

テレビで報道されたとおり、〈ナグー〉が新たに「巨大な壁」と接合されたことで、以前にはできなかったことが可能になった。地図上の八つの山と、裏面に描かれた八つの記述が互いに関連づけられるようになったのである。ミス・ホーズリーが発見した三角形は第五の〈ナグー〉でなければならない。なぜか。次の〝要点〟を確認してみよう。

〈ナグー5〉の断片的な記述から導き出された新たな解釈から、今やこの〈ナグー〉が地図上で示されている「巨大な壁」をもつ〈ナグー〉であることは十分に特定できる。この粘土書板を普通に手にとって読もうとするとき、〈ナグー5〉はその上部でほぼ北を指し示す位置にあって、闇に包まれている。それが定まれば、今では完全に失われてしまっているが、三角形の頂がほぼ南を指す位置にあったのが〈ナグー1〉であると推定されるだろう。

残りの六つの〈ナグー〉の場所を正しく定めるには〈ナグー1〉から〈ナグー8〉を時計回りに割り当てるか、反時計回りに割り当てるかを見極めるだけである。

三角形の〈ナグー〉について楔形文字で記された注記はおそらく反時計回りの順で書かれただろう。楔形文字は左から右へと書かれるので、注記も当然、左側の、おそらく西と考えられる側の〈ナグー〉から始められ、書くときには上から下へ進むものなので、下に向かってひとつひとつ三角形のことを書いていったと考えられる。それぞれの〈ナグー〉に注を付すときには、わずかに粘土書板を時計回りに回転させられただろうから、記述する際に下にくる三角形の一辺の下にそれぞれの注を書き記すことは容易であった。このようにして八つの三角形すべてに注が付されると、北東の〈ナグー〉の注は読むときには上下逆さまになる。

このように、実際に書かれた順と同じく反時計回りの順で説明していると考えられる。この解釈に特に問題はない。書板に描かれたバビロニアの天体盤には反時計回りで進んでいくものもある。そう考えると、「失われた箱舟の漂着地」である〈ナグー4〉は「巨大な壁」をもつ〈ナグー5〉の右隣、地図上にまだ残っている三角形ということになる。地図上でどのようにそこに至るのかを見てみよう。

バビロニアの〈世界地図〉拡大図。ウラルトゥ、「大海」、箱舟が着いた〈ナグー4〉が見える。

箱舟の〈ナグー〉に到達するには、メソポタミア中心部の北東に位置するウラルトゥ――地図に実際にその名が「ウラシュトゥ」として書かれている――という場所を通り、まっすぐに旅するのが最も効率がよい。ウラルトゥを越え、そのままその方角に進み、世界を取り巻く「マルラトゥ」を渡ると、世界の果ての彼方にある山に辿り着く。これはアトラ・ハシースの箱舟に元々起こったとされたことである。箱舟は大洪水によって世界を取り囲む大海を越えて世界の果ての彼方に運ばれた。そのとき、大海にも洪水の奔流が流れ込んだのであろう。その後、箱舟は当時想像されるうちで最も遠い彼方にある八つの〈ナグー〉のうちの第四の〈ナグー〉に漂着する。そこは英雄でなければ到達できない場所であった。そこに到達したいと望む者は、まずウラルトゥに辿り着かなければならなかったということである。

聖書のアララト山

アララト山はクイズ番組の世界では回答者にお決まりの答えを出させてから、勝ち誇って「不正解です」と告げるような問題の題材として取り上げられることが多いのではないだろうか。ノアの箱舟は「アララト山」に着いたと広く信じられているが、「聖書にそう書かれている」ということをその根拠としている。ある意味、それは確かなことだが、重要な付帯条項がついているのである。

水は地上からひいて行った。百五十日の後には水が減って、第七の月の十七日に箱舟はアララト山の上に止まった。水はますます減って第十の月になり、第十の月の一日には山々の頂が現れた。

創世記八章三―五節

この部分のヘブライ語本文で「山」は複数形である。「アルプス」が複数の山々を指すのと同様、「アララトの山々」を意味している。したがって、この語を「アララト山」と呼ばれる独立峰であるかのように訳すことは本来できないのである。しかし、こうした理解は非常に古いもので、以下に述べるとおり、それ自体が尊重すべき伝統を表している。

前章で論じたように、箱舟の最後についての創世記の記述は洪水物語全体のクライマックスとなってお

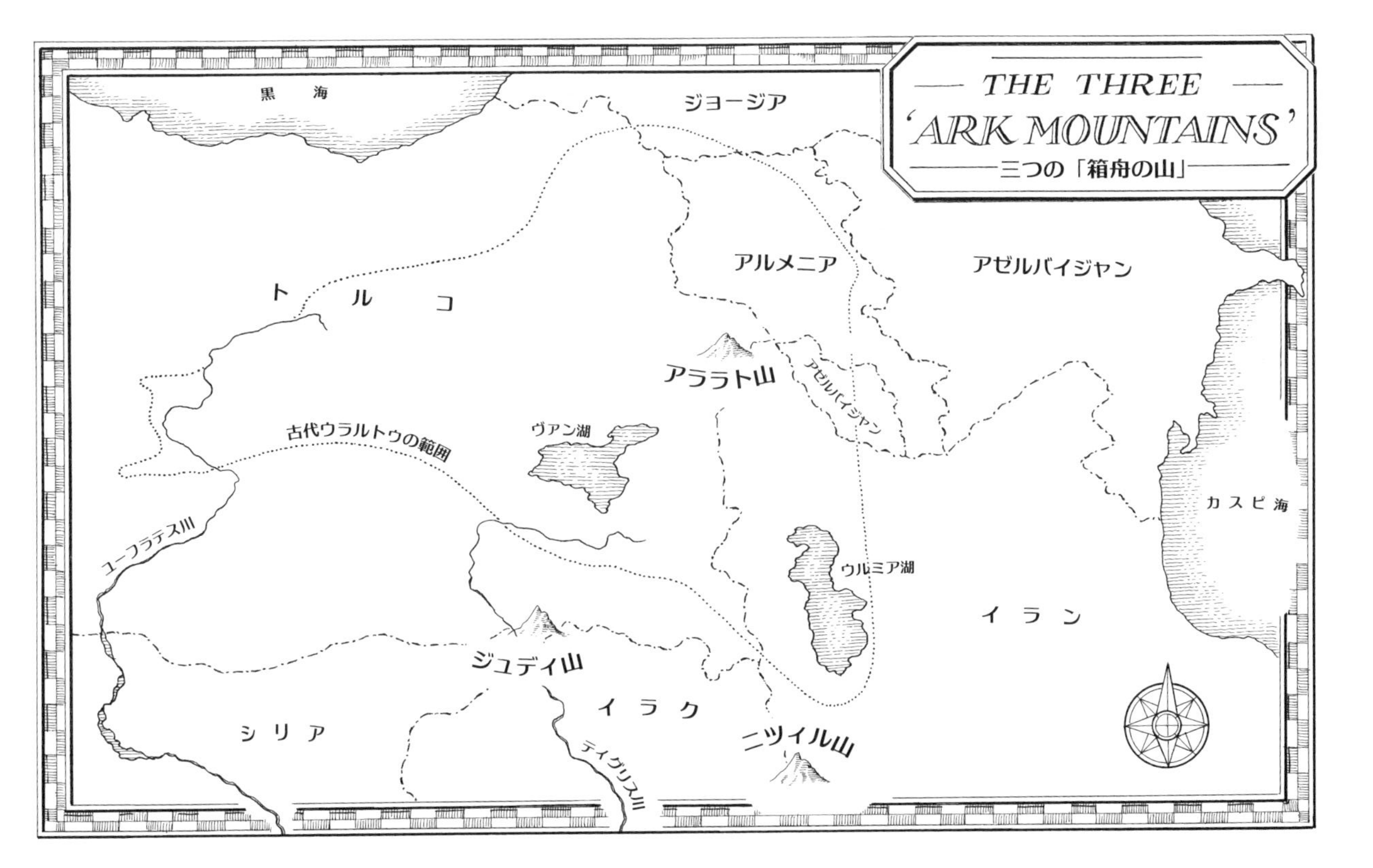
THE THREE
'ARK MOUNTAINS'
三つの「箱舟の山」
黒海
ジョージア
アルメニア
アゼルバイジャン
トルコ
アララト山
アゼルバイジャン
古代ウラルトゥの範囲
ヴァン湖
カスピ海
ユーフラテス川
ウルミア湖
イラン
ジュディ山
イラク
シリア
ニツイル山
ティグリス川

り、あらゆる点でこの問題もまた、バビロニアの伝承を反映していると考えるに十分な根拠がある。広い視点でとらえれば、それが実際には正しいことがわかる。聖書の「アララト」は〈世界地図〉に記されているメソポタミア中心部の真北に位置する政治的、地理的な古代の地名「ウラルトゥ[9]」にあたるのである。

ユダヤ・キリスト教の伝統では、創世記の記述にしたがって、ノアの山はアララトという名で知られる〝どこか北方にある巨大な山〟であるという前提に基づいて、現在「アララト山」と呼ばれている山とされてきた。このアララト山はトルコ北東部、イランとアルメニアの国境近くのアラス川とムラト川の間に位置し、この地域一帯では最高峰で、雪を戴く二つの頂をもつ休火山である（大アララトと小アララト）。しかし、この山がアララト山と呼ばれるようになったのは近代になってからである。アルメニアでは昔から「マッシス山」と呼ばれ、トルコ語では「アール・ダアー」である。洪水物語を知っている人にとっては、この山は間違いなくその場所、洪水の水が引き始めたときに真っ先に水面に現れた場所ということになっただろう。箱舟をたやすく収容し、保存しておけるだけの氷結する水源もある。実際に近くまで行ったことはなくとも、北に行けば行くほど、多くの山があることは誰もが知っていた。

アッシリアのニツィル山

しかし、〈世界地図（マッパ・ムンディ）〉に書かれた箱舟の山は、古代メソポタミア世界に存在する唯一の箱舟の山ではなかった。前七世紀アッシリア時代の権威ある古典作品『ギルガメシュ叙事詩』に別の候補が挙げられている。現存する楔形文字の洪水物語の中で、ウトナピシュティムの箱舟がどのように山に到着したかを記しているのは『ギルガメシュ叙事詩』だけである。その部分の訳は以下のとおり。

洪水の水面は屋根のように平らだった。
私が蓋を開けると、太陽の光が私の頬に降り注いだ。
私はひざまずき、その場にとどまって、むせび泣いた。
涙が私の頬を流れ落ちた。
私が四方の水平線を見渡すと
十二［もしくは十四］の場所に〈ナグー〉が姿を現していた。
舟はニツィル山に乗り上げた。
ニツィル山はすぐに舟をつかんで、放さなかった。
一日目も二日目も、ニツィル山は舟をつかんで、放さなかった。
三日目も四日目も、ニツィル山は舟をつかんで、放さなかった。
五日目も六日目も、ニツィル山は舟をつかんで、放さなかった。
七日目になると……

〈ギルガメシュ第XI書板〉一三六—四七行

水が引くにつれ、十二ないし十四の〈ナグー〉が現れた。〈ナグー〉は〈世界地図〉で目にするのと同じ語であり、ここでは洪水が引くにつれて姿を現したとされている。いずれにせよ、そのうちのひとつがニツィル山と呼ばれており、ウトナピシュティムの箱舟はそこにしっかりと留まった。他の十一（もしくは十三）の山については名は記されていない。ここでは聖書の伝承とは逆の順で物事が展開する。ウトナピシュティムは箱舟が山の頂に着く前に、山々の頂を目にし、その数を数えている。一方、ノアの箱舟が山の頂にしっかりと留まったとき（十の月十七日）、他の山の頂はまだ見えず、徐々に水が引いて、山々が現れるまでには（一の月一日）、さらに三か月を要した。

『ギルガメシュ叙事詩』の〈ナグー〉は当初、一八七五年にジョージ・スミスによって「ニジル山」と呼ばれたが、この「ニツィル」という形の名は今でも様々な文献で採用されている。名前の読み方がはっきり定まらないのは二番目の楔形文字が「ツィル」とも「ムシュ」とも読めるからである（楔形文字としては同じ文字）。一九八六年になって「ニムシュ」という読み方が真剣に提唱されるようになったが、それでも私自身は「ニツィル山」という読み方を好んでいる。[10] これは山を表すメソポタミアの名であり、背後にあるアッカド語の語根「ナツァール」は「守る、守護する」を意味しているので、『ギルガメシュ叙事詩』で箱舟をしっかりつかんで放そうとしなかったと強調されていることを考えれば、「ニツィル」が理に適っているだろう。

箱舟の山をニツィル山とするのは〈世界地図〉が示す古バビロニア時代の山とは全く別の前提に立った案である。特に遠くにあるわけでもなければ、詩人や旅人の世界にだけ存在する神話的な場所でもない。アッシリアの人々はそれがどこにあるか正確に知っていたし、今日でもわかっている。ニツィル山はザグロス山脈の一部であり、今日のイラク領クルディスタンのスレイマニアの近くに位置する。アッシリアの悪魔祓いの呪文では、ニツィル山がザグロス山脈を表す古い名称である「グーティウムの山」とはっきり記されている。この山の名はアッシリア王アッシュルナツィルパル二世（前八八三―八五九年）がかつてのルルビ族の地、古代ザムア王国に対して行った懲罰戦争の詳細な記録に単なる地理的な目印として出てくる。言い換えれば、アッシリア人にとってニツィル山は〝国境のすぐ向こう〟に位置する山にすぎなかった。

ウトナピシュティムが窓から外を覗いたときに目にした十二もしくはそれ以上の〈ナグー〉のうちのひとつがニツィル山であるとすれば、〈ナグー〉はすべてよく知られた世界の内側にあったことになる。水の上に頂をのぞかせている山々が聳(そび)える場所はよく知られた実際の地理範囲の内側にあったということである。かつては手の届かなかった物語の中の象徴が竿にかかった魚のように巻き上げられ、手の届く範囲まで引き込まれる仕組みをここに見ることができる。この新しい候補地は〝最北の遥か彼方〟という要素をほとんどすべて拭い去ってしまっている。物語全体に対するこの散文的な姿勢は〈ギルガメシュ第XI書板〉において、ウトナピシュティムが自分の舟に金や銀や技術者の一団、そして最小限の努力で集められる動物たちだけを乗せることに心を砕いたという人物像とも密接に関係していると考えずにはいられない。古バビロニアの物語があらゆる面で小粒になってしまっている。

この地域を実際に歩き回った専門家エフライム・スパイザーによって特に示されたように、[11]「ニツィル山」がピル・オマル・グドルンであることは地理的な証拠から確かである。

前八八一年初秋、アッシュルナツィルパルはカルズを発って、バーバイトを通り、軍隊を率いてニツィル山に至った。これは「ルル族がキニパと呼ぶ」山で、「洪水の粘土書板」(一四一)において箱舟が着いたとされている有名な山である。ニツィル山がピル・オマル・グドルンであることは確実と思われる。山の頂上は間近で見ると、どれほど印象的であるかはすでに述べた。しかし、その際立って尖った頂は、とりわけ雪を戴いたときには、遠くから見ても人の目を引きつける。その頂は百マイル離れたところからも見ることができ、バビロニア人にとって、箱舟が留まった場所として最も自然な場所であっただろう。ときに、世界の中心はあまり異例とは言えない場所に置かれることもあるのだ。

以下は前九世紀のアッシュルナツィルパル王の公式記録を楔形文字で書かれた年代記から訳したものである。

ティシュリの月十五日、私はカルジィの町を発ち、バビトゥの町を通過した。バビトゥの町からさらに進み、私はニツィル山に近づいた。これはルル族がキニバと呼ぶ山である。私はブナーシの町、すなわち、ムツァツィナの（治めていた）要塞都市と、その周辺の三十の町を征服した。軍隊は恐れ、険しい山へ逃げた。英雄アッシュルナツィルパルはその後を鳥のように追い、彼らの死体をニツィル山に積み上げた。彼は三百二十六人の兵士を殺した。彼はムツァツィナから馬を奪った。残りの者たちは山々の渓谷（や）急流に飲み込まれた。私は彼らが要塞として建設したニツィル山にある七つの町を征服した。彼らを虐殺し、捕虜や財産、雄牛（と）羊を奪い、町を焼き払った。私は宿営地に戻って、その晩を過ごした。この宿営地を発って、ニツィル山の平野部にある町々に向けて進軍した。これらは今まで誰も見たことのなかった町である。私はラルブサの町、すなわちキルテアラ（の治めていた）要塞都市と、その周辺の八つの町を征服した。軍隊は恐れ、急峻な山へ逃げた。山はナイフの刃先のように尖っていた。王は軍隊とともに、彼らを追って登った。山で私は彼らの死体を投げ落とし、百七十二人の兵士を殺し、山の絶壁に多くの兵士を積み上げた。私は、彼らから奪った捕虜、財産、雄牛、羊をもち帰り、町々を焼き払った。私は彼らの首を山の木々に吊るし、年若い少年、少女を焼いた。私は宿営地に戻り、その晩を過ごした。
私はこの宿営地に留まった。ラルブス、ドゥール・ルルム、ブニス、バーラの町に属す百五十の町を滅ぼし、捕虜を奪い、その町々を打ち壊し、破壊し、燃やした。私は平原でバーラの五十の軍隊と戦い、打ち負かした。そのとき、我が主、アシュルの威光を畏れ、ザムアの王たちは私に服従した。私は馬、銀、金を受け取った。私はこれらの土地をすべてひとつの権威の下にまとめ、彼らに（貢ぎ物として）馬、銀、金、大麦、麦わら、（そして）賦役を課した。

実際、アッシリア人による文学的表現においてはニツィル山は「ナイフの刃先のように尖った頂の山」とされており、これは確かにピル・オマル・グドルンの外形と一致している。

それでは、この偉大な山の近くを通り、畏れを抱きつつ、自分たちの頭上遥かに高く聳える切り立った山の姿を目にしたとき、前九世紀のアッシリア人たちは何を考えただろうか。彼らは子どものころからギルガメシュと洪水の物語を幾度も聞かされていただろう。アッシュルナツィルパル王以下、その兵士に至るまで、あの偉大な舟がまだその場所にあるのだろうか、それを確かめに山頂に登る機会はないだろうかと考えなかっただろうか。少なくとも王は山道を途中までは登ったが、箱舟のことはどこにも言及されていない。

実際のところ、そうでなければ奇妙だろうと思うのだが、あまりに忙しかったか、すでに箱舟の探索が行われた過去があったということなのかもしれない。兵士たちが「おとぎ話」のことを考える時間がなかったなどということはなかっただろうし、話題にすら上らなかったとはとても考えられない。誰かが家に手紙の一本も書いていてくれればよかったのだが……。

〈ギルガメシュ第Ⅺ書板〉にニツィル山が登場することは、箱舟の物語全般における重要な変化の過程を示している。このアッシリアの伝承はそれより古いバビロニアの伝承に反応したものであったはずで、「ウラルトゥの遥か彼方」という考えを退け、〝魔の山〟を自分たちの住むところの近くに置き換えている。今や箱舟の山は遥かに手近なザグロス山脈の中に位置することとなったのである。前一〇〇〇年紀の間、この地域は基本的にアッシリアの支配下にあり、それゆえ安全で、行き来のできる場所であったが、好都合なことに、適度な〝他者〟でもあった。しかし、実際には、自分が箱舟の山に登っているという強い確信のもとに、ロープと弁当の包みを手に、箱舟探しに出かけることは誰にでもできた。

アッシリア人は箱舟の山にふさわしい外見の山を選んだ。この変更がいつ定着したのかは知る術もないが、何がこの変更を引き起こしたのかについても知ることはできないかもしれない。アッシュルナツィルパルはニツィル山こそがその山であることを確定させようとするかのように、この山について「ニツィル」というアッシリア名と「キニパ」という現地の名の両方を記録させている。さらに——やや大胆な仮説だが——ニツィル山が〈ギルガメシュ第Ⅺ書板〉に四回も言及されていること自体に重要な意味があるのではないだろうか。繰り返しは単に口承伝承のあまり高等とはいえないテクニックの名残ともいえるが、それによって問題の山は——他の人々がどう言っていようと——ニツィル山であると確定させ、それを裏づけるために古い文書の権威を利用しようとしたとも考えられる。

いつの日か箱舟到着の逸話を含む古バビロニア時代の書板が発見されることだろう。そのとき、箱舟の山がアッシリアでの物語と同様にニツィル山と呼ばれているようなことがあったら、帽子でも何でも食べてみせよう。

イスラムのジュディ山

イスラム教のヌーフと洪水の物語は聖書の伝承と強く結びついているが、山に関しては相違がある。

舟はジュディの山上に乗り上げた。

するとと、水は引いて、事態は治まり、命令は達成された。

御言葉があった。「大地よ、水を飲み込め。天よ、（雨を）降らすことをやめよ」

『コーラン』一一章四四節

ジュディ山（ジャジラト・イブン・ウマル）はティグリス川の源流にあたるシリアとイラクの国境近く、今日のトルコ南部の町ジズレ（ジャジラト・イブン・ウマル）のちょうど東に位置する山である。この山はアララト山から南に三百二十キロ以上離れており、様々な点において箱舟の山の候補となり得る。幾人かのイスラム教の権威がこの山の姿について記述している。

箱舟はジュディ山にとどまっていた。ジュディ山はマスルの国にある山で、マウシル（現モスル）領に属すジェジラ・イブン・オマルにまたがっている。この山はティグリス川から八パラサングの距離にある。山の頂の箱舟が着いた場所は今でも目にすることができる。

アル・マスウディ（八六九—九五六年）

アル・マスウディも言うように、箱舟はイラク中部のクファの町から出発し、メッカまで航海し、カーバの周りを回った後、最終的にジュディ山に到り、そこにとどまった。

イブン・ハウカル（九四三―九六九年に旅した）

ジョウディはニシビンの近くにある山である。その頂にノア――彼に平安あれ――の箱舟が着いたと言われている。麓にはテマビンという村があり、村人たちによれば、箱舟から降りたノアの同乗者たちがこの村をつくったという。

イブン・アル・アミド（エルマキン）（一二二三―七四年）

ヘラクリウスはそこを発ち、（箱舟を出た後にノア――彼に平安が与えられんことを――が立てた）テマニンの地に向かった。箱舟が着いた場所を見るために、彼はジュディ山に登った。ジュディ山は非常に高く、その辺り一帯の土地を見渡すことができた。

ザカリヤ・アル・カズウィニ（一二〇三―八三年）

このカズウィニはジュディ山にはアッバース朝〔七五〇―一五一七年〕の時代になってもノアが箱舟の板で建てたとされる神殿がまだ残っていたと記録している。

そして、十二世紀に中東を広く旅したトゥデラのラビ・ベニヤミンが以下のように興味深い報告をしている。

（ハブール川のほとりから）ヒデケル川（ティグリス川）に囲まれたアララト山脈の麓の村、ジェジレト・イブン・オマルまでは二日かかる。ノアの箱舟が着いた場所はそこから四マイルの距離にある。しかし、オマル・ベン・アル・カターブが二つの山から箱舟をもち出し、イスラム教徒のためのモスクを建てた。箱舟の近くには今日に至るまでエズラのシナゴーグがある。

Adler 1907, 33

ラビ・ベニヤミンはジュディ山の麓にある村ジェジラト・イブン・オマルでモスクを自身で目撃したに違いない。ここで特に興味深いのは、古きユダヤの伝統をよく知り、創世記八章のアララト山の真の意味を知っているはずのラビが箱舟を再利用したモスクを本物であると明らかに喜んで受け入れていることである。ジュディ山を「アララト山脈の麓」と記しているのは、聖書との隔たりを埋めようとしているかのようだ。また、古いシナゴーグがまだ「箱舟の近くに」あるとすることで、さらにそれを裏づけようとしており、「二つの山」としていることもそのためなのかもしれない。それゆえ、これが記された時代に、この山を箱舟の山と信じていたのはイスラム教徒だけではなかったということになる。九世紀から十世紀にかけてアレクサンドリアの総主教であったエウテュキウスも「箱舟はアララト山こと、モースル近郊のジュディ山（ジャバル）の頂にとどまった」という見解を示している。[12] ただし、ジュディ山がアララト山と呼ばれることもあるという意味であれば、話は別である。

この山は地域のキリスト教の伝承においても同様の役割を果たしていた。かのガートルード・ベルが一九一一年に記しているように、[13] かなり早い時期からジュディ山の山頂には初期ネストリウス派の修道院があった。もっとも私は彼女が即座に「バビロニア人」と言及していることに、完全に打ちのめされてしまったが。

バビロニア人、続いてネストリウス派の人々、そしてイスラム教徒は洪水が引いた後にノアの箱舟が着いた場所はアララト山ではなく、ジュディ山であると信じていた。私もこの系統の考えに与する。私は実際にその場所に巡礼し、その場を目撃してきたからである。……そして、私たちはノアの箱舟にたどり着いた。それは敷き詰められた赤いチューリップの上に横たわっていた。かつてはジュディ山の頂にはネストリウス派の修道院、箱舟の修道院があったが、キリスト暦七六六年に落雷によって破壊されてしまった。カス・マッタイによれば、その廃墟の上にイスラム教徒が祠(ほこら)を建てたが、これもまた壊されたという。しかし、キリスト教徒、イスラム教徒、ユダヤ教徒は夏のある日にこの山を訪れ、預言者ノアに捧げ物をする。彼らが実際に目にするのは、山頂に残ったいくつもの屋根のない部屋である。この建物は丸石で無造作に建てられている。モルタルを使わずに石を積み重ね、壁と壁の間には木の幹や枝を渡し、年に一度の祭りのときには、その上に屋根代わりに布を広げられるようになっている。これこそが「セフィネット・ネビ・ヌフ」すなわち「預言者ノアの舟」である。

ジュディ山が箱舟到着の場所として、宗教を超えた重要性をもち続けたことに励まされ、箱舟とこの山の最初の結びつきは、キリスト教伝来の遥か昔、メソポタミアの伝承に遡るのではないかと自問してみた。

前六九七年、多く論じられているエルサレム攻略失敗の四年後のこと、アッシリア王センナケリブ(前

ジュディ山の頂（1909 年、ガートルード・ベルによる写真）。

七〇五―六八一年）は再び軍事遠征を行った（ネブカドネツァルがユダの包囲に成功する百年前のことである）。この五回目の遠征でセンナケリブは軍を北に向け、情勢の打開を必要としていた地方領主の連合に対処するため――これはアッシリアの王たちがしばしばせざるを得なかったことだが――、国境を越えてウラルトゥの地に入った。センナケリブが残した行軍の記録によれば、アッシリア軍はニプル山の麓に陣を張った。ニプル山がジュディ山を指す当時のアッシリア語の名称であることはわかっている。軍事遠征が成功したことを記す終わりの箇所で、センナケリブはこの遠征を記念し、楔形文字の碑文をその山の麓の岩肌に刻ませ、自らの姿を描き、アッシリアの神アシュルの力を示した。これらの碑は今でもその場所に残っている(14)。

五度目の軍事遠征について。トゥムルム、シャルム、エザマ、キブシュ、ハルブダ、クア、クナの町の住人はその住居が鳥の王、鷲の巣のように険しいニプル山の頂にあり、誰の軛(くびき)にも屈しようとはしなかった。――私はニプル山の麓に陣を敷いた。

センナケリブは親征したことでは以前のアッシュルバニパルと同様だったが、自ら積極的に戦いに加わった。彼は山の頂上まで到達したいと強く願い、輿を降り、徒歩で進もうとするほどであった。

> 私は猛り狂った野生の雄牛のように、選りすぐりの親衛隊と情け容赦のない軍隊を率いて進んだ。数々の渓谷、山々からほとばしる急流、険しい山道を輿に乗って進んだ。輿で進めないときには、自らの二本の足でシロイワヤギが如く跳ぶように進んだ。敵と戦うため、急峻な山の頂をめざして登った。膝が疲れると、岩に腰かけ、皮袋から冷たい水を飲んで、渇きを（癒した）。

大英博物館に収蔵されている浮彫りの断片には、この文章のように後ろから屈強な兵士に支えられて急な山道を登るセンナケリブの姿が実際に描かれている（次頁）。ニプル山を登っているとき、センナケリブの心に去来するものは何だったのであろうか。

このセンナケリブの熱意は軍事遠征への通常の意気込みにすぎないと言えばそれまでだが、何かそれ以上のことがあるのではないかと思わず考えてしまう。例えば、その地方に箱舟とこの山についての噂が広まっていたとしたら……。

センナケリブは幼少の頃より大洪水の物語を確かに知っており、箱舟の山はニツィル山であるというアッシリア時代の考えの下で育っていただろう。彼はウトナプシュティムが集めた由緒正しい動物たちの種類について一度ならず思いを巡らしていたに違いない。センナケリブが異国の動物に興味を抱いていたことは知られている。成人して有力な王となった彼がニネヴェにつくった公園には外国からもたらされたあらゆる種類の動物が自由に歩き回っていた。ジュディ山への遠征は比較的小さな軍事的成功だったが、

センナケリブ王を山の上へ巧みに引き上げる様子。
ニネヴェで出土した宮殿レリーフの一部。

そのわりに残されている浮彫りの数は驚くべき多さ——八つとも九つとも言われる——であると指摘されたのは一度や二度ではない。ことによると、センナケリブにとってこの遠征は単なる軍事作戦以上の意味があったのではないか。ジュディ山周辺の住人たちが箱舟の伝承を長い間、言い広めていたのかもしれない——有名な神殿がある土地の人々はたいそう口がうまい。もしそうであれば、ニプルに宿営していた兵士たちは皆、〝本物の箱舟〟でできたお守りのひとつも妻にお土産として買い求めようと思ったのではないだろうか。センナケリブもそこにいる間に箱舟のことを自ら調査してみようと考えたとしても不思議ではない。

もちろん、これはすべて想像にすぎず、ニツィル山におけるアッシュルナツィルパル同様、センナケリブも箱舟探索については何も言及していないという反論もあるだろう。もちろん、何も見つからなかったのだとしたら、公的な年代記には何も記されないだろう。しかし、ささやかながら、陪審員の前に提示できる証拠が二つある。

証拠1　呪文の中に

楔形文字で書かれた当時のアッシリアのまじない文[15]からは、箱舟が山の上で見つかるとは限らないという認識が一般的であったことがうかがわれる。このまじない文は筆跡から前七〇〇年頃のものと考えられ、男を誘惑するスクブスという夢魔を追い出すために使われた。スクブスは夜に悪夢を見させるために送り込まれる。

スクブスよ、お前は追い払われる、黄泉（よみ）によって
かの七人によって、お前を生み出した神エアによって
私はお前を退散させる、賢くも輝かしい神
すべての主、シャマシュによって
死者が生を忘れたように
高き山は箱舟を忘れ
異邦人のかまどの火は異邦人を忘れる
お前も私にかまうな、私の前に現れるな

この呪術は元に戻すことのできない分離の実例を並べ立てることで効力を発揮することになっている。生は死者によって忘れ去られ、旅人が束の間、煮炊きに使った焚き火の燃えさしは永遠に冷えたままとなる。メソポタミアの悪魔祓いの呪文はこの原則を用いたものが多いが、箱舟（エレブ）が登場するのは珍しい。これは「箱舟は山にある」という考えが広く浸透していたというだけでなく、当時はもはやその山の上には何もなかったこと、すなわち「すでに誰かがそれを探してみたが、何もなかった」ということを暗に示しているのではないだろうか。まじないの書板にこの題材が使われたということは、アッシリア王の箱舟探索

が失敗に終わったということが広く知られ、話題となり、大きな反響を呼んだ結果なのではないかと考えてみたい。いずれにせよ、センナケリブが本当に箱舟を探しにニプル山[16]に登っていたとしたら、兵士たちは皆そのことを知っていたわけで、帰還すれば宮殿や首都、その周辺に住む人々、ほどなくして帝国中に箱舟探索の結果は知れ渡ったことだろう。

証拠2　永続的な評判

センナケリブは前七〇一年の非道なエルサレム包囲とそれに続く罰のため、紀元後一〇〇〇年紀前半のバビロニア版タルムードにおけるラビの注釈の中で、死後も大いに注目されている。そうした文の中に、帰国したセンナケリブが神殿で「ノアの箱舟の板を祀る」様子を記したものがある。

彼は出かけて行って、ノアの箱舟の船板を見つけた。そして、「これこそ、ノアを洪水から救った偉大なる神に違いない。(戦いに)行って、勝利したら、余は汝に余の二人の息子を捧げよう」と誓った。息子たちはそれを聞き、彼を殺した。このことは聖書に書かれている。センナケリブは自らの神ニスロクの神殿で礼拝していたとき、息子のアドラメレクとサルエツェルの手で斬り殺されたのである……

バビロニア版タルムード「サンヘドリン篇」九六a

この注釈の背後にある列王記下一九章三六—三七節によれば、この息子たちは父センナケリブを殺した後[17]、アララトの地に逃亡した。この殺害については当時のアッシリアの資料で確認できる。センナケリブ殺害という現実が彼と対立する立場で語られる話の中で中心となっているのはもっともなことではあるが、箱舟の板の逸話については、何百年も経った後に核となる伝承もないまま、いきなりでっち上げられたとはとても信じられない。ここでもやはり、偉大なアッシリア王にまつわる伝説の一部となっていた箱舟探索――箱舟の破片をもち帰っていたのだとすれば、探索は成功していたことになる――がこのタルムードの逸話にその名残を伝えているのではないかとつい考えてしまう。つまるところ、センナケリブは養育係に教えられた物語を固く信じていたのである。

商売に利用する

多岐にわたる洪水物語の細部を比較するとき、思い出されるのは前三世紀のバビロンで神官ベロッソスの書き残したことが役立つということである。ベロッソスはポリュヒストルとアビュデヌスが伝えるとおり、箱舟の山について当時の人々が噂していたことを証言している。例えば、ポリュヒストルによれば、ベロッソスはこのように記している。

また、（クシストロスは）彼らにアルメニアの地に住むように伝えた。彼らはそれを聞いて、神々に犠牲を捧げ、バビロンに向けて旅立った。アルメニアのゴルディアンの山地にとどまった箱舟の一部はその場所にまだ残されており、人々はタールなどをこすり取ってお守りとして使っている。

ポリュヒストルの伝える逸話は、北方のアルメニア――ウラルトゥとその彼方の場所という考えの名残

――と、そこよりかなり南のクルド（ゴルディア）地方の山――すでにジュディ山ということになっていたかもしれない――という二つの異なる伝承を調和させようとしているようだ。

また、アビュデヌスによれば、ベロッソスは次のように証言している。

しかし、アルメニアに残された舟は土地の人々に木のお守りの護符を供給していた。

箱舟について伝えられていることが他にほとんどないことを考えると、商売としての要素がここまで強調されているのは普通のことではない。遥かな昔から、この地方では魔除け効果がある箱舟のかけらを土産物として盛んに売っていたことは明らかであろう。実際、こうした点に、本物の十字架の破片や、聖人の指の骨を頂点として、聖遺物を熱狂的に求める、いつの世も変わらない人間の渇望の初期の例を見ることができる。木片や瀝青のかけらを並べた露天商が山の麓に続く道に沿って軒を連ねる光景がどうしても頭に浮かんできてしまう。そうした露天商の先祖のひとりが王にふさわしい立派な板をセンナケリブに献上したことは十分考えられる。こうしたことが人間の本質的に変わらない行為を明らかにしているのでなければ、他に何を表しているというのだろう。

私たちの探求の旅はこの時点では以下のようにまとめられるだろう。

一、箱舟が着いた場所は、古代において宗教的、文化的に極めて象徴的な場所とされ、その重要性は国境や宗教を超えて広く認められていた。現代においても時を超えた領域において作用している。

二、現代同様、過去においても、そのような場所には宗教的、呪術的な力が備わっており、商売に利用されることも多かった。

三、そうした場所は常に巡礼、旅行者、病人を引きつける。

四、〝本当の〟場所とそれと張り合う多くの候補地の間には常に不一致や争いがあっただろう。

五、そのような対抗馬の出現に対して、最初の候補地は強く反発したかもしれないし、しなかったかもしれない。

ノアの箱舟が着いた場所に関する伝承[18]を無理に統一させる必要はない。それぞれの伝承が表していることをただ理解すればよいのである。

結　論

バビロニアの〈世界地図(マッパ・ムンディ)〉に描かれ、また説明されている伝承は現存する最古の情報である。そこには、その書板が作成された時代より千年も古い前二〇〇〇年紀前半の古バビロニア時代の考えが詰め込まれている。それによれば、箱舟はウラルトゥの彼方、世界を取り巻く海の向こう、人知を超えた、遥か遠い場所にある巨大な山の上に辿り着いた。言い換えれば、箱舟を見つけるにはウラルトゥを越え、この世の無限の彼方を旅しなければならないということである。これが少なくとも前一八〇〇年には広く認められていた伝統的な考え方であり、〈箱舟の書板〉には一部しか記されていない同時代の洪水物語を通して読むことができれば、それをはっきりと見出すことができるはずである。

このような状況の下、トルコ北東部のアール山(ダア)が箱舟の山と言われるようになった理由を理解するのは何ら難しいことではない。この山はウラルトゥ北部の正しい場所と方角に位置し、地形としては際立って雄大で、箱舟が着くのにふさわしい姿をしている。また、もともと考えられていた山が超現実のものであったのに対し、この山は近くにあり、実際に目で見ることも訪れることもできた。こうした経緯はもともと聖書と関連したものではなかったとしても、聖書の記述によって確立され、強められたことは確かであり、その影響力と効果はそれ以前に流布していた伝承を遥かに凌（しの）いでいた。それに応じて、アール山は実際にアララト山と呼ばれるようになったのである。

もともとの「ウラルトゥの彼方のどこか」という伝承は、より近い「ウラルトゥのどこか」になり、その後、今日まで一貫して支持されている山に落ち着いたということになる。この最終段階そのものがすでに古く、それについて書き記してきた多くの著述が重ねてきた歳月によって支持され、今日でも依然としてかなりの影響力を保っているわけである。

理由ははっきりしないが、アッシリア人は意図的に箱舟の山を変えようとし、前一〇〇〇年紀前半までにニツィル山を喧伝（けんでん）するようになった。理由はおそらくひとつではないのだろう。

手がかりはわずかだが、それが正しく集められているとすれば、前六九七年にセンナケリブはニツィル山のことを本当の箱舟の山と信じていたが、すでに箱舟の山として繁栄していたジュディ山という別の候補地に出会う。これはジュディ山がアララト山に匹敵する有力な候補地となり、ニツィル山より遥かに長く支持されていたことを示す最初の証拠である。ニツィル山は前六一二年のニネヴェ陥落でこの競争から完全に脱落し、一八七〇年代にジョージ・スミスがアッシリアの図書館に残されていた写本を読み、再び息を吹き込まれるまで、その名が聞かれることはなかったのである。

ジュディ山はその後、ノアあるいはヌーフの舟が漂着した場所として、ネストリウス派のキリスト教徒

（右）1472年にセビリアのイシドルスによって作成された「TO地図」。その先祖は明白である。（左）バビロニアの〈世界地図〉の表側をトレースして再現。

とイスラム教の伝統の中にうまく受け入れられた。他にも、時の経過とともに、箱舟の山の候補は登場したが、それほど支持は続かなかった。しかし、皮肉なことに、冒険家たちがどんなに驚くべき現象を目にしてきたとしても、今日ではバビロニアの詩人たちの元々の考えに場所的、精神的に最も近いのはアララト山なのである。

　ところで、バビロニアの〈世界地図〉はその他にも多くの謎を含んでいるが、それをここで追求すると、（少なくとも）占星術、天文学、神話、宇宙論などの楔形文字文書の横道に入り込んでいくことになり、本書の目的から大きく逸れてしまう。そうした領域に入っていく旅路そのものが大冒険であり、ここではそれを辿ることはできない。この地図の物語はまだまだ終わらないのである。

　今日から見ると、この地図は非常に珍しいものだが、古代においても稀であったわけではない。むしろ土製や青銅製のものが数多くあり、様々な役割を果たし、様々な理論の説明に用いられていただろう。そう考えられる理由のひとつとして、〈世界地図〉によって具現されるバビロニアの伝統的な地図は歴史地誌学者が「TO地図」もしくは「OT地図」と呼んでいる中世初期からおそらく十五世紀まで使われ続けた地図とよく似ていることが挙げられる。この種のヨーロッパの地図では、「大洋」(mare oceanum)によって囲まれた円の形で世界が表され、その円の中に世界を三つに分ける大きな三つの川の流れが「Tの字」状に描かれており、これが地図の名の由来となっている。そうした地図は通常、似ている理由は示されないが、バビロニアの〈世界地図〉と驚くほどよく似ている。[19]〈世界地図〉でも北から南へとユーフラテス川が描かれ、その南を運河が横切っている。このような類似はヨーロッパの地図がバビロニアの地図を手本にして、文字どおり再解釈したためであろう。

ノアの箱舟が山の上にしっかりと留まっている。オーレリオ・ルイニ作(1545−1593年)。

バビロニアの地図の構図が生き残り、その後、長く影響を及ぼすことになったという事実は、ギリシャの数学者と天文学者がバビロニアの楔形文字の記録を調査しに来た後に起こったことをさらによく裏づけている。彼らが故国に戻った後の思索と発展のために、興味深いと思われるものは何でもパピルス紙に書き写していたのはもちろんのことだが、その中にはバビロニアの図書館で出会った地図や図表も含まれていたのである。

第13章　〈箱舟の書板〉とは何か

「その場面を想像してみた方がよさそうだ」

「いや、どうも気がすすまない」

「私なんて、なお悪い。それを組み立てているのだ」

――アイビー・コンプトン＝バーネット

楔形（くさびがた）文字で書き記された洪水物語のことを探求しながら、〈箱舟の書板〉を詳細に読み解き、分析し、考察してきた。今やもうひとつの問題に直面すべきときが来ている。実のところ、〈箱舟の書板〉とは一体何なのだろうか。

その文書全体を他の洪水物語――「アトラ・ハシース物語」と『ギルガメシュ叙事詩』――を意識しつつ読み返してみると、ある顕著な現象が浮かび上がってくる――〈箱舟の書板〉には語り手がいないのだ。

それどころか六十行に及ぶ文書は全体が九つの会話文の連続で構成されているのだ。まずエンキ神がアトラ・ハシースに一語一語、中心となる言葉を伝える。それに続く文はすべてアトラ・ハシースの独白で、極めて自然に八つの部分に分かれている。そのそれぞれがこの計画の進行にあたって重要な段階について述べているが、作業状況について別の記述や要約があるわけではない。こうした観点から分析すると、〈箱舟の書板〉は以下のようにまとめられる。

発言1　エンキ神からアトラ・ハシースへ　「壁よ、壁よ……」　（一—一二行）
発言2　アトラ・ハシースの独白　「私は三十の肋材（ろくざい）を……」　（一三—一七行）
発言3　アトラ・ハシースの独白　「私は舟の外側に……」　（一八—三三行）
発言4　アトラ・ハシースの独白　「私は身を横たえる……」　（三三—三八行）
発言5　アトラ・ハシースの独白　「私はといえば……」　（三九—五〇行）
発言6　アトラ・ハシースの独白　「しかし、草原から野の獣が……」　（五一—五二行）
発言7　アトラ・ハシースの独白　「私は……」　（五三—五六行）
発言8　アトラ・ハシースの独白　「私は何度も……」　（五七—五八行）
発言9　アトラ・ハシースから造船工へ　「私が舟に乗り込んだら……」　（五九—六〇行）

エンキ神がアトラ・ハシースに不在の理由をどう長老たちに説明すべきかを告げる場面や、洪水が起こる予兆となる奇妙で不吉な雨、舟を建造するのにどのくらいの猶予があるのかという切迫した問題や、作業員たちが様々な道具を手に朝早くやってくる逸話など、必要不可欠というほどではないにせよ、物語の中でかなり重要な要素が完全に省かれている。記されているのはエンキ神の有名な語りかけと、アトラ・

ハシースが達成したことを段階的にエンキ神と読む者に報告する言葉だけである。さらには、ここでアトラ・ハシースは「私は……建造した」（過去時制）、「私は……防水処理を行った」「私は……苦悩した」（過去時制）、「私は造船工に命じる」（現在時制）といったように一人称で語っている。

これはいくつかの点において非常に異例なことである。ほぼ同時代の〈古バビロニア版アトラ・ハシース物語〉ではこの部分は見えない語り手によって三人称で語られている。一人称で語るのは〈ギルガメシュ第XI書板〉だけだが、そこではウトナピシュティムが箱舟をつくり、洪水を乗り切った後、ギルガメシュに思い出を語るという設定なので、全く当然のことと言える。[1] 古い物語を再利用した『ギルガメシュ叙事詩』において三人称から一人称への変更が必要となったことに全く問題はないが、それが古バビロニア時代の洪水物語で起こっているとなれば重大な問題である。

〈箱舟の書板〉ではこうした細部によって人間アトラ・ハシースとその苦悩が〈古バビロニア版アトラ・ハシース物語〉――重要な部分が欠けてしまってはいるが――よりもさらに強調されることになる。その一方で、〈ギルガメシュ第XI書板〉ではウトナピシュティムの感情的な側面は箱舟が漂着したときに涙を流したこと以外は一切触れられていない。

〈箱舟の書板〉でアトラ・ハシースが求められたことを遂行する自信がないとすでに抗議していたことは、エンキ神が舟づくりについて「お前は舟づくりに必要な材料を知っているし、その作業については誰か別の者に任せてもよい」と励まし口調で語っていることから読み取れる（一一―一二行）。〈新アッシリア・スミス版〉では、それがはっきりと述べられている（「私は舟をつくったことはありません。……地面に図面を描いてください。そうすれば、その図面を見て、私は舟をつくることができるでしょう」一三―一五行）。〈箱舟の書板〉三九―五〇行はアトラ・ハシースの苦悩と、月に慈悲を乞う言葉が全体を占めているが、文章が欠けていなければ、今以上に心を打つ言葉になっていたに違いない。〈古バビロニア版アトラ・ハシース物語〉はこの部分を簡潔に三行で終わらせている。

舟づくりと防水処理のことを詳述しながら、アトラ・ハシースの人間的特徴を掘り下げ、彼を人間として浮かび上がらせることで、その苦悩への共感を求めていることは明らかである。

ここで、この苦悩についてもう一度、考えてみよう。世界とそこに生きる生命のすべてが滅びようとしていた。洪水後の世界のためにすべての生き物の命を存続させる仕事を担わされたのはアトラ・ハシースただひとりである。神々は総じて妥協することなく、その訴えに耳を貸そうとはしていないなか、生命を救うために危ない橋を渡ってアトラ・ハシースに指示を与えたのはひとりの神だけであった。アトラ・ハシースは皆を舟に乗せ、生き物すべてを渡り板で乗船させなければならず、その間にも洪水までの時間は近づいてくる。舟が少しでも水漏れを起こせば、一巻の終わり——。まるで現代のアクション映画の主人公の気が遠くなるような役回りである。映画の中ではいつでも魅力的な俳優が何かとても恐ろしい事態を防ぐために、あらゆる困難をものともせず、馬鹿げたほど厳しい時間的制約の中、世界を救う責任を負わされることになっている。

これに関連して、さらに奇妙な点があることにも触れておかなければならない。〈箱舟の書板〉には「話し手が誰なのか」が書かれていないのである。冒頭で話しているのがエンキ神であることは当然わかる。一三行以降については、話者の変更が示されていないので、アトラ・ハシースが話していると理解するかどうかは読み手次第なのである。しかし、成し遂げたことをひとつひとつ物語るとき、アトラ・ハシースは誰に向かって話しているのだろうか。また、最後の二行が（ここには示されていない）造船工に向けられたものだと推測できる人がいるだろうか。

この異例な状況は「アヌー神はしゃべるために口を開き、女神イシュタルに言った」の次に「イシュタルは続けて、しゃべるために口を開き、彼女の父であるアヌに言った」というように続く通常の文学作品で多用される構造要素がすべて省略されていることに起因する（『ギルガメシュ叙事詩』第Ⅵ書板八七―八八、九二―九三行）。率直に言えば、バビロニアの物語文学はこの構文ゆえに少しばかり冗長になる。実際のところ、会話を繋ぐこうした特徴的な方法が使われていないバビロニアの神話や叙事詩に〈箱舟の書板〉以外でお目にかかったことはない。こうした反復は今日に比べて繰り返しが多用されていた口誦文学の名残であるように思われるかもしれない。現代の楔形文字文書の鑑定家はこの特徴を受け入れた上で、その雰囲気によって真贋を見極め、評価しなければならないのだ。しかし、よく考えてみると、実際は逆なのだ。この構文への依存は口承伝承を文字に書き起こす過程において起こったはずなのだ。語り手が話すとき、その時点で誰が語っているのかは当然はっきりとわかるわけだが、そのかつて声に出して語られていたことが文字に記されるとなれば、話者が誰かなのかを明確に示しておかないと、それを読むときに曖昧さが生じることになる。

楔形文字で書かれた物語はそれ以前には口伝で流布していたのだとアッシリア学者は考えてきた[2]。口伝である間はある程度の自由と即興が認められたが、伝承が正式に記録されるようになるや、文学上の創造性や多様性は抑えられる。おそらく前二〇〇〇年紀初頭に物語を書き留める作業が熱心に進められた。都市文化を背景に物語が書き記されるようになっても、ひとつの技術としての語り部が消え失せたとは考えられないが、この大きな動きが起こる以前の洪水物語は語り部の管轄下にあったのである。

ここで古バビロニア時代の語り部について考えてみよう。語り部には多くの種類があり、自らの詩的霊感に従って村から村へと渡り歩き、焚き火を囲んでわずかな実入りで物語を語る無一文の吟遊詩人から、王侯貴族が盲目の竪琴奏者や踊り子、蛇使いなどに飽きたときや、客を特別にもてなしたいときのために召し抱えられていた裕福で恰幅のいい職業詩人まで様々であった。

さて、ひとりの語り部が箱舟や大洪水の物語を含む「アトラ・ハシース物語」を語ろうとしている。聞く人はすべて話の筋を知っていたが、上手な語り部の手にかかれば、物語の力と魅力は無限に広がっていく。語り部はできるだけ大きな題材を取り上げようとする。人間の生と死、限りなく不可能に近い脱出劇、打ち寄せる波に翻弄される大きな籠（かご）の中にすべての命の種が納まっていく様子、恐怖（あるいは船酔いや窮屈さ）に泣き叫ぶすべての生き物たちなどである。エア神が囁（ささや）いた小さな葦（あし）の壁、語りかける神を表す角のついた被り物、アトラ・ハシースがつくった網代舟（あじろぶね）の模型、砂に設計図を描く棒などの小道具も話を盛り上げたことだろう。売れっ子の語り部なら、簡単な太鼓や笛を鳴らす奏者、助手の少年などを使っていたかもしれない。語り部はこうした工夫によって、同じ物語を常に異なったものとして語り、人々を夢中にさせていた。ときには抑制の効かない神々の怒りや、水が物凄い勢いで押し寄せる様（さま）を語って人々を怖がらせ、ときにはすべてが平穏に戻った様子を語って安心させた。あるいは、清廉潔白な男が夢の中で望んでもいないのに不可能と思われることを「今すぐにせよ」と神に命じられ、「なぜ私なんだ。全くもう……」などと面白おかしく語っていたかもしれない。

しかし、〈箱舟の書板〉はそのように記憶した物語を頭に詰め込んで各地を巡る詩人のもち物ではなかった。それは「壁よ、壁よ。葦の壁よ、葦の壁よ」という劇的な瞬間に史上最悪の知らせを告げることで始まり、密閉された箱舟の中で洪水を待つという、やはり劇的な場面で終わる。劇的な出来事の連続である遥かに長い物語の中で緊張が最高潮に達した瞬間の場面から話が始まるのである。偶然そうなったわけではない。それはむしろ物語を語る実際の状況において、この物語が用いられたことを強調しているように思われる。この六十行のポケットサイズの逸話は聴衆に続きを聞きたいという気持ちを起こさせて終わる。最初の雨粒の音はテレビの連続ドラマのエンディング曲を背景に「つづきはまた来週」という腹立たしいナレーションが流れるようなものだったのだ。

〈箱舟の書板〉は語り部の伝統的な〝台本〟だったわけではない。それでは話が矛盾することになる。むしろエンキ神とアトラ・ハシースそれぞれの台詞の覚書とでも言うべきもので、合理的に言えば、何らかの公開の行事で用いるために生じたものと考える他はない。楔形文字の資料からは当時も大道芸人や道化、レスラー、音楽家、猿回しといった人々がいたことや、神々を乗せた舟が通りを練り歩く正式な宗教行列に登場していたことも知られている。また、新年祭には「天地創造の叙事詩」が朗読された。おそらく、そうした催しの中に「アトラ・ハシース劇」も挟み込まれていたのではないだろうか。語り手は朗々と声を響かせ、恐怖と絶望と信頼との間で揺れ動く主人公が、話の終わりまでセリフも名もない妻と息子、舞台慣れしたおとなしい家畜とともに旅に出ようとしている舟の上に立って熱弁を振るう……そんな場面が思い浮かばないだろうか。〈箱舟の書板〉は他にどんなものだったと考えられるだろう。

こうした結論でこの章を終わらせ、原稿を編集者に送ろうとしていたのだが、そのとき同僚のひとりが「シュメールの詩『エンメルカルとエンスフケシュアナ』――叙事詩なのか劇なのか。前二〇〇〇年前後の舞台装置・楽譜とテキストの翻訳とともに」という非常に役に立つ本の存在を教えてくれた[3]。著者クラウス・ウィルキーによれば、この初期シュメールの作品にはイラク、イランの遠い先祖の間の緊張関係を反映させつつ、神々や人間の配役のことやト書きもつけられているとされる。話の舞台はシュメールのウルクとクラバの町の間を行き来し、エレシュの町の近くにある羊や牛の囲い地、ユーフラテス川の土手にある日が昇る方向に向いた門から、イランの山岳地帯にある神官の住まいアラタに移り、いわゆる「魔法使いの木」があるところへと展開していく。語り手の指示的な役割はその言葉遣いにおいて、まさに読んで字の如く「指示語」の要素に満ちていることにも表れている。ウィルキーはこの話の筋を実際の出来事から推論し、ウルのシュメール王アマル・シンの治世（前一九八一年頃―一九七三年頃）初期における宮廷劇と結論づけている。

ウィルキーが理路整然と述べているように、「一見、古代近東世界に演劇の存在を想像するのは難しいように思える」。私も〈箱舟の書板〉の背後に公開の興行を想定する場合に同じ問題に悩まされた。しかし、今ではこのシュメールとバビロニアの二つの事例が互いにその妥当性を高いものにしている。実際のところ、〈箱舟の書板〉には他の解釈はできないように思われる。

他に推測できることはないだろうか。〈箱舟の書板〉は形式の点でも一般的な文学文書とは異なっており、むしろ手紙や商取引の記録に近い。文学作品はもっと大きな粘土書板に両面、複数欄にわたって書かれるのが一般的で、文字の量も多い。文学作品は発展していくと、内容が固定され、〈ギルガメシュ第XI書板〉であれば、それが何行からなり、どのような物語なのかを誰もが知るようになる。長い物語の場合、書板冒頭の第一行の文によって登録され、それによって、読む者はどのような話なのかがわかるようになっていた。また、第I書板の一行目は物語全体の題名ともなっていて、『ギルガメシュ叙事詩』は「深淵を見た者」という名で図書館員たちに知られていた。

〈箱舟の書板〉は物語の書板としては小さく、文章は裏表それぞれに一欄しかなく、両面合わせて六十行で構成されている。これは通常の書板における一章というわけではなく、ある異例な部分が非常に特定的に抜粋されたものである。したがって、その背後にあるはずの物語全体が洪水伝承の中でどこに位置するのかを確かめておくことは重要である。

この書板はよく知られた「壁よ、壁よ、葦の壁よ、葦の壁よ」という言葉でいきなり始まる〈古バビロニア版「アトラ・ハシース物語」〉第Ⅲ書板・第Ⅰ欄一一―一二行、〈ギルガメシュ第Ⅺ書板〉二一―二二行)。その背後には「アトラ・ハシース物語」のいずれかの版の「第Ⅲ書板」があるということになる(第5章で扱った〈古バビロニア・シェーエン版〉は四欄で構成され、そこに〈古バビロニア版アトラ・ハシース物語〉第Ⅱ、第Ⅲ書板の内容を含んでいるので、構成が〈箱舟の書板〉とは全く異なる。〈シェーエン版〉はその形状から、おそらく一欄が三十行、全体では約百二十行で構成され、いくつかの観点から最もよく知られているシッパル版の〈古バビロニア版アトラ・ハシース物語〉より一世紀あるいはそれ以上は古く、現存する最古の版と考えられる。それゆえ、〈箱舟の書板〉よりもわずかに古いと考えられるが、文字の形や綴りなどの細部からすると、この二つが同時代のものとは考えられず、また同じ書記の手になるものとも考えられないが、〈箱舟の書板〉が〈シェーエン版〉の元になった〈古バビロニア版アトラ・ハシース物語〉を元にしている可能性は十分にある)。

アトラ・ハシースと箱舟と大洪水の物語はどう見ても〝文学作品〟である。本来は神話的なもので、最終的には叙事詩の形をとったが、いずれにせよ文学作品であることは確かであろう。この点からすると、〈箱舟の書板〉の中でアトラ・ハシースが現実的な舟づくりのデータを詳細に述べているのは驚くべきことなのである。さらに言えば、第8章で説明した専門的で実際的な舟の規格は〝神話〟に語られるような適当な数値ではなく、実用的で現実に即したものであった。ハラハラさせられるような物語の中で、そうした技術的な情報が何の役に立つというのだろうか。聴衆の多くはＤＩＹの防水講座より「次に何が起こるのか」を知りたがっていたに決まっているではないか。

舟づくりのための技術的な情報が入っていた理由は二つ考えられる。ひとつは〝聴衆からの要望〟であったと考えられる。日常の中で舟をつくったり、使ったりしていた漁師や川で働く人々から「アトラ・

ハシース物語」を語る際、「どんな形の舟だったのか」「舟の大きさはどのくらいか」「動物たちはどこで眠ったのか」などといった質問が出ても不思議はない。それは実際、避けられないことであっただろうし、よい語り部であれば、そうした質問への答えも用意する必要があっただろう。巨大な網代舟が最適とされるのは網代舟が決して沈むことがないからであった。そうした舟には誰もが一度は乗ったことがあり、しばしば動物がそれで運ばれ、聴く者はそれぞれ、語り部が腕を広げ、目を見開いて語る「今まで見たこともないような、ものすごく巨大な網代舟」を簡単に思い描くことができた。その寸法や詳細は必要なく、「この世で最も巨大な網代舟で、バケツに何杯も何杯も瀝青（れきせい）が必要だった……」と語れば十分であった。舟の形や大きさ、内部の構造などは聴く者次第で、自由に変えることも誇張することも可能であった。

しかし、次の段階になると、良質な物語を語るために必要と思われる以上に〝具体的な〟情報が組み込まれるようになる。どうしてそうなったのだろうか。そのような材料は「学校での研究」から生じたものとしか考えられない。

この文学作品に言及されている「規格」が現実的なものであるだけでなく、数学的にも正確であるということは非常に深い意味をもつ。実際の建造を想定して、現代の専門的な設計図に書き起こしたところ、そこから浮かび上がってきたのは実際の網代舟と同じ形に建造可能な舟であった。これは決して偶然ではない。語り部が即興で世界最大の舟を考えたとすれば、すでに見たように「二百マイル」「一万リーグ」といった途方もない数字が用いられていたに違いない。網代舟の建造や防水処理に必要とされる正確なデータが物語に挿入されているということは、その背後に学校での授業があったことを反映しているだけでなく、それ自体が学校でも同じ問題に注意深く取り組んでいたことを示している。

壁に必要な煉瓦(れんが)の数や作業員たちの生活を賄うのに必要な大麦の量など実用的な数値の算出は基礎レベルの読み書きを習得した書記見習いたちが学校で日常的に取り組む課題であった。教師が無味乾燥な計算問題で気を散らしている生徒の関心を引くために、何か目新しいものを提示しようとするのは自然の成り行きである。(4) おそらく、このような工夫はしばしば必要であった。例えば、当時の作文の授業でシュメール語の動詞活用の暗唱をすることになっているとき、「おならをする」という動詞を使うことにして、教師が授業の初めに「今日は『おならをする』の勉強だ」と告げ、その朝の生徒の注意を引こうとしたと想像するのは難しいことではない。同様に、ひとりの教師がある朝、バビロニア人であれば誰でも赤ん坊の頃から知っている箱舟が世界最大の網代舟だとして、そこにすべての動物を収容するには全長××で、壁の高さ○○の舟が必要になるとしたら、「その表面積はいくらか」「舟をつくるのに、どのくらいの長さの縄が必要か」「表面に防水処理を施すのに、瀝青はどのくらい必要か」を問うのである。このような問題の方が単に運河の障壁や穀類の山といった散文的なことに取り組むよりも、遥かに楽しく問題を解くことができる。

そこでは「三千六百」という大きな値の単位である「シャル」(第8章参照)が極めて異例な使われ方をしている。楔形文字研究者は文学作品の中でこのように大きな数字に出会うと、即座にそれを大きな概数とみなし、それ以上のものと見る必要はないと考えていたが、〈箱舟の書板〉ではそれぞれの数を額面どおりに受け取らなければならない。一定のまとまりを意味する「シャル」の文字で示される非常に大きな数は「シュメール王名表」における洪水以前の途方もない長さの統治期間を連想させる。古バビロニア時代の書記学校の上級生が教師とともにこのテクストを見て、この巨大な数字について議論したということはあり得ないことではない。また同時に、アトラ・ハシース自身も洪水以前の人なのだから、計算には洪

（a）〈箱舟の書板〉12 行に見られる「シャル」の文字。

（b）21 行にも見える。

（c）「シュメール王名表」のウェルド・ブルンデル写本に見られる乱れのない状態の「シャル」の文字。

水以前の大きな数値を使ったのではないかと彼らが考えたとしても、それはそれで十分に理解できる。もちろん、こうした数値が〈箱舟の書板〉で用いられたのは箱舟に必要とされる巨大な寸法を伝えるためであった。

前出の数学の学習用書板（一六四頁）からは、円や正方形の中に描かれた円の面積の算出という幾何学の問題が出されていたことがわかる。それゆえ、その情報を「アトラ・ハシース物語」の中で用いようとした人はこの問題に実際に取り組んだ経験があったはずであり、「正方形の中に描かれた円」という物語の下敷になっている図形はその人自身の学校での経験を反映したものであったと考えられる。

楔形文字の文書では舟と瀝青が頻繁に言及されるが、そのわりに組み立て終わった舟に瀝青を塗る方法については、詳細はもちろんのこと、それに言及する文書も他にはない。その方法は網代舟が絶えず製造されていた川辺の造船場では知っていて当然のことであり、誰もが何をすべきかすっかり承知していたが、ここで極めて重要なのは記された数量が現実に基づいているということである。

何かの特別な必要があったのか、想像力の爆発によってなのかはわからないが、瀝青について現実に即したデータが文学作品の中に挿入された。現在知られている限り、「アトラ・ハシース物語」全般にそうしたことが起こったのかどうかはわからない。また、〈ギルガメシュ第XI書板〉でうまい具合に数字が最小限にまで減らされたのは、数字を扱うのは面倒という全く人間的な意識がこの得難いデータを舟に関わりのない人には全く余計なものとしたからではないのかもしれないが、それもどうだかわからない。

この点からすると、救うべき動物についての詳細が目立って欠けていることは注目に値する。物語を聞く農夫たちに舟に乗せ忘れた動物はいなかったと請け合うためには、様々な状況に対応できるようにゴキブリからラクダに至るすべての動物の一覧表が必要になってしまう。よい語り部であれば、「それはどの動物のことだ?」とか、「他の種類の蛇はどうするんだ?」と尋ねる人には徹底して考え抜いた密かな切札となるような答えを用意していたのではないだろうか。

第14章　結論――洪水物語と箱舟の形

遠くオフィルを発ったニネヴェの五段櫂船
輝くパレスティナの港を目指し、故郷へ向けて漕いでいく
象牙と猿と孔雀と
白檀とヒマラヤスギと芳しい白ワインを積んで
――ジョン・メイスフィールド

本書をここまで読み進めてきた読者のために、洪水物語の変遷と箱舟の変化に関する様々な調査によってたどり着いた結論をまとめておくべきであろう。

まず、広く認められているように、今日知られている洪水とノアと箱舟が登場する伝統的な物語は、確かに古代メソポタミア、すなわち現代のイラクの地に起源する。生活を川に依存している地域では洪水は現実であり、その壊滅的な破壊力は常に人々に記憶されており、その物語は多くの意味をもっていた。命

は常に神々の加護の下にあり、大きな困難も一隻の舟で乗り越え、その舟に乗り込んだ人間や動物がその後の世界で再び増え広がる。物語の最古の形は文字よりも古く、遥か遠い過去に遡り、その地の環境に根差し、人々の基本的な暮らしの一部であった。

メソポタミアにおける大洪水以前の遥か昔の世界とは、イラク南部の沼沢（しょうたく）地域の常に変わらぬ風景であった。そこでは家や舟は葦（あし）でつくられ、箱舟をつくるのであれば、別の舟を解体して再利用すればよかった。それゆえ、ここまで見てきたように、初期の物語における舟のタイプは細長く、高い舳先（へさき）をもち、浅い水路を動き回るのに適した形だったと考えるのが自然であろう。基底部が「アーモンド型」のより大きな舟はシュメール語では「マグル」と呼ばれ、洪水時に必要とされるような巨大船は超巨大な「マグルグル」であったはずである。

前二〇〇〇年紀前半に書かれたものでは、箱舟の形について二種類の伝承が見られるが、元になっている共通の伝承から派生したものである。イラク南部のニップルでは葦でつくられた「マグルグル」の伝承が間違いなく存続していた。しかし、別の場所では〈箱舟の書板〉における明確な記述をはじめとして、箱舟はより実用的で適切な形、すなわち円形の網代舟（あじろぶね）であったことがわかっている。網代舟は沼沢地域では用いられなかったが、川では特にユーフラテス川流域で日常的に使われ、人や家畜、物資を対岸へ運ぶための沈む心配のない水上タクシーとして活躍していた。この種の舟は葦ではなく、ヤシの繊維でできた縄を巻き上げてつくられ、実質的に全体に防水処理が施された大きな籠（かご）であった。網代舟には様々な大きさがあったが、アトラ・ハシースの任務に用いられた舟はあらゆる記録を塗り替えるものであったに違いない。

それゆえ、箱舟の形についての伝統的な理解は細長い「マグル」から丸い大きな網代舟へと変化したと言える。それを示す証拠は少なく、前二〇〇〇年紀には箱舟を描写した楔形文字の記述は〈箱舟の書板〉の他には二つしかないのだが、その二つがともに円形の舟と考えられることが今やわかった。この変化の過程は旧式の原型が近代的な改良型にとって代わったというようなことであろう。

前二〇〇〇年紀前半には物語は文書だけでなく、口承でも伝えられた。物語が聴衆に理解しやすく、好ましいものにするために、一流の芸人や語り部によって箱舟の形が変えられたのも自然なことだっただろう。それゆえ、古い考えに変更が加えられたとしても私には別に驚くようなことではなかった。関連する要因のひとつは、各地を巡る語り部たちが川辺で暮らす人々を相手にこの物語をよく語っていたということだろう。そうした人々が納得するような実際的な舟を登場させなければならず、網代舟は誰もが認めるような、うってつけの舟だったというわけである。

アトラ・ハシースの円形の箱舟は船底の広さは三千六百平方メートルで、甲板はひとつだった。楔形文字で書かれた箱舟についての記述は知られている限り、この他では古典的な『ギルガメシュ叙事詩』のものしかない。そこに登場する箱舟には二つの重要な変更がある。ひとつは形がアーモンド型の「マグル」でも円形の網代舟でもなく、舟の長さ、幅、壁の高さが等しい立方体であるという点であり、もうひとつはメソポタミア人の実際的な感覚では洪水のただ中で漂流することが不可能なものになったという点である。

元になっている「長さ」と「幅」が等しい古バビロニア時代の円形の網代舟がなぜ後期アッシリア時代の『ギルガメシュ叙事詩』では正方形の平面図をもつものと解釈されたのか、また、古バビロニア時代の物語ではひとつだけだった甲板がなぜ六つに増え、その七つに分けられた各層がさらに九つに分割されたのかについては、すでに推論し、また補遺2で詳しく解説した。この二重の変更は文書への誤解や修正のためでもあるが、ウトナピシュティムの象徴的な舟を人知を超えた、何やら壮大で、現実には機能しないものに仕立て上げようというミドラシュ的な熱意もはたらいただろう。それでも、その文書上に残された手がかりからすれば、『ギルガメシュ叙事詩』におけるウトナピシュティムの箱舟の背後にある物語は明らかに、それが古バビロニア時代の伝統的な丸い網代舟に由来するものであることを示している。

　洪水と箱舟の物語の次の段階は聖書の創世記における物語である。〈ギルガメシュ第XI書板〉とヘブライ語の本文を比較すると、それぞれの記述は様々な点で密接に関係しており、両者は避けがたく依存し合っている。それゆえ、すでに提案されてきた説を本書では支持し、ヘブライ語の本文は古くから存在する楔形文字の洪水物語に由来し、また、それに基づいているとしたが、それと同時に、その借用を可能にした仕組みについて新しい説明を試みた。ユダ人は自分たちの歴史を記す必要があったため、原初の時代についてバビロニアの物語をいくつか取り込み、自分たちの伝承に足りない部分を補ったと考えられる。そうしたバビロニアの物語は楔形文字の書物や文学についての教育を受けたユダ人の若いインテリたちを通して知られるようになった。彼らはバビロニアでの教育課程の中でそうした物語に出会い、その原文を読んだ。すでに印象的なものであったであろう物語を採用する過程の中で、ユダ人は独自の道徳的価値観をそこに植えつけ、「長命の時代」「網代舟の中の赤ん坊」「洪水物語」は新たな命を得て、尊ぶべき元祖とも言える楔形文字の伝承が消え失せた後も遥かに長く生き残ったのである。

　すでに見たように、聖書テクストには〈ヤハウィスト資料〉〈祭司文書〉といった異なる系統の文書資料があることを示す内的な証拠がある。本書では洪水物語に関するその相違については、乗船させる動物や鳥の数など、それぞれが参照した楔形文字の伝承の違いによって説明できると論じた。この関連で忘れてはならないのは、〈箱舟の書板〉では動物たちが二匹ずつ乗船したと書かれているという非常に重要な新発見である。「二匹ずつ」としているものはこれまでに知られていた楔形文字の物語にはなく、創世記の創意と考えられていた。

ノアの箱舟とウトナピシュティムの箱舟を比較することによって、箱舟に四つ目の形が登場することになった。よく知られたノアの箱舟は木製で、棺桶（かんおけ）のような細長い形なのである。創世記の洪水物語が楔形文字の伝承に細部にまで依存していることを論じる際、ウトナピシュティムの立方体の箱舟（今のところ、前一〇〇〇年紀のものしか知られていない）とノアの長方形の底面をもつ箱舟の形の違いが問題視されていたが、その理由は説明されないままになっていた。〝川の間の国（メソポタミア）〟で伝統的に使われていた川舟の中にはノア型の舟もあったし（十九世紀の記録と写真が残されている）、そのような長方形の底面をもつ舟が「トゥブー」と呼ばれたバビロニア時代の舟と同じものであることを示す証拠もあり、この「トゥブー」がヘブライ語では同じ種類の舟を指すという前提の下、「テーヴァー」という形に変わり、箱舟を表す語として用いられたと考えられる。長方形の底面をもつ「トゥブー」舟は（ウトナピシュティム型の舟を書記たちが検討し、舟の形としてあり得ないとされたことで）すでに楔形文字の洪水物語の中に取り入れられており、その伝承がヘブライ語聖書に流れ込んだのではないだろうか。

長方形の底面をもつノアの箱舟という描写はヘブライ語聖書ではすべて〈ヤハウィスト資料〉に由来するため、〈祭司文書〉における箱舟の形が〈ヤハウィスト資料〉と同じだったのかはわからない。このことはまだ発見されていない楔形文字の洪水物語の中にバビロニアの伝承として「トゥブー」を取り入れていたものがあり、それを〈ヤハウィスト資料〉が選択したということなのかもしれない。

ここで最も重要なのは箱舟の形が変化したにもかかわらず、船底の面積がほぼ変わっていないという事実である。

1　アトラ・ハシースの円形の網代舟――一万四千四百平方アンマ（一イクー）
2　ウトナピシュティムの立方体の舟――一万四千四百平方アンマ（百二十〈かける〉百二十アンマ＝一イクー）
3　ノアの箱舟――一万五千平方アンマ（三百〈かける〉五十アンマ＝一・〇四イクー）

ウトナピシュティムの箱舟は平面図が円形から正方形に変わったにもかかわらず、はじめにエンキ神からアトラ・ハシースに伝えられた〝最初の〟床面積を維持している。これは参考にした古バビロニア時代の文書では常に面積が同じだったからに違いない。形が円形から正方形へと変わったことについて、当初はボタンを掛け違えたような違和感があり、その解消は困難と思われたが、最終的にはそれほど劇的な変化とはならなかった。古バビロニア時代の舟の「長さ」と「幅」が円を定義する文脈から切り離されれば、それを正方形の辺と考えるのは自然なことであり、一万四千四百平方アンマという舟の底面積はそのまま維持されたのである。

さらに驚くべきなのは――明らかに偶然というわけではなく――ノアの箱舟の底面積が一万五千平方アンマで、楔形文字文書から継承した数値とほぼ一致していることである（その差は四パーセント以内）。これは間違いなく、バビロニアの元々の考えの下、同じ土台の上に全く違った形の舟を河川での輸送に普通に用いられる実用的で丈夫な舟として再現したということを示している。

円形から正方形、正方形から長方形という底面の形の変化は一見理解しがたく矛盾するように思われるが、このように考えると明確に理解できる。この変化の流れは本書の解明すべき核心にある楔形文字からヘブライ語への直線的な継承という考えを裏づけるものでもある。

第15章　円形の箱舟、あらわる

私は網代舟を見たことがなかった。古代ブリトン人がつくったようなあれだ。しかし、その後ひとつだけお目にかかったが、そのベン・ガンの舟ときたら、かつて人間がつくった網代舟の中で一等最悪という以外にうまい説明がないような代物だった。しかし、網代舟の長所はたしかに備えていた。めっぽう軽くて、持ち運ぶことができたのだ。

——ロバート・ルイス・スティーヴンソン

本書を書き始める前に、ロンドンのブリンク・フィルム社と〈箱舟の書板〉についてのドキュメンタリー映画を作成し、チャンネル4、PBS、カナダのヒストリー・チャンネルといった放送局から大々的に世界に発信する合意がすでにできていた。[1] 最初の打ち合わせから、このドキュメンタリーの最大の見どところとして非常に大胆な計画が検討されていた。それは古代の造船に関する専門家が集められ、粘土書板に書かれている仕様を設計図とし、そこに書かれている材料でアトラ・ハシースの箱舟を作成するという計画であった。そのような提案を拒否できるアッシリア学者がいるだろうか。

私は書板の文字や解釈を何度も見直し、間違いを犯していないか、技術的に不可能なことがないかを確認した。早い段階で老師トム・ヴォスマーに参加を依頼し、私が訳した〈箱舟の書板〉建造指示書が彼のもとに送られた。オマーンでそれを目にしたヴォスマーは気が遠くなって椅子にへたり込んだが、呼吸が正常に戻るや、舟の寸法や内容についての検討に入った。

当初から構想はアトラ・ハシースになったつもりで書板に伝えられた指示どおりに作業を進め、それによって何が生まれ、どのような結論に辿り着くことになるのかを見定めるということだった。箱舟の最終的な大きさがサッカー場の半分程度になることさえ受け入れられれば、書かれた寸法や数値は理に適ったものだった。これらの数字はバビロニアの網代舟産業を担っていた舟づくり仲間――とっくの昔に死んでしまっているが――の実際の経験に基づいたものであることが私たちにはわかっていたからである。

しかし、コンピューターでの分析の結果、いかに強く望み、必要となる膨大な資金を調達できたとしても、厳密に実物大の箱舟建造は不可能であることがすぐに判明した。[2] 設計と材料の点からも、この規模の建造計画を維持するのには無理があった。そのようなわけで、予算や時間的な制約も考慮に入れ、物理的に可能な範囲で、できる限り大きな箱舟を書板の比率に基づいて作成することになった。その結果、舟の直径は原寸の五分の一程度とするという結論に至った。また、必要であれば、他の点でも妥協することになった。例えば、もとになる網代舟の箱舟には屋根があるが、この点については最初から却下された。屋根をつけると、やろうとしていたことすべてが不可能になってしまうからであった。舟の内部が何も見えなくなってしまう。同様に、上甲板に数か所、三角形の覆いをつけない部分を残し、その隙間からカメラが下の階を撮影できるようにした。このように屋根を取り払った結果、上甲板中央に葦を編んでつくられたアトラ・ハシース家の小さな家は、まさにイラクの小さなムディフのようで[3]、遠くから見ると舟の縁の上に突出して見えた。

この舟づくりの大実験のための場所にはインド南部のアレッピーが選ばれた。ケララ州の水郷地帯に位置し、ラクダとヤシの木と水路からなるその景色はアトラ・ハシースのイラク南部と同じというわけにはいかないが、多くの点で似通っている。気の遠くなるような準備と交渉の結果、箱舟建設の作業は二〇一三年十一月十二日に始まり、二〇一四年四月二十五日に終了した。

造船作業を任されたのはトム・ヴォスマー、エリック・ステイプルズ、アレサンドロ・ギドーニで、いずれも古代船の建造では並ぶ者のない最高の技術者であった。彼らとオマーンで造船事業をともにした現場監督たちもやってきた。バブ・サンカラン・クラバタートは造船工の棟梁で、木材を担当した。サジド・マダティル・ヴァラピルは葦や縄、また葦やヤシの繊維を織り合わせた敷物を任され、アブドゥル・サラム・カダヴァト・プライルは瀝青の担当だった。この最高の箱舟建造チームは一番多いときには四十三人で作業したが、ともに成し遂げたことはまさに叙事詩として語られてもいいほどのものであった。

〈箱舟の書板〉に書かれた前十八世紀の情報が全員の出発点であり、二十世紀のジェームズ・ホーネルによる記述がそれを補う（第8章参照）。アトラ・ハシースの基本的な作業手順は以下のようにまとめられる。(1)ヤシの繊維でつくった縄を巻き上げ、丸く柔らかい巨大な籠をつくる。(2)その内側に湾曲した肋材を放射状に設置する。各肋材は籠の縁から側面に沿って船底の中心に向かって下り、互い違いに織り合わさって船底部分で床面を形成する。(3)舟の側面の半分の高さのところに、甲板を設置する。(4)防水用の瀝青を全面に塗る。さて、この設計図に従うと、どのようなことになっていくのだろうか。

建　造[4]

箱舟全体の骨組みは非常に優れた伝統的な造船技術の成果であり、肋材、梁、水平材（もしくは板材）、柱（もしくは支柱）などの木造部分が蜘蛛の巣のように組み合わさって、引張（ひっぱり）もしくは圧縮状態を保っていた。そのあらゆる継ぎ目は塩水に浸したヤシの繊維でつくられた非常に丈夫な縄で固定された[5]。接着剤、シーリング材などの現代の資材はもちろん、釘一本さえ使わなかった。

進水後に船体が歪まないようにするため、どのように舟の内側から相反する力をかけるかについてはかなりの検討が重ねられた。舟の規模を考えると、梁や肋材のために必要とされる長さ十三メートル以上の木材[6]を探すのは困難であった。しかし、その仕上がりの美しさと構造はきっとアトラ・ハシースを喜ばせたであろうことは述べておかねばなるまい。木材の切り出しや運搬の手伝いは現地の象たちが快く引き受けてくれた。

一見単純に見える設計図にしたがって、これほどの規模のものを形にするのにはかなりの困難が伴った。まず、このような巨大で歪みやすい籠を枠なしで形を保ちながら組み立てることは不可能と思われた。そこで木の肋材から始めなければならなくなった。さらに、イラクの網代舟づくりでは瀝青を塗る際、単に舟（グファ）をひっくり返して塗ればよかったが、ここで計画されている巨大な舟は重さが三十五トンになることが予測され、ひっくり返すなど論外であった。つまり、作業は肋材から始めて、建造の最初の瞬間から最後に至るまで、箱舟はきちんと形を保って動かさないようにしなければならなかったのである。それと同時に、繊維の束や敷物を固定したり、瀝青を塗る重要な作業をするため、舟の下を楽に行き来できるように箱舟を地面から吊り上げておかなければならなかった。

舟を吊り上げて支えておくことで新たな問題が生じた。瀝青と葦からなる〝外皮〟は脆く、単に舟の下に棒を立てて支えるのでは、棒の先と接する部分に圧力がかかり、そこから破れてしまうかもしれない。そこで堅固な足場の上に、舟の木製の下部の枠組みをきちんと加工した状態のままで引き上げておかなければならなくなった。

最初につくられたのは葦の束を直径一・六メートルになるまで螺旋状に巻いた円盤だった。これを枠組みの底の中心部分に縛りつけると、葦でできた外皮の「核」ができ上がった。

その後は船体の壁をさらに上方へ巻き上げていけばよく、それに合わせて細かくバランスを調整しながら、支えのブロックを中心から外側へと移動させていった。巨大な網代舟は徐々にその姿を見せ始めた。アトラ・ハシースはヤシの繊維でつくられた指の太さの縄を用いることになっていたが、実際のところ、その太さではこの規模の舟には十分でないことは明らかだった。そこで船体は何本もの葦を束ねて太い綱のようにしたもの——断面は巨大な電話ケーブルのようだった——でつくることになり、十分に頑丈なものとなった[7]。

舟の外皮を巻き上げている間、各部分は常に安定し、しっかりと支えられている必要があった。中心部を支える六メートル四方の大きな台は鋼鉄の底部の上に合板を張り、それをおが屑で覆ったもので、それを箱舟の中心の真下に置き、箱舟を宙に浮いた状態に保つことで、重みによる圧力を等しく分散させることができた。それによって、支柱とともに「外形」を維持する上部の肋材を据えつけることができるようになり、箱舟の高さと最終的な形ができ上がった。下部と上部の肋材の接合部は厚板でつくられた同心円

出発点——木製の巨大な肋材に葦でつくった円盤が取り付けられている様子を下から見る。

状の三本の輪——横材——を肋材に縛りつけることで等間隔を保って設置された。船体側面の半分の高さのところには、船梁棚と呼ばれ、船体の外に突き出る十三メートルの横桁を支える環状の厚い板が水平に設置された。

〈箱舟の書板〉によれば、甲板は多くの支柱で支えられる。ケララでも同じ手法が採られ、真ん中の横材の上に支柱が立てられた。この支柱は構造的には非常に重要なもので、これによって箱舟の中心に十分な強度が与えられ、進水後にかかる途方もない水圧に耐えられるようになる。肋材にはさらに突き出た横梁に達するまで葦の束が螺旋状に巻き上げられた。最終的に甲板と船室が設えられれば、舟の外面が完成し、箱舟稼働への準備が整ったかに思われた。しかし、この時点では完成した舟をどのように進水させたらよいか誰にもわかっていなかったのである。箱舟の形ができ上がるにつれて、この難問が徐々に重くのしかかってきた。

しかし、その前に、現地インドの瀝青が防水に向いていないという最大の難問に直面することになった。すでに見てきたように、シュメールとバビロニアの舟づくり

建造中の箱舟の内部。三つの同心円状の横材、横材の間に瀝青が塗られた肋材、横材の上には支柱が見える。

では、他のどんな瀝青よりも遥かに優れたイラクの天然瀝青が使えるという利点があった。このことは古代においても知られており、現代イラクの瀝青とオマーンで発見された海洋関係の最古の考古学的建造物に付着していた瀝青を分析した結果、両者は同等のものだった。非常に残念なことに、イラクの瀝青を使うという自明の解決策は使えなかった。この計画のために瀝青をイラクから輸入することはできなかったのである。

インドの瀝青はメソポタミアの網代舟づくりでは普通であったカサガイのようにぴたりと貼りつく粘着力もなければ、適当な硬さで固まることもない。濃度と粘着力を上げるため、石灰粉や動物の脂、魚の脂などを加えてみたが、効果は限られていた。[8] 現地の瀝青を詰め込んだ巨大なドラム缶が作業場に到着した。[9] 中には瀝青が塊のまま詰められており、これを不吉な感じのする黒い大釜に入れ、三百度以上の熱で溶かさなければならなかった。熱く、どろどろした――正直いってぞっとする――大量の混合物が長い柄の付いたフライパンに移され、瀝青はそこから取られ、作業する者たちの頭上にある舟の表面の滑らかでない部分に木のローラーで塗りつけられる。この工程は困難で危険なものであった。あらゆる努力にもかかわらず、瀝青[10]はしばしばくっつかず、重要な防水加工に完璧を期すことは望めそうもなかった。そこで、上述した敷物や葦の束にあらかじめ瀝青を塗った上で外形部分に固定するという応急処置がとられた。しかし、こうした工夫はしたけれども、外形部に瀝青を定着させる努力は続けられた。進水までの数日間、暑い日差しの中、外形部のあちこちで瀝青が溶けて滴り落ちたため、絶えず瀝青を剝がし、修復し、塗り直す作業が繰り返された。

夢を実現させる

内心密かに〝私の箱舟〟と考えていた舟を最初に目にした瞬間のことは忘れ難い[11]。私は目を見開いて、その場に立ち尽くし、息もできないほどだった。ケララの強い日差しを浴びたその飾り気のない黒いシルエットは何よりもまず圧倒的で、長く私が漠然と心に思い描いていたものが三次元の驚くべき姿でそこに現れていた。敬意を表しつつ近づくと、それが現実の舟であり、個性は強いが、どことなく優美な舟だと思った。それはまるで青銅器時代からそのまま漂ってきたかのような姿だった。

〝私の箱舟〟という思い上がりの幻想はその瞬間、霧散した。私は目の前にある驚くべき舟をともにつくり上げた仲間たちに囲まれていた。トム、エリック、アレサンドロは自分たちがつくり出そうとしているものに対して、私が〝心の中で抱いていた思い〟にある程度気づいていたに違いないが、私にできることは何度も彼らの手を握り、笑いかけることだけだった。これは記しておかなければならないのだが、作業に加わった人はすべて、ここで何が行われているのかインドのメディアに漏れるのを防ぐために、建造期間中は沈黙を誓わされていた。そこで、最終的に製作の終了が決断され、留意点なしにそれが承認されたことは作業に関わった人ひとりひとりに知らせる必要があった。

その後、もちろん私は舟に乗ってみた。箱舟に入るにはまず梯子（はしご）を登り、それから少しばかり狭すぎる入り口を通ると、甲板の上に出た。空けられた三角形の穴に注意しながら甲板を歩き回り、ムディフに出たり入ったりし、私はますます興奮して、舟の縁から外を眺めた。実際、私はこのまま水平線を遥か越えて世界の果てまで行きたいような気持ちになっていた。舟の内部には船底に降りる別の梯子が設置されていた。薄明かりの中、舟の内部はまるで木造の小さな聖堂のように、優美で、静けさに満ちていた。撓（たわ）められた巨大な肋材、しっかりと据えつけられ、巨人たちによって強く結びつけられたかのような横桁など、すべての構造をそこに見ることができた。それは世界を救うに十分な強さをもっていた。本当にそれは美しい空間だった。

瀝青用のローラー

その朝、少し遅くなってから、最後の仕上げのために、箱舟製作者たちが瀝青用の木製ローラーを使っているのを目にした。疲れ知らずのバビロニアの「ギルマドゥ」[12]は変わらずに決して終わることのない決定的な役割を果たし続けていた。ここでは二つの異なる大きさのローラーの写真を掲載する（次頁）。後にアレサンドロ・ギドニが語ってくれたところによると、オマーンでの造船事業でもこの種のローラーを瀝青を塗るのに常に使ったが、イラク出身の作業員たちがもち込んだものとされているということだった[13]。ケララの造船所で使われていたローラーは均整のとれたよい形であった。この道具の背後に四千年の

瀝青用のローラー。瀝青を塗るための道具で、いつの時代にも変わることなく使われてきた。

歴史が横たわっているというのも信じられないことというわけではないのだ。

動物

当然のことながら、動物をどうするかは厄介な問題であり続けていた。このドキュメンタリー番組の企画を何か月もかけて練っている間、私は一貫して「動物がいない箱舟はありえない」と考えていた。ブリンク・フィルム社でも頭では私の意見に賛成していたのだろうが、地球の反対側でつくられる箱舟がどのようなものになるか知っていたし、できることとできないことがあることも弁えていた。ケララでの大団円を前に、私はこの点について、平静を保ちつつ何度もしつこく捲し立てた。方法はいくらでもあると私は主張していたが、そのためには〝何らかの方策〟が必要だった。生きた動物は問題外だと彼らは揃って反論した。もっともなことである。しかし、他にも方法はあった。例えば、特別にしつらえたミニチュアの網代舟の模型にブリテンズ社の鉛製のアンティークの動物をつがいで収容するというアイデアも出された。また、実物大の張り子の動物を二匹ずつ現地インドの職人に発注するという案もあった。当時、私はすでに本書のために、バビロニア人に倣って、動物配役リストを完成させており、どの動物を乗せるかを完全に把握していた。張り子案には別の利点があった。万が一、舟が沈んだ場合、誰も家畜のことをまったく気にしなくてすむし、そうした張り子の人形はインドでは通常、水の底に消えることになっている。また、CGの動物を編集で挿入するという、あまり魅力的とは言えないありふれた案もあった。

しかし、乗せることになったとして、実際に新たにでき上がった箱舟に動物を収容することはできるのだろうか。理論上は床と天井の間で微妙な釣り合いを保っている多くの支柱が中心から放射状に伸びる肋材の配置に沿って仕切りの壁を支える役割を果たすことになっている。進水の前日に船底部を歩き回り、実現したこの作品に動物の収容は完璧に可能であることがわかった。しかし、いよいよ運命の朝がやってくると、現場に多くの問題や懸念事項がもち上がり、私は動物のことをすっかり忘れてしまった。どう考えても四本足の獣が梯子を登って、小さな扉を通って舟に入れるわけがない。そもそも、その朝は誰もが対処しなければならないことに追われており、この期に及んでの動物乗船キャンペーンなど論外であった。

しかし、まさに最後の瞬間、ディレクターのニック・ヤングが私の嘆願を頭から無視していたわけではなかったことが判明した。諦観を漂わせた二人の痩せた老人が、まるでマンハッタンの大型犬散歩代行業者のように、それぞれ山羊を半ダースずつ率いて到着したのである。箱舟は水際でバレリーナのようにバランスをとって進水の瞬間に備えていた。その数ヤード後ろには熱心なカメラマンとともに、カメラの三脚が週末に雨が降った後のラグビー場のような混沌とした不吉なぬかるみの中に固定されていた。二人の山羊飼いはそれぞれ山羊の群れを繋いでおく杭のところまで連れて行くよう求められていた。計画ではニューヨークのエリス島へ到着した移民のように順番を待つ動物たちを手当たり次第に撮影し、その背後に晴れてつがいとなった動物の群れを連想させようという目論見であった。しかし、二つの山羊の群れは緩く繋がれていて、その拘束力が十分でなかったため、すぐに頭突きや交尾の方に関心を示し始めた。その結果、できるだけ速やかにそのもつれた脚を引き離し、山羊飼いに少し余分に費用を支払ってでも早く撤収させることが急務となった。その後この件に一切触れなかったディレクターは称賛に値する。

進水

進水の瞬間が近づくにつれて、現場は極度の緊張と不安に包まれた。真の大きな問題が二つあった。「この巨大な網代舟は本当に浮くのか、それとも沈んでしまうか」という問題と、「しっかり形を保っていられるのか、ばらばらに分解してしまうのか」という問題である。莫大な量の建築資材を用いており、かなりの重量があるので、進水という決定的瞬間に何が起こるのかは誰にも予測できなかった。したがって、進水時に乗船する者や、進水後に乗船する予定の者は救命胴衣を着用しなくてはならなかった。つまり、飛行機に乗ると、機体を離れるまでは膨らませてはいけないと何度も注意を受ける、あの分厚いライフジャケットである。舟はもともと水に浮く天然素材を接合してつくられており、沈むことはあり得ないという不満の声は聞かれたものの、胴衣の着用は絶対的に義務づけられていた。また、箱舟を進水させる岸辺付近の水深は二メートルほどしかないので、沈むという最悪の事態になって川底に船底がついたとしても、船体の大部分は安全に水の上に出ているだろうという話もあった。救命胴衣はいくつかの理由で不快であったが、何よりも苦痛だったのは、すでに十分に暑い上に、すっぽりと頭から被らなければならないことだった。船体の外面には一定間隔にチョークで白線が引かれ、舟がきちんと浮いているかどうかが岸からはっきりとわかるようになっていた。また、明らかに一部の人の間では、どの線が喫水線になるかという賭けが行われていた。

大洪水による出航は選択肢にはなかったので、箱舟をどのように進水させるかという問題は未解決のままであった。当初の計画では特別に掘った場所を造船場として、箱舟が完成したらそこに水を満たす予定だった。しかし、造船場の所有者が地所の中央に巨大な穴を開けられるのを嫌がったため、この計画は諦めなければならなかった。この舟には木の竜骨がなく、外皮も弱かったため、新しくできた普通の舟のように丸太の上を転がして進水させることはできない。しかし、この問題に対する最終的な解決策は見事であった。

溶接した鋼で進水用の台座がつくられ、箱舟の下に設置された。その上に箱舟を乗せ、この台座ごと転がして水に入れようという目論見である。鉄の台は沈んでいくが、水深が十分に深くなったところで、箱舟は静かに浮き上がるはずだ。この計画にはリスクが伴っていた。乱暴に進水すれば外皮に穴が開く可能性があり、耐えきれないほどの負荷が船体にかかるおそれもあった。現地の建設業者を呼んで相談すると、彼らはどうすればよいか知っていて、自分たちの収入源であるゴム製の黒くて太い巨大なソーセージ状のものを四つ運んできた。空気を抜いた状態で台座の下にそれを挟み込み、その後、膨らませるという奇跡的な工夫であった。

その作業が行われる中、お祝いと儀式の意味を込めて、ココナッツが割られ、そのジュースが振る舞われた。乾杯の言葉が各国語で続いたが、そこにアッカド語で何かを言う準備はできていなかった。最後の瞬間、エリック・ステイプルズがひと握りのコヤスガイの貝殻とラピスラズリの小片を取り出し、まだ柔らかい瀝青の上にそれを嵌め込んで箱舟の外面を飾った。

この瞬間に造船場の熱気と集中は一気に高まった。作業員たちは位置につき、鷹のように注意深く、すべての工程を油断なく注視していた。撮影チームはまさに大活躍だった。スティーブとグラントが操作する大きな二台のカメラは、メカノ社〔かつてあった玩具メーカー〕が製造したかのような華奢なクレーンの上に据えられ、さながら策略を巡らすようにして、あらゆる角度から映像と音を同時に捉え、フィルム缶に収めていった。劇的な場面を盛り上げたのは、湖上の遥か彼方に不穏な黒雲が発生し、嵐を予感させたことである。箱舟の進水に合わせて雨季の豪雨が起これば、さらに臨場感溢れる映像にはなるだろうが、箱舟の操作を無事に行う助けにはなりそうもなかった。

すべてはゆっくりと慎重に進められたが、計画はキーキーと音を立てて行動に移されており、ソーセージの上の箱舟は綱を巧みに引く動きに合わせて少しずつ前に滑っていった。しかし、最後の瞬間、前方のコロが突然外れて、すでに水の中にあった台座の下から飛び出した。箱舟は大きな音を立て、警告を発するかのように前方に傾いた。そこにいた者たちは舟の中で起こっていることを思って恐怖に言葉を失ったが、設計と技術力は確かだった。ほどなく舟はきちんと安定して水の上に浮かび、処女航海の準備は整った。

箱舟はゆっくりと大きな湖の沖へと引かれていった。最初から乗っていた三人は驚いたことに、特別に切り出した櫓（二二七頁参照）をその大きさをものともせずに使いこなしていた。それは十分に機能する長さだったのだ。他の人が乗り込むのを待つ時間は非常に長かったが、箱舟の姿は心を躍らせるものだった。ついに無線通話器のひとつから無資格の人（つまり、楔形文字は読めても車の運転はできない私のような人）も乗船してよいという知らせが届いた。ニック、スティーブ、グラントの三人が梯子のてっぺんで両手を広げて迎え入れてくれた。ともにつくり上げた作品に足を踏み入れたときには、正直なところ涙が溢れそうだった。

箱舟は放置しておけば、ただ漂い、あてもなく回転するだけだっただろう。それゆえ、舟は常に注意深く綱に繋がれていたが、一方を引っぱり、もう一方を後方へ戻したりして調整すれば、速やかに意図する場所に動かすことができた。舟の縁に立って水面を見下ろしていると、奇妙な感覚に襲われた。この巨大な円形の箱舟には竜骨も船首もバウスプリット〔船首から前方に突き出す棒〕もない。つまり、〝前〟がなく、航跡波も立たないのだ。この奇妙な感覚がどこから来るのか正確にわかるまでには多少時間がかかったが、これは驚くほど当惑させられることであった[14]。甲板は常に水平で、おはじき遊びができるほどだったが、時間が経つにつれ、自分たちが水上を移動しているのかどうかわからない気分になった。舟の下の合板がようやく剥がれて漂い出したのは驚くほど長い時間がたってからのことだった。箱舟航海日誌の一部を紹介しよう。結局のところ、野生の生き物は箱舟に乗っていた。航海のために水とバナナが積み込まれ、葦の小屋の中に積んであったのだが、そこでは無数の蟻があらゆる物の上を這い回っていたのだ。

いきなり浸水が始まった。それほど大量ではなかったが、少量でもなかった。瀝青の覆いが最も弱いのは外側の葦の外皮に肋材を結びつけている縄が外面を貫いている部分だった。そこには繰り返し瀝青を塗っていたのだが、それでも航海している間に、水は侵入し始めた。未加工の綿を内側から詰め込んでみたが、あまりうまくいかなかった。伴走していた舟のポンプを使い、水位を下の階までに留め、ある程度の安定を保つことができた。

舟は浸水しながらも、浮いていた。しっかりと浮き続けていた。インドの瀝青はポタポタとすぐに剥がれ落ち、乗組員は当てにならない膨れた胴衣を着用しなければならないという屈辱を受けてはいたが、我らの「貴婦人箱舟号」は優雅に水上を進み、カメラにはその完璧な姿が映されていた。ゆっくりと（しかし、決して媚びることなく）ピルエットしながら、甲板の上では絶え間なく撮影シーンを提供し、靄の中、少し離れた舟に設置された望遠レンズにも安定した姿を保ち続け、電気仕掛けの翼竜のような装置に搭載された魔法のカメラにもきちんと対応し続けた。この翼竜は太陽の光の下、箱舟の上をブンブンと飛び回り、舟を追跡しながら斜め上からの映像を撮り続けた。こうした写真や映像によって最も懐疑的な人にもバビロニアの設計図から新たに誕生した箱舟が巨大な丸い網代舟で、しかも機能しているということを伝えることができた。[15]〈箱舟の書板〉は様々な複雑さはありながらも、その正当性が証明され、原寸大での復元は不可能ではあったが、その設計図と相対的な寸法が機能することは議論を超えて確認されたのである。

披露航行の後に重要であったのは、箱舟を安全に係留することだった。それにはまず主要な水路から少し逸れた静かなよどみに曳航しなければならない。ちょうど遊覧から戻ってくる舟で混み合う時間帯であったため、その日のクルーズを終えて戻ってくる大型船や日没に合わせて二日間の旅に出航する舟など無数の観光船の間を縫うようにして、箱舟は進んでいった。デッキチェアに寝そべってジントニック片手にうとうとしていた何人もの人が箱舟を見て、その信じ難い光景にあっけにとられ、身を起こした。彼らが驚いたのは単に箱舟の形が他の舟と全く違っていたからではない。誰もがそれが何なのか、はっきりと気づいたからだった。最大の皮肉は、通り過ぎる際に真横から見ると、この丸い箱舟は切った西瓜型の船体の中央に小さな家が立っているように見え、学校で教わったノアの箱舟の形にそっくりだったことである。[16]

去り難くありながら、我らの「最高の」ノアの箱舟から降りる筆者。

黒ずんだ船体を安全に係留地まで動かすには、その運河で暮らす人々に細心の注意で誘導してもらわなければならなかった。箱舟をしっかりと固定するには二本の綱があれば十分だった。浸水はある程度していたが、少なくとも私にとっては、過度に心配するほどのことではなかった。私たちはまだ浮いていたのだ。乗船する際、私は一番最後に乗り込んだが、この終幕に下船したのも一番最後だった。まさにイギリス海軍の原則どおり、ネルソン提督のようではないか。ついに私の麗しくも優美な舟から降りなくてはならなくなったときに私が感じていたのは、もぎ取られるような苦しみどころの感覚ではなかった。内心では大きな悲しみを感じながら、私は控えめな愛情を込めて舟の側面を軽く叩いた。この頃にはもう日も暮れており、全員が帰途につく舟に乗り込むと、その背後には箱舟の輪郭がくっきり浮かび上がり、一晩ひとりで残されることに絶望し、私たちを咎めているように見えた。私の目にはそれが寄る辺のない孤児のように映り、自分たちが酷い仕打ちをしているように感じられた。私は励ますように箱舟に向かって手を振った。箱舟のために必ず何か取り計らってやらなければ……。[17]

その後、考えたこと

さて、どこまで話しただろうか。私たちの素晴らしい箱舟は映画の小道具として話を盛り上げたり、観衆を楽しませたりするためにあったのではなかった。四千年も前の「実際的な指示書」をもとに、優れた技術をもって慎重に再現されたのだ。こうしたことを成し遂げた者はこれまでになく、その成果は十分に承認され得るものであった。

ここで、この手の込んだ実験から何を得られたのかが問われなければならない。実寸大での建造は適わなかったとはいえ、〈箱舟の書板〉に書かれた指示の信憑性は立証されたと言ってよいだろう。言い換えれば、バビロニア人は私たちと同じ大きさで全く同じ舟をつくることができたということであり、実寸でアトラ・ハシースの箱舟をつくることを妨げた実際上の制約はバビロニア人にとっても妨げであったかもしれないということである。

もちろん、この計画に携わった人のすべてがこのような箱舟がかつて実際につくられたと信じていたわけではない。尋常ではない古代のデータが与えられているのだから、船舶史の問題として製作を試みてみようという合意がドキュメンタリー番組の企画当初からあった。この舟づくりの指示が文字どおりに受け取られ、私たちの舟と変わらないような巨大な網代舟がかつて古代メソポタミアでつくられたことがあるなどとは誰も想像していなかった。重要なのは楔形文字で書かれた洪水物語では巨大な網代舟が必要とされていたということであり、メソポタミアの箱舟はその地方の川舟を模したものだったということであ

口絵 2-1　オスマントルコ時代の
挿絵。箱舟に乗る預言者ヌーフが描
ている。

口絵 2-2 カラスと最初の鳩を放つノア。サン・マルコ寺院のモザイク、11 世紀、ヴェネツィア。

口絵 2-3　ネブカドネツァルのバビロンの塔。17 世紀フランドルの無名の画家による。

口絵 2-4　バビロンのムシュフシュ（竜）、マルドゥク神の随獣。肉食のオオトカゲがモデルと言われている。バビロンのネブカドネツァル時代の城壁を飾っていた。

口絵 2-5　詩篇 137 編のバビロンで嘆き悲しむユダヤ人の姿。しかし、本書で述べたように、当初の悲しみが去ったのち、様々な出来事が起こった。

2-6　側面から
ピル・オマル・グ
ン山（ニツィル
北イラクのキル
ク近郊。

口絵 2-7　永遠の象徴。黒雲に覆われたアララト山にかかる虹。トルコのバヤジトで撮影。

口絵 2-8　アララト山の2つの頂。画家による空想画。

口絵 2-9　ガートルード・ベルが見たジュディ山からの眺め。

口絵 2-10　箱舟の底面に最初の瀝青を塗るアレッサンドロ。

口絵 2-11　インドの古くからの縄の編み方。

口絵 2-12　著者（左端）と3人の古代舟の製作者。

口絵 2-13　進水を前に、浮き袋を設置する。

口絵 2-14　浮かんでいる箱舟。空中撮影による。

口絵 2-15　嵐に備える。

る。現実味を出すために、実行不可能な大きさではあっても、実際問題として理に適った寸法が物語には組み入れられていたのである。

それにもかかわらず、洪水物語ができてほどない時代の古いレシピに従って料理された舟を生で目の当たりにすることで、そこにこもっている人間の力を痛感させられた。洪水物語は今日の私たちにとっては神話や寓話、真実であったり比喩にすぎなかったりするにせよ、もともとは直感的で極めて重要な人間の問題を扱ったものであった。古代メソポタミア文学において洪水という題材に深く潜んでいた力は究極的には現実の体験に基づく恐怖を表現したものであったのではないだろうか。[18] すでに見てきたとおり、メソポタミア文化の背景にある水が豊かな土地は、その特徴として様々な規模の洪水が発生しやすかった。楔形文字の洪水物語は、とりわけ大きく、津波のような被害をもたらした実際の洪水を反映しているか、そうした記憶をまとめたものなのではないだろうか。文字と歴史が始まる千年前、あるいはそれ以上前に、二つの川の間にあった町や村をペルシャ湾まで押し流し、想像を絶するほどの破壊と忘れようもないほどの生命の損失をもたらした大洪水が実際にあったということなのではないだろうか。

こうした結論は今後、科学的データによって、より直接的に支持されるようになっていくかもしれないし、広く見ればすでに似たような見解が立証されているようだが、メソポタミア人自身による文献の中に見られる題材からすれば、そこに至るのは必然だろうと思う。[19] どんなに遠い過去からのものであろうと、引き継がれた記憶は消えることなく、同じような被害をもたらす大洪水がいつ何時起こるとも限らないという意識を古代メソポタミア人の魂に植えつけたのである。

もちろん、常に洪水を意識して暮らしていたというわけではないだろうが、古代メソポタミアの人々にとって洪水は心理的な遺産の一部であり、消すことのできない恐怖として心の奥深くに座を占めていたと考えられる。そうした経験から生まれた洪水物語はその恐怖に具体的な形を与え、それを和らげる方法を示す役割を果たした。洪水を引き起こすのは神々だということを誰もが知っていた。物語には神々が決定を下した理由が示されている。例えば、「アトラ・ハシース物語」では、人間があまりにうるさくなったこと、すなわち人口が多くなりすぎたことが主な理由とされている。[20] しかし、その後に明らかとなった決定的な点は、生命の根絶という神々の意見が満場一致で決められたとしても、最後の最後に、人類が地上から完全に消え去ることはないという救いがもたらされたのは、その同じ神々のうちの神によってであったということである。

大きな洪水が起こった場合、生き残る可能性が最も高いのは舟に乗っている人であり、メソポタミアに地球規模の大洪水があったとすれば、救いは舟によってもたらされると考えるのは当然であった。伝統的な物語の中では舟が中心的な役割を果たし、常に変わらず物語の主要な構成要素であったが、時とともにその舟が話題として文学上の発展を見せ、拡張していった。さらには、救いのための最終手段として登場したメソポタミアの箱舟には、未来においても同じ役割を果たすという意味が込められるようになる。つまり、洪水が再び起これば、いつでも新たな箱舟が登場すると考えられた。ヘブライ語聖書では、もう二度とこのような洪水は起こらないという全く異なる絶対的に確かな約束となり、象徴的な虹が架けられることでそれが保証された。

それゆえ、古代バビロニアの洪水物語が発展するにつれ、人間存在の不確かさは――ユダヤ教、キリスト教、イスラム教における意識において――人間の永続性への神の約束と捉えられるようになったわけである。このメッセージは古代と同じく現代世界にとっても慰めとなる。

たった一枚で、一冊の本を生み出すほどの題材を提供してくれるような楔形文字の粘土書板は滅多にない。〈箱舟の書板〉は非常に異例で、新たに答えなければならない謎を次々と生じさせた。本書は洪水物語という不朽の作品の解読に全力を尽くしてきたが、その探求の航海の中で少なくとも一、二の新たな考えを打ち出すことができたのではないかと信じて、筆を擱（お）くことにしよう。

補遺1　亡霊、魂、輪廻

死んでしまったのに人間の姿で現れる「亡霊」を表すアッカド語は「エテム」（*etemmu*）というが、これは同じ意味のシュメール語「ゲディム」（GEDIM）から借用した語である。この「ゲディム」は何かを巧みに表現しているかに見える、ひとつの文字で表されるが、実際には「三分の一」を表す文字と「イシュ」（IŠ）と「タル」（TAR）という二つの文字の組み合わせで構成されている。この字は「イシュ」の間に「タル」が挟まれているので「イシュ・タル」（IŠxTAR）とでも書き表す方が適切かもしれない。古代バビロニアの学者たちは「イシュ」と「タル」の字をそれぞれ「塵」[1]と「道」を意味するシュメール語と解釈しているが、これは葬式の式文で「塵は塵に」というのと同じように、亡霊のことを考えているか、儚く消えてゆくことを意味しているのかのどちらかだろう。どちらでも理屈は通るが、「三分の一」という文字の意味は説明されていないように思われる。さらには、「ゲディム」の字とよく似ているが、「三分の二」を表す文字が「イシュ・タル」の字と組み合わされた別の字もある。この字はシュメール語では「ウドゥグ」（UDUG）と発音されるが、アッカド語には「ウトゥク」（*utukku*）という形で取り入れられて、問題を起こす悪霊を意味する。亡霊、悪霊という二つの〝闇に属す〟存在が似た文字で表されているわけである。

「イシュ・タル」の文字は古代にはそのように解釈されたが、「女神」を表すアッカド語の名詞「イシュ

男女の亡霊が描かれた儀式用の絵図。女の亡霊が慰められ、幸福でいられるよう、男の亡霊が一緒に描かれている。男は両手を縛られた状態で、女の後ろを恭しく歩いている。

タル」の〝一風変わった〟書き方とも考えられるのではないだろうか（この「イシュタル」は女神一般を指す。よく知られている女神イシュタルのことではない）。つまり、この文字は全体として、亡霊は女神の三分の一でできているということか、女神の三分の一は亡霊であるということを意味しているのではないだろうか。同様に、「悪霊」を意味するウトゥクは、女神の三分の二でできているか、女神の三分の二は悪霊であるということを表しているのではないだろうか。

霊や魂といったものが生きている人間の三分の一をなし、それが女神に相当すると考えれば、わかりやすい。死によって失われた三分の二が血と肉というわけである。

悪霊のウトゥクは生と死の間でふらふらと揺れ動く存在ではなく、女神の割合は三分の二である。残りの三分の一は何であれ、人間の血と肉といったものではあり得ず、何か異質で永続するものだろう。

それゆえ、楔形文字そのものからは以下のような示唆に富む方程式が成り立つと考えられる。

人間 ＝ 血と肉 ＋ 神性

GEDIM 1/3　iš – tar　UDUG 2/3

〈古バビロニア版アトラ・ハシース物語〉第Ⅰ書板には、女神ニントゥが殺された神の肉体から人間をつくったと記されている。その話から二つの箇所を紹介しよう。[2]

　神をひとり殺さなければならない
　そうすれば、浸すことにより、すべての神が清められる
　ニントゥに粘土とその神の肉と血を混ぜ合わさせよ
　粘土の中で神と人を完全に混ぜ合わさせよ
　そうすれば、我々はこの後ずっと心臓の鼓動を聞くことになる
　その神の肉体から霊（エテム）をそこに生じさせよ
　生きる（人間）がその印であると告げ知らさせよ
　そうすれば、霊（エテム）が生じたことが忘れられることはないだろう
　　　　「アトラ・ハシース物語」第Ⅰ書板二〇八―一七行

彼らは理性（テーム）を備えたウェ・イル神を殺した、

> 皆が集まっているところで。
> ニントゥはその肉と血を粘土と混ぜ合わせた。
> その後ずっと［彼らは心臓の鼓動を聞いた］。
> 神の肉から霊（エテム）［が生じた］。
> 生きる（人間）がその印であると告げ知らされた。
> これによって、霊（エテム）が［生じたことが］忘れられることはなかった。
>
> 「アトラ・ハシース物語」第I書板二二三―二三〇行

この話によれば、人間は殺された神ウェ・イル（*we-ilu*）の三つの要素、肉体、血、理性（テーム）（*ṭēmu*）でつくられていることになる。血と肉を混ぜ合わせ、理性によって命を吹き込まれた粘土が人間の霊を生み出し、人間の最初の、そして決して途絶えることのない鼓動を生じさせた。死後に残るのは人間の霊、すなわち「エテム」だけで、体、すなわち「粘土」の三分の二は土に還る。

「アトラ・ハシース物語」では、理性（テーム）は人間が誕生したときから「エテム」の重要な要素であるとする考えを明確に示している。それは犠牲にされた神の「ウェ・イル」という奇妙な名にはっきりと表されている。「神」を表す「イル」の前に置かれた「ウェ」が「テーム」と繋がって「エテム」となっているのである。

ウェ ＋ テーム ＝ エテム

実際、「アトラ・ハシース物語」第I書板の今までに知られている版の中には、この箇所で「霊」を表す「エテム」の代わりに「ウェテム」としているものもある。通常は書き間違いとして片付けられるが、意図的に意味のあるものとして用いられたのだと私は思う。

また、シュメール語とアッカド語の間には相互作用があり、言語学上の関係は謎だが、アッカド語の「テーム」はシュメール語の「ディマ」(DIMMA)、シュメール語の「ゲディム」はアッカド語の「エテム」と関係している〔子音に対応関係があるように見えるということ〕。「テーム」と「エテム」は語としての成り立ちにおいて結びつきが非常に強く、その後も互いに結びついている。こうした根本的な問題については当然、バビロニアのテクストを通

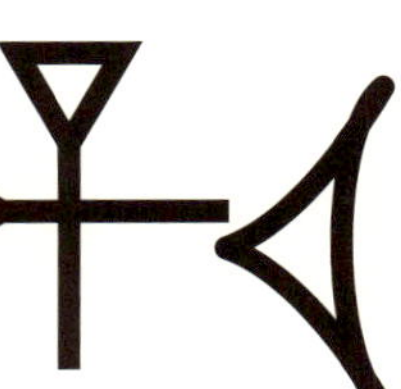

した推測が可能である。前三〇〇年頃の博識な「ウマーヌ」（*ummânu.* 教師）の目を通して考えてみよう。これは純粋に楔形文字に関わる内容だが、尻込みすることはない。

さて、この教師は「幽霊の手」と呼ばれる病気の名称について少数の上級の学生を相手に話をしている。「幽霊の手」はシュメール語では「シュ・ゲディム・マ」（ŠU.GEDIM.MA）といい、アッカド語では「カート・エテミ」（*qāt eṭemmi*）という。教師は「エテム」の本質をその名の内側から定義しているが、その説明は今ここでした説明とは全く異なる。言葉や考えを区切るときには楔を二本使い、ひとつをもうひとつの上に重ねるが、現代のコロンの使い方と全く同じなので、ここではダブルコロンで示す。また、小さな文字で説明書きが加えられているが、ここでは上に寄せた小さな字で表記する。また、見分けられなくならないように、シュメール語は大文字、アッカド語はイタリックで表す。

「ゲディム」は通常、すでに紹介したように複雑な文字で表される。ここでは使用頻度がかなり低い第二の文字が使われているが、その発音は同じであり、最初の文字と区別するために、ここでは「ゲディム２」（GEDIM$_2$）と表記する（上図）。「ゲディム２」は実際には三本の楔で構成される文字だが、この場合に限って言えば、この教師はこの文字を「バル」という文字（BAR. 左の十字形の部分）と「ウ」という文字（U. 右の斜めの線）の二つからなると考えている。

以下は教師が粘土板に記した内容である。

$^{GI-DI-IM}$GEDIM$_2$（BAR.U）：*eṭemmu*（GEDIM）：*pe-tu-u*
uznē（GEŠTUG^{II}）：BAR：*pe-tu-u*
U^{BU-UR}：*uz-nu*：*e-ṭem-me*：*qa-bu-ú ṭè-e-me*
E：*qa-bu-u*：KA$^{DE-EM_4-MA}$HI：*ṭè-e-me*

ここに二つの素晴らしい技法が見られる。ひとつはシュメール語の文字を文字どおり分解することでアッカド語の意味を抽出する方法である。もうひとつはより高度で、アッカド語の綴りに使われているシュメール語の音節文字の意味から、アッカド語の意味を引き出す方法である。以下では太字で示した語はすべて説明のテクストにある文言で、［ ］内はすべて、楔形文字を学ぶ際にわかりやすいよう私が書き添えたものである。

技法1

（シュメール語の文字）**ゲディム2**（の発音）は**ギディム**［すでに述べたようにバルとウの組み合わせでできている］で、（シュメール語の）**ゲディム**（エテム。アッカド語では「霊」や「魂」の意）と同じである。後者は**ペートゥー・ウズネー**（アッカド語で「耳を開く者」）を意味し［「ウズネー」は「耳」を意味し、シュメール語の表語文字］**ゲシュトゥグII**［で記されている］。（なぜなら、シュメール語のゲディム2の一部である）**バルはペトゥー**（アッカド語で「開く」）を意味し、（ゲディム2の一部である）**ウはブル**（と発音する場合には）［ウの文字には多くの音価がある］、**ウズヌ**（アッカド語で「耳」）を意味するからである。

技法2

エテメ（アッカド語のエテムを綴るこの単純な音節文字はそれ自体がアッカド語として）は**カブー・エテム**（アッカド語で「命令する」、「知性をもって話す」などの意）の意味（で解釈される）。（おそらくアッカド語の最初の音節「e」をシュメール語ととったため）**カブー**（アッカド語で「話す」の意）が大文字の「E」で表される。シュメール語には「カ」という文字と「ヒ」という二つの文字を組み合わせて、まるで一字であるかのように表記されるディマという語があり、デマと発音される。（ディマというシュメール語は）**テーメ**（アッカド語で「秩序、情報、心、知性」の意）という意味である。両言語において「霊」を表す言葉は、耳を開き、知性をもって語る者を意味している。

この巧みな方法で、連想される言葉の意味を文字の本質から抜き出すことで、優れた学者は厄介な霊であるエテムがどのように眠っている患者の耳に入り込むのかを教えるのである。そのように入り込むことで、文字どおりには「理性を変える」という意味の「シニート・テーミ」（*šinīt tēmi*）という状態が引き起こされることがある。人間の正常な精神や振る舞いは妨げられ、例えば以下のような状態になる。

もし「シニート・テーミ」が人間に及び、理性の均衡が乱されると、その人は奇妙なことを言い、自分の行動を抑えられず、わめき続けるようになる……。

ここまできたのであれば、他の例を検討してみるのもいいだろう。次は治療に関する占いを解釈する。この占いは複数の書板からなる長大な編纂物の冒頭の一文である。

もし悪魔祓いが病人の家に向かう途中、窯で焼いた煉瓦を見たなら、その病人は死ぬ。

患者の状態の結末は悪魔祓いが病人の家に着くまでの道で起こったことから予告されている。悪魔祓いが目にするのは、試験に向かう途中にひどい交通事故に出くわすなどの明らかに〝不吉な兆候〟というわけではない。これは現代とは全く異なる、非常にメソポタミア的なものである。先ほどとは別の優れたバビロニア人がこの占いの本当の意味について非常に興味深い考えを抱いていた。そこで使われている語はほとんどがシュメール語の表意文字なので、アッカド語での読み方の後に括弧で示すと、次のようになる。

占い　*šumma*（DIŠ）*agurru*（SIG$_4$.AL.ÙR.RA）*imur*（IGI）*murṣu*（GIG）*imât*（UG$_7$）

これに続いて、この占いの三つの別々の説明がなされている。

説明1　*kayyān*（SAG.ÚS）
　一般的な意味（*kayyān*）

最初の解釈は占いの文は文字どおりのことを意味しているというもので、悪魔祓いが目にするのは焼かれた煉瓦である。バビロンには焼かれた煉瓦が至るところにあるので、それゆえ解釈が必要となったに違いない。医者（悪魔祓い）が尖った煉瓦の破片を踏んでサンダル越しに怪我をするとか、塀の上から落ちる危険な煉瓦を目撃するとかいったことがここでの意味ということだろう。こうした説明が可能なのだが、当たり前のことなので、具体的なことは書き記されていない。

説明2　*šá-niš amēlu*（LÚ）*šá ina hur-sa-an i-tu-ra*
　A：*me-e*：GUR：*ta-a-ra*

二つ目（の解釈）は「川の審判から戻った男」（アッカド語では *amēlu šá ina hursān itūra*）

二番目の解釈はより深い。煉瓦は川の審判を生き抜いた人と解釈されている。この制度は被告を水に沈めて有罪か無罪かを判断する非常に原始的な法制度で、中世ヨーロッパの神明裁判〔神意を問うために被告を水に沈め、浮いてくれば有罪、沈めば無罪とされた〕と似ていなくもない。この解釈は非常に高度な技法によって導き出されている。「焼かれた煉瓦」を表すアッカド語は「アグル」（*agurru*）だが、ここでは音節文字ではなく、同じ意味を表すシュメール語の表意文字 **SIG_4.AL.ÙR.RA** で表記されている。この解説では一旦これに対応するアッカド語 *agurru* をそこにあてはめ、それを音節文字の「a」と「gur」に分解した上で、シュメール語の「A」と「GUR」としての意味を採用している。シュメール語の「A」は「水」（*mē*）、「GUR」は「戻る」（*târu*）なので、「焼かれた煉瓦」の「アグル」が「水から戻る」という意味に読み換えられることになる。

説明3　*šal-šiš arītu*（MUNUS.$PEŠ_4$）：A *ma-ru*：*ki-ir*[ki-ir]*kìr*（GUR_4）：*ka-ra-ṣa*

三番目（の解釈）は「妊娠した女」（アッカド語 *arītu*）

煉瓦を「妊娠した女」の意味にするには、さらに柔軟な思考を働かせる必要がある。解説する教師は「煉瓦」を意味する「アグル」の「a」と「gur」に再び戻り、説明2とは別のシュメール語の意味をあてはめる。シュメール語の「A」には「水」以外に「精液」「息子」という意味がある。「GUR」については、楔形文字には同音異字が多いため、「GUR」を表す文字が複数あり、そのうちから「GUR_4」がここでは選択されている。この「GUR_4」という文字にも複数の発音があり、文中の小さな注記 *ki-ir* はこれを「キル」（*kir*）と発音する場合の話であることを示しているが、この文字はアッカド語で「粘土の一片をちぎり取る」という意味の動詞「カラーツ」（*karāṣu*）と対応しており、さらにこの動詞がアッカド語の神話の中で人間を創造する際に用いられている。こうして「アグル」という語が「粘土から息子をつくり出す者」という意味に辿り着く。

この非常に優れた楔形文字の解釈を展開した教師の才能は稀なものだ。しかし、説明すべきことはまだある。こうした説明において、通りがかりに道で煉瓦を見るという点はどう理解したらいいのだろうか。急いでいる医者が通り道にいた神明裁判を生き残った人や妊娠した女に気づかない可能性もある（妊娠している女性は外に出歩く際、目立たない格好をするものであった）。この説明に力があるのは、医者が死を免れた男――水に沈められたとき、自分の命を奪おうと待ち構えていたあの世の使いを騙した男――もしくは新しい命をまさに産み出そうとしている女を目にした場合としているからである。つまり、どちらも病人の命がその引き換えに求められていたのだという意味になる。この点についても明確にそれを示している古代メソポタミアの文献はないが、意味するところは明らかに、新しい命がこの世に生まれてくるためには、まず誰かが死ななくてはならないということである。この考えには簡潔な美しさがあり、私はそれに抗し難い魅力を感じる。このように静かに考えることは自分がもうすぐ死ぬだろうと感じている人には大きな慰めとなるのではないだろうか。

これは古代メソポタミアでは認識されていない輪廻の考えを示しているように思われる。人間の死後に肉体はもたないが人格をもつものとして残る三分の一は――ある意味では女神と同じということになるが――新しい生命の誕生に必要となるまで再生利用可能な状態で霊（エテム）を維持する。この世にある人間の霊の数には限りがあるという基本的な考えがそこには暗示されており、命の素材は他の天然資源、特に水と同様、無限ではないという思想を反映している。一般的な理解において通常「魂」と呼ばれているものをこの霊（エテム）と分けて考えることはできないように思われる。

『イシュタルの冥界下り』と題された有名な神話に描かれている憂鬱な冥府である地下の世界こそ、魂がいわば〝召喚〟されるまで待機している場所なのではないかと考えずにはいられない[3]。

薄暗い家に、冥府の座に
入る者が出ることのない家に
旅ゆく者が帰ることのない道に
入口に明かりが灯らない家に

そこでは塵を滋養とし、粘土を食物とする。
彼らは光を見ずに、闇に暮らし
衣服として、鳥のように翼をまとう
扉にも閂（かんぬき）にも塵が積もっている。
『イシュタルの冥界下り』四―一一行

この詩によれば、明らかに誰もそこから出ることができず、厳格で高圧的な門番が常に見張っているようだ。しかし、仕組みとしては基本的に大勢をそこに留めておけるようになっているが、召喚されればひとりずつ出て行くということなのだろう。門は出入りの両方で役割を担っていたのである。

メソポタミアの死者に関する儀式や、亡霊に関するまさにすべての文献においては、死者や亡霊は冥府で静かに、穏やかに留まっているとされているが、そこで何をすることになっているのか、何を待っているのかについては説明されていない。生涯についての倫理的な評価が下される機会が待ち構えているわけでもなければ、罰や報いもなく、天国へ行くか地獄へ行くかの選別もない。メソポタミアの人々がこのような問題を扱うことは一切なかった。しかし、待っている先に目的地がないとしたら、何を待ち続けるのだろうか。空きができて生と死の大きな循環の中に呼び戻されるのを待つ以外に何があるだろう。

死んでしまった愛する人を探すために冥府に入ろうとしたイシュタルは門番に阻まれ、次のように叫ぶ。

門番よ、私のために門を開けよ。
門を開けよ、私が入れるように。
おまえが門を開けず、私が入れないなら
私は門を壊し、扉を倒す。
死者を起き上がらせ、生者を食らわせる。
死者の数が生者にまさることになろうぞ。
『イシュタルの冥界下り』一四―二〇行

この結末としてゾンビが登場するハリウッド映画のようなものが思い浮かぶかもしれないが、本当に恐ろしいのは〝入ったら戻れない国〟の住人すべてが一度に解放され、生と死の微妙で繊細な均衡が大きく崩れてしまうことではないだろうか。

神的な要素は人の霊には三分の一あり、悪霊には三分の二とされているのは、英雄ギルガメシュとその生まれについての描写の名残である。

> 彼は生まれた日からギルガメシュという名であった。
> 彼は三分の二が神であり、三分の一が人間であった。
>
> 『ギルガメシュ叙事詩』第I書板四七―四八行

ギルガメシュ
＝　人間性（三分の一）
＋　男神としての神性（三分の二）

王名表にはウルクの王ギルガメシュの親に関する記述はないが、古バビロニア版の『ギルガメシュ叙事詩』では、母は女神ニンスンとされ、父についてはルガルバンダと記されることがある。彼は人間であったが、後にニンスンの夫として神に昇格した。それゆえ、ギルガメシュの神・人間の構成比率は神話の伝承とは一致しない。男神としての神性（男神を意味する「イル」であって、女神を意味する「イシュタル」とはされていない）なのは、彼がまだ生きていて、死んでいなかったからなのかもしれない。ギルガメシュについての三部構造が「アトラ・ハシース物語」の場合と同様に算定されるとすれば、彼も肉と血と霊でできていると考えられるが、神が肉と血を与え、人間が霊を与えたというのではあべこべになる。いずれにせよ、ギルガメシュにおける神人の交雑性は、日の昇る山であるマーシュ山で見張りを務めるサソリ人間（半分が人間で、半分がサソリ）のように、自身が混合した性質をもつ存在である者には――ほとんど匂いのように――即座に見分けられるものであった。

> サソリ人間たちが門を見張っていた
> 恐ろしく凶暴で、その姿を見れば死ぬことになる
> それが放つ輝きは恐ろしく、山々を包んでいた
> 日の出のときも日の入りのときも、彼らは太陽を見張っていた
> ギルガメシュは彼らの姿を目にし、その顔は恐怖と不安で青ざめた
> ギルガメシュは自らの才知をかき集め、彼らに

もたびたび異を唱えるのはやめにしておこう。

近づいた
サソリ人間はその妻に大声で言った
「こちらにやってくる男の体は神の肉体をしている」
サソリ人間の妻は答えた
「彼の三分の二は神だが、三分の一は人間だ」
『ギルガメシュ叙事詩』第Ⅸ書板　四二―五一行

最後に、ウルシャナビという船頭の名について触れておく。(4) 彼はギルガメシュがバビロニアの物語においてノアに相当するウトナピシュティムに会うために世界の涯（はて）の大海を渡ったとき、ギルガメシュを舟に乗せた。シュメール語で「ウル」は「男」を意味し、「シャナビ」は「四十」を意味し、四十はエア神の名を書くときに使われる神聖な数であることから、古代バビロニアの学者はこの名を「エア神の男」という意味に解釈した。しかし、「シャナビ」には「三分の二」という意味もあり、この船頭の名は「三分の二の人間」と理解することも同等に可能である。もしかしたら、彼もまた混合の性質をもつ存在であったのかもしれないが、バビロン学士院のお歴々の言うことにこう

補遺2　〈ギルガメシュ第XI書板〉を精査する

1　箱舟の形

ウトナピシュティムの箱舟はもともと〈箱舟の書板〉に書かれているような円形の網代舟（あじろぶね）だったという主張には検討すべき三つの問題点がある。

問題a　なぜ円形の舟が正方形に変わったのか。

答え　〈箱舟の書板〉は舟の側面の高さをはっきりと示しており、これは舟の構造的な比率としては完全に筋が通っている。

9　*lū* I NINDAN *igārātuša*

「側面は一ニンダの高さにせよ」

「アトラ・ハシース物語」の語彙集

lū（アッカド語）／「〜するように」

NINDAN（シュメール語）＝ *nindānu*（アッカド語）／「ニンダ」（単位）

igāru（アッカド語）複数形は *igārātu*／「壁」

〈ギルガメシュ第XI書板〉でウトナピシュティムは完成した舟の側面について二行にわたって記述し、その高さに繰り返し言及している。

58　10 NINDAN.TA.ÀM　*šaqâ igārātuša*

「その側面の高さはそれぞれ十ニンダ」

59

10 NINDAN.TA.ÀM

「それぞれ十ニンダ」

『ギルガメシュ叙事詩』の語彙集

šaqû（アッカド語）／「〜の高さである」

NINDAN（シュメール語）＝*nindānu*（アッカド語）／「ニンダン」（単位）

igāru（アッカド語）複数形は*igārātu*／「壁」

TA.ÀM「それぞれ」の意

「それぞれ十ニンダ」の繰り返しは叙情的な詩であればあってもいいかもしれないが、アッカド語においてはかなり拙い感じがする。これは複数の資料を組み合わせてひとつの文書を編集する際にしばしば起こる編集上の誤りにすぎないのかもしれない。しかし、「それぞれ十ニンダ」という繰り返しは『ギルガメシュ叙事詩』の編集者が文章に整合性をもたせるために書き加えたと考えるべきなのかもしれない。三〇行目にあるように、舟の長さと幅が同じであるなら、それぞれの側面の高さを書いておかなければと考えたのであろう。この時点で円形という外見が失われ、もともとは「円形」の設計を強調していたはずの「幅と長さを同じにしなくてはならない」という古い文言に全く別の意味が与えられることになった。その結果、ウトナピシュティムは「正方形」の箱舟を建造したという〈ギルガメシュ第XI書板〉への間違った理解が永続することになったのである。もともとの単純な円形の舟がその後のテクストの検討を経て、実際にはあり得ない立方体の舟へと生まれ変わり、それ自体は生き生きとして意味をもっていたアッシリア時代の文書は、命の詰まった全く実用的でない水上カプセルの中にウトナピシュティムを放置することになったのである。建造に必要な数値が〈ギルガメシュ第XI書板〉六一―六三行に記されていた箱舟はその後、多くの議論を引き起こしてきたが、歴史的観点からいえば、実体のない〝幻〟のようなものなのである。

問題b　〈ギルガメシュ第XI書板〉において、壁の高さ（十ニンダ＝六十メートル）がそれ以前の伝承（一ニンダ＝六メートル）より十倍も高くなったのはなぜなのか。

答え　重要なのは、後述のように〈箱舟の書板〉

の壁の高さ一ニンダは網代舟では通常の寸法であり、これをまともな数値と考えなければならないという点である。楔形（くさびがた）文字では「十」は一本の斜めの楔で表され、「一」は縦の楔一本で表される。第XI書板で壁の高さが「十」ニンダになったのは、もともと「一」であった文字を「十」と読み違えたか、箱舟に関わるすべてを巨大にするという発想で、意図的に数字を〝格上げ〟したかのどちらかであろう。

問題c　ギルガメシュの物語で、ウトナピシュティムはなぜ舟の基本的な枠組みができ上がった五日目になって舟の設計図を作成したのか。

答え　これに対する説明も『ギルガメシュ叙事詩』を〈箱舟の書板〉と比較することによって得られる。〈ギルガメシュ第XI書板〉六〇行「私はその設計図を描いた」の不適切な動詞の形はこれまで過去形と解釈されてきたが、実際には命令形と理解し、〈箱舟の書板〉六行目のアトラ・ハシースに対するエア神の命令と同様、「舟の設計図を描け」と読むべきなのである（この二つの音のよく似た動詞が混同されやすいのは楔形文字の綴りゆえである）。この行はもともと、第XI書板三一行の直後、すなわち〈箱舟の書板〉と同様、主人公がエア神から指示を受けとる場面の後に置かれていた。

2　箱舟の内部

後の詩人は水に浮かぶ五つ星ホテルの建設を語るのに、以下のアッカド語の動詞を用いている。

urtaggibši ana 6-šu　「私は六つの甲板をつけ」（動詞 *ruggubu*）
aptarassu ana 7-šu　「舟を七層に分けた」（動詞 *parāsu*）
qerbīssu aptaras ana 9-šu　「また、その内部を九つに仕切った」（動詞 *parāsu*）

〈ギルガメシュ第XI書板〉六一―六三行

提題　この三行の文章は『ギルガメシュ叙事詩』では失われている「〇ウバーヌ分の瀝青（れきせい）」のくだりに究極的に由来するのではないか。つまり、元の文書を大きく読み違えているのではないか。

弁護　「屋根を付ける」を意味する動詞「ルグブ」（*ruggubu* 語根は RGB）は『シカゴ・アッシリア大辞典』によれば、「ウルタギブシ」（*urtaggibši*）という形で〈ギルガメシュ第XI書板〉のこの一節にのみ登場する語である。たしかに、甲板をつけることが生活の中で話題の中心になるようなことは多くない。また、「屋根を付ける」と「甲板を備える」は同じではないという主張は、実質的な効果が同じであることを考えると皮相的である。しかし、古バビロニア時代には非常によく似た音の動詞「ラカーブ」（*rakābu*）、「ルクブ」（*rukkubu*）、「シュルクブ」（*šurkubu* 語根は RKB）がある。

私は二万八千八百（スートゥ）の瀝青を詰め込んだ（*uštarkib*）。

私は窯（かま）に同じだけ……を詰め込む（*uštarkib*）ように命じた。

〈箱舟の書板〉二一、二五行

後世の粘土書板編集者は「私は（窯に）……を詰めこんだ」の部分に、ほぼ常に乗り物や舟にしか用いられない古バビロニア時代の動詞「ウシュタルキブ」（*uštarkib*）が乗り物以外に用いられているのを見て、混乱したのかもしれない。実際、私も〈箱舟の書板〉のこの部分の解読に苦心する中で、当初は乗り物と解釈した。また、不明瞭な文章を理解するために、「ウシュタルキブ」の語根 RKB を「屋根裏」や「上階」を意味する名詞「ルグブ」（*rugbu*）と結びつけ、そこから「ルグブを据え付ける」という意味の動詞「ルグブ」（*ruggubu*）を考え出したのかもしれない。このような造語はセム系の言語では可能である。英語で言えば、「deck」から「deckify」（「甲板にする」）、「loft」から「loftisise」（「屋根裏部屋にする」）という語をつくり出すようなもので、辞書には載っていなくても、意味は明らかである。

このような調子でもう少し続けてみよう。『ギルガメシュ叙事詩』では動詞「パラース」が「私は分けた」を意味する「アプタラス」（*aptaras*）という形で二度出てくる。そのうちのひとつはウトナピシュティムの舟の内部構造に言及する箇所である。これは〈箱舟の書板〉の外部と内部の区別が要点となっている箇所で動詞「アプルス」（*aprus*「私は分けた」）が使われているのを反映している。

私は舟の外側に一ウバーヌの瀝青を割り当てた（アプルス）。
私は舟の内側に一ウバーヌの瀝青を割り当てた。
〈箱舟の書板〉一八―一九行

〈ギルガメシュ第XI書板〉では、六四行以降には舟〈女性名詞〉をうけて女性形の接尾辞がきちんと付けられているのに、六一―六三行ではそれが付けられていないという奇妙な点もまた、〈箱舟の書板〉のような古バビロニア時代の文書を不用意に再利用した結果と考えられる。

また、船室のことを述べた行を含む〈箱舟の書板〉一八―二〇行には「指」を表す古バビロニア時代の文字「シュ・シ」（ŠU.ŠI）が用いられている。これが後に「六十」を意味するアッカド語「シューシ」（*šūši*）と解釈され、元の三つの「六十（シュ・シ）」が瀝青の厚さとは切り離されてしまった可能性も考えられるだろう。そして、それが甲板や船室と関係するものとみなされ、象徴的な数を使おうという意図と宇宙論的憶測に基づき、六、七、九という連続した数字に発展した。そして、舟は巨大で、直線的な側面をもつ立方体という確信により混ぜ合わされたのだ。ユダヤ教のミドラシュばりのバビロニアにおける文書の微妙で隠喩に満ちた拡大解釈は、ウトナピシュティムの膨らみすぎたタイム・カプセルに長く影響を及ぼし続け、千年前の単純な文書に神学的かつ哲学的解釈と象徴性が加えられたのである。このことはジョージの著書で詳細に論じられている（George 2003, vol. I, 512-13. ウトナピシュティムの箱舟はバビロンの多層の神殿ジグラトと関係があるというアッシリア学における理論的な考えは複数の学者に支持されているが、〈ギルガメシュ第XI書板〉一五八行が山の上に着いた箱舟を実際に「ジグラト」と呼んでいることからすれば、さほど革新的なものとは考えられない）。

舟の階数と仕切りが増加したこともまた、実際的な対応であった。すべての生き物を同じ条件で収容することはできないし、人間も自分たちだけの空間を望んだに違いないからである。このように考えれば、なぜ箱舟がある宇宙的な響きを伴って五つ星ホテルのような摩天楼へと変貌を遂げたのか理解できるだろう。しかし、ニネヴェから出航することになった『ギルガメシュ叙事詩』の箱舟は基本的に、全体における意味を無視した物語の軽率な挿入と干渉的な編集が混ぜ合わされた文書への誤解からでき上がったものだろうと私は思っている。この物語を聞いたり読んだりした人は多かっただろうが、箱舟が本当に完全な立方体であったなどとは一瞬たりとも信じていなかったのではないかと思う。

補遺3　箱舟建造　技術報告書

（協力・マーク・ウィルソン）

世界最大の舟を守るために
彼らは瀝青（れきせい）を塗った船体を撫で
神殿へと運び込んだ
神官はその網代舟（あじろぶね）を見て言った。
「これが乾いたところで本当に浮くのやら」
――C・M・ペイシャンス

アトラ・ハシースの箱舟

ここでは〈箱舟の書板〉のテクストについて、書板から拾い集められる情報を類似する伝統的な舟の建造についての情報で補いつつ確認し、舟づくりのそれぞれの工程を順に検討していく。わかりやすくするため、ここでの計算ではバビロニアの単位を用いる。〈箱舟の書板〉では「指」を表す「ウバーヌ」（*ubānu*）という単位が使われているので、長さの基本単位は「ウバーヌ」とする。換算すると、約一・六六センチ（一と⅔センチ）である。計算を容易にするため、通常は「ウバーヌ」のまま数値を用いる。

単位

〈長さ〉

一ウバーヌ＝約一・六六センチ

一アマトゥ（アンマ）＝三〇ウバーヌ

一ニンダ＝一二アマトゥ＝三六〇ウバーヌ

〈面積〉

一イクー＝百（＝一〇〈かける〉一〇）平方ニンダ
＝一二九六万平方ウバーヌ＝三六〇〇平方
メートル

〈体積〉

一カ（qa）＝二一六（六〈かける〉六〈かける〉六）
立方ウバーヌ＝一リットル

一〇カ＝一スートゥ＝二一六〇立方ウバーヌ

一グル＝三〇〇カ＝六万四八〇〇立方ウバーヌ

一シャル＝三六〇〇スートゥ＝七七七万六〇〇〇立
方ウバーヌ

「床面積」は「地面」を意味する「カカル」（*qaqqaru*）で表される。この語には「表面」あるいは「地域」というもっと特定的な意味もある。以下に示す専門用語の辞書にあるように、ここでは舟の床を表す。

giš-ki-má（シュメール語）＝ *qaq-qar eleppi*（GIŠ-MÁ）
（アッカド語）「舟の木の床」
（参考）giš ＝ *iṣu*「木」　ki ＝ *qaqqaru*「地面」
má ＝ *eleppu*「舟」

1　全体の設計と規模

箱舟に関する基本的な要素は六―九行に書かれている。舟は設計図では円形で、地面に描いた円に基づいてつくられるものとされている。この船底の面積が一イクーで、壁の高さが一ニンダである。円の面積の公式「半径の二乗〈かける〉円周率」を用いれば、船底の直径六七・七メートル、舟の高さ六メートルということになる。この舟は本質的には巨大な網代舟なので、その建造法はホーネルによって報告されているような伝統的なイラクの網代舟、グファの建造法と比較されてきた。

この記録破りのグファは伝統的な網代舟とはいくつかの点で異なっている。その最たるものが箱舟には不可欠な屋根である。仕様書には屋根のことは言及されていないが、書板の後段でアトラ・ハシースが屋根に登って祈ったとされているので、最終的に屋根が設けられたことは確実である。

2 船体外面のための材料とその分量

書板一〇―一二行には、舟の船体外面に使われる材料への言及があり、「舟用の縄とアシュル草」と書かれている。

〈カンヌ――「縄」〉

「カンヌ」(*kannu*) という語〈アッカド語には三つあり、そのうちのひとつ〉は、枷、帯、縄、ベルト、麦わらの束を意味する。逃亡した奴隷を捕縛したり、レスラーのベルトにできるほど丈夫で、髪を結ぶ紐として使えるほど細いものもある。この語の元となった動詞「カナーヌ」(*kanānu*) には「縄」を意味する語としては当然のことながら、「撚り合わせる」「螺旋状に巻く」といった意味がある。

〈アシュル草〉

「アシュル」(*ašlu*) と発音する同じような見た目の文字が二つある。ひとつは「縄」「引き綱」「測量用ロープ」を意味する。もうひとつは家具の敷物などをつくるイグサの一種だが、「糸」や「撚り糸」を意味することもわずかにある。ここでは後者である。他の種類のイグサにも使われる複雑な楔形文字で書かれているので、「縄」を表す前者のアシュルとは区別される。

つまり、船体は全体としてヤシの繊維を編んだ縄とイグサでつくられており、これらの材料の「撚り合わせる」「織り合わせる」という固有の性質は籠を編む作業を暗示するもので、そこから船体の形は縄を巻き上げてつくる巨大な籠であるという結論が導き出される。この外側の部分が内部の枠組よりも先につくられることは、ホーネルによるイラクの伝統的な「クファ」のつくり方とも一致する。

籠に必要な材料であるヤシの繊維については、分量のことも触れられている。必要とされているのは、籠の部分だけで「四シャル〈四〈かける〉三六〇〇〉〈たす〉三〇」で、一万四四三〇単位分である。

「シャル」で記された分量は実際のものと受け取るべきとする結論について説明しておこう。〈箱舟の書板〉が書かれてから千年後の〈ギルガメシュ第XI書板〉

において、関与した書記が文書間の違いに整合性をもたせようとして逆算をした結果、これらの数字はその壮大さを表す非現実的な表現となってしまった。〈箱舟の書板〉で何度か直面する大問題は、材料の分量がこの基準となる単位がつけられただけの合計値でしか示されていないことだ。ここでは「シャル」で表された数字の背後にある体積の単位として可能性のある「スートゥ」と「グル」のうち、「スートゥ」のみが意味をなすということが明らかになった。

箱舟外枠の籠状部分の形と大きさを前提に、このような舟の建造に実際に使われる材料の分量（「推計分量」）を書板に記された「指定値」と比較することにより、書板に記された数値の正確さとその性質について実証してみよう。

この計算には他に二点の情報が必要とされる。まず、籠部分に使われる縄の太さである。これについて書板に言及はないが、一〇行「お前は［以前、網代舟のための］カンヌ縄とアシュル草（?）を見た」という（部分的に復元された）一文から手がかりが得られる。これはごく一般的な舟づくり用の縄の太さであったことを示している可能性が高い。また、縄は造船工ではなく、おそらく〝舟用の縄〟をつくる職人に任せられた。その職人は舟の大きさに関係なく、舟用の縄をつくっただろう。グファをつくるときの縄の太さは舟の大きさとは関係なかったとすれば、発注された縄の太さは舟の最終的な大きさによって太くなることはなかったと考えられる。実際、伝統的なグファについての記述においても、その構造上の強度は内部の骨組みに依存するものとされており、籠は伝統的な素材を用いて防水層を支える皮膜にすぎない。第6章で紹介したアッシリアの浮彫りはグファの外面に縄ではなく皮を使用している。

つまり、箱舟の籠部分は通常の材料と技術でつくられたということであり、直径は七〇メートルであったとしても、壁部分は従来の大きさの網代舟と同じ厚さであったと考えられる。用いられた縄の太さは一ウバーヌ、すなわち「指の太さ一本分」であったと考えるのが最も適当と思われ、イラクのグファを写した初期の写真からも太さが指一本ほどであったことがわかる。これは以下の瀝青についての計算においても支持される。

もうひとつの必要な情報は、箱舟を縦に切った断

新しいイラクの網代舟がちょうど完成したところ。縄の太さはおよそ指一本分であることがわかる（左下の写真。下中央の写真では足の親指と比較できる）。1920年代の同じような高感度ステレオ写真には他では得られない重要な情報が残されている。右下は葦でつくられた現代の籠のクローズ・アップ。

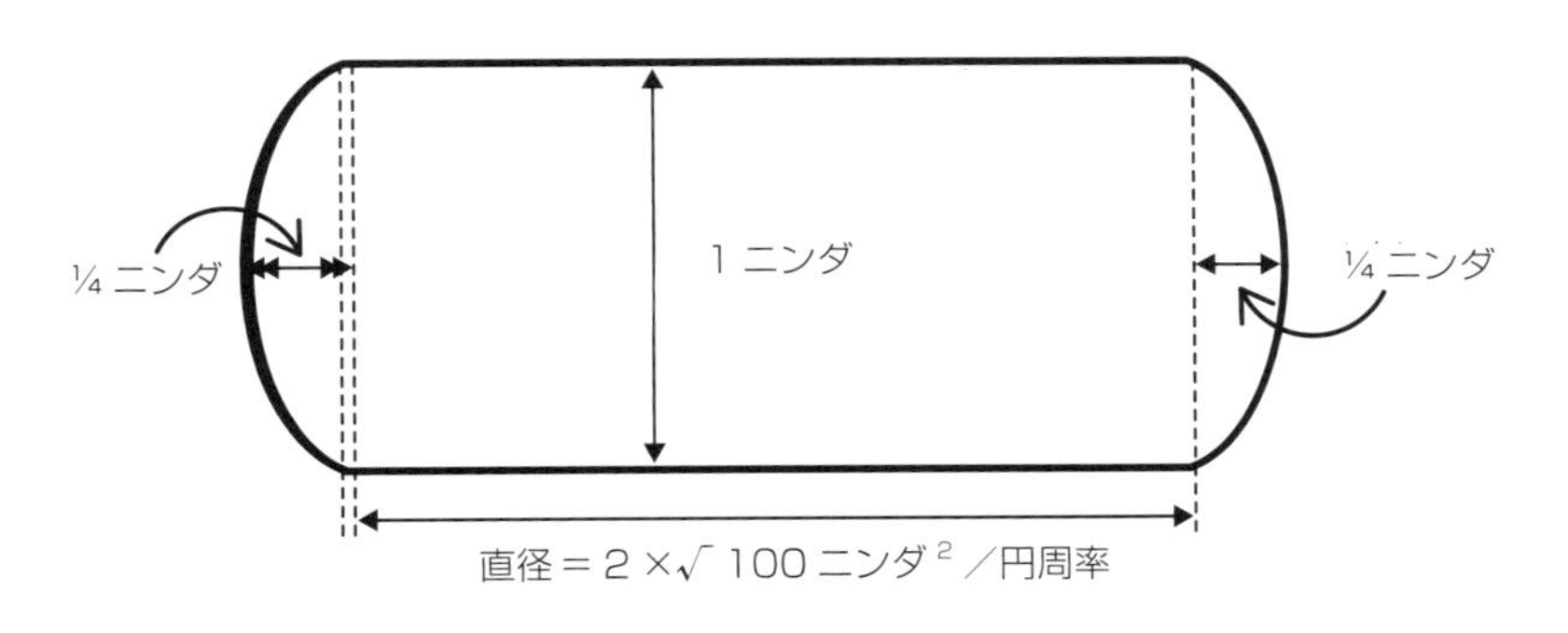

横から見た舟の断面図（縦横比は実際とは異なる）。

面における壁の湾曲に関することである。静水圧に抗するには舟の壁面は底部から外側へ弓状に張り出していなければならない。これは実際のグファの写真にも見られ、それによれば、壁の曲がり具合は真っ直ぐの円筒状態よりは曲がっているが、円環（ドーナツ状の輪）の外側半分で示される半円ほどは曲がっていない。そこで、真っ直ぐから半円に曲がるまでのちょうど中間としても、さほど的外れではないだろうと考え、曲がり具合は短辺が長辺の四分の一幅の楕円と仮定した。再現される箱舟の側壁は高さ一ニンダなので、直径が最大となる部分では底部から四分の一ニンダ外側に膨れるということである（上図参照）。

実際のグファと同様、舟の外壁は水平方向にも対称なので、箱舟は上下をひっくり返しても同じに見えただろう。ここから必然的に、屋根の面積は床面積と同じという結論が導き出される。

縄に関する計算

用いられる縄の量を算出するには、まず舟の表面積（A）を計算しなければならない。これは舟底の面積（B）に屋根の面積（R）と壁の面積（W）を足し

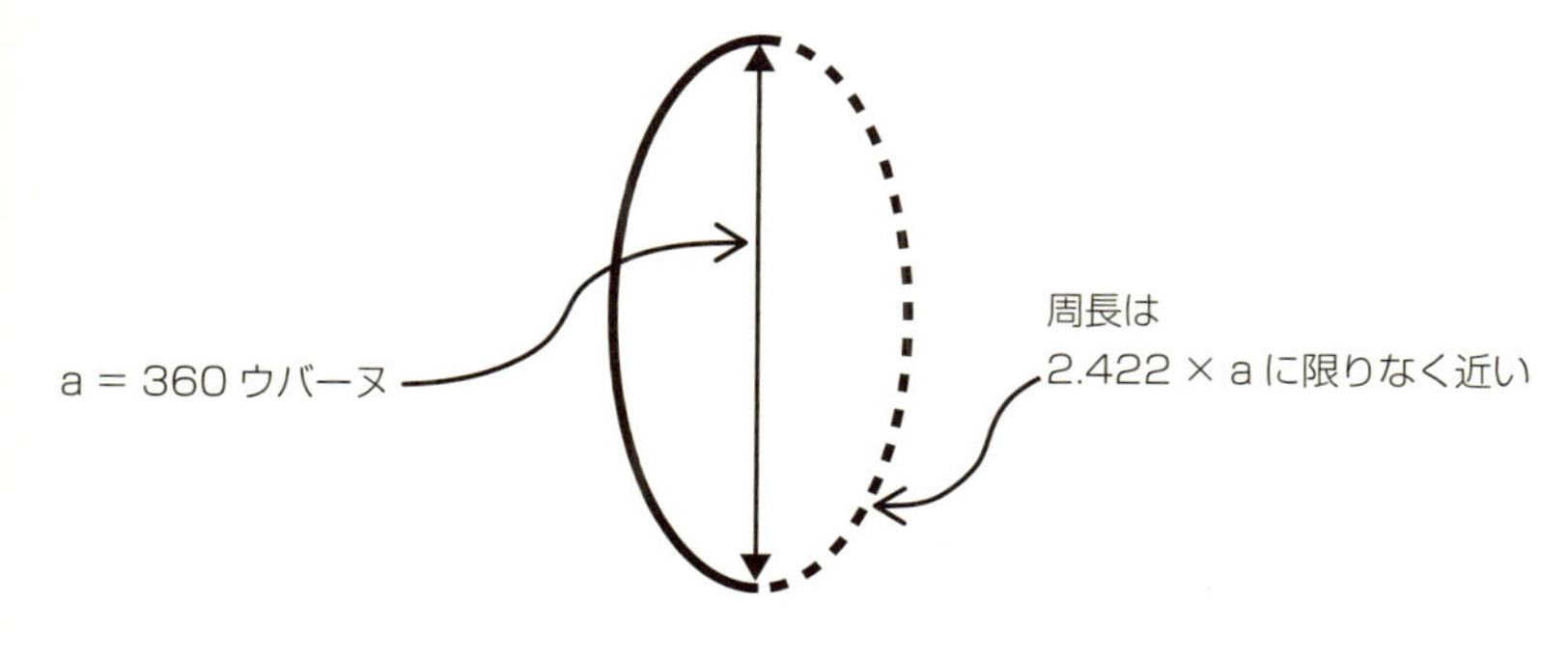

「ラマヌジャンの近似式」

た値である。

底の面積（B）が一二九六万平方ウバーヌであることはすでにわかっており、屋根の面積（R）はこれに等しいと考えられる。壁の面積（W）を計算するには「パップス・ギュルダンの第一定理」を使う必要がある。その定理によれば、平面上に曲線およびそれと交点をもたない線があるとき、その線を軸として、その曲線を回転させることで生み出される回転体の表面積（＝W）は「曲線の弧の長さ」（L）と「半楕円の重心が回転により描く軌跡の長さ」（D）の積で求められる（W＝L×D）。

舟の壁の断面が描く半楕円がこの定理における平面上の曲線にあたり、その長さは楕円の周の半分である。普通の楕円の周を算出するには悪夢のような複雑な計算が必要になるが、ここでは楕円の長辺が短辺の倍なので、「ラマヌジャンの近似値」という小数点三位までは正確な数値を使った簡明な公式が適用できる。

箱舟の壁の場合、上図の楕円の長辺（a）はそのまま壁の高さ三六〇ウバーヌであり、ここでの関心はその楕円の周長の半分なので、二・四二二〈かける〉三六〇ウバーヌの半分、すなわち四三六ウバーヌが求めている値ということになる。

　ここで必要になるもうひとつの数値は半楕円が箱舟の壁面を形づくるように回転する際に、「半楕円の重心が描く軌跡の長さ」（D）である。これは「箱舟の底面部分の半径」（r）に「底面の縁から弧の重心までの距離」（d）を加えた長さを半径とする円の円周に当たる。箱舟の底面部分の面積は一イクー（一二九六万平方ウバーヌ）であり、円の面積の公式「円周率〈かける〉半径の二乗」から、その半径（r）は一二九六万平方ウバーヌを円周率で割った値の平方根となる。これを計算すると、約二〇三一ウバーヌという値が得られる（小数点以下は四捨五入）。

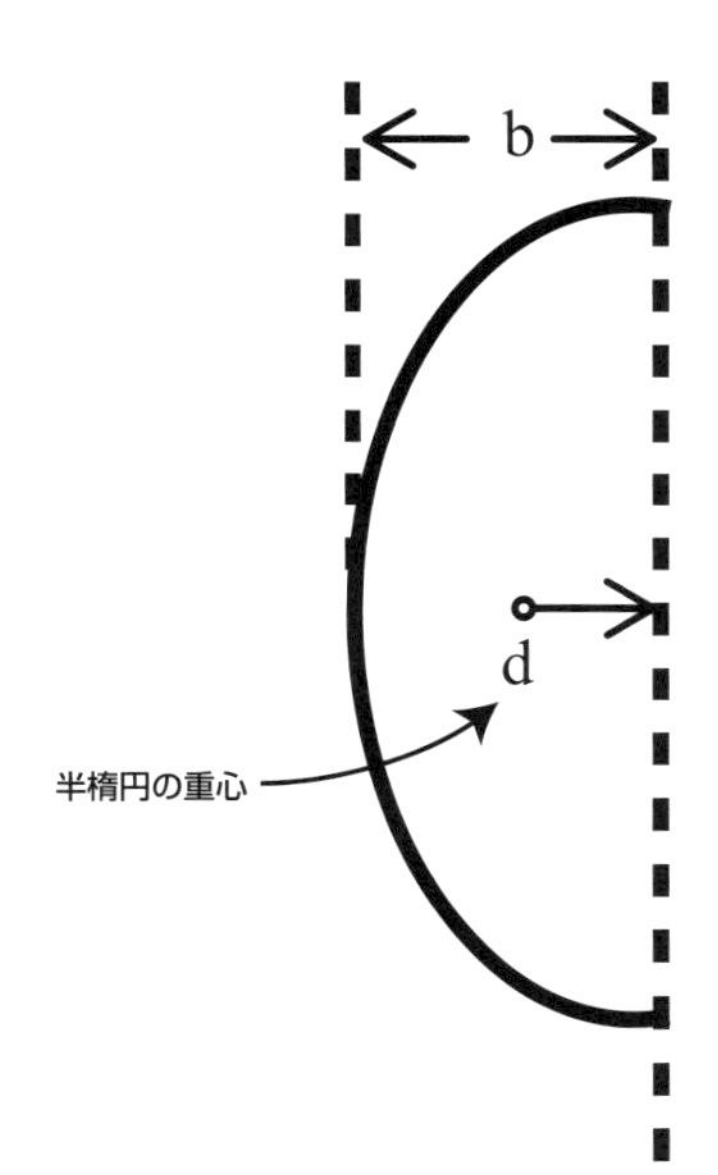

　半楕円の重心から楕円の軸までの距離（d）は、楕円短辺の半分（b）の値を倍にし、それを円周率で割った値である（上図参照）。すでに短辺の半分（b）は四分の一ニンダと想定しているので、この値で計算すると、楕円軸までの距離（d）は五七ウバーヌとなる。

　ここまで来れば、よく知られた円周の公式「直径〈かける〉円周率」を使って、重心が描く円形の軌跡の長さ（D）を算出できる。円の半径（r＋d）は「二〇三一〈たす〉五七」で「二〇八八ウバーヌ」となり、これを倍にして円周率をかけると、「一万三一一九ウバーヌ」となる。これがDの値である。

　これでようやく壁面の面積（W）が求められる。すでに示した「W＝L×D」に各数値を当てはめると、「四三六ウバーヌ（L）〈かける〉一万三一一九ウバーヌ（D）」で、約五七一万九八〇〇平方ウバーヌがWの値となる。

従って、箱舟全体の表面積（A）は舟底の面積（B）、屋根の面積（R）、壁面の面積（W）の和なので、「一二九六万〈たす〉一二九六万〈たす〉五七一万九八八〇」で、三一六三万九八八〇平方ウバーヌということになる。

このとき、縄は互いにしっかりと巻きつけられて密着した状態にあり、断面は無視できる程度の誤差で正方形とみなせるだろう。同様に、この籠は表面積に比べれば非常に薄いので、縄の体積については指一本分の厚さ、すなわち一ウバーヌと舟の表面積の積と計算しても、やはり誤差は無視できる程度であろう。

それゆえ、箱舟の籠部分をつくるのに必要な縄の量（計算値）は、厚さ一ウバーヌ〈かける〉総表面積三一六三万九八八〇平方ウバーヌで、三一六三万九八八〇立方ウバーヌとなる。この値を「二一六〇」で割れば、スートゥ単位での値になり、計算すると、一万四六四八スートゥで、これが縄の量の計算値ということになる。

エンキ神によって示された縄の量（指定値）は一万四四三〇スートゥで、この値は計算値より一・五パーセントほど小さいだけである。これは驚くべき結果であり、〈箱舟の書板〉で示されている分量は事実に基づいているという仮説を支持する資料となる。

「計算値」に基づいて縄の長さを求めるには、想定される縄の断面積で「計算値」を割ればよい。よって、「縄の量の計算値三一六三万九八八〇立方ウバーヌ〈割る〉縄の断面積一平方ウバーヌ」で、「三一六三万九八八〇ウバーヌ」となり、これはおよそ五二七キロメートルである。すでに指摘したが、この長さはロンドンからエジンバラまでの距離に相当する。

〈バビロニア人の計算〉

「計算値」と「指定値」が非常に近いことから、バビロニア人はどのようにして必要とされる分量を算出したのかという問いが浮かび上がる。

その答えは底面積の一イクーが一〇ニンダ平方の正方形の面積と等しいことに見出されるのではないだろうか。そのような正方形の面積を想像することはたやすい。この仮定はエンキ神が実際に発した言葉によって裏づけられるようだ。

> お前がつくるその舟を描け

円形の平面に
舟の長さと幅を等しくせよ

一六四頁で紹介した学校教材の「正方形の内部に隣接する円」の図を考えれば、このことはよくわかる。

バビロニア人は円周率という値ゆえに円形に関しては厳密な計算が難しいとわかっていた。計算を容易にするために、彼らが箱舟の底面を一イクーの正方形と考えたとすれば、舟の壁はそれぞれ幅一〇ニンダ、高さ一ニンダの四枚のパネルとなり、その上に底面と同じ正方形の屋根が載ることになる。この浅いビスケット缶のような形の表面積を計算するのは容易であり、舟をつくるのに必要な縄の量を計算するためには、上述のとおり、その表面積に一ウバーヌの厚さをかければ求められる。この「正方形の場合の値」は一万四四〇〇スートゥである。この値はちょうど四シャルにあたり、「指定値」との差はわずか〇・二パーセントである。

「指定値」を初めて見たとき、「プラス三〇」は不可解な数とは言わないまでも、とりたてて重要なものには思えなかった。しかし、ここでの計算はこの数字がもつ大きな重要性を示している。この「プラス三〇」がなければ、底面が正方形の舟をつくろうとしていたと主張することも可能になるからである。しかし、余分な「三〇スートゥ」があるため、それはあり得ないことになる。

しかし、底面を正方形とする方法は、バビロニアの書記が定められた舟の形に必要な縄の分量をどのように逆算したのかをほぼ示していると言ってよい。このことは円型の底面に垂直な側面をもつ舟――すなわち円筒形の舟――に必要な繊維の量を計算してみれば確認できる。ある平面を囲む図形で、その外周が最も短くなるのが円なので、その壁の長さは「底面が正方形の場合」よりも短くなり、その結果、全体の量は「正方形の場合の値」よりも約二パーセント少なくなる。すでに「計算値」で見たように、壁の膨らみによって増えた面積は二パーセントよりもわずかに多く、バビロニア人は経験に基づいて、この種の分量を計算するとき、まず「底面が正方形の場合に必要な分量を算出し、そこにわずかな量を追加する」という経験則を見出していたのかもしれない。

この「追加するわずかな量」が「指定値」における

「四シャル〈たす〉三〇」の「三〇」の役割であろう。古代メソポタミアの舟づくりが実際にこのような計算方法を用いたかどうかはともかく、特定の大きさの舟の製造に必要な縄の量や舟の防水に必要な瀝青の量を算出するという典型的な書記の仕事には便利な考え方であっただろう。

ここから当然生じてくる問いは、その「追加するわずかな数量」をどのように割り出したかである。箱舟の場合、「三〇スートゥ」だが、これは通常のグファに使われる実際の量を三〇倍した数ではないかと推測するのが自然であろう。この仮説は箱舟の三〇分の一の直径のグファに前述の計算法を当てはめてみれば確かめられる。

そのような舟の直径は「四〇六二ウバーヌ〈割る〉三〇」で「一三五・四ウバーヌ」となるが、この値は二メートルを少し超えるくらいである。壁の高さについては他の大きさのグファと同様、実用面から決められているはずなので、同様に箱舟の寸法を縮小して求めることはできないだろう。「底面が正方形」の場合、壁の幅は「一〇ニンダ〈割る〉三〇」で「一二〇ウバーヌ」になることは明らかである。これによって一スートゥの底面をもつ円形のグファと約一スートゥの底面をもつ正方形の舟では、壁の高さで（わずかとはいえ）どれくらい違いが表れるのかを確認し、この種の舟にこの壁の高さは現実的なのがわかるかもしれない。

やや複雑な計算の末、この舟の高さは三四・四ウバーヌ、すなわち五八センチであることがわかった。このミニ箱舟の直径は壁の高さの四倍であり、穏やかな水の上を物資や人を運ぶ舟としては、十分に安全で実用的なものと言える。実際、伝統的な網代舟建造の写真にもほぼ同じような寸法の舟が写っている。

「床面積は一イクー」の舟をつくれというエンキ神の命令の簡潔さを考えると、この寸法は一般的なグファを九〇〇倍（つまり、三〇の二乗倍）にしたものとは考えにくい。しかし、初期はおそらくこのように物語を解釈し、こうした値に辿りついたのだろう。当時の舟にはおそらく積載量との関わりで標準サイズがあったことが知られている。そして、箱舟に使われた寸法のいくつかは箱舟の三〇分の一の直径をもつ標準的な舟から導き出せばいいと気づいたか、それに従って計算したということなのだろう。[5]

3 内部の枠組みを据え付ける

ホーネルによる伝統的なグファ建造の記述と並んで、箱舟建造の次の段階では主要な枠組みが据えられる（一三―一四行）。〈箱舟の書板〉では「肋材（ろくざい）」と呼ばれ、単に「据え付ける」と書かれているだけで、実際の作業手順の詳細や設置の仕方、またどのような材料でつくられるのかといった情報について、手がかりは一切ない。

肋材に関する確かな情報は寸法だけである。長さは一〇ニンダ（六〇メートル）で、「その厚さが一パルシクトゥ」と書かれている。「一パルシクトゥ」は六〇カに相当する体積の単位であり、約六〇カの穀物計量に使われる木製容器の名に由来する。ここでは、厚さのことが述べられているので、通常どおり体積の単位としてパルシクトゥを理解することはできない。ここでは滅多に言及されない計量容器そのもののことが述べられているに違いない。すでに説明したとおり、この単語はこの文脈においては、英語の「as thick as barrel（樽のように太い）」と同様の誇張表現ととるべきで、通常の規模の舟の肋材と比べて、箱舟の肋材が非常に大きいことを即座に印象づけるために使われていると理解すべきである。この記述からおよその大きさを理解しなければならないということで、ここでの自明な問いは「樽の太さは実際にはどのくらいなのか」ということになる。

穀物を計る伝統的な容器の大きさや形は様々だが、最も一般的なのは高さと幅がほぼ同じのずんぐりした円筒状の容器である。手がかりとしてパルシクトゥをそうした形と考え、容量を六〇カで、二ウバーヌの厚さの頑丈な側面をもつ円筒形の容器とするとき、その開口部の幅は二九・五ウバーヌ（四九センチ）となる。しかし、古バビロニア時代の桶型容器については資料がないので、穀物のはかりとして使われた容器は次頁の写真のような単純な箱型であった可能性が高いように思われる。

パルシクトゥ容器の大きさについて実際に言及している楔形文字の資料はひとつしか知られておらず、それも仮説として言及されているだけである。その資料は学校用の粘土書板だが、〈箱舟の書板〉の内容にとって重要なのは、「六〇カのパルシクトゥ容器の深さ」を算出するという問題がそこに書かれているからで、この容器を「横切る線」の長さは単位なしで「四」

日本の伝統的な穀物計量用の容器（枡）。穀物などを計る容器はたいてい円形であるようだ。

とされている。この手の問題ではたいてい辺の長さが言及されるが、ここではそれがないので、おそらく正方形の口をした枡型容器で、「横切る線」とはその対角線であろう。実際のところ、単位は〝両手を並べた〟指十本分〔すなわち、一〇ウバーヌ〕以外ではあり得ない。もちろん、この設問では実際の枡の側壁の厚さは考慮されていないが、厚さ二ウバーヌと仮定すれば、さほど難しくない計算（四〇を二の平方根で割る）を経て、側面の長さは三二・二ウバーヌ（五四センチ）ということになる（底の厚さを考慮すれば、問題の答えは深さ一八・二ウバーヌとなる）。

この五四センチという値は前述の円筒形の計量容器の推定値とそれほど変わらないので、「一パルシクトゥの厚さ」とは、容器の形を問わず、およそ一アンマ（約五〇センチ）を意味すると考えられるだろう。「一アンマの厚さ」とされなかったのは、正確な計量単位ではなく、くだけてわかりやすい文学的な表現として「パルシクトゥ」を敢えて使ったということなのではないだろうか。それゆえ、箱舟の肋材は長さ一〇ニンダ、幅およそ三〇ウバーヌということになる。

肋材相互の関係がどうなっているのかについて書板には何も書かれていないが、舟の建造に関する技術的な用語であったはずの「肋材」という語そのものがその形を暗に示しているのは間違いない。ホーネルによる伝統的なグファの記述では「木摺りの部分」と表現され、細い四角形とされていることだけから割り出さなければならない。肋材は弾力のある木でつくられていて、舟の強度を保つため、張りを保った状態で舟の外面である籠部分の内側に縫いつけられる。各肋材

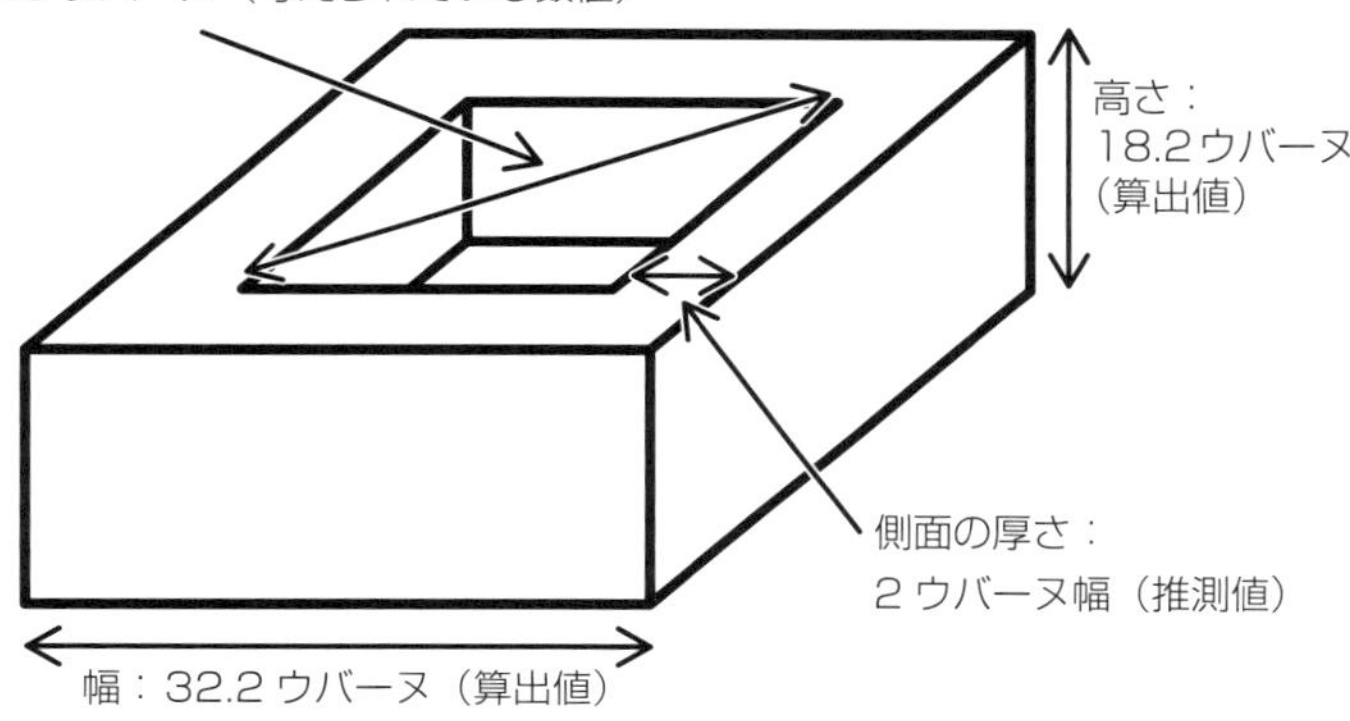

学校用の問題から再現した「60 カ」のパルシクトゥ容器。

は船べりから壁に沿って下に伸び、船底を横切るように据えられるが、すべてが底面の中心に向かうわけではない。何本かで組となった肋材はそれぞれ壁面に対して斜めの角度でつけられ、組ごとに底の中心点の片側に寄って、舟の底面を並行に横切る。そして、それぞれの肋材の組は次頁の図のように別の組の肋材と直交するように配置される。

直交する肋材の組は壁に近い部分により多く設置されるので、側面の壁だけでなく底面の構造も強度が上がり、肋材の間に瀝青を注ぎ込むことでそれがさらに補強される。図では総数三〇本のうち六本しか書き込まれていないが、同じ肋材の組み合わせをあと四組設置することになる。それぞれの組は外周に沿って順に設置されるが、その間隔は三六〇度を五で割って、ひと組七二度ごとである。ホーネルによれば、伝統的なグファでは肋材の数は最大規模の舟で一二本から一六本とされているので、箱舟ではおよそ二倍の本数が使われたことになる。

すでに見たように、壁の曲面の長さは上から下までおよそ四三六ウバーヌなので、それぞれ一〇ニンダの肋材は壁面に沿って床面に至り、約八・五ニンダ分

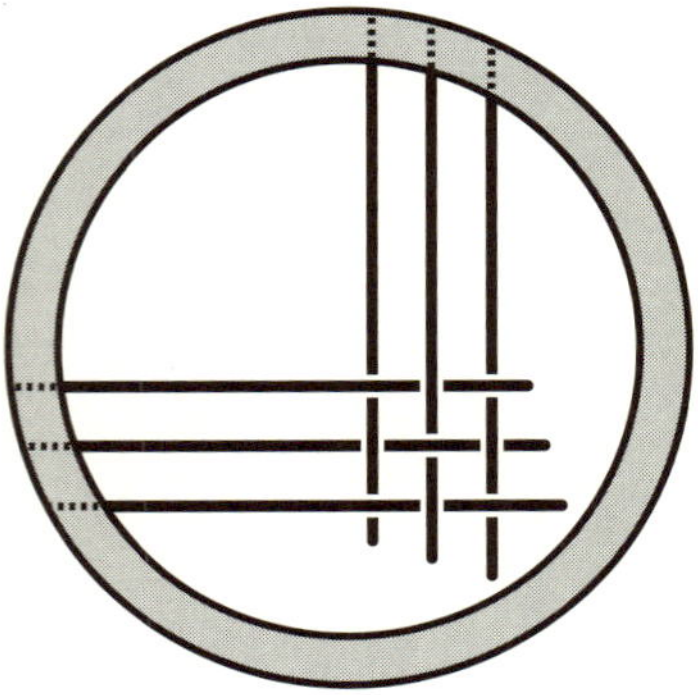

箱舟の平面図。二組の肋材それぞれが底部で直交している。

が舟の底部に設置されることになる。壁の所では肋材と肋材の間隔はかなり広く、それぞれ七メートルほどであった。

一般的な大きさのグファの肋材は細長い木材が使われるので、巨大な肋材の素材も木と考えられる。古代近東地域にはそれに適したサイズのものを切り出せるほどの木はなかったが、板材をはめ継ぎで接合すればよい。継ぎ合わせた肋材は少ししか曲がっていないとしても、通常の木摺りのように織り合わせるには十分なしなやかさをもっていただろう。しかし、籠の壁が比較的壊れやすいことからすると、肋材をあらかじめ緩く「J」の字形に曲げておかなければ、外面部を傷つけずに設置できたとは考えられない。

舟が尋常ではない大きさになっても外面の厚さ（および後述のように、その防水処置のやり方）は変わらないが、構造材は一般的なグファに比べて、大きさも数も大きくなる。このような巨大な枠構造をつくり上げるときの実践面に著者たちは関心がなかったようで、どのように設置し、何を使って外面部分に固定したのかは一切書かれていない。

ホーネルによるグファ建造の記述では、舟の強度を高めるため、これらの主な肋材の枠の間には短い木摺りが嵌め込まれ、壁の高さまで籠の内側に縫いつけられたとされている。こうした構造について粘土書板に明確に述べられていないのは、次の作業段階でそれがはっきりと説明されているからなのかもしれない。

４　甲板と船室の設置

この段階では網代舟の籠の屋根を支える柱はない。この屋根は舟の他の部分とともにつくられることになっていた。〈箱舟の書板〉の次の部分には例によっ

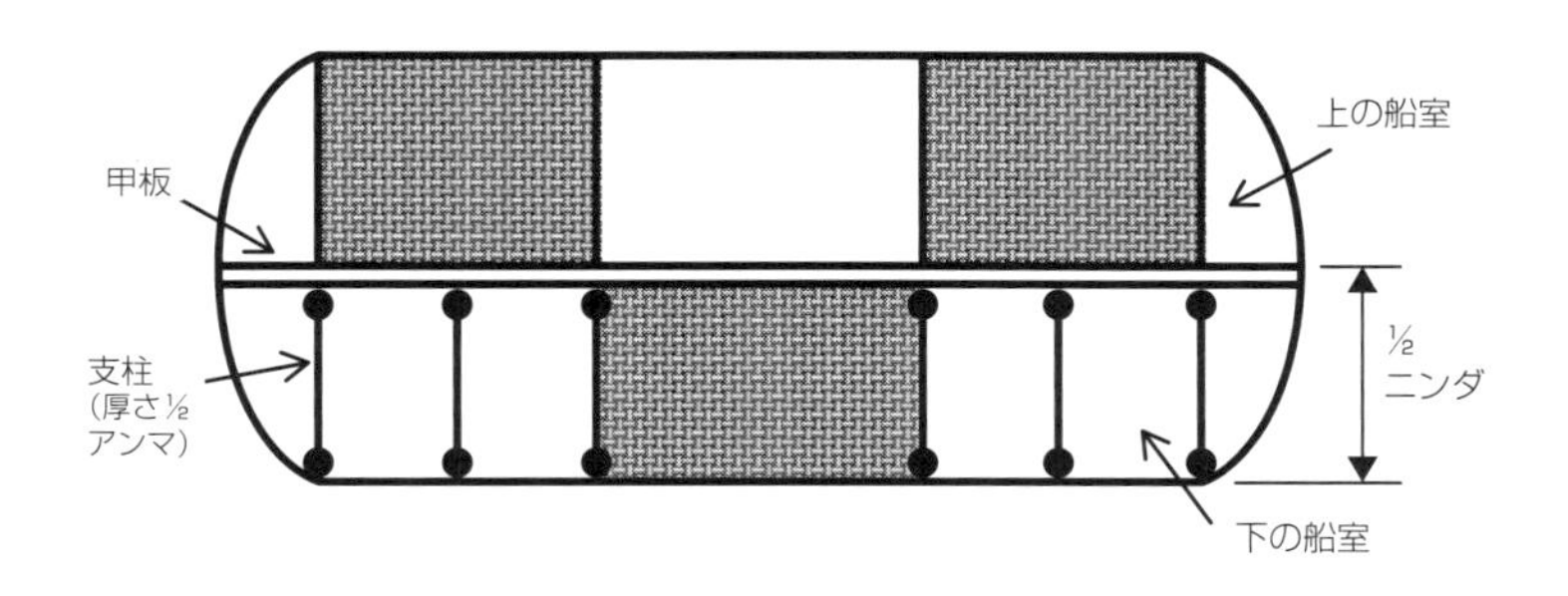

箱舟の内部には支柱、甲板、上と下の船室が見える。

て簡潔に、乗り込む者たちが上階と下階に分かれて暮らせるようにする内部の床や木製の船室を支えるかなりの数の支柱を設置すると記されている。甲板が複数あることは箱舟が単なる通常のグファを大きくしただけのものではないことを示す第二の点である。

　この支柱は長さが半ニンダ、厚さは――肋材のことを記した前行と並行して――「半（パルシクトゥ）の厚さ」とされ、舟の内側に「しっかりと」取りつけられたと記されている（一五―一六行）。この支柱の断面を便宜的に正方形とすれば、その断面積は一五ウバーヌ〈かける〉一五ウバーヌで、およそ二二五平方ウバーヌということになる。この部品の寸法で一番長いのは長さになっているが、ここで「支柱」の意味で用いられている「イムドゥ」という語は「立つ」を意味する動詞に由来することから、垂直方向で用いるという理解は避けがたい。『シカゴ・アッシリア大辞典』（巻I／J）に記載されているこの単語の他の用例から、この支柱が木製であったことが確認される。〈箱舟の書板〉にはこの支柱が一シャル、すなわち三六〇〇本設置されたと書かれている。これは漠然と大きな数を表しているようにも見えるが、実際には一イクーの箱舟の床面積に対して六パーセントをわずか超える程度の広さにすぎない。この値は建物の床面積に対して、それを支える壁が占めている比率とほぼ等しい。実際にこの値は文学的な表現のように見えるのだが、それ以上の意図がそこには込められており、これらの支柱は単に森の木々のように床面全体に並んでいただけでなく、上階の構造物の荷重に耐えられるよう設計され、設置されていると考えるべきであろう。

　書板の文章には上階もしくは甲板についてそのように明記されてはいないが、支柱がそのような高さなのはそうした目的があるからであるのは確実であろう。支柱の高さは箱舟の高さのちょうど半分に当たり、柱の形と数から言って、その目的を果たすには十分である。次に「上と下に」船室が設けられたと書かれているが、上階の船室の床とは単に上甲板のことで、書かなくともわかるから書かれなかったということであろう。この床は舟の内部空間を上下に二等分しており、上下の空間はそれぞれ高さ約三メートルである。

　このような船室は通常、木製と記されるが、ここでは木の枠に籠のようにして織った壁をつけたという意味かもしれない。船室の設置に使われている「ラカース」(*rakāsu*)という動詞の語根には「結わえつける」という意味をもつことも、このことを裏づけている。船室の設置で箱舟の構造的な要素はすべて完成する。舟の断面を簡略化して示すと前頁の図のようになろう。

　上甲板の船室の枠組みがすでに完成している箱舟の屋根を支えていたことは明らかであろう。上甲板の床面が外壁に固定されていたとすれば、舟の構造は一層強化され、肋材の間を埋めることになっている短い支えがなくともよかっただろう。つまり、甲板と屋根があることで船体はより堅固になったということになる。

箱舟の防水

　箱舟完成に向けた次の段階は外壁の外側と内側の表面に防水処置を施す作業である。この作業には「イトゥ瀝青」と「クプル瀝青」という二種類の瀝青が使われ、最後に仕上げに油がその上から塗られる。瀝青について書板に記されていることを検討する前に、二種類の瀝青について一般に知られていることを見ておいても損はない。

役立つ資料は二つある。ひとつはW・F・リーマンズの一九六〇年の論考（Leemans, 1960）で、舟の防水について書かれた書板について論じ、古バビロニア時代、つまり〈箱舟の書板〉の時代に関する情報を以下のように抽出している。

1　イトゥ瀝青は湿り気が多い。クプル瀝青はより固く、粘度が高い。

2　イトゥ瀝青は用途によっては液体として使われ、窯（かま）で液状にされる。

3　舟の防水には、イトゥ瀝青よりクプル瀝青が遥かに多く使われる。

4　防水には、クプル瀝青を下地に塗り、その上にイトゥ瀝青を塗ると効果が高い。

5　イトゥ瀝青はクプル瀝青への上塗りに使われ、船室や舟の内側に塗られる。

もうひとつの資料は防水に使われた古代の瀝青のサンプルを分析したR・A・カーターによる二〇一二年の著述である（Carter, 2012）。使われていたのは混じりけのない瀝青ではなく、有機物や鉱物を含んだもので、その量から粘度の調整剤として意図的に加えられていたと考えられる。また、かなりの量の油が舟をつくるに当たって使われていたとも述べられている。その用途は不明だが、縄の防水と関係するのではないかとされている。

さて、〈箱舟の書板〉における防水に関する記述を見ていくことにしよう。書板で簡潔に概要が述べられている作業過程は、通常サイズの舟の防水作業としては妥当であり、それが分量を含め、広大な表面積に対応した比率で換算されている。しかし、上記の二つの参考資料が例証する細部とは大きく異なる点もある。〈箱舟の書板〉のこの部分はひどく摩滅しており、文章が不完全な行も多いが、残っている記述から、この段階の作業の本質や順序は十分に読み取れ、舟の防水のために瀝青をどう加工するかに新たな光を投げかけているように思われる。

5　防水に必要な瀝青を計算する

ここでもまた、「三六〇〇」を意味する単位シャルは文字どおりに理解される。まず、この作業過程全体でどのくらいの瀝青が必要かを算出する必要がある。書板一八―一九行にはアトラ・ハシースが舟の側面部の外側と内側用に一ウバーヌ分のイトゥ瀝青を割り当てたと書かれている。本書ではすでに表面積を算出したが、書板ではこの文だけで表面積を算出しなければならない。塗りつける瀝青の厚さは均一なので、まず船体の表面積を割り出し、壁の内側と外側に塗るのでそれを二倍し、それに塗る瀝青の厚さをかけて計算すればよい。しかし、船体の厚さは一ウバーヌなので、この計算をする必要はない。つまり、必要なイトゥ瀝青の量は、舟の外面に必要とされる繊維の量、「四シャルと少し」の二倍ということで、八シャルを少し超える量ということになる。造船資材について記した書記はまさにこのような計算を行ったであろうし、書記学校でも同種の問題に熱心に取り組んでいただろう。

書板二〇行には、船室はすでに厚さ一ウバーヌの液状イトゥ瀝青で覆われていると記されているので、あとは外面部分の防水という極めて重要な任務に集中すればよい。

6　窯に瀝青を入れて準備する

書板二一―二二行には実際に八シャルのクプル瀝青が窯に入れられ、そこに一シャルのイトゥ瀝青が注ぎ込まれたと記されている。つまり、先に予測したとおり、「二〈かける〉四」シャルに少量を足しているのである。八シャルは船体の内側と外側に厚さ一ウバーヌで塗る防水下地の量であり、残りの一シャルは薄い保護層として舟の外側に塗られる。しかし、壁の内側と外側に一ウバーヌ分のイトゥ瀝青が必要と書かれてはいるが、実際には原材料として窯に入れるのはほとんどがクプル瀝青であることには注意しなければならない（液状のイトゥ瀝青が注ぎ入れられる量の割合は低い）。その理由はおそらく二三―二五行の「イトゥ瀝青は表面に（文字どおりには「私に」）浮かんでこなかった。（そこで）私は五ウバーヌのラードを加えた。私は窯に同じだけ……を詰め込むようにと命じた」で説明されている。

これは分留の過程を示すものと解釈できる。加工していない瀝青を含むクプル瀝青はおそらくそのままでは固く、植物や鉱物などの不純物が混入しており、油を混ぜて熱することで、粘度の低いイトゥ瀝青が分離されて表面に浮き上がってくるのを掬い取って使えばよかった。フライパンで熱せられたバターのように、ラードは固い瀝青に熱を伝え、焦げつかないようにしながら、溶解を促す。書板の「五ウバーヌ」はすべての窯に融解剤として少量のラードが同じように加えられたことを示している。

7 調整剤を瀝青に添加？

瀝青の加工作業は上に浮かんだ純粋な液状のイトゥ瀝青を掬い取り、窯の中には重いクプル瀝青だけが残された状態にあるという段階にまで進んだ。この残りには元の瀝青に含まれていた植物や鉱物などの不純物が残留し、濃縮されていることになる。この残った粘性の高い瀝青は調整剤が人為的に加えられた古代の防水用瀝青のサンプルと同様、舟の丈夫な外面をつくるために使われたと考えられる。燃料にはギョリュウを使うのが一般的なので、二六―二七行の「ギョリュウと茎を使って……混ぜ終わった」はクプル瀝青を用途に適した柔らかさにするため、薪をくべて温度を上げたという意味に解釈される。

8 瀝青を内側に塗る

瀝青の準備が整い、作業はそれを塗る段階に進む。二八行はほぼすべてが削られてしまっているが、二九行で判読される「舟の肋材の間に」から、そこには船体の内壁に瀝青を塗る作業のことが記されていると考えられる。

9 外壁の防水

書板三〇行もやはり摩滅して判読できない状態だが、三一行に記されているイトゥ瀝青で外壁の表面を覆ったと述べられていたはずである。この下地は不純物が除かれ、船体が撓んでもひび割れることのない柔軟性をもった上質な防水被膜であった。三二―三三行では「私は窯から出したクプル瀝青を、外側に塗った。一二〇グル分を、作業員たちが取っておいたものの中から」と書かれており、違う保護用の瀝青が上から塗られているので、すでに瀝青は塗られていたことがわかる。この瀝青はイトゥ瀝青がすべて取り除かれた後のクプル瀝青の元の残りであることは明らかである。この残りの瀝青がイトゥ瀝青による防水層の上に塗られ、強固な殻となる。

瀝青で覆う作業の順序がリーマンズの記述と異なる第二の点である（Leemans, 1960）。リーマンズの記述では、未加工のクプル瀝青がまず先に塗られ、その上に防水を強化するためにイトゥ瀝青を薄く塗るとされている。しかし、ここでの説明はオクセンシュラーガーが紹介しているイラクの伝統的な葦（あし）船の作成についての記述に近い（Ochsenschlager, 1992）。オクセンシュラーガーによれば、まだ熱い防水用の瀝青を川の泥と一緒に塗ることで、つきがよくなり、防水層が強くなるとされている。書板に書かれているクプル瀝青の実際の量は「二グル」だが、古代バビロニアにおける数の性質を考えれば、この「二」は六〇と関連させた数を表していると解釈することもできる。二グルの量では防水には薄すぎて機能しないし、七二〇〇グル〔六〇の二乗に「二」をかける〕では準備すべきとされた量を遥かに超えてしまう。この「二」を〔六〇をかけて〕一二〇グルと考えれば、箱舟の外壁の表面全体に塗るとき、厚さはちょうど六分の一ウバーヌになる。この一二〇グルは一シャルと同じなのである。そうすると、なぜ作業員たちが取っておいた量も同じように表さなかったのかを問わなくてはならなくなる。この材料は——原料というよりも——窯から容器に移された完成品だったので、グルを単位として使うのがより適切とされたのではないだろうか。

他に注意すべきなのは——言及した参考文献にもあるように——精製前のクプル瀝青の量（八シャル）はイトゥ瀝青の量（一シャル）に比べてかなり多いにもかかわらず、窯で煮て最終的な材料が生成されると、分量が完全にひっくり返り、一シャルのクプル瀝青が窯に残され、八シャルのイトゥ瀝青が使われることになっている点である。つまり、この二種の瀝青の比率は固定されたものではなく、水の中の氷が溶ければ水と氷の比率が変わるように、加熱による基本的な製造過程を経て変わり得るものであることを示している。

10　外装の仕上げ——舟を密閉する

防水の最後の仕上げと舟の密閉については五七—五八行に書かれており、その前に動物や物資が箱舟に運び込まれている。五七—五八行には「私は何度も命じた、ラードを一ウバーヌ（の厚さで）ギルマドゥ（*girmadû*）で（塗るよう）。三〇グル分を、作業員たち

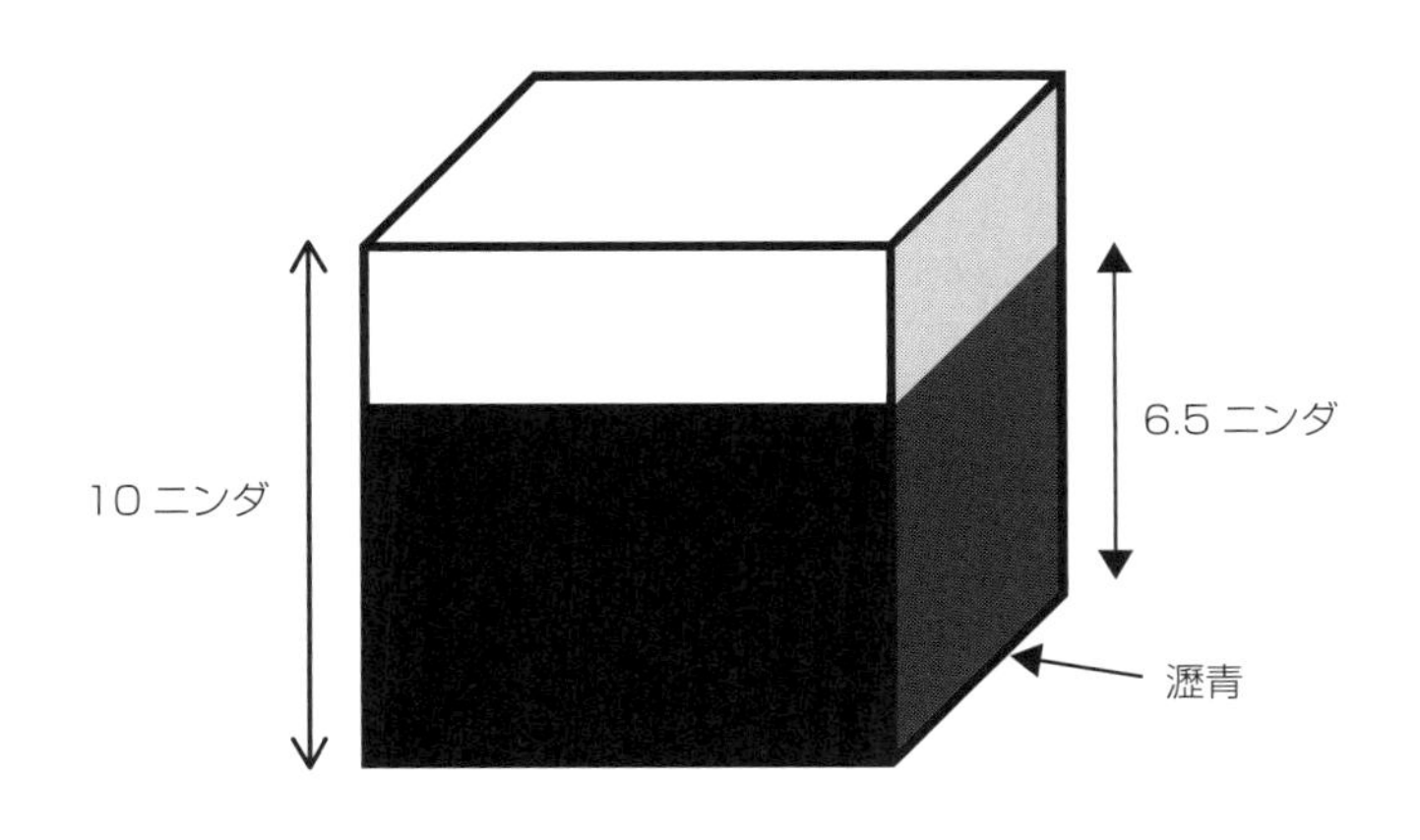

壁の約⅔の高さまで瀝青で防水処置されたウトナピシュティムの箱舟。

が取り分けておいたものの中から」と書かれている。すでに論じたように、「ギルマドゥ」はラードを塗るためのローラーだが、これがこの先に箱舟を待ち受けていることに備える最後の作業となる。

ピーター・バッジ卿のおかげで、油がしばしば伝統的なグファの建造に使われていたことが確認できた。油を塗ることで外壁の防水層、すなわち箱舟の場合はクプル瀝青による固めの膜を柔らかにし、ひびが入るのを防ぐことができた。

ウトナピシュティムの箱舟

最後に〈ギルガメシュ第XI書板〉に保持されている建造に関連するデータを見ておこう。そこでの壁の高さは一〇ニンダで、アトラ・ハシースの箱舟よりも十倍も高い。防水用の瀝青の量は九シャルと記されている場合もあり、古バビロニア時代の物語での量を踏襲し、〝新しい〟壁にあわせて修正されてはいない（その他では六シャルとされている）。しかし、この九シャルの瀝青は立方体の箱舟全体に塗る量である。つまり、ウトナピシュティムの舟が一ウバーヌという標準的な厚さの瀝青で防水処置されるとしたら、この量では内側の防水は全くできず、外壁は六・五ニンダの高さまでしか塗れない計算になる（前頁の図）。しかし、信じ難いことに、この高さはギルマドゥで「油を塗る」範囲である壁の三分の二、すなわち六・六六ニンダに非常に近い。

これは『ギルガメシュ叙事詩』の編集者が壁の高さと瀝青の量を与えられていて、そこから瀝青で覆うことのできる広さの割合を計算し、その新しいデータを物語に組み込んだということを意味している。そうでなければ、「三分の二」という数字がここで登場したことの説明がつかない。残念ながら、〈ギルガメシュ第XI書板〉ではギルマドゥで塗る三〇グルのラードの量が二シャルに跳ね上がっている。この値はまった非現実的なもので、この部分については書記は文書の辻褄を合わせることができなかったようだ。

補遺4 〈箱舟の書板〉を読む

ここまで読み進めてきた読者であれば、本書で訳され、論じられてきた楔形（くさびがた）文字のアッカド語文書が実際にはどのように粘土書板上に書かれているのか、一行一行見ていく気力が備わっているのではないだろうか。もう以前ほどはその作業に気後れするようなこともないはずだ。すでに見てきたとおり、洪水物語に取り組む学者ならすぐにそこへ飛び込んでいく。古代の新しい文書資料を読むことは、常に心が躍る作業であり、特にこの書板の場合、これ以上ないほど興味深い例である。

古代バビロニアの文書である〈箱舟の書板〉に書かれている語は大部分がアッカド語の音節文字で記されており、いくつかには限定詞がつけられている。その他にはシュメール語の表語文字で表されている単語が少しある。

最初の行は楔形文字の音訳を掲載する。ここでは、バビロニアの言葉を形成する音節表記文字もしくは音節文字の発音はイタリック体で表記する。例えば、〈箱舟の書板〉一行目の最初の三文字は「*i-ga-ar*」と表される。

次の行は訳である〔基本的に英語からの重訳〕。最初の言葉は「壁よ」である。その次に小さめの文字で（強く興味をもっている人向けに）記されているのはアッカド語の単語として音節を「つなぎ合わせた」形であり、この場合、最初の単語は「*igāru*」である。この形は現代のアッカド語辞典に掲載されている形である。

古シュメール語の表語文字などの文字は最初の行では大文字で表示し、説明の行でアッカド語での読み方を示した。

音訳にあたって

x　損傷しているか、特定できない文字が一文字あることを表す。

x (x)　損傷しているか、特定できない文字が二文字である可能性が高いことを表す。

[x x]　二文字分のスペースがあるが、何の痕跡も残されていないことを表す。

[x (x)]　破損もしくは特定できない文字のスペースが一文字ないし二文字分あることを表す。

〈一―五行〉

アトラ・ハシースの召命

1　*i-ga-ar i-ga-a*[*r k*]*i-ki-iš ki-ki-iš*

壁よ、壁よ。葦の壁よ、葦の壁よ。

igāru「壁」／*kikkišu*「葦の壁」

2　^{m}*at-ra-am-ḫa-si-*[*i*]*s a-na mi-il-ki-ia qú-ul-*[*ma*]

アトラ・ハシースよ、我が忠告を心にとめよ

ana「～に」／*milku*「忠告」／*qâlu*「心にとめる」

3　*ta-ba-al-lu-uṭ* [*d*]*a-ri-iš*

さすれば、お前は永遠に生きることができよう。

balāṭu「生きる」／*dāriš*「永遠に」

4　*ú-bu-ut* É *bi-ni* MÁ *m*[*a-a*]*k-ku-ra-am ze-e*[*r-ma*]

（お前の）家を壊し、舟をつくれ。財産を捨て

abātu「壊す」／É（表意文字）＝*bītu*「家」／*banû*「建てる」／MÁ（表意文字）＝*eleppu*「舟」／*makkūru*「財産」／*zêru*「嫌悪する」

5　*na-pí-iš-tam šu-ul-lim*

命を守れ。

napištu「命」／*šullumu*「守る」

〈六―一二行〉

設計図と寸法

6　MÁ *te-ep-pu-šu e-*[*s*]*e-er-ši-ma*

つくる舟を描き出せ

MÁ（表意文字）＝*eleppu*「舟」／*epēšu*「つくる」／*eṣēru*「描く」

7
e-ṣe-er-ti ki-[i]p-pa-tim
円形の設計図に従って。
eṣirtu「設計図」／*kippatu*「円形」

8
lu mi-it-ḫa-ar ši-id-da-[š]a ù pu-u[s-sa]
すなわち、舟の長さと幅を等しくせよ
mitḫuru「同じにする」／*šiddu*「長さ」／*u*「そして」／*pūtu*「幅」

9
lu-ú 1 (AŠ) IKU *ka-aq-qá-ar-š[a lu]-⌜ú⌝* 1 NINDAN *i-ga-r[a-tu-ša]*
床面積は一イクーとし、側面は一ニンダ（の高さ）にせよ。
lū「～になるように」／数字の「1」は「AŠ」と書かれる／IKU（表意文字）＝*ikû*「イクー」（面積の単位）／*qaqqaru*「床面積」／*u*「そして」／NIN-DAN（表意文字）＝*nindan*「ニンダ」（長さの単位）／*igāru*「壁」「側面」

10
ka-an-nu aš-la-a ta-mu-u[r] ša [MÁ]
お前は（以前、網代舟の）ためのカンヌ（kannu）の縄とアシュル（aslu）のイグサ（?）を見た
kannu「縄」／*ašlu*「イグサ」（?）／*amāru*「見る」／*ša*「～の」／MÁ（表意文字）＝*eleppu*「舟」「網代舟」

11
li-ip-ti-il-kum GIŠ *⌜ár⌝-ti pí-[t]i-il-tam*
お前のために（他の）誰かに、葉とヤシの繊維を編ませよ。
patālu「編む」／GIŠ *arti*「葉」／*pitiltu*「ヤシの繊維」

12
ŠÁR x 4 + 30 *ta-qab-bi-am li-[ku]-ul*
そのためにきっと一万四四三〇（スートゥ）の量を使い尽くすだろう。
ŠÁR（表意文字）＝「三六〇〇」／*qabû*「話す」／*akālu*「消費する、使い尽くす」

〈一三―一七行〉

アトラ・ハシースが舟を建造する

13
30 *ṣe-ri i-na* ŠÀ*-ša a[d]-di*
私は三〇本の肋材を据え付けた
ṣe-ri「ために」／*ṣēlu*「肋材」／*ina*「中に」／ŠÀ（表意文字）＝*libbu*「心」「内部」／*nadû*「（ここに）据える、葦の小屋のように」

14
ša 1 PI *ik-bi-ru* 10 NINDAN *mu-r[a]-ak-šu*
それらは厚さ一パルシクトゥ、長さ一〇ニンダで

あった

ša「それ（*which*）」／PI（表意文字）＝*parsiktu*、「寸法」／*kabāru*「〜の厚さ」／NINDAN（表意文字）＝*nindanu*「ニンダ」（長さの単位）／*mūraku*「長さ」

15 **ŠÁR** *im-di i-na* **ŠÀ**-*ša ú-ki-in*

私は舟の中に三六〇〇本の支柱を据えた

ŠÁR（表意文字）＝「三六〇〇」／*imdu*「支柱」／*ina*「中に」／ŠÀ（表意文字）＝*libbu*「心」／*kunnu*「堅くする」

16 *ša* **1/2 (PI)** *ik-bi-ru-ma* **1/2 NINDAN** *mu-⌈ra⌉-ak-šu*

それらは太さが半（パルシクトゥ）、高さが半ニンダであった。

ša「それ（*which*）」／［推測］PI（表意文字）＝*parsiktu*（単位）／*kabāru*「〜の厚さである」／NINDAN（表意文字）＝*nindanu*「ニンダ」（長さの単位）／*mūraku*「長さ」

17 *ar-ku-ús ḫi-in-ni-ša e-le-nu-um ⌈ù⌉ ša-ap-⌈la-nu-um*

私は舟の上と下に船室を設けた。

rakāsu「結ぶ、建設する」／*ḫinnu*「船室」／*elēnum*「上に」／*u*「そして」／*šaplānum*「下に」

〈一八―三三行〉

防水加工

18 **1 ŠÚ.ŠI ESIR** *ki-da-ti-ša ap!-[r]u-ús*

私は舟の外側に一ウバーヌの瀝青（れきせい）を割り当てた。

ŠÚ.ŠI（表意文字）＝*ubānu*「指」の意だが、ここでは単位／ESIR（表意文字）＝*ittû*「瀝青」／*kidītu*「外壁」／*parāsu*「配分する」

19 **1 ŠÚ.ŠI ESIR** *qí-ri-ib-ša ⌈ap⌉-[r]u-ús*

私は舟の内側にひと指分の瀝青を割り当てた。

ŠÚ.ŠI（表意文字）＝*ubānu*「指」の意だが、ここでは単位／ESIR（表意文字）＝*ittû*「瀝青」／*qerbu*「内側」／*parāsu*「配分する」

20 **1 ŠÚ.ŠI ESIR** *a-na ḫi-in-ni-ša aš-[t]a-pa-ak*

私は（すでに）一ウバーヌの瀝青を船室に注いだ。

ŠÚ.ŠI（表意文字）＝*ubānu*「指」／ESIR（表意文字）＝*ittû*「瀝青」／*ana*「〜のために」「〜の上に」／*ḫinnu*「船室」／*šapāku*「注ぐ」

21 *uš-ta-ar-ki-ib* **ŠÁR x 8 ⌈ESIR.UD.DU.A⌉** *[i-n]a ki-ra-ti-ia*

私は窯（かま）に二万八八〇〇（スートゥ）のクプル瀝青を

詰め込んだ
šutarkubu「詰め込む」／ŠÁR（表意文字）＝「三六〇〇」／ESIR.UD.DU.A（表意文字）＝「クプル瀝青」／*ina*「中に」／*kīru*　*kīrātu* の複数形「窯」

22　*ù* ŠÁR ESIR *a-na li-ib-bi aš-pu-uk*
さらに私は三六〇〇（スートゥ）のイトゥ瀝青をその中に注いだ。
u「そして」／ŠÁR（表意文字）＝「三六〇〇」／ESIR（表意文字）＝*ittû*「天然のままの瀝青」／*ana*「〜に」／*libbu*「心」／*šapāku*「注ぐ」

23　ESIR *ú-ul iq-r[i]-ba-am-ma*
瀝青は表面に（文字どおりには、「私に」）浮かんでこなかった。

ESIR（表意文字）＝*ittû*「タール」／*ul*「〜ない（否定）」／*qerēbu*「近づく」

24　5 ŠU.ŠI *na-⸢ḫa⸣-[a]m ú-⸢re⸣-[e]d-di*
（そこで）私は五指分のラードを加えた
ŠU.ŠI（表意文字）*ubānu* を表す「指」／*nāḫum*「ラード」／*redû*「加える」

25　*uš-⸢ta-ar⸣-[k]i-ib ⸢ki⸣-ra-ti ⸢ia⸣ mi-it-ḫa-ri-iš*
私は窯に同じだけ詰め込むようにと命じた。
šutarkubu「詰め込ませる」／*kīru*　*kīrātu* の複数形「窯」／*mitḫāriš*「同様に」

26　GI[Š].⸢ŠINIG GIŠ?⸣ x i
ギョリュウ（?）（と）茎（?）を使って
GIŠ.ŠINIG（表意文字）＝*bīnu*「ギョリュウ」／GIŠ x i おそらく「茎」

27　x x x e? na? as tum i? bi? ma? *ba-ar⸣-tam*
……［……］（＝私は混ぜ終わった（?））。

28　x x x (x) MEŠ x in? bi?
MEŠ（表意文字）複数を表す

29　*⸢il⸣-la-ku bi-rit ⸢ṣe-e-ri⸣-ša*
舟の肋材の間に。
alāku「行く」／*birīt*「間」／*ṣe-e-ri*　*ṣēlī* を表す「肋材」

30　x nam? x x x . . . .
（判読不能）

31　x x-ia i x x ESIR x x
……イトゥ瀝青……

32　⸢ESIR UD.DU⸣ *ki-du-⸢ú⸣ [ša k]i-ra-ti* x x x
私は窯から出したクプル（kupru）瀝青を、外側に塗った（?）
ESIR.UD.DU（表意文字）＝クプル瀝青／「外側」／*kīru*「窯」

33 *e-zu-ub* 2 (x 60) G[UR] ⌜*ú-pa-az-zi-rù*⌝ *um-mi-*[*ia-ni*]

一二〇グル分を、作業員たちが取り分けておいたものの中から。

58行と比較。*ezub*「～から」／*puzzuru*「取り分けておく」／*ummiʾānu*「作業員」

〈三四―三八行〉

乗船と宴会

34 ⌜*uš*⌝*-ta-na-*⌜*al*⌝ *x x* [*x x* (*x*)] *x ri-a-ši*

私は身を横たえる（？）……［……］……の喜び

nâlu「横たわる」／*riʾāšu*「喜ぶ」

35 *a-na* MÁ ⌜*i*⌝-[*ru-bu-ma*] x x *k*[*i-i*]*m-*<*tu*>⌜*sa*⌝*-al-la-at*

私の親類縁者は皆、舟に［乗り込んだ］……。

ana「～に」／MÁ（表意文字）＝*eleppu*「舟」／*erēbu*「入る」／*kimtu*「家族」「知人」／*sallatu*「家族」「親類」

36 *ḫa-du-ú* x [x x x]⌜ki? ⌝ x x x *e-mu-tim*

喜んで……［……］……私の義理の

ḫadû「喜ぶ」／*emūtu*「夫の家族」

37 *ù za-bi-il* x [x x x x] *-ru ki-ma e-ri-a-tim*

そして……［……］とともに門番は……のように

……

u「そして」／*zābilu*「門番」／*kima*「～のように」

38 *a-ki-lum i-*⌜*ik*⌝*-k*[*a-a*]*l* [*ša-tu-ú*] *i-ša-at-ti*

彼らは思う存分食べて飲んだ。

ākilu「食べる人」／*akālu*「食べる」／*šātû*「飲む人」／*šatû*「飲む」

〈三九―五〇行〉

アトラ・ハシース、月の神に祈る

39 *a-na-ku a-wa-t*[*um i-na* Š]À*-i*[*a ul*] *i-ba-aš-ši-ma*

私はといえば、私の心に言うべき言葉はない、また

anāku「私」／*awatu*「言葉」／*ina*「～の中に」／ŠÀ（表意文字）＝*libbu*「心」／*ul*「～ない（否定）」／*bašû*「ある」

40 *x na ti* x [x x x *l*]*i-ib-bi*

……［……］私の心

libbu「心」

41 x ab x x [x x x]*-ú-a*

42
…… ［……］ ……私の ［……］
bi-ni-it(?) x x [. . .] . . . *-i?-ti-ia?*
私の……の…… ［……］

43
. . . áš-na/gi-an? . . . [. . .]*-e? ša-ap-ti-ia*
私の唇の…… ［……］ ……
šaptu 「唇」

44
. . . ne ra? bi . . . [. . .]*-it pi-qum aṣ-la-al*
…… ［……］ ……私は眠れなかった。
pīqum 「～が困難である」（口語では「ほとんど～ない」？）／*ṣalālu* 「眠る」

45
⸢*e-li*⸣ *a-na ú-ri* ⸢*ú*⸣*-[sa-ap-pi (?)]*⸢*a-na*⸣ ᵈEN.ZU *be-li*
私は屋根に上った［そして祈った（？）］月の神シンに、私の主に。
elû 「上る」／*ana* 「～に」／*ūru* 「屋根」／*suppû* 「祈る」／ᵈEN.ZU 古い形のEN.ZUという文字は月神シン（*zu'en*）を表すZU.ENの綴りを逆さにしたもの。*bēlu* 「主」

46
⸢GAZ? *lìb?-bi?*⸣ *li-ib-l[i la ta-ta-a]b-ba-al*
私の悲嘆（？）を消し去ってください。［どうか姿を］隠さないでください。
GAZ（表意文字）＝ *ḫīpu* 「壊れること」／*libbu* 「心」／*balû* 「消え去った」／*tabālu* 「運び去る」

47
x x x x x ak? [x x x x] x*-ti?-bi ik-la*
……暗闇

48
⸢*i*⸣*-na* x [x (x)]*-ia*
私の ［……］ に…

49
ᵈEN.ZU *i-na* GIŠ.G[U.ZA*-šu it-ta-m*]*e ga-ma-ar-tam*
シンはその玉座から、全滅について誓った
ᵈEN.ZU 神シン／*ina* 「～の中に」「～から」／GIŠ.GU.ZA（表意文字）＝ *kussû* 「椅子」「玉座」／*tamû* 「誓う」／*gamartu* 「全滅」

50
ù ar-m[u-tam i-na u_4*-mi-im]* ⸢*e-ti*⸣*-i[m* (x x x)]
そして［（きたるべき）］暗黒の［日］の荒廃について。
armūtu 「荒廃」／*ūmu* 「日」／*etû* 「暗い」

〈五一―五二行〉

野の獣が舟に乗りにくる

51
ù na-ma-aš-t[um i-na ṣe]-ri-i[m (. . .)]
しかし、草原から野の獣が ［（……）］
u 「そして」もしくは「しかし」／*namaštu* 「動物」／*ina* 「～から」／*ṣēru* 「草原」

52
⸢ša-na MÁ! lu-[ú x x x x] x x x [x x x x]
二匹ずつ舟に［獣は入った］……［……］
šanā「二匹ずつ」／MÁ（表意文字）= eleppu「舟」
／lū「確かに〜をした」

〈五三—五八行〉
野の獣のための飼料

53
5 KAŠ ar ma? x x uš-t[a- x x x x]
私は……ビール五……［……］
KAŠ（表意文字）= šikāru「ビール」／uš-ta- . . . おそらく一人称単数の動詞の一部。

54
11 12 ⸢ú⸣-za-ab-ba-⸢lu⸣ x (x) [x x x]
彼らは一一か一二の［……］を運んでいた
zabālu「運ぶ」

55
3 Ú ši-iq-bi u[k?-ta-x x] x x x x
三（単位）分のシクブを［……］……、
Ú = šammu「植物」植物の名前の前に置かれる限定詞／šiqbu 何かに役立つ植物だろうが、特定できない／uk-ta . . . 一人称単数の動詞の一部。

56
1/3 ú-ku-lu-ú ⸢um?/dub? mu?/gu?⸣ [kur(?)]-din-⸢nu⸣
三分の一（単位）分の飼葉（かいば）……そしてクルディヌ（?）を。
ukulû「飼葉」／kurdinnu「嫌な臭いのする植物」

57
1 ŠU.ŠI na-ha-am a-na ⸢gi-ri⸣-ma-de-e ⸢aq?-ta?-na?-bi?⸣
私は何度も（?）命じた、ラードを一ウバーヌ（の厚さに）ギルマドゥ（girmadu）で（塗るよう）
ŠU.ŠI（表意文字）ubānu を表す「指」／nāḫu「ラード」／ana「〜のために」／girmadû 塗るための道具／qabû「命じる」「要求する」

58
e-zu-ub 30 GUR ú-pá-az-zi-rù LÚ.MEŠ um-mi-⸢a⸣-[ni]
三〇グル分を、作業員たちが取り分けておいたものの中から。
ezub「〜から」（「脇にどけておく」）／puzzuru「取り分けておく」／LÚ.MEŠ「男たち」（限定詞、発音されない。三三行では省略されている）／um-mi'ānu「働く人」

〈五九—六〇行〉
扉が閉ざされる

59
⸢i⸣-nu-ma a-na-ku e-ru-bu-ma

私が舟に乗り込んだら
inūma「～のとき」／*anāku*「私」／*erēbu*「入る」

60 *pi-ḫi pít ba-bi-*⸢*ša*⸣
扉の枠を塞げ
peḫû「塞ぐ」／*pītu*「隙間」／*bābu*「扉」

補遺4注

7行　*eṣirtu* は *uṣurtu* A を表す。

10行　*aš-la-a* の最後の *-a* は長母音であることを表すのではなく、その前に空白があることから、この名詞が対格であることを念のため示している。三語目末を *-ur* と読ませる痕跡はわずかだがある。

14行　ここでの支柱は準備段階なので、〔高さではなく〕長さで表されている。つまり、まず〔長さを測って〕切り出されてから〔その高さで〕「立てられた」。

17行　「上と下に」に当たる語は、しばしば箱舟についての描写で「船首から船尾まで」の意味で使われるが（George 2003, vol. 2, 880）、ここでは文字どおりの意味である。

18–20行、22–23行　これらの行では、繰り返し「瀝青」を表すESIRという文字が使われているが、正確には（内側の小さな文字抜きの）A.LAGABと同じく、A.ESÍR（LAGAB x NUMUN）である。これは略語のようなもので、文脈からこの文字がESIRであることに疑いはない。21行にはA.LAGA x BADと記されているように見える。

26行　GIŠ.ŠINIG は全般的な形から判断された。続くGIŠ は別の木材に言及しているだろう。しかし、GIŠ.GIŠIMMAR.TUR!（間違って i と書かれている）すなわち「まだ若いヤシ」とする可能性は除外すべきだろう。

32行　⸢ESIR UD.DU⸣ の可能性は高いが、確実ではない。文字を消した跡があり、わかりにくい。

46行　⸢GAZ? *lìb?-bi?*⸣ という読みについては、残された痕跡をもとに、文脈が一致する〈古バビロニア版アトラ・ハシース〉第Ⅲ書板ii欄四七行に従って復元した。*ḫe-pí-i-ma li-ib-ba-šu* と読めば「彼の心は壊れた」。その後の文字の復元については、同書板同欄三九行の *ib-ba-bḫi-il ar-ḫu*「月は消えた」参照。

49行　*gamartu*「全滅」は〈古バビロニア・シェーエン版〉iv欄二行では大洪水を指して使われている（George

2009, 22)。

50行　『シカゴ・アッシリア大辞典』巻A／2の二九四頁はいくつかの理由から *armūtu* を *namûtu*「荒廃」「荒れ地」と明確に同じものとする辞書編纂を疑っており、その言葉の存在そのものが疑問視されている。しかし粘土板のこの文脈は *armūtu* の復権に大きく寄与している。

53行　*ga-ar-ma-* である可能性もあるが、どう理解すべきかわからない。

54行　一部消されている部分に「一二」という数が書き込まれている。この部分は実際には「一二、一二」と書かれていた可能性がある。

55行　Ú **šiK-bi* という植物を見つけることはできなかったが、ギルガメシュを悩ますためではなかったとすれば、Ú *igigallu*（IGI.GÁL.BI）すなわち「知恵の植物」と読むことはできない。

56行　*kurdinnu* という植物については辞書にしか書かれておらず、嫌な臭いがするものであるということしかわかっていない。しかし、他の飼料の臭いも充満しているこの巨大な移動式動物園の中で、誰がそれを気にするだろうか。いずれにせよ、この行の最後のあまり一般的ではないこの語は「キイチゴ」（やそれに類する植物）を表す *amurdinnu* と同様、最後が *-dinnu* で終わっている。

59行　*girmadû* を「ローラー」と解釈することについては二二三〇頁および第8章注7参照。

本書の執筆が終わりに近づいたころ、大英博物館の鋳造成形担当マイク・ニールソンによる〈箱舟の書板〉の第一級の樹脂複製を手にした。これは二〇一二年に現物から特別に作ってもらったもので、現在、中東部門の鋳造物コレクションの中に収められており、調べたり確かめたりするために、自由に手に取ることができる。この複製は実物と見分けがつかないほどの出来である。

注

第1章　この本について

1　背景となる息を飲むような逸話やスミスの人物像については Damrosch 2006 参照。スミス自身による記録も古びてはおらず、今でも参照する価値はある（特に Smith 1875; 1876）。

2　後述するように、楔形文字の読み方はひととおりとは限らず、「イズバール」が「ギルガメシュ」であるという正しい解釈は、この十五年後にスミスの後継者のひとりである大英博物館の考古学者テオフィルス・ピンチズによって――激しい興奮状態の中で――立証された（Pinches 1889-90）。この古代の有名な名前について理解することは今日でもなお困難である。アンドルー・ジョージは楔形文字の現代における解説の中で、この問題に一章を設け、二十頁を割いている（George 2003, vol. I, 71-90）。

3　Budge 1925, 152-3 からの引用。バッジは非常に複雑な性格の人物だが、その生涯については Ismail 2011 で詳しく紹介されている。また、さらに詳しい知見については Reade 2011 参照。

4　このときの様子は翌日一八七二年十二月三日のタイムズ紙に掲載された。また、スミス自身が詳細に記した二本の印象的な論文が聖書考古学会によって出版されている（Smith 1873; 1874）。

5　Damrosch 2006, 75-76 参照。

6　筆者の所属する大英博物館の部門（「古代西アジア部」「古代中近東部」と次々に名称を変え、現在は「中東部」）は中東全般を扱っているが、学芸員への鑑定依頼は最近減少している。以前は、競売人、ディーラー、収集家から頻繁に依頼があったが、古代遺物の違法取引の取り締まりが非常に厳しくなったために、今日では合法的な来歴の物しかもち込まれなくなった。

7　大英博物館の所蔵品として八つの円筒印章が購入された。登録番号は MB141632 から MB141639 である。

8　ダグラス・シモンズは書板に箱舟が円形であると書かれていること（私はそれを知って、もうすこしで椅子から転げ落ちるところであった）を知り、私がこの事実をテレビで紹介したり（二〇一〇年にジグザク・フィルム社アレックス・ハール製作の「箱舟に隠された真実」という番組に特別出演した）、新聞・雑誌で記者たちと論じたりすることを許可してくれた（二〇一〇年一月一日付のガーディアン紙にはメイバ・ケネディーによる「動物たちはぐるぐる歩いた――ノアの箱舟は丸かった」という一面にわたる記事が掲載され、『ナショナル・ジオグラフィック』二〇一一年二月号にはキャシー・ニューマンによる「丸い箱舟を追う」という短い記事が載った）。

第2章　現代に打ち込まれた楔

1　この章題は一九九二年にラジオ4で放送されたアッシリア学者を広く一般から募集することを意図した連続番組の名に由来する。楔形文字研究は今日、十八世紀のラテン語やギリシャ語と同じく誰にでも開かれ、非常に興味深い。その番組でも主張したが、楔形文字の授業を全国の中等教育に導入すべきであろう。解読されるべき粘土書板がいくらでもある。しかし、今のところ、この案は採用されていないようである。

2　数字は文字体系とともに発展し、すぐに洗練されたレベルに達した。以下の文献に詳しい説明がある。Nissen, Damerow and Englund, 1993.

3　興味深いことに、インクで書かれた楔形文字の文章が二例のみ知られている。アッシリアの書記は楔形文字を尖筆（せんぴつ）ではなく、筆とインクで正確に真似ている。その写真が Reade 1986, 217 に掲載されている。内容については Finkel, forthcoming (a) 参照。

4　この「破壊する」という動詞はしばしば「逃れる」とも訳されるが、ここでは船が家の建材でつくられることを表している。

5　楔形文字はオランダ語では Spijkerschrift といい、鋲のように尖った文字といった意味である。偶然とはいえ、

「尖っている」「怒りっぽい」「激しく攻撃的な方法を特徴とする」といった楔形文字の本質――楔形文字の信奉者には違うかもしれないが――をよく表しているように思われる。

第3章　言葉と人々

1　アメリカのイラク侵攻のとき、アメリカの当局者がラジオのインタービューで、イラクの軍事施設とされた遺跡の損傷について大袈裟に伝える際、ウルのことを「ウム」と言っていたが、「何て言っていいかわからない」と仄めかすときの慣用表現と明らかに混同していた。

2　アレクサンドリアの図書館がニネヴェの図書館に影響を受けていた可能性については Goldstein 2010 参照。

3　この言葉は不朽の名作「アリスのレストラン」の完全版オリジナル音源からの引用〔アーロ・ガスリーはイギリスのミュージシャン〕。

4　この手の書簡は Oppenheim 1967 にまとめられ、すべて英訳されている。

5　エサルハドン王（前六八〇―六六九年）の時代のこの文書の全文は Parpola and Watanabe, 1998 で訳されている。該当箇所は第六番六四三―五行。

6　長く読み継がれたこの知恵文学の詩は「シュルパクの教え」として知られ、自身も洪水以前の最後の王ウバル・トゥトゥの息子である高名な父親から伝えられたものである。Alster 2005, 147 参照。

7　この「悲観的な対話」は Lambert 1960, 147 に訳されている。

8　これはアッシュルバニパルの多くの写本に付された奥付で、王の文学的素養を明らかにしている。ここでの訳は Livingstone 2007, 100-101 による。

9　この重要な問題について詳しく扱っている最近の研究は以下のとおり。Charpin 2010; Wilcke 2000; Veldhuis 2001.

10　オッペンハイムはその広く影響力をもった著作『古代メソポタミア』（*Ancient Mesopotamia*）で、メソポタミアの宗教についての歴史を書くことは決してできないと述べたが、この言葉はハーバード大学における彼の論敵であったジェイコブセンを苛立たせ、『暗闇の宝』（*Treasures of Darkness*）を書かせることになった。それ以来、宗教に関わる書板が特定の儀式や神殿運営、個々の神々の歴史についての詳細な研究に用いることができるようになったが、そうしたものをまとめた概説は書かれていない。

11　このシュメール語からの訳はシュメールの肝臓占いに関するピョートル・ミハロウスキの論文から引用した。Michalowski 2006, 247-8.

12　楔形文字の辞書から学べることについての概説は Civil 1975 が非常に有益である。

13　Oppenheim 1974 参照。この貴重な資料は正当な評価を受けてこなかったように思われる。

14　Finkel 2011 での例を参照。

15　ギリシャ語とアッカド語が書かれた貴重な粘土書板については Geller 1997 および Westenholz 2007 参照。

16　この医学文書については Geller 2001/2002 で論じられている。また、ゲームのルールを記した書板については拙論 Finkel 2008 で詳しく述べた。

17　好例はギリシャ人の発明と言われているグノモン、すなわち日時計である。かつてバビロンの図書館にあり、現在は大英博物館に所蔵されている書板にこの装置のことが詳しく説明されている。これはアナクシマンドロス〔前六世紀ミレトスの哲学者〕の発明とされているが、ヘロドトスでさえそれについてよく知っている〔『歴史』巻二・一〇九〕。Pingree 1998, 130 参照。

第４章　洪水物語

1　以下の興味深い文献はインターネットが普及する遥か以前にこの題材を扱っていた。Frazer 1918; Riem 1925; Gaster 1969, 82-131; Westermann 1984, 384-406; Bailey 1989; Cohn 1996. また、Dundes, ed., 1988 も参照。

2　当時の主な文献は以下のとおり。Peake 1930; Parrot 1955; Mallowan 1964; Raikes 1966.

3　Wooley 1954; Watelin 1934, 40-44; Moorey 1978.

4　この種の事柄についてはインターネットが優れている。以下の文献には目を通した。Anderson 2001; Wilson 2001. 〔最近の邦訳書から以下の二冊を挙げておく。ウィリアム・ライアン／ウォルター・ピットマン『ノアの洪水』川上紳一監修、戸田裕之訳、集英社、二〇〇三年、デイヴィッド・R・モンゴメリー『岩は嘘をつかない――地質学が読み解くノアの洪水と地球の歴史』黒沢令子訳、白揚社、二〇一五年）。

5 『ギルガメシュ叙事詩』に関する楔形文字以降の残響については George 2003, vol. 1, 54-70 参照。

6 最初の本格的な取り組みは Lambert and Millard 1969 である。便利な参考資料をともなった優れた訳は Foster 1993 vol. 1, 158-201 に掲載されている。その他、George and al-Rawi 1996 も重要である。また、本文二七八頁で言及した Spar and Lambert 2005 には粘土書板が掲載されている。

7 CBS 10673. シヴィルによる訳があり、アルスターが議論をしている。Civil 1969, 142-5; Alster 2005, 32-3.

8 MS 3026. 筆者は写真でしか見たことがない。

9 詳細は以下を参照。Lambert and Millard 1969, 17-21; Alster 2005, 32.

10 実際、ジョージ・ロックバーグといった作曲家がメソポタミアの神話から着想を得て、シュメールの詩をもとにコントラルトとピアノのための「イナンナとドゥムジの歌」という曲を作曲している。文学に対する同様の影響については下記で検証されている。Foster 2008; Ziolkowski 2011.

11 赤ん坊を静かにさせるための呪文は Farber 1989 に収集され、翻訳されている。

12 この書記については van Koppen 2011 で紹介されている。

13 「C_1」は MB78942+、「C_2」は MAH16064 と呼ばれている。訳については以下を参照。Lambert and Millard 1969, 88-93 [source C]; Foster 1993, 177-9.

14 MS5108. 訳は以下に。George 2009, 22.

15 本書第13章、三七二頁参照。

16 アレッポ博物館所蔵（RS 22.421）。訳は以下に。Lambert and Millard 1969, 132-3 [source H]; Foster 1993, vol. 1, 185.

17 CBS 13543. 訳は以下に。Lambert and Millard 1969, 126-7 [source I]; Foster 1993, vol. 1, 184.

18 MB98977+. 訳は以下に。Lambert and Millard 1969, 122-3 [source U]; Foster 1993, vol. 1, 184.

19 DT42. 訳は以下に。Lambert and Millard 1969, 129 [source W]; Foster 1993, vol. 1, 194.

20 当初は複数の訳を合成した簡潔な訳（Sandars 1960）であったが、全面的に訳は置き換えられた（George 1999）。

21 ジョージによる訳は、それ以前の訳を不要にするほどのものである。George 2003 vol. 1, 704-9.

22 引用した二箇所の文はLambert and Millard 1969, 134-137より。古い訳が長く用いられていたが、ジャコビーの訳がそれに代わった（Cory 1832; Jacoby 1958）。Gmirkin 2006はベロッソスについての興味深い研究だが、結論には同意できない。その他、Drews 1975; De Breucker 2011参照。Geller 2012はベロッソスの著作について、もとはギリシャ語ではなくアラム語で書かれていたという非常に独創的な説を展開している。

23 Haleem 2004の英訳を引用〔邦訳は日本ムスリム協会発行『日亜対訳・注解 聖クルアーン』を参考にしたが、直接の引用ではない〕。

第6章　洪水の予告

1 メソポタミアの夢について非常に興味深い解釈がOppenheim 1956に述べられている。その他、Butler 1998; Zgoll 2006参照。

2 断片的だが、この興味深い物語についてはFinkel 1983a参照。

3 Lambert and Millard 1969, 11-12.

4 Fulanain 1927; Salim 1962; Thesiger 1964; Young 1977（Nik Wheelerの素晴らしい写真を掲載）; Ochsenschlager 2004.

第7章　箱舟の形

1 フロレンティア・バダナロヴァは「桶屋のノアは箱舟ではなく樽をつくるよう命じられ、ノアとその家族、動物たちはその樽の中で洪水が地上を覆っている間、数日どころか数年も生活することになった」というブルガリアの口承伝承を記録している。Badalanova Geller 2009, 10-11.

2　ヨーロッパにおける着色されたノアの箱舟の木製模型についての歴史は Kaysel 1992 参照。

3　正方形に円が内接している古バビロニア時代の図（本文の写真参照）は円が同じ長さと幅をもつことを例示している。この図はバビロニアの教師が用いた幾何学の図入りの教本に描かれたもので、大英博物館に常設展示されており、「数学と関係がある」と気づいた人をたじろがせている。書記の力作とも言えるこの書板は〈箱舟の書板〉とほぼ同じ時代のもので、四十ほどの問題がそれぞれ図とともに書かれている。これらの図の中には、正方形が内接しているものや、円や三角形と組み合わされているもの、それらの図形の内部がさらに区切られているものなどがある。生徒が解き進むにつれて問題は複雑になり、分割されている様々な部分の面積を苦心して算出しなければならない。全問に挑戦したい人は Robson 1999, 208-217; Robson 2008, 47-50 参照。この教科書で最も複雑な図形のいくつかは現代の幾何学に対応するものがなく、英語にはそれを示す伝統的な名はないが、アッカド語にはある（Kilmer 1990）。〈箱舟の書板〉の六行から九行を最初に訳したとき、私はすぐにこの図形のことを思い浮かべた。

4　あるユダヤの伝承によれば、神はどのように箱舟をつくるか、指でノアに示したという。また、他の伝承によれば、必要な情報はすべて「セフェル・ラジエル」（ラジエルの書）と呼ばれる書物に記されており、その写しが天使ラファエルによってノアに与えられたとされている。

5　ミゲル・シヴィルが「シュメールの学校生活」という古バビロニア時代の未刊行の物語について語ってくれたところによれば、そこには少年たちがどのように楔形文字を学んでいたかが記されているという。中庭のきれいに均(なら)された砂の上に楔形文字が大きく書かれ、生徒たちはそれが踏み消される前に自分の粘土書板に書き写す。黒板はなかったが、〝黒髪の人々〟はそれを巧妙に補ったというわけである（シュメール人は自分たちのことを「黒髪の人」と表現していた）〔参考 S. N. Kramer, Schooldays: A Sumerian composition relating to the education of a scribe, *Journal of the American Oriental Society* 69, 1949, 199-215〕。

6　Tigay 2002 参照。アトラ・ハシースの側から見た有益なテクスト上の情報については Shehata 2001 参照。

7　世界各地の網代舟については Badge 2009; Hornell 1938; Hornell 1946 参照。

8　例えば、Salonen 1939; Potts 1997; Carter 2012; Zarins 2008 参照。

9　この伝説は十九世紀にジョージ・スミスとウィリアム・フォックス・タルボット（アッシリア学者の先駆者であり、かつ写真家の先駆けでもある）が訳を巡って言い争ったとき以来、有名である。Lewis 1980 以降の研究としては Westenholz 1997, 36-49 がある。

10　この素晴らしい発見以後、カーターの研究をとおして、ウェゼリがすでに同じ指摘をしていることを発見した（Carter 2012, 370; Weszeli 2009, 168）。

11　〔引用六行目の「隙間を瀝青で塞いだ」を〕〈箱舟の書板〉の最後の句「扉の枠を塞げ」と比較。

12　Chesney 1850, 640.

13　『シカゴ・アッシリア大辞典』と同様に、歴史家Ａ・Ｋ・グレイソンはこの部分を「葦の筏」および「（膨らんだ）山羊の皮でつくられた筏」と訳したが（Grayson 1996）、これは正しくない。巨大な筏は確かに、互いに結びつけた木材をホバークラフトのように膨らませた動物の皮の上に置くという構造をしていたが、シャルマネセルの公文書官が示したのはそのことではない。筏を表すアッカド語は複数形でしか確認されていないが「ハリム」（*hallimu*）という。文献の中で古代メソポタミアの筏は現代のトルコ語と同じ「ケレク」（kelek）と呼ばれている。イラクの筏について知っていた人々による記録は Chesney 1850, 634-637 参照。

14　ホーネルはどちらかといえばヘロドトスの記述に対して懐疑的だが（Hornell 1938, 106）、バッジはヘロドトスの証言について、よその地域でも似たようなことが行われていることをあげて擁護している（Badge 2009, 172-3）。筆者もそれが妥当と考える。

15　この人々は古代ローマの『ノティティア・ディグニタートゥム』（官職要覧）に記載されているが、彼らをグファの専門家とする見解は Reade 1999, 287 による。Holder 1982, 123 参照。

16　『シカゴ・アッシリア大辞典』の「T」の巻一一五頁には、他では知られていない語が出てくるこの粘土書板

（BM32873. 本書一九〇頁に写真）が言及されている。つまり、「トゥブー」は別の形でも「テーヴァー」と並行し、たったひとつの文書で二度にわたって検証されている。

17 tub（桶）という語の起源は学問的には十四世紀ヨーロッパまでしか遡れない。

18 Chesney 1850, 636-639 より引用。

19 Patai 1998, 5.

第8章　箱舟をつくる

1 Potts 1997, 126 参照。

2 「パルシクトゥ」の「P」というように、その語を書き留めておくのにこの省略形は便利だが、現代において「二十ペニー」のことを「20p」と書くのと同じとは言えない。

3 この件に関しては Powell 1992 参照。

4 Horowitz 1998, 334-47 参照。

5 現代イラクの造船における瀝青を使った作業については Ochsenschlager 1992, 52 参照。

6 Leemans 1960 参照。

7 この「ギルマドゥ」という語はシュメール語の giš.gìr-má-dù からの借用語である。giš は「木」を表す限定詞、「ギル」は「足」、「マ」は「船」を意味するが、「ドゥ」は多くの意味がある動詞である。〈ギルガメシュ第XI書板〉七九行の *gi-ir*-MÁ.DÙ.MEŠ というシュメール語とアッカド語が混在した綴りは、この語がシュメール語起源であることを反映している。これは防水処理を施すのに使われるローラーなので、「ドゥ」の文字はおそらく「密閉する」「塞ぐ」を意味する DU_8 という同音異義字の代わりに使われたのであろう。

第9章　舟に乗せられた生き物

1　フォスターはアトラ・ハシースがこれらの肥えた清い動物を犠牲として屠ったと解釈しているが（Foster 1993, vol. 1, 178-9）、神々から直接命じられた任務を円滑に遂行するために、犠牲を捧げる必要はほとんどなかった。

2　〈中期バビロニア・ニップル版〉についての初期の研究を見ると、根拠もなく「すべての動物を二匹ずつ」と補われているが（Hilprecht 1910, 49, 56-57）、この文書にはそのために必要とされる文字は一切残されていない。

3　〈ギルガメシュ第Ⅺ書板〉のこの部分で繰り返しの多用で緊張感が高められているのは、口承伝承における技巧の名残であろう。しかし、活字として読むと、政治家がいかにも重要そうな公約を考え出すたびに、「次に我々がやるべきことは……」といった表現を何度も何度も繰り返すのと同じで、耳障りである。〈古バビロニア版アトラ・ハシース〉三〇―三一行は〈ギルガメシュ第Ⅺ書板〉八二―八三行と同じように始まっているが、ここでも物質的な富への関心が示されているのかどうかはわからない。筆者はそうではないと思いたい。

4　箱舟の物語についての同様の研究がすでにあることには後で気づいた。第一級の研究書と言えるアンドレ・パロのものなどが挙げられるが（Parrot 1955, 15-22; Bailey 1989, chapter 6; Westermann 1984）、筆者と同じ結論には達していない。

5　インターネットで検索することができる。

6　ここに示す訳語は多くの楔形文字研究者による何十年にもわたる山のような文献学的研究に依拠している。もとの書板は *Materials for the Sumerian Lexicon*（MSL 8/1 and 8/2）で見ることができ、（ドイツ語では）素晴らしく使いやすい（Landsberger 1934）。ここで紹介した単語の英訳はすべて『シカゴ・アッシリア大辞典』に従っている。また、ここで使用したものより古い楔形文字の資料や、見出し語についての古代の説明書きも存在する。

7　シュメール語とアッカド語の単語では時にはたらきが異なる場合がある。アッカド語では「雌ライオン」は「ネーシュトゥム」（*nēštum*）という個別の語で表されるが、シュメール語では、語源学的に言えば「高貴な・雌の・犬」を意味する三つの楔形文字で表される。この三文字の組み合わせはあくまでも「雌ライオン」を意味し、「高貴な雌犬」という意味ではない。語源は言葉の中に溶け込んでしまっているのである。〈ウラ＝フブル〉の「生き物一覧表」はすべての生き物を網羅しようとしていたと思われるが、その順番や内容をのちの分類体系と比較するのは、とても面白いに違いない。

8　フォスターは「あるものは食べ、あるものは飲んでいる間に」と訳している（Foster 1993, vol. 1, 179）。

9　古代メソポタミアには人間の医者と同様に、獣医、特に馬専門の獣医がいた。シカゴ大学東洋研究所に収蔵されている楔形文字で書かれた古代の医療に関する目録では、馬と女性が同じ分類に入れられている。

10　ジョージによる議論は George 2003, vol. 1, 510-12; George 2010 参照。

第10章　バビロンと聖書の大洪水

1　Smith 1875, 207–22; Smith 1876, 283–9; Driver 1909; Bailey 1989, 14–22; Best 1999; George 2003, vol. 1, 512–19 参照。全般的な事柄についてはWestermann 1984, 384–458は非常に優れた著作で、興味深い。

2　時間があるときにGeorge 1999, 88-99; George 2003, vol. 1, 709-13を読むことをお勧めする。

3　George 2003, vol. 1, 516-18 参照。

4　アン・キルマーによれば、蝿の羽は半透明という点で虹のイメージとつながるとされる。Kilmer 1987, 175-80.

第11章　ユダ人の経験

1　この見解はこの物語を中東の共有財産であると考えていたランバートによって一度ならず提案された。最近のものではLambert 1994 参照。ミラードはこの問題に関しては慎重である（Millard 1994）。イスラエルのメギドなど前二〇〇〇年紀の遺跡から『ギルガメシュ叙事詩』の書板が発見されていることは、叙事詩の全文が広く親しまれていたということまでは示していないとしても、第3章の一〇〇頁で紹介したように、楔形文字がメソポタミア出身の教師たちによって広められていたことは反映しているだろう。

2 Grayson 1975, 99-102 参照。このような記録は作成された後も長く読まれ続けた。エズラ記四章でエルサレム神殿再建の中止を望む人々がバビロンのペルシャ王アルタクセルクセスに送った妨害工作を意図する書簡に、こうした年代記のことが記されている。

あなたの先祖の残された記録をお調べになれば、そこに出ているはずで、お分かりになることですが、この都は反逆の都で、歴代の王と諸州に損害を与えてきました。昔から反乱を繰り返し、そのためにこの都は破壊されたのです。〔エズラ記四章一五節〕

これに対する返事は以下のとおり。

命じて調べさせたところ、その都は昔から歴代の王に対して反抗し、反逆と反乱を起こしたということが確認された。また強い王がエルサレムにいて、ユーフラテス西方全土を統治し、年貢、関税、交通税を徴収したことがあった。〔エズラ記四章一九―二〇節〕

3 「ネボ・サル・セキムの書板」はメディアの関心をかなり引き、インターネットでも大きな反響を呼んだ。筆者自身、ユルサの驚くべき発見は王以外で聖書に名を挙げられている人物が実在していたことを証明するものだと電話越しに説明するはめに陥り、「学芸員、聖書はやはり真実と主張」という記事にされてしまった。もうひとつの失態は書板の大きさを「十本入り巻きたばこの箱と同じくらい」と表現したことで、全く違った方面から抗議を受けることとなった。書板そのものについては発見者ユルサ自身がまとめている（Jursa 2008）。その他、Becking and Stadhouders 2009 参照。

4 これら高位のバビロニア人は、エルサレムの町に火がかけられ、女たちが泣き叫ぶ中、エルサレムの中央門にいた。ユダヤの年代記記者は後世にその冒瀆行為を伝えるため、その名を肩書きとともに記すことに心を砕いた。馴染みのない名と言葉が聞いたままに記録されたが、記録係は混乱している。王の第七年（第一回遠征の直前）に編纂された「ネブカドネツァルの宮廷暦」には、宮廷のすべての高官の名と役職の一覧が記されている。そこにはエレミヤが〔三九章で〕名を挙げた高官の名がほぼすべて見える（Jursa 2010; Da Riva 2013）。

〈ネレガル・サル・エツェル（サムガル・ネブ）〉

アッカド語ではネルガル・シャル・ウツル（*Nergal-šar-uṣur*）だが、ネリグリサルという名の方がよく知られている。このときから二十六年後に、ネブカドネツァルの子で後継者のアメル・マルドゥク（彼自身の義理の兄弟でもある）を暗殺し、自身がバビロンの王となり、前五六〇年から五五六年まで統治した。〔エレミヤ書三九章で〕後に続く「サムガル・ネブ」のうち、「サムガル」は地名と理解されることもあったが（それゆえ、「サムガル出身の」と訳されることもある）、これはアッカド語の「シマーギル」（*simmāgir*）のことで、「地方総督」を意味し、「宮廷暦」によれば、ネルガル・シャル・ウツルの当時の役職であった。

〈ネレガル・サル・エツェル（指揮官）〉

慣習的に「指揮官」と訳されているヘブライ語の「ラブ・ムグ」は戦車と騎兵の指揮官を表すアッカド語「ラブ・ムンギ」（*rab mungi*）に対応する。

前出の「シマーギル」とこの「ラブ・ムンギ」はそれぞれネレガル・サル・エツェルというひとつの名と誤って並置されているが、当時のネブカドネツァルの「ラブ・ムンギ」はナブ・ザキルと呼ばれていたことがわかっており、本来ならばネレガル・サル・エツェルの代わりにこの名がここに入るべきであろう。

〈侍従長サル・セキム〉

慣習的に「侍従長」と訳されているヘブライ語の「ラブ・サリース」はアッカド語の「ラブ・シャレシ」（*rab ša-rēši*）がヘブライ語化したもので、字義どおりには「宦官長」の意味で、政治的に重要な地位であった。すでに述べたように、エレミヤ書の「侍従長サル・セキム」はバビロニアのナブ・シャルス・ウキンと特定できる。

ユダの年代記記者はここでも後世のために馴染みのない名をできるだけうまく書きとめようとしている。

〈親衛隊の長ネブザルアダン〉

この名はアッカド語ではナブ・ゼル・イディン（*Nabu-zer-iddin*）であり、役職名は「ベル」（*bēl*）もしくは「ラブ・タービヒー」（*rab ṭābiḫi*）である。「宮廷暦」には役職名自体は見えるが、人物名は書板の損傷で確認できない。この職名は字義どおりには「虐殺隊の長」を意味するが、他の資料から「虐殺隊」とは王の親衛隊のことであることがわかっている。この人物はエルサレムでは明らかに討伐戦の中心部隊を率いていた。

「宮廷暦」の別の箇所にナブ・ゼル・イディンという「料理長」（*rab nuḫatimmi*）がおり、この人物がエレミヤのネブザルアダンと同一人物とされることがある。しかし、この肩書きは軍隊とは何の関わりもないので、この「料理長」がこの後すぐ「親衛隊の長」に任命されたと考えるより、バビロンの高職にナブ・ゼル・イディンという人物が二人いたと理解した方がよさそうである。エレミヤの記述からネブザルアダンがどんな人物で、何をしたかは明らかであろう。エレミヤ書五二章ではバビロニアの高官のうちで、名が記されているのは彼だけである。

〈侍従長ネブシャズバン〉

アッカド語ではナブ・シュジバニ（*Nabu-šuzibanni*）だが、ここでもテクストに混乱が見られる。ナブ・シャルス・ウキンがネブカドネツァルの侍従長（ラブ・サリース）なので、ナブ・シュジバニは別の肩書きでなければならない。しかし、この名は「宮廷暦」にはなく、現在のところ楔形文字の資料においてこの人物については特定されていない。

5　二〇〇八年十一月に開催された「バビロン——神話と現実」の企画展に先立ち、創世記一一章一–九節をパネル展示することが決まった。事前の一般調査によって、大多数の人がヘブライ語聖書のこの物語に馴染みがないか、知らないことが予想されたからである。開催当初の数日間、取材が相次いだが、ある記者がほかのパネルとともにバベルの塔の引用を読み、皮肉でもなんでもなく、展示物の文章が素晴らしいと認めていた。

6　今日、中東を旅すると、人がすでに住んでいる家屋の四隅から足場となるような柱が建物よりも高く突き出しているのをよく目にする。それはまるで建て増しの計画があるか、それを望んでいるかのように見える。

7　この資料はヨヤキン王一行がバビロニアで暮らしていたことを裏づける異例な資料である。Weidner 1939; Pedersén 2005a; Pedersén 2005b 参照。

8　ここにラン・ツァドクの偉大なる専門性が実を結んだ。その著作についての便利な概観は Millard 2013 参照。

9　Pinches 1896, 1-3; Lambert 1964; Parpola 1995, 399.

10　この点に関しては特にベロッソスの話が好ましい（訳は Burstein 1978, 29 より）。

ノアは洪水の後、三百五十年間、幸せに暮らした。彼は九百五十年、生きて死んだ。今日の生活や寿命の短さを古代の人と比べ、今ではそんな長生きをする人はいないのだから古代の人もそのような歳まで生きたはずがないと判断して、古代の人について言われていることは虚偽であると考えたりしてはいけない。なぜなら、その古代の人々は神に愛された者たちであり、神自身の被造物だったのだ。食べ物も長生きに適していたので、非常に長命であったのも理に適っている。また、神は彼らの優れた資質や、天文学、幾何学などの発見ゆえに長く生きることを許した。もし六百年、生きなかったなら——長命の時代は長いため——正確に予測はできなかっただろう。

11　これについては Hess 1994; Malamat 1994; Wilson 1994 参照。

12　ノアの性質に関わる伝承については Lewis 1978 が興味深い。

13　世界各地で歴史上の偉大な人物の生い立ちに「両親が誰だかわからない」という設定が用いられ、赤ん坊のときに捨てられるという主題が中心となることが多い。ヘブライ語とアッカド語の物語のほかに、約七十の例が収集されており（Lewis 1980）、アラビア語、ギリシャ語、ラテン語、インドの言語、ペルシャ語、ドイツ語、アイスランド語、英語、アイルランド語、アルバニア語、トルコ語、中国語、マラヤ語、パラウン族の言葉で同じ考えが記されている。

14　これ以前に同じことをしたアッシリア人についても同じことが指摘されている。Parpola 1972, 34; Finkel 2014 参照。

15　この粘土書板は大英博物館所蔵の ME40565 である。Finkel 1980, 65-8 参照。ここには三七四頁で論じた「シャル」の文字が見える。

16　この種の書板には初学者による不正確な筆記や誤りが多いが、優れた研究がある（Gesche 2001）。

17　この赤ん坊のサルゴンについて書かれた書板は大英博物館収蔵 ME47449（Westenholz 1997, 38-49 参照）。

18　エルサレムの土煙の中から現れたユダの宗教は、エジプトやバビロニアなどの古代中東世界の強力な神々に囲まれていたが、その中で唯一現代まで生き残ったことを考えると、非常に興味深い。

19　Jullien and Jullien 1995 参照。

20　ユダヤ人の伝承によれば、当時ユダ人の中にユーフラテス川とマルカ川が合流する地点に位置する城壁に囲まれた町ネハルディアに定住した人々がいて、そこにエルサレム神殿から運んできた石と土でシナゴーグを建て、これがやがてタルムード研究の中心地となり、「捕囚民の長（レシュ・ガルータ）」の座となったとされる。

21　この重要な百を超す楔形文字の粘土書板の記録はヴンシュとピアスによって刊行されつつある〔その後、刊行された。Cornelia Wunsch and Laurie Pearce, *Documents of Judean Exiles and West Semites in Babylonia in the Collection of David Sofer*. Cornell University Studies in Assyriology and Sumerology, Bethesda, CDL Press, 2014〕。

22　借用語については Kwasman 2015 参照。医学については Geller 2004 参照。夢占いについては Oppenheim 1956 参照。降霊術については Finkel 1983b 参照。原文解釈については Lambert 1954-6; Lieberman 1987; Cavigneaux 1987; Frahm 2011, 369-83; Finkel 2014 参照。

第12章　何が箱舟に起こったのか

1　バビロニアの〈世界地図〉の特徴を扱った最近の研究に Horowitz 1998 がある。この地図を論じる者の多くがその〝不正確さ〟や、想定される間違いを批判し、この地図について何も理解していないことを露呈させている。

2　ファラ遺跡で発見された前三〇〇〇年紀中葉の書板に描かれた交差した道の「地図」について、フランス・ヴィガーマンが〈世界地図〉の先駆と主張したことは指摘しておくべきであろう（Wiggermann 2011, 673）。この説に私は納得していない。

3　Finkel 1995 として発表された。

4　放送日は一九九五年九月一日で、ちょうど私の四十四歳の誕生日だった。本書の手稿を出版社の手に渡した日ものちょうど十八年後の二〇一三年九月一日だったことも記しておいてもいいだろう。

5　「マルラトゥ」という語はアッカド語で海を表す本来の語ではなく、前一〇〇〇年紀にカルデア方言から借用されたものである。

6　Horowitz 1988, 27-33 参照。

7　このような人物が重要な世界の門を守っており、興味深いことに、その家族全員が明らかにされている（Wiggermann 1992, 164-5）。

8　古代メソポタミアではダチョウはよく知られており、しばしば絵にも描かれ、その卵の殻は前三〇〇〇年紀から使われていた。ここで重要な点は、鳥のように見えるが実際には飛べない鳥がいることは誰でも知っているが、この第三〈ナグー〉の鳥はおそらく非常に巨大で、その卵も想像を超えるものだったということだろう。

9　Marinković 2012 参照。

10　「ニツィル」ではなく「ニムシュ」とする議論は北メソポタミア出身の職人とされる「イディン・ニムシュ」という人の名に依拠している。個人名に含まれる神名のように山の名が機能していると考えるわけだが（Lambert 1986）、地元では「キニパ」と呼ばれていたことが知られているので、山の名を用いるのであれば、当然「キニパ」が使われていたはずである。

11 Speiser 1928, 17-18 から引用。

12 Crouse and Franz 2006, 106 から引用。

13 Bell 1911 参照。

14 訳文は Grayson 1991, 204-5 に基づく。また、Grayson and Novotny, 2012 参照。

15 この粘土書板は一風変わった書き方がされていて、ニネヴェのアッシュルバニパル王の図書館のものとは全く異なる。センナケリブ王の時代のものかもしれない。悪夢を退ける悪魔祓いの手引書だが、未刊行。

16 この名はすでに登場したメソポタミア南部の都市ニップルと混同すべきではない。

17 この暗殺と暗殺者については Parpola 1980 参照。センナケリブは父親が建てたドゥル・シャルキンにある新しい宮殿で殺害された。

18 こうした物語について、あれこれ読んでみたいと思っている人には Montgomery 1972; Bailey 1989 がお勧めである。

19 最近では Zaccagnini 2012 がこの類似性の問題を扱っている。

第13章 〈箱舟の書板〉とは何か

1 すでに述べたように、〈ギルガメシュ第XI書板〉の洪水物語の長さは話の筋の全体的な展開や物語の大団円という点では間違いなくバランスに欠ける。聴衆を惹きつけるために物語の中で物語を語るという工夫と考えられるにしても、話の結末を知りたがっている人にはかなりの長さであり、物語の挿入にしても編集した者たちが単にこの物語を気に入っていて、最小限の変更で組み込めると考えたというだけのことだったのかもしれない。〈ギルガメシュ第XI書板〉の話はかつて、おそらく全体が独立した物語であった。例によって、新たな光を投げかけてくれる新たな資料がこれについては必要である。

2　この問題に関して Cooper 1992 が興味深い指摘をしている。

3　〔訳注〕Claus Wilcke, *The Sumerian Poem Enmerkar and En-suḫkeš-ana: Epic, Play, Or? Stage Craft at the Turn from the Third to the Second Millennium B.C. with a Score-edition and a Translation of the Text* (American Oriental Series Essay 12, New Haven 2002).

4　前一〇〇〇年紀末にこれよりも似た例があり、バビロンの学校で新旧の単位を学ぶ上級の生徒たちが町の見晴らしのよいあらゆる地点から見ることができる巨大なジグラトゥの寸法を計算するよう求められている。George 2008, 128, Fig. 109 参照。

第15章　円形の箱舟、あらわる

1　ブリンク・フィルム社のダン・チェインバースが強く肩入れして実現したこのドキュメンタリー番組は大英博物館の内部から始まり、ヨーロッパ各国、イスラエル、アメリカ合衆国の博物館、発掘遺跡、専門家へと箱舟の物語をたどっていった。製作チームのメンバーはダン・チェンバース（総責任者）、クリスピン・グリーン（製作）、ローラ・ワーナー（製作統括）、ヘレン・ケルシー（監督）、スティーブン・グレイ（映像監督）、グラント・ローソン（音声記録担当）であった。筆者自身はすべての旅程に参加したわけではないが、それでも多くの冒険に立ち会った。例えばイスラエルでは、ネブカドネツァルの軍隊によってエルサレムから追い立てられるユダ人という場面の背景に適した場所を探しに車で死海に向かった。荒れ地にはまったく人気がなく、見方によって美しいとも寂しいとも感じられるものだったが、いずれにせよ言葉で表せないほどの荒涼とした景色は印象的であった。道の左に突き出たちょうど機材が通れるくらいの大きな突起した岩の上で撮影することになった。そこからは幾重にも重なる岩山が遥か遠くまで広がる、まるで別の星にいるかのような景色が撮影できる。空気は熱く、乾いていて爽快だった。ニックは皆を集め、撮影シーンについて話し合った。私はカメラに向かって話をしてから、体を反転させて、まるで国を追われるかのように起伏のある細道を上っていくことになっていた。撮影を始めようとしたとき、グラントが手を挙げ、撮影は止まった。マイクが何か耳障りで気が削がれるような音を拾っているという。全員がその場で動きを止めると、その音が音楽であることがわかった。はじめは誰かのヘッドフォンから漏れた音のように小さかったが、やがて力強いテナーの歌声が生き生きとしたピアノのソロ伴奏とともに聞こえてきた。振り返ると、まさに文字どおり何マイルも離れた先に、私たちがいた場所とちょうど平行して突き出ている突起した岩の上にコンサート用のグランドピアノが置かれ、その前に座る男性が目前に広がる月面のような世界に向かい、誰かその場にはいない女性への思いを歌い上げていた。その後方にはジープと撮影スタッフが待機していた。ピアノを運んできたに違いないヘリコプターの気配はなかった。曲の導入部で何度かやり直しがあり、撮影が繰り返された。ついにグラントが意を決して両手を口にあてがい、「音楽の音量を五分だけ下げて欲しい」という要求をユダの高地に響き渡らせると、遠く離れた音楽家の耳にそれが届いた。音楽家がピアノの椅子に深く腰掛け、手で合図するのが見えた。「おさきにどうぞ」と快く撮影の時間を与えてくれたのだ。私たちは撮影を再開し、すばやく終わらせた。

2　トム・ヴォスマーは実物大でつくれば、輸送用コンテナ二十九個分にあたる七百五十六トンもの瀝青が必要となり、船の重さは三千トン近くなると念を押した。

3　一五四四頁参照。

4　箱舟建造過程と解決しなければならなかった問題についての概要はエリック・ステープルズが親切にも私のために書いてくれた技術的な中間報告書に基づいている。各作業段階についてはアレッサンドロ・ギドニの写真によって記録されており、「箱舟再現計画」の船大工報告完全版の作成も計画されている。

5　固定用の縄はすべて合わせると、その長さは四十キロを超えた。

6　肋材（ろくざい）と梁にはインド産のアラバプリ（arabapuli）すなわちレイン・ツリー（アメリカネムノキ）が使われ、他の部分はマンゴー（Mangifera indica）、テリハボク（Calophyllum inophyllum）、パンノキ（Artocarpus hirsutus）などの木材を使った。木材すべての体積は百立方メートルに及んだ。

7　ここで必要とされた丈夫な葦（Phragmites austalis）の総量は約十トンだった。イラクではこの種の葦で船や家が

ケララで実際に使われている現代インドの網代舟。発泡スチロールの座席と水をかき出すプラスチック製の柄杓が見える。

つくられていたことを示す証拠が見られる。

8　ラス・アル・ジーンズで見つかった古代の瀝青から石灰粉、動物の脂、魚の脂の痕跡がはっきりと検出されたという実例に基づいて、添加剤は実験的に選択された。

9　全部で約九トンが必要だった。

10　竹で編んだ敷物は外面を覆うため、それ自体が丁寧に瀝青を塗られていた。アトラ・ハシースはこの敷物を必要としなかったが、ケララでの作業スタッフは必要に迫られてこの工夫を採用することにした。使用された数は全部で二百枚ほどである。

11　箱舟の進水にあわせて四月にインドに赴くことは以前から決まっていたが、ドキュメンタリー番組の中で、箱舟を最初に目にする瞬間の劇的な効果を損なうことのないよう、筆者は製作中の船の映像を見ることを禁じられていた。実際、筆者にとっては芝居をするどころの話ではなかった。舟を見たときの衝撃はただただ圧倒されたというしかない。ありがたいことに、最愛の妻ジョアンナがケララでの進水の間中、筆者のかたわらにいてくれた。彼女自身もこの箱舟を巡る冒険物語に長く親しんでいた。幸先のよいことに、私たちが湖を望むホテルの窓から目にした最初のものが、熟練の船頭によって湖の対岸まで速やかに航行していく現実の網代舟の姿だった。このとき初めて筆者は実際に網代舟を目にした。特にハンピでは今でもよく見かける網代舟だが、ケララでは決して一般的な乗り物ではないことに気づいたのである。のちに二隻の大きな川舟の間に係留された網代舟を見つけ、写真に収めた（前頁写真）。そして、最終日の朝、筆者たちがスーツケースを閉めようと奮闘しているとき、冒険のすべてに封をするかのように、再び網代舟が反対方向に疾走していったのもこの場所だった。

12　一九三、二三〇―二三二頁参照。

13　オクセンシュラーガーはチェスニーの百五十二年後にイラク南部での船づくりを描写する中で、先端が円錐状になった地元の木製ローラーのアラビア語名を「ソバイ」（*sobay*）と記録している（Ochsenschlager 1992, 52）。

14　筆者はこのとき、ホラー映画では邪悪な者たちには〝影がない〟という不気味な特徴のことを思い出したが、もちろんここでは逆の意味である。

15　ディレクターのニック・ヤングは以下のように記している。「でき上がっていく箱舟を見たとき、とりわけそれが完成したとき、なにより古代を感じさせるという感覚に襲われた（この感覚は多くの人が共有していた）。現代の資材を一切排し、その形と構造も古代のままであることで、まるで古代史の片隅に足を踏み入れ、古代バビロンの小さな木製のシャボン玉の中にいるかのように感じられた」。

16　進水した箱舟をあらゆる角度や視点から見たが、箱舟とその丸い形に関する一般的な疑問については、まだ言うべきことが数多くある。バベルの塔と同様に、ノアの箱舟を描いてきた画家たちにとって、その姿について参照できるのは何世紀もの間、創世記だけだった。その結果、箱舟は中央部の小屋があったりなかったりするが、長方形の箱のような形、もしくはそこから発展した形で描かれるか、より現実的な形が選択されてきた。本書の第7章冒頭では暢

気に「これまでそんなことがあるなどとは誰も考えていなかった」と書いてしまったが、第7章注1で紹介したブルガリアの口承伝承では箱舟は丸いとされている。また、フランスのペトルス・コメストルの『聖書物語』に描かれた一三七二年の挿絵は現存していないが、一四〇七年頃の *Chroniques de Burgues* にカルメル会修道士ジャン・クーランが描いたように（右頁）、丸い箱舟が描かれていたようだ。

ことによると、箱舟は円形であるという古代バビロニアの考えは文学伝承の主流とは別の一部の地域で生き残り、後代になって芸術や口承伝承の中に表れたということなのかもしれない。しかし、ノアの箱舟が円形の舟であることが思い出されたり、そう考えられたりしたことがあったにせよ、インドの河口で再現された箱舟が示したように、舟の形についての伝統的な描写は事実を隠してきた。最初につくられ、後に形の標準となったおもちゃの船が側面から見た円形の箱舟の姿を模してつくられたとすれば、このような推移から、それ以外には説明のつかない箱舟のおもちゃの形の由来が説明されることになるだろう。

17　その後、ケララの造船所で重要な役割を演じていたシャラタ・プリモドが数か月の間、箱舟の世話をした。箱舟が取り壊されようとしていたときに、クウェートのナセル・アル・サバーハ氏〔前首相〕とフサ夫人が将来にわたり、水に浮かぶ状態を維持したままで箱舟を所有するという素晴らしい知らせが届いた。

18　本書の初版刊行直後に出たメソポタミアの洪水物語に関する非常に専門的で詳細な著作において、チェンは全く異なる解釈をしている。彼によれば、洪水物語の文字による伝承は古バビロニア時代、実際のところ〈箱舟の書板〉が書かれた頃に初めて生じたが、メソポタミアにおける太古の物語に位置づけられたとされる。この結論には全く賛成できないが、彼の著作には興味を惹かれる点が数多くある（Chen 2013）。

19　例えば、下記の研究などは読み応えがある。Jennifer Pournell, Physical Geography, in: Crawford, H. ed., *The Sumerian World*, Routledge Companion to Museum Ethics, Oxford, 2012, 13-32.

20　この点をはじめ、ランバートの生涯にわたる研究についてはLambert 2012参照。この著作はアンドルー・ジョージの尽力により、著者の惜しむべき死の直後に出版された。別の最近の書物では、ジョージ・スミスが再び脚光を浴びている（Cregan-Reid 2013）。

補遺1～3

1　この文字についてわかっていることや、「エテム」に関する多くの疑問については下記の研究で詳しく論じられている。Steinert 2012, 309-11.

2　この箇所は著者が新たに訳し直したが、この物語はこれまで数多く研究されており、多くの以前の訳や議論を大いに参照し、よい点を取り入れている。Lambert and Millard 1969, 58-9; Foster 1993, 165-6; George and Al-Rawi 1996, 149-50. アッカド語の「エテム」がまさに今日の英語における spirit と同じように、「亡霊」の意味での「霊」と「人間の魂」の両方の意味をもつという考えは認識されていなかったようだ。しかし、そう考えた方がこの曖昧な文章の意味はわかりやすい。

3　Foster 1993, 404 から引用。

4　この名に関して、他に必要と思われることはすべて George 2003, vol. I, 149-51 を参照。

5　箱舟の寸法が大きくなったのは船頭が舟づくりのことを歌ううちに、大きな単位に置き換えられていったためではないかと想像する人もいるだろう。

参考文献

ここには、本文や巻末注で言及もしくは引用している文献、論文をすべて掲載している。

Abdel Haleem, M.A.S., *The Qur'an: A New Translation*. Oxford World's Classics. Oxford, 2004.

Agius, D.A., *Classic Ships of Islam: From Mesopotamia to the Indian Ocean*. Leiden. 2007.

Alster, B., *Wisdom of Ancient Sumer*. Maryland, 2005.

Amiet, P., *La Glyptique Mesopotamienne Archaique*. Paris, 1961.

Anderson, W.W., *Solving the Mystery of the Biblical Flood*. [America], 2001.

Badalanova Geller, F., 'The Folk Bible', *Sophia* 3 (2009): 8–11.

Badge, P., *Coracles of the World*. Llanrwst, 2009.

Bailey, L.R., *Noah: The Person and the Story in History and Tradition*. South Carolina, 1989.

Barnett, R.D. and A. Lorenzini, *Assyrian Sculpture in the British Museum*. London, 1975.

Becking, B. (with H. Stadhouders), 'The Identity of Nabu-sharrussu-ukin, the Chamberlain. An Epigraphic Note on Jeremiah 39,3' ('Appendix on the Nebu(!)sarsekim Tablet' contributed by Stadhouders), *Biblische Notizen*. *Aktuelle Beiträge zur Exegese der Bibel und ihrer Welt* 140 (2009): 35–46.

Bell, G.L., *Amurath to Amurath*. London, 1911.

Best, R.M., *Noah's Ark and the Ziusudra Epic*. Florida, 1999.

Black, J.A., 'Sumerian', in J.N. Postgate (ed.), *Languages of Iraq Ancient and Modern*. Cambridge, 2007: 4–30.

Budge, E.A.W., *Assyrian Sculptures in the British Museum*. London, 1914.

Budge, E.A.W., *By Nile and Tigris*, Vols 1–2. London, 1920 [reprint: Hardinge Simpole, Kilkerran, 2011].

Budge, E.A.W., *The Rise and Progress of Assyriology*. London, 1925.

Burstein, S.M., *The Babyloniaca of Berossus: Sources from the Ancient Near East*, Vol. 1, fasc. 5. Malibu, 1978.

Butler, S.A.L., *Mesopotamian Conceptions of Dreams and Dream Rituals*. Alter Orient und Altes Testament, Vol. 258. Munster,

1998.

Carter, R.A., 'Watercraft', in D.T. Potts (ed.), *A Companion to the Archaeology of the Ancient Near East*, Vol. 1. Oxford, 2012: 347–72.

Cavigneaux, A. 'Aux sources du Midrash; l'herméneutique babylonienne', *Aula Orientalis* 5:243–55.

Charpin, D., *Reading and Writing in Babylon*. Cambridge, MA and London, 2010.

Chen, Y.S., *The Primeval Flood Catastrophe. Origins and Early Development in Mesopotamian Traditions*. Oxford, 2013.

Chesney, F.R., *The Expedition for the Survey of the rivers Euphrates and Tigris carried on by Order of the British Government in the Years 1835, 1836 and 1837*. Vol. 2. London, 1850.

Civil, M., 'The Sumerian Flood Story', in Lambert and Millard 1969: 138–45, 167–72.

Civil, M., 'Lexicography', in S.J. Lieberman (ed.), *Sumerian Studies in Honor of Thorkild Jacobsen on his Seventieth Birthday, June 7, 1974*. Assyriological Studies 20. Chicago, 1975: 123–57.

Cohn, N., *Noah's Flood: The Genesis Story in Western Thought*. Yale, 1996.

Collins, P., *From Egypt to Babylon: The International Age 1550–500 bc*. London, 2008.

Cooper, J.S., 'Babbling On: Recovering Mesopotamian Orality', in M. E. Vogelzang and H.L.J. Vanstiphout (eds), *Mesopotamian Epic Literature: Oral or Aural?'* Lewiston, Queenston and Lampeter, 1992: 103–21.

Cory, I.P., *Ancient Fragments of the Phoenician, Chaldaean, Egyptian, Tyrian, Carthaginian, Indian, Persian and other Writers with an Introductory Dissertation: and an Enquiry into the Philosophy and Trinity of the Ancients*. Second edition. London, 1832.

Cregan-Reid, V., *Discovering Gilgamesh. Geology, Narrative and the Historical Sublime in Victorian Culture*. Manchester, 2013.

Crouse, B. and G. Franz, 'Mount Cudi – True Mountain of Noah's Ark', *Bible and Spade* 19/4 (2006): 99-111.

Damrosch, D., *The Buried Book: The Loss and Rediscovery of the Great Epic of Gilgamesh*. New York, 2006.

Da Riva, Rico, 'Nebuchadnezzar II's Prism (ES 7834): A New Edition', *Zeitschrift für Assyriologie und Vorderasiatische Archäologie* 103 (2013): 196-229.

de Breucker, G., 'Berossus between Tradition and Innovation', in K. Radner and E. Robson (eds), *The Oxford Handbook of Cuneiform Culture*. Oxford, 2011: 637–57.

de Graeve, M.-C., *The Ships of the Ancient Near East (c. 2000–500 B.C.)*. Orientalia Lovaniensia Analecta, Vol. 7. Leuven,

1981.

Drews, R., 'The Babylonian Chronicles and Berossus, *Iraq* 37 (1975): 39–55.

Driver, S.R., *The Book of Genesis*. London, 1909.

Dundes, A. (ed.), *The Flood Myth*. California, 1988.

Farber, W., *Schlaf, Kindchen, Schlaf! Mesopotamische Baby-Beschwörungen und -Rituale*. Mesopotamian Civilizations 2. Winona Lake, 1989.

Finkel, I.L., 'Bilingual Chronicle Fragments', *Journal of Cuneiform Studies* 32 (1980): 65–80.

Finkel, I.L., 'The Dream of Kurigalzu and the Tablet of Sins', *Anatolian Studies* 33 (1983a): 75–80.

Finkel, I.L., 'Necromancy in Ancient Mesopotamia', *Archiv für Orientfotschung* 29 (1983b): 1–16.

Finkel, I.L., 'A Join to the Map of the World: A Notable Discovery', *British Museum Magazine: The Journal of the British Museum Friends*, 23 (1995): 26–7.

Finkel, I.L., 'The Lament of Nabū-šuma-ukīn', in J. Renger (ed.), *Babylon: Focus mesopotamischer Geschichte, Wiege früher Gelehrtsamkeit, Mythos in der Moderne*. Saarbrücken, 1999: 323–41.

Finkel, I.L., 'The Game and the Play of the Royal Game of Ur', in I.L. Finkel (ed.), *Ancient Board Games in Perspective*. Papers of the 1991 Board Game Colloquium at the British Museum. London, 2008a: 22–38.

Finkel, I.L., 'The Babylonian Map of the World, or the *Mappa Mundi*', in I.L. Finkel and M.J. Seymour (eds), *Babylon: Myth and Reality*. London, 2008b: 17.

Finkel, I.L., 'Drawings on Tablets', *Scienze dell'Antichità* 17 (2011): 337–44.

Finkel, I.L., 'Assurbanipal's Library: An Overview', in K. Ryholt and G. Barjamovic (eds), *Libraries Before Alexandria*. Oxford, forthcoming (a).

Finkel, I.L., 'Remarks on Cuneiform Scholarship and the Babylonian Talmud', in U. Gabbay and Sh. Secunda (eds), *Encounters by the Rivers of Babylon: Scholarly Conversations between Jews, Iranians, and Babylonians in Antiquity*. Tübingen, 2014.

Forbes, R.J., *Studies in Ancient Technology*, Vol. 1. Leiden, 1955.

Foster, B., *Before the Muses*, Vol. 1. Maryland, 1993.

Foster, B., 'Assyriology and English Literature', in M. Ross (ed.), *From the Banks of the Euphrates: Studies in Honor of Alice Louise Slotsky*. Winona Lake, 2008.

Frahm, E. *Babylonian and Assyrian Text Commentaries*. Guides to the Mesopotamian Textual Record 5. Münster, 2011.

Frankfort, H., *Stratified cylinder seals from the Diyala region*. Oriental Institute Publications vol. 72. Chicago, 1955.

Frazer, J.G., *Folklore in the Old Testament*. London, 1918.

Fulanain, *Haji Rikkan: Marsh Arab*. London, 1927.

Gaster, M., *The Chronicle of Jerahmeel; or the Hebrew Bible Historiale. Being a Collection of Apocryphal and Pseudo-epigraphical Books (by Various Authors: Collected by Eleazar ben Asher, the Levite) Dealing with the History of the World from the Creation to the Death of Judas Maccabeus*. Oriental Translation Fund. New Series 4. London, 1899.

Gaster, T.H., *Myth, Legend and Custom in the Old Testament*. New York and London, 1969.

Geller, M.J., 'The Last Wedge', *Zeitschrift für Assyriologie* 87 (1997): 43–95.

Geller, M.J., 'West Meets East: Early Greek and Babylonian Diagnosis', *Archiv für Orientforschung* 18/19 (2001/2): 50–75.

Geller, M.J., *Akkadian Healing Therapies in the Babylonian Talmud*. Preprint, Max Planck Institute for the History of Science no. 259. Berlin, 2004.

Geller, M.J., 'Berossos on Kos from the View of Common Sense Geography', in K. Geus and M. Thiering (eds), *Common Sense Geography and Mental Modelling*. Preprint, Max Planck Institute for the History of Science. Berlin, 2012: 101–9.

George, A.R., *The Epic of Gilgamesh: The Babylonian Epic Poem and Other Texts in Akkadian and Sumerian*. London and New York, 1999.

George, A.R., *The Babylonian Gilgamesh Epic*. Introduction, Critical Edition and Cuneiform Texts, Vols 1–2. Oxford, 2003.

George, A.R., 'Babylonian and Assyrian: A History of Akkadian', in J.N. Postgate (ed.), *Languages of Iraq Ancient and Modern*. Cambridge, 2007: 31–71.

George, A.R., 'The Truth about Etemenanki, the Ziggurat of Babylon', in I.L. Finkel and M.J. Seymour (eds), *Babylon: Myth and Reality*. London, 2008: 126–9.

George, A.R., *Babylonian Literary Texts in the* Schøyen *Collection*. Cornell University Studies in Assyriology and Sumerology, Vol. 10. Manuscripts in the Schøyen Collection, Cuneiform Texts IV. Maryland, 2009.

George, A.R., 'The Sign of the Flood and the Language of Signs in Babylonian Omen Literature', in L. Kogan (ed.), *Language in the Ancient Near East*. Winona Lake, 2010: 323–35.

George, A.R. and F.N.H. Al-Rawi, 'Tablets from the Sippar Library VI: Atra-hasis', *Iraq* 58 (1996): 147–90.

Gesche, P., *Schulunterricht in Babylonien im ersten Jahrtausend v. Chr*. Alter Orient und Altes Testament, Vol. 275. Münster,

2001.

Gmirkin, R.E., *Berossus, Genesis, Manetho and Exodus: Hellenestic Histories and the Date of the Pentateuch*. New York and London: 2006.

Goldstein, R., 'Late Babylonian Letters on Collecting Tablets and their Hellenistic Background', *Journal of Near Eastern Studies* 69 (2010): 109–207.

Grayson, A.K., *Assyrian and Babylonian Chronicles*. Texts from Cuneiform Sources, Vol. 5. New York, 1975.

Grayson, A.K., *Assyrian Rulers of the Early First Millennium BC I (1114–859 bc)*. The Royal Inscriptions of Mesopotamia. Assyrian Periods, Vol. 2. Toronto, Buffalo and London, 1991.

Grayson, A.K., *Assyrian Rulers of the Early First Millennium BC II (858–745 bc)*. The Royal Inscriptions of Mesopotamia: Assyrian Periods. Vol. 3. Toronto, Buffalo and London, 1996.

Grayson, A.K. and J. Novotny, *The Royal Inscriptions of Sennacherib, King of Assyria (704–681 bc), Part 1*. Royal Inscriptions of the Neo-Assyrian Period 3/1. 2012.

Hess, R.S., 'The Genealogies of Genesis 1–11 and Comparative Literature', in R.S. Hess and D.T. Tsumura (eds), 'I Studied Inscriptions from before the Flood'. *Ancient Near Eastern, Literary and Linguistic Approaches to Genesis 1–11*. Winona Lake, 1994: 58–72.

Hess, R.S. and D.T. Tsumura (eds), 'I Studied Inscriptions from before the Flood'. *Ancient Near Eastern, Literary and Linguistic Approaches to Genesis 1–11*. Winona Lake, 1994.

Hilprecht, H., *The Earliest Version of the Babylonian Deluge Story and the Temple Library of Nippur*. The Babylonian Expedition of the University of Pennsylvania Series D: Researches and Treatises, Vol. 5, fasc. 1, 1910.

Holder, P.A., *The Roman Army in Britain*. London, 1982.

Hornell, J., 'The Coracles of the Tigris and Euphrates', *The Mariner's Mirror* [Quarterly Journal of the Society for Nautical Research] 24/2: April 1938: 153–9 [reprint: *British Coracles and Irish Curraghs with a Note on the Quffah of Iraq*, London, 1938].

Hornell, J., *Water Transport: Origins & Early Evolution*. Cambridge, 1946.

Horowitz, W., 'The Babylonian Map of the World', *Iraq* 50 (1988): 147–65.

Horowitz, W., *Babylonian Cosmic Geography*. Mesopotamian Civilisations 8. Winona Lake, 1998.

Ismail, M., *Wallis Budge: Magic and Mummies in London and Cairo*. Kilkerran, 2011.

Jacobsen, T., *The Sumerian King List*. Assyriological Studies 11. Chicago, 1939.

Jacobsen, T., *The Treasures of Darkness*. New Haven and London, 1976.

Jacobsen, T., *The Harps that Once . . .* New Haven and London, 1987.

Jacoby, F., *Die Fragmente der griechischen Historiker*, Vol. 3. Leiden, 1958.

Jullien, C. and F., *La Bible en Exil*. Civilisations du Proche-Orient 3. Religions et Culture 1. Paris, 1995.

Jursa, M., 'Nabû-šarrūssu-ukīn, und 'Nebusarsekim' (Jer. 39:3)', *Nouvelles Assyriologiques Bréves et Utilitaires* 1 (2008): 10.

Jursa, M., 'Der neubabylonische Hof', in B. Jacobs and R. Rollinger (eds), *Der Achamenidenhof: The Achaemenid Court*. Akten des 2. Internationalen Kolloqiuims zum Thema 'Vorderasien im Spannungsfeld klassicher und altorientalischer Überlieferungen'. Landgut Castelen bei Basel, 23–25 May 2007. Wiesbaden, 2010: 67–95.

Kaysel, R., *Arche Noah*. Schweizer Kindermuseum Baden, 1992.

Kilmer, A.D., 'The Mesopotamian Concept of Overpopulation and Its Solution as Reflected in the Mythology', *Orientalia* New Series 41 (1972): 160–77.

Kilmer, A.D., 'Sumerian and Akkadian Names for Designs and Geometric Shapes', in A.C. Gunter (ed.), *Investigating Artistic Environments in the Ancient Near East*. Washington, 1990: 83–6.

Kilmer, A.D., 'The Symbolism of the Flies in the Mesopotamian Flood Myth and some Further Implications', in F. Rochberg-Halton (ed.), *Language, Literature and History: Philological and Historical Studies Presented to Erica Reiner*. New Haven, 1987: 175–80.

Kwasman, T., 'Loanwords in Jewish Babylonian Aramaic: Some Preliminary Observations', in M.J. Geller and S. Shaked (eds), *The Archaeology and Material Culture of the Babylonian Talmud*, Leiden, 2015, 333–386.

Lambert, W.G., 'An Address of Marduk to the Demons', *Archiv für Orientforschung* 17 (1954–6): 310–21.

Lambert, W. G., *Babylonian Creation Myths*. Winona Lake, 2012.

Lambert, W.G., *Babylonian Wisdom Literature*. Oxford, 1960a.

Lambert, W.G., 'New Light on the Babylonian Flood', *Journal of Semitic Studies* 5 (1960b): 113–23.

Lambert, W.G., 'The Reign of Nebuchadnezzar I: A Turning Point in the History of Ancient Mesopotamian Religion', in W.S. McCullough (ed.), *The Seed of Wisdom: Essays in Honor of T. J. Meek*. Toronto, 1964:3–13.

Lambert, W.G., 'Berossus and Babylonian Eschatology', *Iraq* 38 (1976): 171–3.

Lambert, W.G., 'Niṣir or Nimuš?' *Revue d'Assyriologie* 80 (1986): 185–6.

Lambert, W.G., 'A New Look at the Babylonian Background of Genesis', in Hess and Tsumura (eds), 1994: 96–113.

Lambert, W.G. and A.R. Millard, Atra-Ḫasīs*: The Babylonian Story of the Flood*. Oxford, 1969.

Landsberger, B., *Die Fauna des alten Mesopotamien nach der 14. Tafel der Series HAR-RA = HUBULLU*. Leipzig, 1934.

Landsberger, B., *The Fauna of Ancient Mesopotamia*, First Part. Materialen zum sumerisches Lexikon, Vol. 8/1. Rome, 1960.

Landsberger, B., *The Fauna of Ancient Mesopotamia*, Second Part. Materialen zum sumerisches Lexikon, Vol. 8/2. Rome, 1962.

Leemans, W.F., Review of Forbes 1955, *Journal of the Economic and Social History of the Orient* 3 (1960): 218–21.

Lewis, B., *The Sargon Legend: A Study of the Akkadian Text and the Tale of the Hero Who was Exposed at Birth*. American Schools of Oriental Research Dissertation Series 4. Cambridge, 1980.

Lewis, J.P., *A Study of the Interpretation of Noah and the Flood in Jewish and Christian Literature*. Leiden, 1978.

Lieberman, S. 'A Mesopotamian Background for the So-called Aggadic "Measures" of Biblical Hermeneutics?' *Hebrew Union College Annual* 58 (1987): 157–225.

Livingstone, A., 'Ashurbanipal: Literate or Not?' *Zeitschrift für Assyriologie* 97 (2007): 98–118.

Lynche, R., *An Historical Treatise of the Travels of Noah into Europe: Containing the first inhabitation and peopling thereof. As also a breefe recapitulation of the Kings, Governors, and Rulers commanding in the same, even unto the first building of Troy by Dardanus*. Done into English by Richard Lynche, Gent. London, 1601.

Malamat, A., 'King Lists of the Old Babylonian Period and Biblical Genealogies', in R. S. Hess and D.T. Tsumura (eds), 'I Studied Inscriptions from Before the Flood'. *Ancient Near Eastern, Literary and Linguistic Approaches to Genesis 1–11*. Winona Lake, 1994: 183–99.

Mallowan, M.E.L., 'Noah's Flood Reconsidered', *Iraq* 26 (1964): 62–82.

Marinković, P., 'Urartu in der Bibel', in S. Kroll, C. Gruber, U. Hellwag, M. Roaf and P. Zimansky (eds), *Biainili-Urartu*. The Proceedings of the Symposium held in Munich 12–14 October 2007. *Acta Iranica*, Vol. 51. Louvain, 2012.

Michalowski, P., 'How to Read the Liver – in Sumerian', in A. K. Guinan, M. deJ. Ellis, A.J. Ferrara, S.M. Freedman, M.T. Rutz, L. Sassmannshausen, S. Tinney and M.W. Waters (eds), *If a Man Builds a Joyful House: Assyriological Studies in Honor of Erle Verdun Leichty*. Leiden, 2006: 247–57.

Millard, A.R., 'A New Babylonian "Genesis" Story', in Hess and Tsumura (eds), 1994: 114–28.

Millard, A.R., 'Transcriptions into Cuneiform', in Geoffrey Khan (ed), *Encyclopedia of Hebrew Language and Linguistics* Vol

3, 2013: 838–47.

Montgomery, J.W., *The Quest for Noah's Ark*. Minneapolis, 1972.

Moorey, P.R.S., *Kish Excavations 1923–1933*. Oxford, 1978.

Nissen, H., P. Damerow and R.K. Englund, *Archaic Bookkeeping: Writing and Techniques of Economic Administration in the Ancient Near East*. Trans. P. Larsen. Chicago, 1993.

Ochsenschlager, E.L., 'Ethnographic Evidence for Wood, Boats, Bitumen and Reeds in Southern Iraq: Ethnoarchaeology at al-Hiba', *Bulletin on Sumerian Agriculture* 6 (1992): 47–78.

Ochsenschlager, E.L., *Iraq's Marsh Arabs in the Garden of Eden*. Philadelphia, 2004.

Oppenheim, A.L., *The Interpretation of Dreams in the Ancient Near East with a Translation of an Assyrian Dream-Book*. Transactions of the American Philosophical Society. New Series 46/3 (1956).

Oppenheim, A.L., *Letters from Mesopotamia: Official, Business and Private Letters on Clay Tablets from Two Millennia*. Chicago, 1967.

Oppenheim, A.L., 'A Babylonian Diviner's Manual', *Journal of Near Eastern Studies* 33 (1974): 197–220.

Oppenheim, A.L., *Ancient Mesopotamia*, revised edition. Chicago, 1977.

Parpola, S. 'A Letter from Šamaš-šum-ukīn to Asarhaddon', *Iraq* 34 (1972): 21–34.

Parpola, S., 'The Murder of Sennacherib', in B. Alster (ed.), *Death in Mesopotamia*. Papers read at the XXVIe Rencontre Assyriologique Internationale. Mesopotamia 8. Copenhagen, 1980: 171–86.

Parpola, S., 'The Assyrian Cabinet', in M. Dietrich and O. Loretz (eds), *Vom Alten Orient zum Alten Testament. Festschrift fur Wolfram Freiherrn von Soden*. Alter Orient und Altes Testament 240. Neukirchen-Vluyn, 1995: 379–401.

Parpola, S. and K. Watanabe, *Neo-Assyrian Treaties and Loyalty Oaths*. State Archives of Assyria 2. Helsinki, 1998.

Parrot, A., *The Flood and Noah's Ark*. Translated from the French by Edwin Hudson. Studies in Biblical Archaeology 1. London, 1955.

Patai, R., *The Children of Noah: Jewish Seafaring in Ancient Times*. With Contributions by J. Hornell and J.M. Lundquist. Princeton, 1998.

Peake, H., *The Flood: New Light on an Old Story*. London, 1930.

Pedersén, O., *Archive und Bibliotheken in Babylon: Die Tontafeln der Grabung Robert Koldeweys 1899–1917*. Abhandlungen der deutschen Orient-Gesellschaft 25. Saarbrücken, 2005a.

Pedersén, O., 'Foreign Professionals in Babylon: Evidence from the Archive in the Palace of Nebuchadnezzar II', in W.H. van Soldt (ed.), *Ethnicity in Ancient Mesopotamia: Papers Read at the 48th Rencontre Assyriologique Internationale, Leiden, 1–4 July 2002*. Leiden, 2005b: 267–72.

Peters, J.P., *Nippur, or Explorations and Adventures on the Euphrates*. The Narrative of the University of Pennsylvania Expedition to Babylonian in the Years 1888–1890, Vol. 1. Pennsylvania, 1899.

Pinches, T.G., 'EXIT GIŠṬUBAR!' *The Babylonian and Oriental Record* 4 (1889–90): 264.

Pinches, T.G., 'The Religious Ideas of the Babylonians', *Journal of the Transactions of the Victoria Institute* 28 (1896): 1–3.

Pingree, D., 'Legacies in Astronomy and Celestial Omens', in S. Dalley (ed.), *The Legacy of Mesopotamia* (1998): 125–37.

Potts, D., *Mesopotamian Civilization: The Material Foundations*. London, 1997.

Powell, M.A., 'Timber Production in Presargonic Lagaš', in J.N. Postgate (ed.), *Trees and Timber in Mesopotamia: Bulletin on Sumerian Agriculture*, Vol. 6. Cambridge, 1992: 99–122.

Raikes, R.L., 'The Physical Evidence for Noah's Flood', *Iraq* 28 (1966): 62–3.

Reade, J.E., 'Archaeology and the Kuyunjik Archives', in K.R. Veenhof (ed.), *Cuneiform Archives and Libraries*. Papers read at the 30^{E} Rencontre Assyriologique Internationale Leiden, 4–8 July 1983. 1986.

Reade, J.E., 'An Eagle from the East', *Britannia* 30 (1999): 266–8.

Reade, J.E., 'Retrospect: Wallis Budge – For or Against?' in Ismail 2011: 444–63.

Riem, J., *Die Sinflut in Sage und Wissenschaft*. Hamburg, 1925.

Robson, E., *Mesopotamian Mathematics 2100–1600* BC*: Technical Constants in Bureaucracy and Education*. Oxford Editions of Cuneiform Texts, Vol. 24. Oxford, 1999.

Robson, E., *Mathematics in Ancient Iraq*. Princeton, 2008.

Salim, S.M., *Marsh Dwellers of the Euphrates Delta*. London School of Economics Monographs on Social Anthropology no. 23. London, 1962.

Salonen, A., *Die Wasserfahrzeuge in Babylonien*. Studia Orientalia, Edidit Societas Orientalis Fennica VIII.4. Helsinki, 1939.

Sandars, N.K., *The Epic of Gilgamesh*. Penguin Books, 1960.

Schnabel, P., *Berossus und die babylonisch-hellenistische Literatur*. Leipzig and Berlin, 1923.

Shehata, D., *Annotierte Bibliographie zum altbabylonische Atramhasīs Mythos Inūma ilū awīlum*. Göttinger Arbeitshefte zur Altorientalischen Literatur, Vol. 3. Göttingen, 2001.

Smith, G., 'The Chaldean Account of the Deluge', *Transactions of the Society of Biblical Archaeology* 2 (1873): 213–34.

Smith, G., 'The Eleventh Tablet of the Izdubar Legends: The Chaldean Account of the Deluge', *Transactions of the Society of Biblical Archaeology* 3 (1874): 534–87.

Smith, G., *Assyrian Discoveries: An Account of Explorations and Discoveries on the Site of Nineveh during 1873 and 1874*. London, 1875.

Smith, G., *The Chaldean Account of Genesis containing the Description of the Creation, the Fall of Man, the Deluge, the Tower of Babel, the Times of the Patriarchs, and Nimrod; Babylonian Fables and the Legends of the Gods; from the Cuneiform Inscriptions*. London, 1876.

Spar, I. and W.G. Lambert (eds), *Cuneiform Texts in the Metropolitan Museum of Art*, Vol. II. Literary and Scholastic Texts of the First Millennium B.C. New York, 2005.

Speiser, E.A., 'Southern Kurdistan in the Annals of Ashurnasirpal and Today', *Annals of the American Schools of Oriental Research* 8 (1928, for 1926–7): 1–42.

Steinert, U., *Aspekte des Menschseins im Alten Mesopotamien. Eine Studie zu Person und Identität im 2. und 1. Jt. V. Chr*. Cuneiform Monographs vol. 44. Leiden, 2012.

Stevens, E.S., *By Tigris and Euphrates*. London, 1923.

Streck, M.P., 'NiṢIR', *Reallexikon der Assyriologie* 9 7/8 (2001): 589–60.

Thesiger, W., *The Marsh Arabs*. London, 1964.

Tigay, J., *The Evolution of the Gilgamesh Epic*. Bolchazy-Carducci Publishers, 2002.

van Koppen, F., 'The Scribe of the Flood Story and his Circle', in K. Radner and E. Robson (eds), *The Oxford Handbook of Cuneiform Culture*. Oxford, 2011: 140–66.

Veldhuis, N., 'Levels of Literacy', in K. Radner and E. Robson (eds), *The Oxford Handbook of Cuneiform Culture*. Oxford, 2001: 68–89.

Watelin, L.C., *Excavations at Kish*, Vol. 4. Paris, 1934.

Weidner, E.F., 'Jojachin, König von Juda, in babylonischen Keilschrifttexten', *Mélanges syriens offerts à Monsieur Rene Dussaud*, Vol. 2. Bibliothèque Archéologique et Historique 30 (1939): 923–35.

Westenholz, A., 'The Graeco-Babyloniaca Once Again', *Zeitschrift für Assyriologie und Vorderasiatische Archäologie* 97 (2007): 262–313.

Westenholz, J.G., *Legends of the Kings of Akkade: The Texts*. Mesopotamian Civilizations 7. Winona Lake, 1997.

Westermann, C., *Genesis 1–11: A Continental Commentary*. Trans. J.J. Scullion. Minneapolis, 1984.

Weszeli, M., 'Schiff und Boot. B. in Mesopotamischen Quellen des 2. und 1. Jahrtausends', *Reallexikon der Assyriologie* 12. Berlin, 2009: 160–71.

Wiggermann, F.A.M., *Mesopotamian Protective Spirits: The Ritual Texts*. Cuneiform Monographs 1. Groningen, 1992.

Wiggermann, F.A.M., 'Agriculture as Civilization: Sages, Farmers and Barbarians', in K. Radner and E. Robson (eds), *The Oxford Handbook of Cuneiform Culture*. Oxford, 2011: 663–89.

Wilcke, C., *Wer las und schrieb in Babylonien und Assyrien*. Sitzungberichte der Bayersichen Akademie der Wissenschaften Philosophisch-historische Klasse 200/6. Munich, 2000.

Wilcke, C., *The Sumerian Poem Enmerkar and En-suhkeš-ana: Epic, Play, Or? Stage Craft at the Turn from the Third to the Second Millennium B.C. with a Score-Edition and a Translation of the Text*. American Oriental Series Essay 12. New Haven, 2012.

Wilson, I., *Before the Flood: Understanding the Biblical Flood Story as Recalling a Real-Life Event*. London, 2001.

Wilson, R.R., 'The Old Testament Genealogies in Recent Research', in R.S. Hess and D.T. Tsumura (eds), 'I Studied Inscriptions from before the Flood'. *Ancient Near Eastern, Literary and Linguistic Approaches to Genesis 1–11*. Winona Lake, 1994: 200–23.

Woolley, C.L., *Excavations at Ur*. London, 1954.

Young, G. and N. Wheeler, *Return to the Marshes*. London, 1977.

Zaccagnini, C., 'Maps of the World', in G. B. Lanfranchi, D. M. Bonacossi, C. Pappi and S. Ponchia, *Leggo! Studies Presented to Frederick Mario Fales on the Occasion of His 65th Birthday*. Wiesbaden, 2012: 865–73.

Zarins, J., 'Magan Shipbuilders at the Ur III Lagash State Dockyards (2062–2025 B.C.)', in E. Olijdam and R.H. Spoor (eds), *Intercultural Relations between South and Southwest Asia: Studies in Commemoration of E.C.L. During Caspers (1934–1996)*. BAR International Series 1826. 2008: 209–29.

Zgoll, A., *Traum und Welterleben im antiken Mesopotamien*. Alter Orient und Altes Testament 333. Munster, 2006.

Ziolkowski, T., *Gilgamesh Among Us: Modern Encounters with the Ancient Epic*. Cornell, 2011.

謝辞

何よりもまず、本書の主題となる貴重な資料を私にもたらしてくれた、今は亡きダグラス・シモンズに大きな感謝を捧げたい。彼はその資料を私の手元に置いて存分に検討を加え、その資料が導く道を辿っていくことに無制限の許可を与えてくれた。マーク・ウィルソンはかけがえのない友であり、本書の全編にわたる助言者であり、巻末の補遺の優れた作成者でもある。入手困難な資料を送ってくれたマーク・ゲラーは、ジェニー・バルフォワ・ポール、リーンダー・フェイラーと同様、私には大きな助けであった。スー・カークは初期の草稿をまさに適切なときに読んでくれた。マリオン・フェーバーとロジャー・ケイサルはヨーロッパの「ノアの箱舟」のおもちゃについて、非常に役立つ情報を教えてくれた。また、アララト山に架かる虹をいいときに見せてくれたマウゴルザータ・サンドヴィッチには特に感謝している。

ブリンク・フィルム社のダン・チェインバースは本書で語られている物語を全く異なる媒体で取り上げてくれた。そのドキュメンタリー番組は本書の刊行が間近に迫っていたときにニック・ヤングの指揮のもと製作が進んでいた。古い時代のグファ（網代舟）とその建造法についての技術的な情報はトム・ヴォスマーとピーター・バッジ卿による。

大英博物館の素晴らしい同僚たち、特に館長のジョナサン・タブ、ハンナ・ブルトン、パトリシア・ウィートレイにも感謝しなければならない。ジョン・テイラー、セント・ジョン・シンプソン、ニゲル・タリスは最後の最後まで快く画像集めに手を貸してくれた。

アッシリア学者のＳ・ダーリー、Ａ・Ｒ・ミラード、Ｊ・Ｅ・リードにはペーパーバック版刊行時に改訂すべき点などの助言をいただいた。また、〈箱舟の書板〉の複製を丹念に読んでくれたアンドルー・R・ジョージとは10―11行をはじめとする難読箇所について意見を交わすことができた。

担当編集者ゴードン・ワイズはこの本ができ上がるまでに本当に多くのことをしてくれた。その尽力に深く感謝したい。また、このような困難な船の旅で海を渡って行くには、ホダー社のルパート・ランカスター、マディ・プリンス、カミラ・ホッダーほど素晴らしい旅の仲間はいないだろう。彼らの舵取りには大いに刺激を受けた。

最後に、誰よりもわが妻ジョアンナに感謝を捧げる。本書の題名をつけてくれたのは彼女である。

引用文献についての許諾

〔本書の原書において引用されている書籍は以下のとおり〕

M. A. S. Abdel Haleem, *The Qur'an. A New Translation* (Oxford World's Classics, 2004).
Andrew George, *The Epic of Gilgamesh* (Allen Lane The Penguin Press, 1999).
James Hornell, *Water Transport: Origins & Early Evolution* (Cambridge University Press, 1946).
W. G. Lambert & A. R. Millard, *Atra-Hasis: The Babylonian Story of the Flood* (Oxford University Press, 1969).
掲載許可はEisenbrauns社より。
A. L. Oppenheim, 'A Babylonian Diviner's Manual,' *Journal of Near Eastern Studies* 33: 197-220 (University of Chicago, 1974).

以上の文献からの引用はすべて著作権者の許可を得ている。

画像に関する許諾

© Alamy（口絵1-11）／Robert Harding Picture Library（口絵2-2、8）／Mary Evans Picture Library. © Alinari Archives Florence（三六三頁）／George-Tatge-Archivio Seat. © Ashmolean Museum, University of Oxford（三七五頁下［AN1923.444］）／著者の私蔵写真（口絵1-1、3、13、14、一二七頁、一七七頁の図［Frankfort 1955, pl. 32, no. 324から写した］、一八一頁、一八三頁）／E.S. Drower［旧姓 Stevens］（一八五頁）／J.P. Peters（一八六頁、一九五頁、一九八頁、二三一頁、四二六頁上、下左、下中）©

bpk Bildagentur für Kunst, Kultur und Geschichte, Berlin（口絵2－4、三一六頁）／Vorderasiatisches Museum, SMB Olaf M. Teßner. © Courtesy of Blink Films（口絵2－10～15、三八八頁、三八九頁）© Bridgeman Art Library（口絵1－16、2－5）／Christie Images（口絵2－1）／De Agostini Picture Library. G. Dagli Orti（一六二頁）／Look and Learn（三六二頁右）／Newberry Library, Chicago, Illinois, USA（四七六頁）／Noah's Ark, from 'Les Croniques de Burgues', 1407／British Library. © The Trustees of the British Museum（口絵1－2、一五頁、口絵1－9［BM 120000］、一七頁［DT 42］、口絵1－15［BM As1921,1208.1］、口絵1－17［BM 1997,0712.28］、七〇頁［BM 78158］、一〇四頁［BM 34580］、一五六頁［BM 133043］、一六四頁［BM 15285］、一七八頁、一九〇頁［BM 32873］、二三五頁［1870,0709.241］、二八九頁［BM 21946b］、二九〇頁［BM 114789］、三〇五頁［BM 47406］、三〇七頁［BM 25636］、三一四頁［BM 40565］、三一五頁［BM 47449］、三二四頁、三三〇頁、三三七頁［BM 92687］、三五五頁、三六二頁左、四〇五頁［BM 47817］）／Courtesy of the John J. Burns Library Boston College, Jesuitica Collection（二五七頁）／© Dale Cherry（一三八頁、二九五頁）© Corbis（口絵1－10）／© Joanna Finkel（三九二頁、四七五頁）／© Getty Images（口絵2－3、二〇二頁）／De Agostini（二九七頁）／Universal History Archive（四三四頁）／© Neil Gower（［地図］一〇－一一頁、三四一頁）／Courtesy Library of Congress（一八四頁）／Prints & Photographs Division（LC-DIG-matpc-16020）© National Geographic Image Collection（口絵1－12）／Eric Keast Burke © Newcastle University（口絵2－9、三五三頁）／Gertrude Bell Archive. Courtesy of the Pennsylvania Museum of Archaeology & Anthropology（一一八頁［CBS10673］）／© Kristin Phelps（口絵1－7、8、一四〇頁、二四一頁）／© Pitt Rivers Museum University of Oxford（一五四頁）／© Private Collection（一〇三頁）／© J.E. Reade（口絵2－6）／© Rex Features（口絵1－5）／© Małgorzata Sandowicz（口絵2－7）／© Scala Florence（八三頁、三〇一頁）／bpk Bildagentur für Kunst, Kultur und Geschichte, Berlin（一七九頁）／National Geographic Image Collection. © Science Photo Library（二五八頁）／National History Museum, London. © David Sofer（三一八頁）／© Tate London, 2013（口絵1－18）／© Victoria and Albert Museum, London/V&A Images（一六一頁）／© Tom Vosmer（三九九頁）／© Mark Wilson（口絵1－4、6、四二六頁下右）

訳者あとがき

エルサレムの金色の天蓋の下には巨大な岩が横たわっている。かの建物、オマール・モスクの内部はほぼその岩で占められている。厳密には平らな岩盤が地表に露出しているということなのだが、このモスクはそれゆえ「岩のドーム」とも呼ばれる。伝説によれば、ユダヤ人の先祖アブラハムが年老いてからやっと授かった跡取り息子のイサクを神の命令に従って犠牲として捧げようとしたのはこの岩の上であるという。

エルサレムを征服したダビデ王は、この岩の周辺に神殿を建てようとした。かの岩を見つけ、それを取り除こうとすると、岩が言葉を発した。

「それはできぬぞ」

ダビデ王は尋ねた。

「なぜできぬ」

「我は深淵の口から水が溢れ出るのを塞いでおる」

「いつからだ」

「シナイ山で『私はお前の神、主である』という主の声を我が聞いたその日からだ。その時、大地は揺れ、深淵の深さまで吸い込まれるところだった。我がそれを急いで塞いだのだ。我は大地を救ったのだ」

しかし、ダビデ王は聞き入れず、岩を取り除けようとした。すると、深淵の大水が世界を洪水に陥らせるほどのものすごい勢いで迸り出てきた。ダビデ王は岩を動かすのを諦め、「都上りの詩編」を唱えると、深淵の大水は元の場所に戻っていった。

＊＊＊

この話は聖書に語られている物語ではもちろんない。多少の潤色はあるが、ユダヤのタルムードなどにも触れられている伝説である。イスラムの聖地マッカのカーバ神殿にも地下の水にまつわる伝説が多くある。近くにある「ザムザムの泉」の水は地下から汲み上げたもので、その水脈はそのままエルサレムに繋がっており、エルサレムから昇天したとされるムハンマドはこの地下の水の流れによって運ばれたのだともいう。神聖視されている場所には水にまつわる話が多く残されているが、乾燥地帯の聖所であれば、なおさらであろう。

さて、ここでいう「地下の水」とは単なる地下水のことではない。天地創造の第二日目に神が「上の水と下の水を分けた」ときの「下の水」、創造の第一日目に語られる「深淵」と関連している。「ノアの洪水」が起こったときには「大いなる深淵の源が裂け、天の窓が開かれた」とされる（創世記六章一一節）。つまり、洪水伝説の水はこの「地下の大水」の氾濫とも考えられるのである。

「深淵」はヘブライ語で「テホーム」といい、この語はメソポタミアの創成神話『エヌマ・エリシュ』に登場する「ティアマト」という「混沌の女神」の名にまで遡る。洪水伝説は氾濫を繰り返す大きな川との戦いを反映しているのかもしれないが、メソポタミア神話における混沌の勢力との戦いは「海」との戦いという形が取られる。その海の怪物として聖書にも登場するのがレヴィヤタン、ベヘモートであり

（詩編七四章一四節、ヨブ記四〇章一五節など）、それがヨーロッパにおけるドラゴン退治の伝説にも繋がる。ギリシャ神話においても、パンテオンの重鎮として迎え入れられる以前のポセイドンはゼウスの強力な対抗勢力として海の勢力を率いていただろう。

洪水伝説はこれまでに知られているだけで世界に三百はあると本書でも言われているが、ナイル川とうまくやってきたエジプトには洪水神話はない。その点からすれば、洪水に悩まされるという地理的な文脈のないイスラエルの民の神話として「ノアの洪水」があるのは奇妙なことと言える。この一点からしても、聖書はメソポタミアに広く流布していた神話を自分たちの神話として受容したという理解は支持されるだろう。いずれにしても、聖書に書かれているノアの洪水が抜群の知名度であることは間違いない。聖書を開いたことがない人にも知られているほど、「ノアの箱舟」の物語は知られている。アダムとエバの禁断の木の実と並んで、最もよく知られている聖書の物語かもしれない。

メソポタミアの洪水神話は前三世紀バビロンの神官ベロッソスが伝えていたものがエウセビオスの著作などを通して現代にまで伝わっていたが、それよりもはるかに古いものが一八七二年にジョージ・スミスによって発見されたことで、近代における「洪水伝説」は始まる。その後、レナード・ウーリーが一九二九年、古代都市ウルの発掘で人工物をほとんど含まない厚さ三メートルにも及ぶ堆積層を発見し、「これこそ、ノアの洪水の痕跡」と主張した。これがノアの洪水の史実性を証明するわけではもちろんないのだが、アッカド語研究の大家ウィルフレド・G・ランバートがウーリーの熱弁をバーミンガムの映画館の片隅で聞き、アッシリア学者になる決意をしたという話は、この分野にかかわる者にしてみれば、ある意味、近代における「洪水伝説」の一部とも言えるかもしれない。

しかし、実のところ、ウーリーによる主張の熱が冷めて以降、「ノアの箱舟と洪水」は学問的には古びた話題であった。聖書の概説書や一般向けの本では、ときにはウーリーの主張がもつ〝可能性〟が熱心に述べられることもあるが、基本的にメソポタミア神話との並行性や海の怪物の話が古くから知られている知識として添えられる程度である。その一方で、「ノアの箱舟、発見か？」といったニュースはときに大きくメディアで取り上げられる。アメリカのある学者によれば、「毎年ひとつは耳にするほど」だそうだ。最近で最も大きく騒がれたのは、イランの山中で小さな山ひとつを囲むほどの「巨大な木枠」が見つかったというものだった。地理的にもメソポタミアに近いこともあって、「ノアの箱舟の残骸なのではないか」と多くの人の興味を引いたが、「木枠」の木目は調査の結果、細かい砂岩層の重なりであることが判明し、夢は絶たれた。この巨大な「木枠」の写真は今でもインターネット上で見ることができる。

第二のシュリーマンを目指す「宝探し」的な探求の試みはこの先も止むことはないだろう。しかし、なかには大まじめに箱舟の航行速度を推測し、聖書に書かれている洪水の日数を考え、箱舟が到達した場所を「科学的に」特定しようとするものもあり、その探求により太古における黒海への水の大流入が検証されるという思わぬ副産物を生じさせたりする（ウィリアム・ライアン／ウォルター・ピットマン『ノアの洪水』川上紳一監修、戸田裕之訳、集英社、二〇〇三年）。また、先頃邦訳が出た書物は地質学の発展とノアの洪水の関係を基調としながら、ヨーロッパ社会における科学と宗教の関係史を辿っている（デイヴィッド・R・モンゴメリー『岩は嘘をつかない——地質学が読み解くノアの洪水と地球の歴史』黒沢令子訳、白揚社、二〇一五年）。進化論を否定する主張がアメリカを中心に今日も続いていることはよく知られているが、ダーウィニズムと並んで、聖書の記述と相性が悪い科学分野は実は地質学である。地質年代が聖書の記述からすれば途方もない長さの年数を示していることはいわずもがな、ノアの洪水が世界規模の大洪水であるとすれば、世界中の地形にその痕跡が残されているはずなのだ。そうしたことが自分たちの研究の前提とされることに地質学者は不満を感じてきたという。同書はギリシャ神話におけるノアであるデウカリオンの物語や、ヒンドゥー教における洪水伝説がメソポタミアの洪水物語とどう違うのかという点まで広く目を配っていて非常に興味深い。

＊＊＊

考古学や古代研究に向けられている一般的な期待は、例えば俳優のハリソン・フォードを通して表現される冒険心によって満たされるわけでは必ずしもない。不可能と思われるようなテーマに新しい（科学的な）切り口で接近しようとする試みはそのものとしては興味深いが、その過程で当初の目的から大きく外れていくことも多い。むしろ逸れていった先にははるかに大きな別の可能性が示されていることもあるだろう。センセーショナルに扱われることの多い「ノアの洪水」「箱舟」をめぐる探訪は「聖書の記述をもとにすれば……」という一定の留保をもって進められる。しかし、十分に信頼できると思われる前提の蔭にこそ、突破の糸口があることを本書は示している。もっとも、これは見つけようとして見つけられるものではない。本書でも多くの偶然が語られている。ひとつひとつは小さい偶然のあつまりが〈箱舟の書板〉という縦糸の出現によって大きな物語を織りなしていく。華やかな大発見よりも、小さな発見が既成の概念を大きく変えるときの方が喜びは大きいかもしれない。〈箱舟の書板〉には「実寸で」その再現を試みる冒険心という派手なオマケはついてくるが、その書板からもたらされたのは既存の設計図の「正しい」読み方という小さな事実だけである。それによって、様々な関連事項に新しい解釈の可能性が示され、古びて見向きもされなかったような既成の説明に新たな一文が書き足された。そして、もう一度すべてを語り直すために著者のフィンケルはペンを執ったわけである。

「はこぶね」にはどのように漢字をあてるだろうか。本書では聖書の主要な邦訳である「新共同訳」に合わせて、「箱舟」で統一した。「箱船」と書かれることもあるが、筆者は個人的には「方舟」だ（このあと、しばし「箱舟」と「方舟」が混在するが、ご容赦を）。

本書はIrving Finkel, *The Ark Before Noah: Decoding the Story of the Flood*, Hodder & Stoughton: London, 2014の全訳である。この本にもうひとつ副題をつけるとしたら「ノアの方舟は丸かった」であろう。「方舟」とは「方形の舟」つまり「四角い舟」なので、「丸い四角い舟」ということになる。「丸い箱」はあるが、「丸い四角」はない。今日の邦訳聖書が明治以来の文語訳における「方舟」を避けて、戦後一九五五年刊の口語訳で「箱舟」へと変更したのはこのあたりにも理由があるのかもしれない。角張った舟ではどうにもバランスが取りづらい。「方舟」「箱舟」と訳されたヘブライ語の原語に「箱」や「四角」といった要素が含まれていないことは本書でもかなりの紙幅を割いて述べられている。それは聖書翻訳の難しさと同時に、聖書を原語で読むことの醍醐味も伝えている。

英語で「箱舟」にあたるArkという語にも注目しておこう。この語は一般には「箱」を意味するが、聖書においては「箱舟」と「契約の箱」に用いられる。「契約の箱」とはモーセがシナイ山で神から授かった十戒の石板を納めた箱のことである。イスラエルの民は出エジプトの後、これを神輿のように担いで、四十年のあいだ荒野を旅した。「約束の地」で神殿が建てられると、契約の箱はそこに安置される。そして数百年後、エルサレムがバビロニアにより征服され、神殿が破壊されたとき、この箱はどこかへ消えてしまった。映画インディ・ジョーンズ・シリーズの第一作『失われたアーク』はそれを見つけるという話だ。また、英語が同じだからといって、原語のヘブライ語でも同じ語というわけではない。本書でも示されている通り、「箱舟」の「テーヴァー」は他では、生まれたばかりのモーセをナイル川に流すときに入れた「籠(かご)」として用いられるだけであり、「契約の箱」の方は棺(ひつぎ)など大きな木箱を示す普通名詞「アローン」が用いられる。

翻訳は分担して訳者二人が全体を相互に読み、確認を重ねる形をとった。明石書店編集部森本直樹氏には同社刊行の『教皇フランシスコ　キリストともに燃えて』『ビジュアル大百科　聖書の世界』のときと同様、翻訳作業の過程で多くの励ましをいただいた。記して感謝の気持ちを表したい。本書との出会いは氏からの翻訳打診によるものだが、その内容は当初の想像をはるかに越えていた。古くから繰り返し論じられてきたメソポタミア神話と聖書の関係が「箱舟の形」を通じて再認識され、それをきっかけとしてメソポタミア文学と聖書、ユダヤ教、キリスト教、あるいはギリシャ神話との関連について、思索の可能性が活性化されたように思う。〈箱舟の書板〉は今後、聖書の入門書や概説書で必ず取り上げられる話題となっていくだろう。聖書研究の新常識となるような発見を日本語で紹介できたことを静かに喜びたい。

宮崎　修二

二〇一七年十二月

訳者紹介

宮崎修二（みやざき・しゅうじ）
立教大学、跡見学園女子大学兼任講師ほか。立教大学大学院からテル・アヴィヴ大学（イスラエル）へ留学、博士課程中退。イスラエル考古学、旧約聖書学専攻。訳書に『ビジュアル大百科　聖書の世界』（監訳、明石書店、2016年）、『教皇フランシスコ　キリストとともに燃えて――偉大なる改革者の人と思想』（訳、明石書店、2016年）、『日本版インタープリテイション』（翻訳監修責任）などがある。

標　珠実（しめぎ・たまみ）
ヨーロッパ中世史・中世キリスト教会史専攻。早稲田大学文学研究科西洋史専修博士後期課程満期退学。翻訳家。『ビジュアル大百科　聖書の世界』（共訳、明石書店、2016年）など、歴史・キリスト教史関係の翻訳の他、NHKスペシャル（「発達障害～解明される未知の世界～」「生命の不思議“テロメア”」など）等映像関係の翻訳に携わる。

著者紹介

アーヴィング・フィンケル（Dr. Irving Finkel）
大英博物館・中東部門副館長。同博物館の楔形文字文書をはじめとするメソポタミアの古代文書の総責任者。博物館の展示や公開講座、テレビ番組などを通じて、広く一般に古代メソポタミアの文化を紹介しつつ、第一線の研究者として研究論文を多数発表。

ノアの箱舟の真実
——「大洪水伝説」をさかのぼる

二〇一八年一月一五日　初版第一刷発行

著　者——アーヴィング・フィンケル
訳　者——宮崎修二／標珠実
発行者——大江道雅
発行所——株式会社 明石書店
一〇一-〇〇二一　東京都千代田区外神田六-九-五
電　話　〇三-五八一八-一一七一
ＦＡＸ　〇三-五八一八-一一七四
振　替　〇〇一〇〇-七-二四五〇五
http://www.akashi.co.jp

装　幀——上野かおる
印　刷——モリモト印刷株式会社
製　本——モリモト印刷株式会社

（定価はカバーに表示してあります）
ISBN 978-4-7503-4608-3